Regine Schindler
Zur Hoffnung erziehen

T0145392

Regine Schindler

ZUR HOFFNUNG ERZIEHEN

Gott im Kinderalltag

VERLAG ERNST KAUFMANN

THEOLOGISCHER VERLAG ZÜRICH

Die Deutsche Bibliothek – CIP-Einheitsaufnahme

Die Deutsche Bibliothek verzeichnet diese Publikation in der Deutschen Nationalbibliografie; detaillierte bibliografische Daten sind im Internet über <http://dnb.ddb.de> abrufbar.

© 1999 Verlag Ernst Kaufmann GmbH, Lahr
© 1999 Theologischer Verlag Zürich
3. Auflage 2006

Umschlaggestaltung: Susanna Stammbach, Basel
Druck: Rosch-Buch GmbH, Scheßlitz

Für

Kara und Wolfgang Huber, Berlin

und die

Evangelisch-reformierte Kirchgemeinde Stäfa

INHALT

IV. MÄRCHEN, BRÄUCHE UND KINDERBÜCHER

Hinweis: Die in diesem Buch erwähnte oder zitierte Literatur ist im Anhang nachgewiesen (S. 289). Kinderbücher und die Quellen der Texte für Kinder werden in einem eigenen Verzeichnis nach ihrem Titel aufgeführt (S. 291).

In einer Welt unendlicher Möglichkeiten und großer Verunsicherung suchen wir für uns und in besonderer Weise für die Kinder nach Lebenssinn, nach ethischen Richtlinien, nach einer «modernen» Art, im Alltag von Gott zu reden. Religiöse Gefühle, Meditation, das Hinterfragen der sichtbaren Wirklichkeit – dies liegt in der Luft. Erst die Beheimatung in einer bestimmten Religion aber – für uns ist es das Christentum – gibt den Kindern Hoffnung und Kraft in einer Welt voller Unsicherheiten. Ich möchte in diesem Buch Wege zu solcher Beheimatung aufzeigen, dabei aber unbedingt zu Toleranz ermuntern gegenüber Menschen fremder Religionen, wie sie in großer Zahl unter uns leben. Beheimatung vermittelt Sicherheit und gleichzeitig Offenheit für Fremdes.

1977 erschien eine Vorform dieses Buches unter dem Titel «Erziehen zur Hoffnung». Sie war herausgewachsen aus Zeitschriftenartikeln zur religiösen Erziehung in der Familie. Es ging auch damals darum, mit den Kindern Gott im Alltag zu entdecken und dabei Hoffnung weiterzugeben. In jener Zeit hatte man die «antiautoritäre» Erziehung neu entdeckt; Religion aber wurde weitgehend mit negativer Autorität verbunden, nachdem A. S. Neill in seinem Buch über den Schulversuch von Summerhill davor gewarnt hatte, Gott bei der Erziehung überhaupt ins Spiel zu bringen. Man dachte sofort an einen kontrollierenden Polizisten-Gott. War da Raum für Hoffnung?

Dennoch: Die Kinder selbst wollten auch damals mit ihren Fragen in religiöse Bereiche vordringen; die Eltern ließen sich mitnehmen und suchten für sich selbst Hoffnungswege. Sie suchten auch nach Texten und Bildern, die – als Teilantworten – mit Kindern direkt zu brauchen wären. So entstanden damals moderne Kindergebete; ich entwickelte in jenen Jahren die Bilderbuchreihe «Religion für kleine Leute», angeregt durch die Verlegerin Rosemarie Deßecker-Kaufmann, die es verstand, wichtige Bedürfnisse von Kindern, Eltern und Erzieherinnen im Programm des Verlags Ernst Kaufmann aufzunehmen. Die Zusammenarbeit mit hervorragenden Illustratorinnen und Illustratoren, also das künstlerische Element, wirkte dabei befruchtend. Ich bemühte mich, in zahlreichen Büchern für Kinder, zentrale religiöse Inhalte in poetischer und heutiger Sprache, immer aber theologisch reflektiert weiterzugeben, bis hin zu meiner Kinderbibel «Mit Gott unterwegs», die mich über viele Jahre hinweg beschäftigte.

In der heutigen Zeit nun scheint die Angst vor einem autoritären Gottesbild nicht mehr das Hauptproblem zu sein. Auch sind religiöse Kinderbücher keine Mangelware mehr. Das Fragen der Eltern, hinter dem die Fragen der Kinder selbst stehen, hat aber nicht aufgehört. Immer wieder musste und durfte ich mich diesem Fragen stellen, in engem Kontakt mit Eltern, Erzieherinnen und Kindern. Immer wieder neu galt es – in Zusammenarbeit mit Verantwortlichen verschiedenster Institutionen, die diese Probleme theologisch oder ganz von der Praxis her reflektierten –, Kurse zu planen und durchzuführen. Ich lernte dabei selbst am meisten und bin deshalb aus der Vorform dieses Buches von 1977, aber auch aus den späteren Bearbeitungen herausgewachsen. Eine neue Elterngeneration und wache, suchende Kinder forderten mich heraus und regten mich zu einem neuen Aufbruch an. Der veränderte Titel «Zur Hoffnung erziehen» soll dies zum Ausdruck bringen.

Der ganze Themenkreis des Buches ist im ausführlichen Inhaltsverzeichnis gut zu überblicken. Es ist mir wichtig, dass die Kapitel auch einzeln lesbar und einzeln verständlich sind, sodass für Eltern und alle Erziehenden, aber auch im Hinblick auf die Vorbereitung von Kursen nicht immer das ganze Spektrum im Blickfeld stehen muss. Es geht auch nicht um Vollständigkeit! Zu fast allen Themen aber ist in den Kapiteln selbst von Büchern die Rede, die sich an die Kinder direkt wenden.

Ich habe meinem Buch eine doppelte Widmung vorangestellt. Die Freundschaft mit Kara und Wolfgang Huber bereichert mich seit unserer gemeinsamen Heidelberger Zeit, d.h. seit über 25 Jahren. Kara Huber leitet heute die Evangelische Schule in Potsdam, Prof. Dr. Wolfgang Huber ist Bischof der Evangelischen Kirche in Berlin-Brandenburg; Arbeit und Verantwortung beider sind mir nahe; es ist für mich ein großer Wunsch, mit diesem Buch die gleiche Hoffnung weiterzugeben, von der auch sie getragen sind. – Die evangelisch-reformierte Kirchgemeinde Stäfa am Zürichsee ist der Ort meiner heutigen kirchlichen Beheimatung. Hier lebe ich gerne, nach längeren Lebensstationen in Heidelberg und in Bern. Hier konnte ich, durch die Ausübung eines Amtes, auch «hinter die Kulissen» blicken; ich erlebe die Gemeinde als tragendes Element und bin dankbar dafür.

Für die Erarbeitung des Buches habe ich großen Dank auszusprechen. Ich denke zunächst an die Zeit vor 30 Jahren zurück: als junge Frau mit kleinen Kindern, eben erst am Ende meines Germanistik-Studiums, ermunterten mich die bahnbrechenden Theologinnen Marga Bührig und Else Kähler zu einer ersten Auseinandersetzung mit den Fragen der religiösen Erziehung, die mich nicht mehr losließen. Vor allem Prof. Robert Leuenberger von der Universität Zürich vermittelte mir dann die notwendige und faszinierende theologische Weiterbildung. In einem Arbeitskreis des Comenius-Instituts (Münster, Westf.) empfing ich nach unserem Wechsel nach Heidelberg völlig neue Einblicke und Kontakte in Deutschland.

Im Hinblick auf das vorliegende Buch hat Susanne Reich-Walter, Winterthur, mich vorerst anhand sorgfältiger Bemerkungen zum «alten» Buch «Erziehen zur Hoffnung» zu Änderungen angeregt. Sie konnte nicht ahnen, dass mir selbst diese Änderungen bald nicht mehr genügen würden, sodass ich alles neu konzipierte und schrieb. Die Gespräche mit zahlreichen Menschen – in der Schweiz, in Deutschland, in Rom – waren dabei hilfreich. Für ein außerordentlich sorgfältiges und kritisches Durchsehen des Manuskripts, dem Korrekturen und Veränderungen folgten, danke ich meiner Freundin Lore Keller-Götschi, Allschwil. Verena Burkhardt, Bern, hat das Ganze in freundschaftlicher Verbundenheit nicht nur am Computer verarbeitet, sondern auch inhaltlich mitbegleitet. Werner Blum und Wolfgang Kasprzik vom Theologischen Verlag Zürich und Renate Schupp vom Verlag Ernst Kaufmann haben in dankenswerter Weise von Seiten der Verlage Pate gestanden. – Der größte Dank aber gilt meinem Mann Alfred Schindler. Er hat nicht nur meine Kurs- und Vortragstätigkeit, bis hin zu aufopfernden Chauffeur-Diensten, über Jahrzehnte unterstützt und mitgetragen, sondern bei der Fertigstellung dieses Werkes aus vollster Überzeugung mitgearbeitet. Er ließ sein universitäres Feld der Kirchengeschichte eine Zeit lang brachliegen, um mir mit aufbauender Kritik zu helfen. So möchten wir dieses Buch, auch im Hinblick auf die werdenden Familien unserer Kinder, als gemeinsames Werk betrachten.

Regine Schindler, Uerikon-Stäfa, Herbst 1998

Eine persönliche Hinführung

Drei Kinder winken uns zu. «Kommt doch, schaut!» Kinder, die wir nicht kennen. Drei Kinder auf der Insel Ufenau mitten im Zürichsee. Sie stehen vor dem vergitterten Fenster, das sich im kleinen Anbau der Inselkirche findet. «Kommt, schaut!» Ich weiß, worauf sie zeigen. «Die waren schon da, als ich so klein war wie ihr. Auch wir riefen damals: Kommt, schaut! Man hat den Friedhof auf der Insel schon lange ausgegraben und die uralten Schädelknochen hier im Beinhaus aufgebaut.» Die Kinder staunen mich an, starren wieder durchs Gitter. Atmen tief. «Und die andern Knochen und das Grab des Ritters? Wie kommt man denn in die Kirche?» Das Fragen hört nicht auf. Für Antworten ist kaum Raum. Die Kirche aber ist geschlossen. «Man könnte den Schlüssel holen im Gasthaus – und ihr könntet etwas sehr Schönes sehen: den heiligen Christophorus, er trägt das Kind über den ...» Ich werde unterbrochen: «Heilig, sagst du?» Der kleine Junge staunt. «Heilig», fällt das größere Mädchen ein. «Heilig, das sag ich dir, heilig ist gar niemand außer Jesus, das weiß ich.» «Heilig, ja, und oben ist dieser helle Kreis, wie ein Teller», fügt die Schwester hinzu. «Und leuchtet!» «Du meinst den Heiligenschein?»

Das Gespräch auf der abendlichen Insel ist schon vorbei; die Kinder sind plötzlich verschwunden – sie sind wohl ihren Eltern nachgerannt, in ein Boot gestiegen, während wir langsam zum Dampfersteg gehen. Aber es hallt auf dieser Insel, die dem Kloster Einsiedeln gehört und die in aller Kleinheit zwei Kirchen auf ihren Nagelfluhfelsen trägt; zwei Sätze hallen in mir nach: «Kommt, schaut!» – und «Nur Jesus ist heilig.» Ist hier christliche Religion eine Selbstverständlichkeit? Tote Gebeine üben eine Faszination aus; Neugier und Scheu gegenüber dem Jenseitigen haben sich für die Kinder eingestellt. Interesse für eine Kirche, dieses Kommen und Staunen, das Nachdenken über «Heiliges» – ist das Religion? Ist an diesen Kindern ein Stück religiöse Erziehung geschehen? Wie? Durch wen?

Ich denke zurück an meine früheste Kindheit. Da stand auf dem Bücherbord eine grüne Figur aus Bronze, jener sitzende sehr schöne

16

Mann auf der Lotos-Blüte, die Beine übereinandergeschlagen, nein, kunstvoll ineinander verschlungen, die eine Hand nach oben offen, die andere Hand über das Knie herabhängend, ein kunstvolles rundes Haarkrönchen auf dem Haupt, dann dieses Lächeln, geheimnisvoll und friedlich – und ein langes Ohrläppchen, als würde der Mann vor allem horchen, nach innen hören und dabei die Augen schließen. «Er stammt aus Burma, 14. Jahrhundert», sagte der Vater. Ich wusste schon früh aus Erzählungen, dass der sitzende Mann Buddha heißt, dass er in der Stille über die Befreiung vom Leiden nachdenkt, meditiert; ich lernte schon als Kind anhand dieses Bildes das geheimnisvolle Wort Nirwana kennen und ahnte: Das ist wie der Himmel, aber doch ganz anders. Gelassenheit – diesen Begriff würde ich erst viel später mit dem Buddha verbinden. «Ist er ein Gott?» fragte ich als kleines Kind. Der Vater schüttelte den Kopf. «Ein Prophet, ein Heiliger?», fragte ich etwas später. Religion ohne Gott – war das möglich? «Weit weg, fast auf der andern Seite der Erde», antwortete man mir. Im Museum zeigte mir der Vater andere Buddha-Statuen. Die Faszination aber blieb; eine leichte Beunruhigung durch das Fremde, Erhabene empfand das Kind nicht als Bedrohung, viel eher als Anregung! – Ist Buddha für heutige Kinder näher gerückt?

Auf völlig andere Weise führt mich die kleine Enkelin zurück in meine eigene Kinderzeit. «Mond, Mond», sagt sie und zeigt in der Nacht, die heraufgestiegen ist, auf die große Kugel über dem See. Ihr Wortschatz ist noch klein. Wann wird sie das Lied vom Mond, das ich als erstes von meiner eigenen Mutter lernte, verstehen? Wann wird sie die Worte vom Mond, der aufgegangen ist, mit Gott, dem Schöpfer, in Verbindung bringen? Wie ich als kleines Kind? «Verschon uns, Gott, mit Strafen», wird sie singen. Von «eitel armen Sündern» wird sie im gleichen Lied hören. Sie wird fragen: Hat denn Gott mit Strafe, mit Schuld, mit dem Bedrohlichen in der Welt zu tun? Wann wird sie ahnen, dass der christliche Gott auch in menschlicher Verstrickung gegenwärtig ist? Auch unsere christliche Religion voller Rätsel? Vieles werde ich noch lange nicht erklären können. So dringe ich statt eines Gesprächs mit der Zweijährigen lieber schnell zum Ende des Liedes vor: «Und lass uns ruhig schlafen – und unsern kranken Nachbarn auch.» Der kranke Nachbar würde wichtiger als die Strafe? Nächstenliebe und dann die Gestirne als Brücke zu Religion? Dieser Mond, der auf unbestimmte Weise mit Gott zu tun hat?

17

Nochmals in die vergessene Kindheit ins Jahr 1946: Ein jüdischer Studienfreund der Mutter und seine Frau Maria sind zu Besuch. Er erzählt: «Nur abends beim Dunkelwerden konnte ich den kleinen Stall beim Bauernhaus verlassen. Ich wurde zur gebückten Bauernfrau gemacht, ein Kopftuch umgebunden. Nein, die Bauern verrieten uns nicht. Maria war ja nicht Jüdin, konnte holländisch, half den Bauern.» Ganz langsam begannen damals wir Kinder, die um den Tisch saßen, etwas zu ahnen von einem jüdischen Schicksal, von einem nur knapp bewahrten Schicksal, das später mit einer neuen Existenz in Israel weiterging. Daneben entstand eine Ahnung, dann ein Wissen, nachdem Fragen Abgründe aufgerissen hatten: Der Gedanke an die Millionen dieses Volks, die umgebracht worden waren. Damals noch nicht unter dem Stichwort «Holocaust». Gewisse Namen sprach die Mutter immer nur flüsternd aus, und wir wussten plötzlich warum. Die Menschen, die zu diesen Namen gehörten, lebten nicht mehr.

Juden waren sie – das hatte doch mit Religion zu tun? Ein Arier-Nachweis, der Nachweis der getauften Vorfahren musste erbracht werden – das erfuhren wir später. Taufe oder Nicht-Taufe, heilige Handlungen, die über das Schicksal entschieden? Was die Eltern von «Rasse» erzählten, konnten wir Kinder damals nicht verstehen. Und dennoch: Fast gleichzeitig gab es in unserer Heimatstadt Zürich friedliche Straßen, in denen man die Juden des öftern sah: selbstverständlich und doch etwas fremd, einige mit Schläfenlocken, großen schwarzen Hüten oder auch nur mit jenem kleinen Käppchen als Zeichen. Es dauerte lange, bis ich eine Synagoge von innen sah. Es war ein kleines Wunder, dass wir später auch der Bar-Mizwa eines jüdischen Jungen beiwohnen durften: eine Art Konfirmation, bei der der Junge selbst aus der Schrift vorlas und die Festrede hielt.

Das fremde Volk und seine Religion rückten näher, wurden heutig, zogen uns hinein in Mitfreude, aber auch in weit zurückliegende Mitverantwortung. Jesus war doch Jude? Wie gehen wir damit um? Heute völlig anders als in der Nachkriegszeit?

Nochmals denke ich zurück. Diesmal anhand eines vergilbten großen Buches: «Indien», 1928, das ich noch heute besitze. Mir ist, als hörte ich dazu die Stimme meiner Großmutter erzählen und sie auf die Bilder zeigen: Da war der Gott Shiva, tanzend, mit vielen Armen, grausamen und liebevollen Armen. Da war der Kindergott Ganesha mit seinem Elefantenkopf – wir liebten ihn. Dann gab es Vishnu und die unheimliche Göttin Parvati, die mit dem Tod zu tun hatte – und Brahma; er war der Oberste, dessen Namen die Großmutter mit besonderer Verehrung aussprach. Dass zu jener fremden Religion, dem Hinduismus, Kasten gehörten, aus denen man nicht ausbrechen konnte, wurde uns als Jugendlichen zur bedrohlichen Frage: Wie waren Religion und soziale Gerechtigkeit zu verbinden? War es vielleicht gerade diese Frage, die uns begierig zuhören ließ, als wir von Mahatma Gandhi hörten? «Natürlich ist er ein richtiger Inder», sagte der Vater. «Aber auch das Neue Testament ist für Gandhi ein heiliges Buch, ein sehr wichtiges – und er hat sich für einen einzigen Schweizer interessiert: Pestalozzi!» Wie gehörten Politik, Gesellschaftsordnung, Pädagogik, Religion zusammen? Was hatten pittoreske Gottesbilder, faszinierende Zeremonien in Benares, ausgemergelte indische Kühe miteinander zu tun? War das alles Religion?

Japan 1988: Ein Shinto-Schrein in Kyoto: Wunderbare Proportionen, geschwungene rot gestrichene Torbogen, Priester in seidenen Kimonos, die mit gemessenen, kontrollierten Schritten den Kiesplatz überqueren. Dann junge Eltern, immer mehr, Mütter und Väter im Sonntagsstaat, die Männer meist in dunklen Anzügen, die Frauen in Kimonos. Shichi-Go-San heiße dieses Fest, zu dem uns eine christlich-japanische Religionslehrerin führt. Die Kinder werden sieben – fünf – drei Jahre alt, das bedeutet der merkwürdige Name. Die Kinder sind wunderbar herausgeputzt, werden hereingeführt, die kleinsten in kostbaren Kimonos auf Vaters Arm getragen. Sie werden angemeldet, in Listen eingetragen, es wird für sie bezahlt – ist es die Tempelsteuer? Danach erhalten sie einen Spruch, wunderbar auf weißem Band geschrieben, sie sind jetzt gesegnet, geweiht. Scherzend, mit bunten Bändern und Geschenken verlassen die Familien den heiligen Bezirk wieder, nachdem in Fotos alles festgehalten wurde. Glücklich, verändert? Soll das Heiligtum das Leben sicherer machen, offener? Was denken sich diese Shichi-Go-San-Kinder? Werden sie weiterfragen, später selbst den Schrein besuchen? Gehen sie eher zum buddhistischen Tempel ganz in der Nähe? «Dort beten sie bei einem Kinderwunsch, sie bringen Geschenke, hängen Zettel mit Wünschen an die kleinen Buddha-Figuren, beten für die verstorbenen Kinder, vor allem für die abgetriebenen.» Die erklärende Stimme hat sich gesenkt, als schäme sie sich für ein ganzes Land, für die Menschheit schlechthin.

1998: Torfstraße, Berlin-Wedding: Vielleicht sind sie dunkler, lockiger als die andern Jungen. Auch drahtiger und schneller, wie sie auf der Straße ihren Fußball hin- und herkicken, sich nicht stören lassen durch Autos, die Parkplätze suchen – eigentlich eine ganz berlinische Umgebung, neben einem der vielen fast ländlichen Kanäle, im Hintergrund diese Silhouette von Berlin: der Alexanderturm mitten drin – wie ein überdimensionales Minarett. Die Kinder sprechen deutsch miteinander, aber nicht mit ihren Müttern, die gelegentlich in Gruppen zusammenstehen, an ihren Kopftüchern erkennbar. Auch ein deutscher Junge gehört zur Gruppe; er ist hier ein Sonderfall; am letzten Sonntag hat er in der St. Josephskirche seine Firmung erlebt; er heißt Jochen. Leid tun mir die Mädchen – nur die kleinsten gehen ohne Kopftücher; die größeren werden immer früher als ihre Brüder nach oben in die engen Wohnungen gerufen. Schonraum, Gefängnis; sie müssen helfen; die gläubigen Eltern haben Angst um ihre Töchter.

«Nenn uns nie Mohammedaner», hatte mir der junge türkische Geiger, der bei uns lebte, vor Jahren eingeschärft. «Mohammed ist kein Gott oder Gottes Sohn, zu dem wir beten wie ihr zu eurem Christus. Allah ist unser Gott und euer Gott. Er ist der gleiche.» Der gleiche? Warum gibt es denn Glaubenskriege?

Wenn ich an meine Schulzeit zurückdenke, da waren die Mohammedaner, und man nannte sie auch so, fern, gehörten zum Geografieunterricht. Wir hörten auf einer Grammofonplatte die faszinierende Stimme eines Muezzin, der in einer orientalischen Stadt mit magisch anmutendem Singsang fünfmal täglich vom Minarett ruft und die Menschen über die Dächer und Plätze hinweg an ihre Gebetszeiten erinnert. Melodisch, monoton, friedlich. – Wo beten die Menschen, die zum Islam gehören, hier, in Wedding; verstecken sie sich? Wann besuchen die Kinder die Koran-Schule? Ich hoffe, der frisch gefirmte Junge wisse es, er rede mit den türkischen Freunden. Nein, keine Grammophonplatte mit der Stimme des Muezzin wünsche ich ihm, nicht in erster Linie jedenfalls. Ich wünsche ihm gegenseitige Toleranz und einen Dialog, auch Neugier für die Freunde ... Für ihren Gott, für unseren Gott.

Mit den hier geschilderten, sehr persönlichen Erlebnissen, in denen es um die Begegnung des Kindes mit Religion, mit Religionen geht, soll am Anfang dieses Buches über die *christliche* Erziehung sehr deutlich gesagt sein: Wir leben nicht auf einer Insel. Die anderen Religionen sind präsent, mehr oder weniger nahe. Kinder dürfen, sollen, müssen über diese anderen Religionen etwas erfahren, danach fragen, mit «Andersgläubigen» Kontakte haben. Neben Situationen, die es im Alltag – man denke an Berlin-Wedding – für ein kostbares Gespräch zu nutzen gilt, steht heute eine Fülle hilfreicher Literatur zur Verfügung, von kindgemäßen Sachbüchern über hervorragende Jugendbücher, in denen Kinder nichtchristlichen Glaubens eine wichtige Rolle spielen, bis hin zu spannenden Darstellungen oder Nachschlagewerken, die uns Erwachsenen das Beantworten von Kinderfragen erleichtern, wenn wir – hoffentlich! – zu Mitfragenden geworden sind.

Religionen, die Antworten geben auf die Frage nach dem Sinn des Lebens, auf das Fragen nach den Grenzen des Lebens und dem Glauben, auf die Frage nach dem «Heiligen», sind heute, auch wenn sie von weit her kommen, nicht mehr leichtfertig als exotischer Aberglaube zur Seite zu schieben. Die Suche nach Religion aber ist in unserem technisierten, auch bedrohlichen Zeitalter, in dem die Zukunft der Erde und des Menschen alle rund um den Erdball angeht, besonders groß.

Zuallererst aber brauchen Kinder die Verwurzelung in *einer* Religion als Grundlage für ihre Geborgenheit und ihren Glauben – und als notwendige Grundlage für die *Toleranz*, auch um ihr grundsätzliches Interesse für andere Religionen zu entwickeln. In einem Haus, in dem man sicher ist und sich wohl fühlt, öffnet man Türen und Fenster ohne Angst. Religionen dürfen Kindern nicht wie in einem Selbstbedienungsladen angeboten werden, als wären sie Kleider, die schnell übergeworfen oder abgelegt werden könnten.

Die Religion, um die es mir in diesem Buch geht, ist die *christliche* Religion, in deren Tradition wir in Europa grundsätzlich stehen. Das Haus aber, das mir zum Bild geworden ist für Geborgensein oder Beheimatung in der Religion, ist groß und hat viele Wohnungen, auch mehr als eine Türe. Vielleicht treten wir als Reformierte, als Lutheraner, als Katholiken durch verschiedene Eingänge ein, begegnen uns aber im Innern beglückt, im Bewusstsein, dass wir innerhalb derselben Mauern und unter dem gleichen Dach leben. Gerade im Hinblick auf die Kinder, die in Mischehen aufwachsen, ist dies von größter Bedeutung. Dass in diesem Haus auch Menschen «fremder» Religionen willkommen sind, scheint mir selbstverständlich; wir wollen ihnen zuhören und sie sicherlich nicht bekehren. Ich möchte auf dieses Haus – mit seinen offenen Fenstern und mehreren Türen – zeigen, zu

großen Festen einladen, auch jene, die sich – vielleicht als erklärte A-
theisten – vor Mauern fürchten. Ich vermute, auch sie tragen den
Wunsch nach Beheimatung und eine nur scheinbar verschüttete Tradition in sich.

Den Mädchen, die uns auf der Insel Ufenau im Vorbeigehen mit
Bestimmtheit und offenen Augen sagten: «Nur Jesus ist heilig», würde ich nicht direkt widersprechen; der knappe Lehrsatz scheint mir
aber kurzschlüssig, dogmatisch, angelernt. Ich würde das Gespräch
mit solchen Kindern weiterführen, offener gestalten, zurückfragen,
vieles erzählen und gemeinsam erleben – und so einen hoffnungsvollen Weg innerhalb der *christlichen Religion* zurücklegen unter dem
Motto: «Kommt doch und schaut!»

Literatur (Auswahl): Becker, Antoinette; Niggemeyer, Elisabeth: *meine Religion, deine
Religion*, Otto Maier Verlag, Ravensburg, 1. Aufl., 1982. – *Geschichten vom Himmel und der
Erde*, eine Sachbilderbuchreihe, die Kinder ab 7 Jahren in die Religionen der Welt ein-
führt, 10 Bände, Verlag E. Kaufmann, Lahr, 1994–1997. – Schwikart, Georg: *Julia und
Ibrahim*. Christen und Muslime lernen einander kennen, Patmos, 1995. – Wagemann,
Gertrud: *Feste der Religionen – Begegnung der Kulturen*. Ein Buch für Erwachsene, Kösel,
1996. – Tworuschka, Udo und Monika, Illustr. Pfeffer, Rüdiger: *Die Weltreligionen Kindern erklärt*. Wie andere leben – was andere glauben, Gütersloher Verlagshaus, 1996. –
Clément, Catherine: *Theos Reise*. Roman über die Religionen der Welt, aus dem Französischen, Carl Hanser Verlag, 1998.

I

ZUR HOFFNUNG ERZIEHEN

1. Von Gott reden in einer veränderten Welt

1.1 Die große Welt – das kleine Kind

Die Welt heutiger Kinder ist groß und weit, auch ungeschützt und bedrohlich, denken wir nur an die Gefährdung schon kleiner Kinder durch eine verseuchte Umwelt. Denken wir an die gewalttätigen Auseinandersetzungen unter Schulkindern, an die Versuchungen der Drogenwelt. Durch Probleme, die die ganze Welt betreffen, aber auch durch die Massenmedien sind wir trotz der Größe dieser Welt näher zusammengerückt, Menschen rund um den Erdball, Erwachsene und Kinder. Die Welt: ein Dorf, in dem Unsicherheit und das Beobachten rasanter Veränderungen alle verbindet – und auch in bedrohliche Konkurrenz führt.

Ein kleines Wesen, das lacht und weint, wird in diese Welt gesetzt, von der es vorläufig nichts sieht und spürt als die Liebe seiner Eltern, deren Hoffnung auf ein gutes Leben im ersten Lächeln des Kindes aufleuchtet. Es ist die Hoffnung, aus der heraus ein Kind ersehnt und erzeugt wurde. Eine Hoffnung, die immer wieder trägt – und immer wieder gefährdet ist.

In angelernten und überlieferten Bräuchen und Formen religiöser Erziehung aber spiegeln sich oft eine vergangene Zeit und alte Familienstrukturen. Es sind liebenswerte Formen und Rituale dabei, die man bewahren möchte und auch teilweise weiterbewahren kann. Dennoch müssen wir zusammen mit den Kindern über unsere veränderte Welt nachdenken – und Konsequenzen ziehen. Es ist klar: In früheren Jahrhunderten gab es «Kindheit», abgesehen vom Kleinstkindalter, nicht. Philippe Ariès hat in seinem berühmten Buch «Geschichte der Kindheit» (französisch 1960, deutsch 1975) wichtige Stationen einer Kindheitsgeschichte aufgezeigt. Das Kind wurde zwar entdeckt, und seiner Entwicklung wurde in schulischen Einrichtungen, in entsprechender Literatur und im familiären Verhalten Rechnung getragen. Gleichzeitig fand im letzten Jahrhundert eine Abschottung der bürgerlichen Familie und eine «Verschulung» statt; mit der letzteren wurde die Verantwortung für die Kinder weitgehend einer wohlorganisierten Öffentlichkeit übertragen. In gewisser Weise wirkte dies auch als Einschränkung des Familienlebens. Heute kommen die Medien und neuen technischen Hilfsmittel dazu: Kinder treten früh in die Erwachsenenwelt ein – nicht unbedingt in jene der Eltern und Großeltern – und werden wie in sehr vergangenen Zeiten zu «kleinen Erwachsenen». Ist dies «das Ende der Kindheit»? Oder kann es auch als positive Öffnung gesehen werden?

In Gebetstexten, die Kinder, angeregt durch «Mein Büchlein vom Beten», selbst geschrieben haben, kommen gewisse Aspekte unserer veränderten Welt neben den Bedürfnissen der Kinder deutlich zum Ausdruck. Ich habe die 1400 Gebete ausgewertet und viele davon unter dem Titel «Was Kinder von Gott erwarten» als Buch publiziert. Diese Kinder geben ihrer Angst vor dem Krieg Ausdruck, aber sie erzählen auch, oft erstaunlich informiert, von sozialen Problemen der sogenannten «Dritten Welt» oder auch von den Schwierigkeiten der Fremden unter uns. Es zeigt sich: Kinder sind nicht nur zu Beobachtung und Teilnahme fähig, sondern auch zu konkreter Hilfe, zum Zuhören, zur Fürbitte.

Dass sie Kindern mit anderer Hautfarbe, anderer Sprache und anderer Religion in der eigenen Wohnsiedlung oder Schulklasse begegnen, ist – mindestens in städtischen Verhältnissen – alltäglich. Auch dies bringt die Notwendigkeit mit sich, über eine bis in unsere Zeit selbstverständlich praktizierte, vielleicht allzu gewohnte religiöse Erziehung neu nachzudenken. Nicht nur die Herausforderung, dass sich Fremde unter uns heimisch fühlen und akzeptiert werden sollen, sondern auch die Herausforderung, sich mit ihrer ganz anderen Religion auseinanderzusetzen, ist dabei wichtig und führt zu einer neuen Standortbestimmung. Dies ist unbequem, und es wird unmöglich, christlich zu erziehen, nur «weil es immer so war». Wir werden als Erziehende zu einer Rückbesinnung auf die Wurzeln des Christentums, auf die Bibel, auf die Frage nach einer christlichen Toleranz geworfen. Kinder dürfen spüren, dass wir als Erwachsene selbst an harte Grenzen stoßen – wir müssen sie hineinnehmen in unsere Suche nach Orientierung und nach Lösungen.

Auch das Thema «Umwelt» wird in den von Kindern geschriebenen Texten immer wieder angeschnitten. «Ich bin ein Umweltfreund», schreibt ein Junge. Viele andere Kinder möchten sich diesem Bekenntnis anschließen. Die Liebe zu Tieren und Pflanzen, auch die Sorge um die Erde wächst in den Kindern fast von alleine; sie ist eines ihrer wichtigsten Anliegen. Diese Sorge aber erhält schnell eine religiöse Dimension, indem die Natur mit Gott, dem Schöpfer dieser Dinge, in Zusammenhang gebracht wird.

Sowohl die Sorge um die Umwelt als auch die guten Informationen über die «Dritte Welt» und über Asylantenprobleme lassen erkennen, wie sehr schon kleinere Kinder durch Massenmedien orientiert, *auch im positiven Sinn* beeinflusst werden können. Es wäre verfehlt, das Fernsehen in Bausch und Bogen zu verdammen, um Kinder wohlmeinend wiederum abzuschotten. Es geht um das richtige Maß – und um eine Gesprächskultur der Erwachsenen, die das Gesehene und Gehörte mit den Kindern verarbeiten. Gerade Müttern und Vätern ist darum unmerklich eine neue Aufgabe zugewachsen.

Dass Kinder selbst immer wieder die Initiative ergreifen, das Elend der Welt von einer – kindlichen – Schöpfungslehre her zu hinterfragen oder im Zusammenhang mit der Armut in der «Dritten Welt» nach Gottes Gerechtigkeit zu fragen, eröffnet eine Chance religiöser Gespräche. Wir werden dabei als Erwachsene nicht nur herausgefordert, sondern müssen den Kindern gegenüber immer die Ohnmacht der Menschen und die Rätselhaftigkeit Gottes eingestehen.

1.2 Versteckte Probleme

Andere «heutige» Probleme bedrängen die Kinder, kommen aber in ihren Gebetstexten nur sehr selten oder nur indirekt zur Sprache. Man könnte sie die «versteckten Probleme» nennen. So sind Kinder heute von einem ausgesprochenen *Konsumverhalten* geprägt. Am Fernseher, am Computer, im Zusammenhang mit der ganzen Automatisierung der Umwelt erleben sie die Machbarkeit von Vorgängen, die in kindlichen Augen an Wunder grenzen. Wenn schon die Menschen *alles* können, was sollte Gott unmöglich sein? Unsere Konsumgesellschaft trägt also das Ihre dazu bei, dass Gott gegenüber oft eine fordernde Haltung, die ihn als gut funktionierenden Erfüller ausgefallener oder unmöglicher Wünsche sieht, eingenommen wird. Einzelne Gebete, die sich Kinder ausdenken, werden dann zu absurden Wunschlisten, in denen das Verlangen nach technischem Spielzeug oder gutem Wetter für den Geburtstag in bunter Folge abwechseln. Ich halte es für wichtig, Kinder zwischen Medien, Konsumverhalten und Technik zu gesunder Wahrnehmung und Mäßigkeit zu erziehen.

Interessanterweise schreiben Kinder selbst in den erwähnten Gebetstexten nur selten von den heute verbreiteten *neuen Familienformen*, z.B. den sogenannten «Patchworkfamilien», von allein erziehenden Müttern oder gar streitenden oder geschiedenen Eltern. Grundsätzlich werden die Eltern von ihren Kindern praktisch immer in Schutz genommen – bis hin zu alkoholsüchtigen Müttern oder Vätern, die schonungsvoll «gedeckt» werden. Der Wunsch nach perfekten oder harmonischen Eltern rückt meist alle unerfreuliche Realität in den Hintergrund.

Dennoch stellen unvollständige oder unkonventionelle Familienformen Kinder oft auf harte Proben und machen es unverantwortbar, beim Erzählen, Beten oder Feiern ein traditionelles Familienbild vorauszusetzen, so viele Kinder sich dies wünschen und bis zu einem gewissen Grade auch brauchen.

Andererseits darf – im Hinblick auf die religiöse Erziehung – nicht nur über die negative Seite neuer Familienformen gejammert werden. Möglicherweise leiden zwar einzelne Kinder unter einer unvollständigen Familie oder der Überbeanspruchung beider Eltern. Häufig aber geht gerade mit der modernen Entwicklung auch ein großer Gewinn einher: Die Erziehung ist heute weit weniger als noch vor zwanzig Jahren reine Muttersache. Berufstätige Mütter sind gesellschaftlich akzeptiert und meist zufriedener als die «Nur-Hausfrauen». Väter, die mit ihren Kindern Bilderbücher anschauen, sie füttern und ins Bett bringen, auch mit ihnen beten, sind erfreuliche und wünschenswerte «Neuerscheinungen» auf dem Markt der erzieherischen Möglichkeiten, ohne dass – wie im 18. Jahrhundert – der «Hausvater» die geistige und geistliche Erziehung seiner Kinder wieder voll übernähme.

1.3 Gottesbild – Frauenbild

Zu unserer veränderten Welt gehören nicht nur neue Familienformen. In besonderer Weise geht es um ein neues Frauenbild, um ein neues Frauenbewusstsein und um ein neues, von Frauen mitgeprägtes Gottesbild.

Obwohl Gott als alter Mann mit Bart, auch als kontrollierender Übervater scheinbar längst «abgeschafft» ist, ist nicht nur die Literatur, sondern unser ganzes Bewusstsein immer noch stark geprägt von einem männlichen Gottesbild. Texte wie das «Vaterunser» oder die Geschichte vom verlorenen Sohn, in der Gott im barmherzigen *Vater* – ohne Mutter – gesehen wird, möchte man auch heute nicht missen, wird aber bemüht und froh sein, auch darin die weiblichen Eigenschaften Gottes, auch die weiblichen Eigenschaften Jesu durchschimmern zu sehen und gerade Kindern gegenüber wichtig werden zu lassen. Dabei werden wir biblische Geschichten nicht grundsätzlich ändern, bis die Bibel als Quelle unerkennbar wird; wir werden aber das Zeitgebundene *und* das Zentrale einer Geschichte ergründen wollen. Im Vater des «verlorenen Sohnes» werden wir also vor allem seine Liebe, die Vergebung, die offenen Arme, in denen der Heimkehrer Geborgenheit findet, entdecken – nicht seine Männlichkeit.

Dem Aufbruch der Frauen zu einem neuen Bewusstsein, auch der feministischen Theologie, wie ich sie verstehe, ist hier viel zu verdanken. Nicht nur die wissenschaftliche Theologie, sondern gerade auch die kirchliche Praxis wird durch die engagierte Anwesenheit von Frauen verändert und geprägt. Dies trägt wesentlich zu einer Veränderung des Gottesbildes bei.

So wird Gott heute als Mutter, auch als «Geistin» neu gesehen. «Gott ist wie eine Mutter» – ein Satz, der schon für kleinste Kinder in der zärtlichen Umarmung der Mutter Gott erfahrbar und nahe erlebbar macht. Allerdings darf dabei die neue Zärtlichkeit moderner Väter nicht verleugnet werden. Würde man die zärtliche, eher weiche Seite Gottes ausschließlich mit mütterlichen Bildern verbinden, kämen wir zwar zu einem weniger autoritären, einem mütterlichen Gott, würden aber andererseits die festgefahrene Ansicht, alles Mütterliche sei zärtlich, alles Väterliche streng und fordernd, zementieren. Gerade im Hinblick auf das Vaterunser ist das Wissen um einen *gütigen* Vater, der auch Mutter ist, wünschenswert. In diesem Zusammenhang sind geschlechts-neutralere Tierbilder, wie sie sich in Psalmen und Liedern finden, hilfreich: «Wie ein Adler sein Gefieder» oder in Psalm 84: «Wie die Schwalbe die Jungen» in ihrem Nest, so behütet Gott uns Menschen.

> *Gott, du bist wie eine Mutter so warm.*
> *Du hältst mich fest in deinem Arm.*
> *Du bist stärker als ein Bär.*
> *Du kennst alles und noch mehr.*
> *Ich kann dich nicht sehen und nicht halten.*
> *Jetzt will ich für dich meine Hände falten.*
> *Ich bete:*
> *Du, guter Gott, verlass mich nicht.*
> *Gib mir Wärme, gib mir Licht.*
> *«Deine Welt ist schön und rund»*

Gott, bist du grau oder blau?
Bist du Mann oder Frau?
Hast du Augen zum Sehen
und Beine zum Gehen?
Bist du in Wolken und Wind?
Ist die Sonne dein Kind?
Wer bist du, unsichtbarer Gott?

«Deine Welt ist schön und rund»

Mit der feministischen Bewegung hat sich aber nicht nur das Gottesbild, sondern auch das Menschenbild geändert: Die Rolle der Frau,
die Befreiung der Frau – in der Bibel und in unserem Leben – wird
neu wahrgenommen. Auch die Beziehung der Frauen zu Kirche und
Religiosität hat sich verändert. Ein Frauenbild, das im Zusammenhang mit Religion und Kirche lange durch Unterordnung und erzwungene Bescheidenheit gekennzeichnet war, ist eindeutig nicht
mehr aktuell. Selbstständige mutige Frauen der Bibel werden vermehrt in den Vordergrund gerückt: Sara, Rebekka, Ester, Rut, Debora
... Die Frauen des Neuen Testaments werden von den männlichen E-
vangelisten zwar nicht als feste Gruppe von Jüngerinnen vorgestellt;
man muss sie darum sorgfältig, aber mit Freude und Gewinn aufspüren! In ihrer Selbstständigkeit und Zuversicht gewinnen sie Vorbild-
Charakter. Die tanzende Hanna, die Samaritanerin, die Frau mit dem
krummen Rücken, Maria und Marta, Maria Magdalena – sie sind
Hoffnungsträgerinnen, die mit einem neuen Frauenbild auch ein neues Gottesbild weitergeben.

1.4 Eine «Heile Welt»?

Von Gott reden in einer veränderten Welt? In einer gefährlichen Welt?
Einer Welt, in der es fernen Krieg und nahe Alltags-Gewalt, Bedrohung auf der Straße, aber auch Bedrohung im Schulalltag gibt? Eine
Welt, in der die Zukunftschancen gerade für jene Kinder, die einem
großen Leistungsdruck nicht standhalten können, schlecht zu stehen
scheinen? In den erwähnten Kindertexten jedenfalls findet das Gefühl
des Ungenügens, der Wunsch, vielleicht ein einziges Mal eine gute
Note zu haben, einen klaren Ausdruck.

Hat Gott in einer solchen Welt Platz? Oder wollen wir – durch das
Reden von Gott – eine heil-lose Welt auf bequeme Weise wieder in

Ordnung bringen oder mit Zauberhand verändern und in eine «Heile Welt» verwandeln, die es nur in den Köpfen der Menschen gibt, nicht aber in der Realität?

«Heile Welt»: Der Ausdruck wird gemäß Wörterbüchern heute nur noch als Bezeichnung einer «illusionären intakten Welt» gebraucht und ist eindeutig zu einer negativen Bezeichnung geworden, mit der auf journalistische Weise gewisse Bereiche ironisch beleuchtet werden, so etwa immer wieder die «Heidi-Welt» der Berge, auch Geschichten mit intakten Familienverhältnissen oder der Wunsch vieler Erziehender nach einem harmonischen Leben, das heute kaum noch Realität sei. Tatsächlich ist der Traum von einer «Heilen Welt», in der alles stimmt und in Ordnung ist, eine Illusion. In gewisser Weise aber war dies schon immer so: Die Welt der Menschen war noch nie – auch im positiven Sinn – eine «Heile Welt». Vor dem «Zeitalter des Kindes» hatten Kinder auf andere Weise zu kämpfen als heute. Sie mussten kleine Erwachsene sein: angepasstes Verhalten, zu frühes oder gar kein schulisches Lernen, Kinderarbeit, gegen die es in andern Ländern noch heute zu kämpfen gilt.

Andererseits war es früher einfacher, wohlbehütete Kinder abzuschirmen und ihnen eine fast biedermeierlich-heile Kinderwelt zu erhalten – gerade, wenn es um Religion ging. Dass Kinder noch heute als meistgebrauchte Gebetstexte Verse des neunzehnten Jahrhunderts angeben, nämlich «Ich bin klein, mein Herz mach rein, soll niemand drin wohnen, denn Jesus allein» oder «Lieber Gott, mach mich fromm, dass ich zu dir in den Himmel komm», deutet darauf hin, dass sich im religiösen Bereich die Illusion einer «heilen», auch «reinen» und «frommen» Welt länger erhalten hat als im rauen Alltag. Heute, in einer fast unendlich großen Welt, die mit der Technik auch in die Kinderzimmer kommt und mit Flugzeugen sofort zu erreichen ist, wird Abschirmung zur Illusion!

Es scheint mir darum wichtig, dass *auch* in der religiösen Erziehung die Welt als heutige, veränderte, sich immer verändernde Welt ernst genommen wird. Dass aber auch heute das Kommen Gottes die Welt verändern *kann*, bildet allerdings die Voraussetzung dafür, dass man überhaupt religiös erziehen und vom Glauben sprechen will. Damit ist die Kinderwelt keine illusionäre «Heile Welt», sondern eine Welt, die Gott in unser Denken und Handeln einbezieht – eine Welt, die mit dem «Heil» in einem tieferen Sinn rechnet. Mit dem Heil und mit der Hoffnung.

31

2. Hoffnung als Leitmotiv religiöser Erziehung

2.1 Gute Hoffnung

Im Begriff Hoffnung versuche ich die entscheidende Bereicherung, die unser Leben mit der Besinnung auf Religion, mit dem Fragen nach Gott erfährt, vorläufig zusammenzufassen. Was heißt denn Hoffnung?

«Hoffentlich regnet es morgen nicht!» – so sagen wir, wenn wir fürchten, es könnte regnen, wenn wir ganz besonders auf das Nicht-Regnen angewiesen sind. Wir erhoffen in diesem Fall etwas sehr Bestimmtes; die Wirklichkeit soll unseren Wünschen entsprechen, auch gegen die Wahrscheinlichkeit. Eine Enttäuschung ist sehr leicht möglich. Die Angst vor der Enttäuschung aber macht die Hoffnung, die in dem Wort «hoffentlich» ausgedrückt werden soll, praktisch zunichte. Solche ängstliche Hoffnung meine ich hier nicht; sie soll nichts mit religiöser Erziehung zu tun haben.

«Hoffen» bedeutet ursprünglich: «Aufspringen aus Gemütserregung». Das Wort ist mit «hopsen» und mit «hüpfen» verwandt. In der Jägersprache spricht man vom Hirsch, der «hofft»: Er stutzt, weil er etwas Unerwartetes («Unverhofftes!») gehört oder gesehen hat. Erst mit der Zeit erhielt das Wort «hoffen» die Bedeutung von «erwarten von etwas Positivem, Zukünftigem».

«Guter Hoffnung sein»: Schwangerschaft, die Vorfreude auf neues Leben, auf ein Kind ist Inbegriff des Hoffens; ein werdendes, ein neugeborenes Kind erfüllt mit Hoffnung, längst bevor die Eltern über «Zur Hoffnung erziehen» nachdenken müssten. Die Ankunft neuen Lebens, aber auch jeder Entwicklungsschritt des Kindes hat mit Hoffnung zu tun: Das erste Lächeln, die ersten Worte und die ersten Schritte, später überraschende Fragen oder Beobachtungen des Kindes: Sie sind Wunder, erfüllen mit Hoffnung, lassen nach einer höheren Macht fragen, die hinter allem steht.

Immer hat Hoffnung mit Bewegung, innerer oder äußerer, zu tun: Es geht nicht um einen Zustand, sondern um ein Wachbleiben – ein Wachbleiben wie beim Hirsch: wach für alle Anforderungen, jederzeit bereit zum Aufspringen, zum «Aufhüpfen». Solches Hoffen ist nicht auf eine ferne Zukunft ausgerichtet, sondern wachsam, reaktionsfähig für alles Gegenwärtige. Solches Hoffen macht lebendig, beweglich und aufmerksam.

Hoffen, das auf Unvorhergesehenes wartet, macht gleichzeitig still und konzentriert. Es ermuntert dazu, auch eine *leise* Botschaft zu hören. Die Hoffnung öffnet die Augen für das Unsichtbare. Nicht Schwärmerei, kein Fantasieren über eine jenseitige Welt ist vonnöten. Vorerst ist es ein Horchen und ein aufmerksames Schauen auf die vor uns liegende, dann auf eine andere Welt, die in unserer christlichen Religion mit der Verkündigung oder der Verheißung zu uns kommt. Wir müssen diese Hoffnungswelt nicht selbst produzieren. Sie ist – gerade mit einem kleinen Kind – schon da und verändert unser Leben zum Guten.

2.2 Hoffnung – Sara lacht

«Und siehe, es war sehr gut», heißt es in der Schöpfungsgeschichte. Darin steckt ein Hinweis auf Schönes und Gutes in der Gegenwart und der Zukunft. Das Wahrnehmen und Beobachten alles Positiven in der Natur, in der Schöpfung, ist schon für kleinste Kinder wichtig. Man sollte sie darin – als Erwachsene selbst begeistert – immer wieder anleiten. Das intensive Erleben der Jahreszeiten, deren Wechsel wie ein Wunder wirkt, erweckt Hoffnung; auch das Beobachten von Gestirnen, Pflanzen und Tieren: Sie können schon früh in ganz kleinen Gesprächen mit Gott in Zusammenhang gebracht werden.

Viel ausdrücklicher begegnet uns hoffnungsvolles Offenbarwerden Gottes in den Geschichten der Bibel, die wir vielleicht kennen und die wir den Kindern mit der Zeit erzählen. Im Alten Testament wäre an die Verheißung, die an Abraham ergeht, zu denken. «Und er führte ihn hinaus und sprach: Schaue den Himmel und zähle die Sterne – ob du sie zählen kannst? Und er verhieß ihm: So sollen deine Nachkommen sein. Abraham glaubte dem Herrn, und das rechnete er ihm als Gerechtigkeit an» (1 Mose 15, 5 – 6). Solche Verheißung Gottes verspricht eine positive Zukunft. Für Abraham bedeutet diese Zukunft: Er soll Nachkommen haben, so zahlreich wie die Sterne am Himmel. Dazu gehört auch die Geschichte von «Abrahams Gastfreundschaft» (1 Mose 18, 1–16). Gott kommt selbst zu Abraham und Sara. Er kommt völlig überraschend zu diesen alten Leuten, die hoffnungslos sind. Das Verheißene erscheint so absurd, dass Sara lacht. Sie zeigt in diesem Lachen ein ungläubiges Erschrecken; sie stutzt – man möchte sagen: Sie «hofft» wie der durch den Jäger aufgeschreckte Hirsch. Durch etwas ganz Unerwartetes ist sie in Bewegung geraten.

Mit einer neutestamentlichen Geschichte können wir uns und auch den Kindern Hoffnung in noch ganz anderer Weise vor Augen führen. Ich denke wiederum an das Gleichnis vom verlorenen Sohn (Lukas 15, 11–32). Wir erleben die ganze Hoffnungslosigkeit des »verlorenen» Sohnes, um dann umso überraschter zu staunen über diesen Vater, der «Erbarmen fühlt» mit dem Rückkehrer, ihm um den Hals fällt und ihn küsst. Dieser Überschwang ist ganz anders, aber ähnlich unerwartet, ähnlich unverdient wie die große Verheißung an Abraham und Sara. Ein Neubeginn kann folgen. Ausdruck dieses Neubeginns ist ein Freudenmahl: ein Fest, das alle bei Speise und Trank eng verbindet und auf eine positive Zukunft hoffen lässt. Auch der eifersüchtige Bruder soll «fröhlich sein und sich freuen». Ich denke beim Wort Hoffnung aber auch an zahlreiche sehr kleine Geschichten oder Bilder in der Bibel, so an die Lilien auf dem Felde, die wunderbar blühen, ohne dass jemand für sie sorgte. Sie werden zum Hinweis auf das «Reich Gottes», Inbegriff eines Hoffnungsbereiches, auf den wir uns freuen können, den wir aber nicht selbst schaffen müssen.

2.3 Hoffnung – wie Wasser in der Wüste

Wenn wir Hoffnung erleben, bleiben wir nicht beim Warten oder nur beim Zuhören stehen. Hoffnung wird – und dies gehört zu erlebter Religion – immer wieder sinnlich spürbar. Gleichzeitig gehören *Geheimnisse* zur Hoffnung. Die Hoffnung auf das Unsichtbare bleibt immer ein Stück weit erhalten. Das Leben mit wunderbaren Geheimnissen reicht bis zum Ende jeden Lebens, vielleicht bis zum Ende der Zeiten.

Die Hoffnung erfüllt sich bei Sara mit der Geburt eines Kindes, beim verlorenen Sohn mit einem Friedensmahl. Sie drückt sich aber für uns als Erwachsene wie für Kinder immer wieder auch in kleinen symbolischen Handlungen oder Gegenständen aus, die zum Hinweis auf sehr viel mehr werden.

Da tanzt ein kleines Kind nach der Musik aus der Spieluhr. Der Tanz ist scheinbar sinnlos. Ohne Zweck. Er ist noch unbeholfen. Doch er ist Ausdruck der Freude, Ausdruck eines Festes. Die Hände sind nach oben gestreckt, als ob sie eine Gabe empfangen könnten. Leichtfüßig ist die Gestalt: Die winzigen Füßchen haben noch keinen festen Stand. Aber ein Lächeln wie aus einer fernen Welt und eine rührende Konzentration machen das Tanzen nicht schwerfällig. Es ist ein Festtanz.

Auf völlig andere Weise als der Tanz kann das Wasser zum Hoffnungssymbol werden, sei es in der Taufe, sei es als «Wasser des Lebens» im Märchen oder auf wunderbare Weise in Saint-Exupérys ‹Kleinem Prinzen›:

Der Brunnen, den wir erreicht hatten, glich nicht den Brunnen der Sahara. Die Brunnen der Sahara sind einfache, in den Sand gegrabene Löcher. Dieser da glich einem Dorfbrunnen. Aber es war kein Dorf da, und ich glaubte zu träumen. «Das ist merkwürdig», sagte ich zum kleinen Prinzen, «alles ist bereit: die Winde, der Kübel und das Seil ...»

Er lachte, berührte das Seil, ließ die Rolle spielen. Und die Rolle knarrte wie ein altes Windrad, wenn der Wind lange geschlafen hat.

«Du hörst», sagte der kleine Prinz, «wir wecken diesen Brunnen auf und er singt ...»

Ich wollte aber nicht, dass er sich abmühte:

«Lass mich das machen», sagte ich zu ihm, «das ist zu schwer für dich.»

Langsam hob ich den Kübel bis zum Brunnenrand. Ich stellte ihn dort schön aufrecht. In meinen Ohren war noch immer der Gesang der Zugwinde, und im Wasser, das noch zitterte, sah ich die Sonne zittern.

«Ich habe Durst nach diesem Wasser», sagte der kleine Prinz, «gib mir zu trinken ...»

Und ich verstand, was er gesucht hatte.

Ich hob den Kübel an seine Lippen. Er trank mit geschlossenen Augen. Das war süß wie ein Fest. Dieses Wasser war etwas ganz anderes als ein Trunk. Es war entsprungen aus dem Marsch unter den Sternen, aus dem Gesang der Rolle, aus der Mühe meiner Arme. Es war gut fürs Herz, wie ein Geschenk. Genau so machten, als ich ein Knabe war, die Lichter des Christbaums, die Musik der Weihnachtsmette, die Sanftmut des Lächelns den eigentlichen Glanz der Geschenke aus, die ich erhielt.

«Die Menschen bei dir zu Hause», sagte der kleine Prinz, «züchten fünftausend Rosen in ein und demselben Garten ... und sie finden doch nicht, was sie suchen ...»

«Sie finden es nicht», antwortete ich ...

«Und dabei kann man das, was sie suchen, in einer einzigen Rose oder in einem bisschen Wasser finden ...»

«Ganz gewiss», antwortete ich.

Und der kleine Prinz fügte hinzu:
«Aber die Augen sind blind. Man muss mit dem Herzen suchen.»

Es geht hier nicht darum, dass das Wasser den konkreten Durst stillt. Es ist «etwas ganz anderes als ein Trunk». Das Wasser wird zum Hinweis auf ein neues Leben. Es ist Hinweis auf ein Fest; es ist *«gut fürs Herz»*; es erinnert an die Lichter des Christbaums. Und doch ist es nur «ein bisschen Wasser». Es ist ein kleines Zeichen für eine viel größere und schönere Wirklichkeit, ein Hinweis auf etwas Wunderbares, ein festliches Hoffnungszeichen.

2.4 Hoffnung – ein Pelzchen zum Weitergeben

Richtig verstandene Hoffnung bleibt kaum im Besitz eines Einzelnen. Sie lässt sich übertragen. Gemeinsam erst wird sie intensiv erlebt. Egoistisches Hoffen ist kein echtes Hoffen: Es ist einsam oder führt in die Vereinsamung. Auch das liebevolle Wachsein oder Aufhorchen andern Menschen gegenüber gehört dazu. So wird Hoffnung nicht zu einem in ferne Zukunft gerichteten Gefühl, sondern zu einem Schatz, den wir als Geschenk weitergeben, mit dem wir unsere Liebe bezeugen können. Hoffnung, so verstanden, würde die Menschen zu einer engen Gemeinschaft verbinden. Das amerikanische Märchen ‹Die kleinen Leute von Swabedoo› könnte dafür ein Symbol sein. Es fängt so an:

Vor langer, langer Zeit lebten kleine Leute auf der Erde. Die meisten von ihnen wohnten im Dorf Swabedoo, und sie nannten sich Swabedoodahs. Sie waren sehr glücklich und liefen herum mit einem Lächeln bis hinter die Ohren und grüßten jedermann.

Was die Swabedoodahs am meisten liebten, war, einander warme, weiche Pelzchen zu schenken. Ein jeder von ihnen trug über seiner Schulter einen Beutel, und der Beutel war angefüllt mit weichen Pelzchen. So oft sich Swabedoodahs trafen, gab der eine dem anderen ein Pelzchen. Es ist sehr schön, einem anderen ein warmes, weiches Pelzchen zu schenken. Es sagt dem anderen, dass er etwas Besonderes ist, es ist eine Art zu sagen: «Ich mag Dich!» Und ebenso schön ist es, von einem anderen ein solches Pelzchen zu bekommen. Du spürst, wie warm und flaumig es an deinem Gesicht ist, und es ist ein wundervolles Gefühl, wenn du es sanft und leicht zu den anderen in deinen Beutel legst. Du fühlst dich anerkannt und geliebt, wenn jemand dir ein Pelzchen schenkt, und du möchtest auch gleich etwas Gutes, Schönes tun. Die kleinen Leute von Swabedoo gaben und bekamen gern weiche, warme Pelzchen, und ihr gemeinsames Leben war ganz ohne Zweifel sehr glücklich und fröhlich.

Niemand von diesen kleinen Leute hat Angst davor, dass die Pelzchen ausgehen könnten, bis der grüne Kobold einem Einzigen von ihnen Angst macht. Und sofort steckt die Zukunftsangst an. Hoffnungslosigkeit, dann Krankheit prägen in der Folge die kleinen Leute von Swabedoo, die ihre warmen, weichen Pelzchen, Symbol für Liebe und Hoffnung, plötzlich voreinander verstecken müssen, bis Einzelne von ihnen sterben.

Hoffnung: Horchen und freudiges Warten auf Verheißung, die von Gott kommt – oder lebendige Hoffnung, die sich im Tanz, im Fest, im Wasser des Lebens, in weichen, warmen Pelzchen zeigt: Immer geht es um Freude, die Leben verändert und eine neue Dimension eröffnet. In diesem Sinne möge das Stichwort Hoffnung ein Leitmotiv für religiöse Erziehung und ein Leitmotiv dieses Buches sein.

3. AUF DEM WEG ZU GOTTES HAUS

3.1 Eine Leiter zwischen Himmel und Erde

Seit vielen Jahren begleitet mich eine Kinderzeichnung, ein schmales hohes Bild. Ganz unten liegt, flach und mager, ein Menschlein, halb verborgen unter einer Decke, den Kopf auf einen halbrunden Stein gebettet. Daneben streckt ein blattloser Baum seine Äste wie hilflose Arme in die Höhe. Über dem schlafenden Männchen aber, neben den kahlen Ästen, beginnen die Schnörkel einer riesengroßen Leiter, die im Nichts zu hängen scheint, an der aber spaßige geflügelte Wesen – in ihrer Form eher an Maikäfer als an Engel erinnernd – hinauf und hinunter klettern: Rechts sieht man sie von hinten, links von vorn. Ganz oben aber, am Ende der Leiter, findet sich ein lachendes Gesicht mit Spitzbart, einem Strahlenkranz, kurzen Haaren: Gott. Neben ihm Sterne und Mond.

Ob es erlaubt sei, Gott zu malen, soll hier nicht diskutiert werden. Vermutlich ist es richtig, Kinder nicht direkt zu bildlichen Gottesdarstellungen anzuregen. Wenn sie es aber von sich aus tun, ist das Dargestellte ernst zu nehmen, auch zu bewundern; das Kind verdient unsere Zuwendung, unser interessiertes Fragen.

Im beschriebenen Bild geht es dem Kind offensichtlich vor allem um die dominierende Leiter, die auf geheimnisvolle Weise Himmel und Erde verbindet. Eine Verbindung von unten nach oben ist hergestellt. Die kahle realistische Welt erfährt eine gewaltige Erweiterung und verleiht dem Leben des flach am Boden liegenden Menschleins eine neue Dimension.

Wir kennen die Geschichte (1 Mose, 28) – und das zeichnende Kind hat sie gehört: Jakob hat seinen Vater Isaak, hat seinen Bruder Esau betrogen. Er hat die Rechte des Älteren an sich gerissen und ist damit geheimen oder offenen Wünschen gefolgt, die in jedem Menschen, auch in jedem Kind stecken: Er kann nicht ertragen, dass sein Bruder der Bevorzugte ist, einfach nur, weil er älter ist. Er erlistet darum den Segen. Die Mutter hilft ihm bei seiner Betrügerei. Dennoch ist er schuldig. Und er flieht, mit der Schuld in seinem Herzen, mit leichtem Gepäck auf dem Rücken in ein fernes Land. Er soll dort seinen Onkel suchen. Aber diese Reise durch die Wüste ist weit und gefährlich; Jakob steht erst ganz am Anfang. Schweren Herzens hat er sich von seiner Mutter verabschiedet.

Als Leser der Bibel wissen wir, dass Jakob seine Mutter Rebekka nie wieder sehen wird. Ist seine Situation nicht Inbegriff menschlichen, auch kindlichen Leids? Dieses Gefühl drückender Schuld im Herzen – das können schon Kinder empfinden, gerade auch die Trennung von der Mutter, den langen unbekannten Weg vor sich. In diese unangenehme, tragische Situation hinein kommt der Traum von der Himmelsleiter. Mit dem Traum aber kommt die Gewissheit: Jakob, du bist nicht allein, Gott ist bei dir und begleitet dich, die Verbindung zwischen Himmel und Erde ist da, verlass dich darauf.

Das Weitergeben solcher Gewissheit, wie Jakob sie im Traum empfängt, ist ein entscheidender Teil jener Hoffnung, die wir Kindern mit der religiösen Erziehung vermitteln wollen. Erziehen zur Hoffnung: eine Leiter aufzustellen zwischen Himmel und Erde, eine Leiter, auf der es lebendig wird!

Aber die Jakobsgeschichte sagt dazu auch: Dieses tröstliche Bild von Gott ist kein auswendig gelerntes, auch kein angelesenes. Es ist vorerst ein *Traum*. Was könnte *dies* bedeuten?

Heutige Kinder, die in der Regel schon früh in hohem Maße durch unsere erwachsenen «Programme» verplant werden, brauchen *Träume*, Tagträume vielleicht, jedenfalls Zeit zum Nachdenken, Freiräume für ihre Fantasie. Sie erfahren dabei: Da, wo die Welt, die wir sehen, betasten, beweisen können, aufhört – da ist nicht einfach nichts. Es wird die Frage geweckt, die auch mit dem Bilderbuchtitel «Und was ist hinter dem Hügel?» gestellt wird und die nach langem Weiterfragen und Weiterdenken über den nächsten, den übernächsten, den allerfernsten Hügel hinaus zur hoffnungsvollen Frage vordringt: Vielleicht ist dort in jener Ferne Gott? Plötzlich wird im Leben die Feststellung gemacht – um auch hier mit einem berühmten Bilderbuchtitel zu sprechen: «Es muss im Leben mehr als alles geben!»

Möglicherweise helfen den Kindern neben dem Träumen und dem Staunen auch Märchen und Bilderbücher beim Vordringen ins Reich der Fantasie. Mit Sicherheit können sich nur Kinder, die über die äußerlich wahrnehmbare Welt hinausgedacht haben, Vorstellungen machen von jener ganz anderen Dimension, von Gott.

Fantasie und Neugier allein aber «produzieren» noch keine Gottesvorstellungen. Auch der biblische Jakob hat ein ganz bestimmtes

Gottesbild schon mitgenommen in seinen Traum; hier aber wird es lebendig, wird zu Lebenshilfe, zur Ermunterung zum Weiterwandern.

So lernen auch unsere Kinder Gottesbilder vorerst durch Erzählungen kennen. Im Bewusstsein eines Kindes, dem nie von Gott erzählt wurde, existiert Gott nicht: Ich weiß, dies ist eine gewagte These, wird doch heute, etwa im Zusammenhang mit der Reinkarnationslehre, behauptet und durch gezielt ausgewählte Kinderaussagen «belegt», dass Kinder bereits aus einer früheren Existenz Gottesvorstellungen, die nur geweckt werden müssten, mitbringen. Ich bin aber überzeugt, dass Kinder sich Vorstellungen von Gott nicht ausdenken, ohne dass je – es mag beiläufig und minimal sein – von Gott gesprochen wurde, ohne dass sie eine noch so kleine Botschaft gehört haben.

Eine gewisse Vorgabe, Worte, Anregungen braucht das Kind also. Solche Vorgabe aber braucht den richtigen Boden, das Klima – und nicht zuletzt die karge Ruhe, die der schlafende Jakob auf dem beschriebenen Bild zeigt: Still werden, sich zudecken, um dann im Dunkeln die strahlendsten Bilder zu sehen. Dazu passt, dass Kinder sehr viel eher als erwartet wird – sie werden in diesem Punkt meist unterfordert –, zu meditativem Stillsein und Nachdenken fähig sind. Eine Kerze, ein wenig Musik können dabei helfen.

Aus dem Stillsein, dem Nachdenken, einem Ausflug ins Reich der Fantasie und der Träume erwächst neues Zuhören: Zuhörenkönnen, ein Element, dessen weder Kinder noch Erwachsene auf dem Weg der religiösen Erziehung entbehren können.

3.2 Einen Weg gehen

«Zucht» – ein veraltetes Wort oder aber ein biologischer Begriff, wenn wir an Rosenzucht, an die Zucht einer seltenen Hunderasse denken. «Zucht» – eine Angelegenheit, die es mit vielen Vorschriften und Regeln zu tun hat. «Zucht» – in früheren Jahrhunderten Ziel und Inhalt religiöser Erziehung: Kinder sollten «richtig» beten, gleichzeitig zu frommen, gehorsamen Kindern erzogen werden. «Lieber Gott, mach mich fromm!», sagten sie; in einem anderen alten Text: «Ein gutes Kind gern wär ich nun/und wollte nie was Böses tun.» Dass heute solche Zucht – und das Wort hängt ja nicht nur mit dem Wort Erziehung, sondern vor allem mit Züchtigung zusammen – von modernen Eltern abgelehnt wird, ist verständlich und gut.

Dennoch: Irgendetwas an religiöser Erziehung halten die meisten Eltern, die ihre Kinder haben taufen lassen, für wünschenswert. Sie haben, gemäß Umfragen, Erwartungen an den Kindergarten, die Kirche, die Schule; diese Institutionen sollen christliche Inhalte vermitteln. Im übrigen sind moderne Eltern der Meinung, man solle in erster Linie für religiöse *Fragen* der Kinder offen sein, sie ehrlich beantworten – und keinerlei Druck ausüben. Der kontrollierende Gott, der die kleinste Unartigkeit in den Kinderstuben beobachtet und sich darum als Erziehungsmittel eignet, hat – zum Glück – abgedankt.

Das Warten auf Fragen, die allerdings bei manchen Kindern nie kommen, hat heute Zucht und Züchtigung ersetzt. So ist religiöse Erziehung in der Familie zwar nicht mehr repressiv und gefährlich, möglicherweise aber praktisch verschwunden, oft ein inhaltloses Warten.

Unterwegssein, eine Straße ziehen, einen Weg gehen mit den Kindern: Dies trifft den Mittelpunkt religiöser Erziehung wohl eher als alle veraltete «Zucht». Dabei sind Eltern als Große mit Kleinen unterwegs. Kleine brauchen eine Hand, müssen geführt werden, um sich nicht zu verirren. Sie hören beim Wandern Geschichten, sie lernen die Landschaft rundum kennen. Sie erfahren, dass der Weg nicht ins Leere führt, sie erleben unterwegs Gemeinschaft. Sie werden nicht müde, auch wenn sie bei jedem einzelnen Schritt von Mutter oder Vater *zwei* kleine Schrittchen machen müssen. Oft sind es dabei eher die Erwachsenen, die sich überfordert fühlen: Sie wollen das Kind freigeben, es die Blumenwiese neben dem Weg erkunden lassen – und sie wollen bereit sein, ihre große Hand auszustrecken und die Wegrichtung neu bestimmen. Aber sie finden schwer die Worte, die sie suchen; sie haben wie bei Rotkäppchen Angst vor dem Wolf und halten die Kinder zurück.

Überforderung der Eltern? Ist religiöse Erziehung denn so schwierig – oder stellen Mütter und Väter zu hohe Anforderungen an sich selbst und die Kinder? Nur weniges scheint mir als Voraussetzung für einen *Weg* der religiösen Erziehung von Bedeutung – und vielleicht ist dieses wenige tatsächlich nicht ganz einfach:

Da wäre zuallererst wohl von der *Ehrlichkeit* der Erziehenden zu reden. Ich kann oder darf den Kindern weder Antworten noch Richtlinien geben, die für mich selbst nicht richtig sind. Antworten, die nur für die Kinder «stimmen» oder kindliche Bedürfnisse nach sehr fantastischen Gottesvorstellungen befriedigen, sind gefährlich, wenn ich sie später zurücknehmen muss. Ich kann aber selbst an den Fragen meines Kindes wachsen, indem ich sie zu meinen eigenen Fragen mache. Vorschnelle Antworten oder gar Rezepte sind nicht nötig, ja sogar falsch. Die Antwort: «Das weiß ich nicht», erst recht die Antwort: «Das muss ich mir überlegen», sind durchaus erlaubt.

Unser Unterwegssein mit den Kindern dauert zum Glück lange. Dabei werden Antworten durch das Aufschieben von Gesprächen vielleicht plötzlich leichter. Gelegentlich verschwinden absurde Fragen der Kinder von selbst, ohne dass wir es uns bequem gemacht oder uns davor gedrückt hätten; vielleicht waren die Fragen gar nicht so wichtig oder einer kurzen kindlichen Laune entsprungen. Andere Fragen kommen auf dem gemeinsamen Weg immer wieder neu zur Sprache – und werden allmählich durch Teil-Antworten oder durch das Erzählen von Geschichten «befriedigt», so jene Frage des vierjährigen Gabriel nach dem heiligen Geist, die immer wieder in neuen Varianten zum anregenden Wegbegleiter in den Gesprächen zwischen ihm und der befreundeten Pfarrerin wurde – gerade darum so bedeutsam, weil die Frage nie fertig beantwortet werden konnte, ja kann.

Sicher ist es eine große Chance, beim Unterwegssein mit Kindern *das Kind in sich selbst* neu zu entdecken: Das Kind, das ich als Erwachsene immer noch bin, aber auch das Kind, das ich in meiner eigenen Kindheit war: Es fallen mir Fragen ein, die mir damals niemand beantwortete. Mir fallen auch Fragen ein, die ich gar nicht stellte – vielleicht aus Angst, gerade geliebte Erwachsene dadurch in Verlegenheit zu bringen. Vielleicht errate ich diese Art von Fragen im Kind, das an meiner Hand geht? Vielleicht erzähle ich ihm von meinen eigenen Fragen? Sicher muss ich immer wieder auch selbst die Initiative ergreifen, indem ich erzähle, singe, bete mit dem Kind. Religiöse Erziehung wird nicht beim Reagieren auf Fragen stehen bleiben, sondern immer wieder unsere bewusste Initiative verlangen.

Vielleicht war die *Taufe* unseres Kindes bereits die erste bewusste Initiative, die vor dem Beginn der religiösen Erziehung steht? Mit der Taufe haben wir uns darauf eingelassen, unsere Kinder nicht nur beschützend auf ihrem Weg zu begleiten, sondern diesen Weg auch zu einem Hoffnungsweg, der mit Gott zu tun hat, werden zu lassen.

Da steht ein Hirte. In seinen Armen liegt ein Schaf. Liebevoll drückt er das Tier an sich. Es ist das verlorene Schaf, eines von hundert. Der Hirte hat es gesucht und gefunden, aus einem Dornbusch befreit. Nur für das kleine Schaf war er da. Alle andern scheint er vergessen zu haben. Und jetzt freut er sich. Er trägt das Tier nach Hause.

Kinder lieben dieses Gleichnis (Lukas 15, 4–7). Sie spielen die Geschichte auch. Sie lassen sich im Spiel als Schäfchen finden, streicheln. Sie suchen aber auch gerne, spielen den Hirten und freuen sich über das abgewetzte Stoffschaf, das die andern Kinder versteckt haben. Sie drücken es an sich und sind glücklich.

Jedes Kind, das «auf die Welt» kommt, entdeckt und erkundet diese Welt mit Tatendrang und Neugier – wie das kleine Schäfchen; jedes Kind aber erfährt auch die Gefahren und Verwirrungen dieser Welt, die Stacheln des Dornbuschs, die Angst vor dem Verlassensein.

Die Geschichte, die ein Gleichnis ist für das Angenommensein des Menschen durch Gott, kann in einem weiteren Sinn zum Bild für die Geborgenheit, für das Aufgehobensein des Menschen werden. Solche Geborgenheit brauchen kleine Kinder in besonderem Maße; solches Aufgehobensein ist die Voraussetzung für ein tiefes Vertrauen, auch die Voraussetzung für eine Beziehung zu Gott. Es geht dabei noch gar nicht um das Vermitteln von religiösen Inhalten, sondern um unsere Haltung: Das Kind spürt die tragenden Arme der Eltern, es beobachtet die Erwachsenen in ihrem Tun und Lassen – die «Großen» werden einerseits zum Vorbild, andererseits ein klein wenig immer auch zu «Göttern», die ein späteres Gottesbild unweigerlich prägen.

Aus der Art, wie Kinder – ich habe es in Familie, Kindergarten und Kinderklinik erlebt – den guten Hirten oder das verlorene Schaf spontan spielen, wird aber deutlich, dass sie schon früh nicht nur Geborgenheit für sich selbst suchen. Sie machen sich auf und sind auch jene, die ihrerseits Geborgenheit vermitteln wollen. Gerade kranke oder schwächliche Kinder wollen nicht nur getröstet werden; sie fühlen sich stärker, wenn sie Trost spenden dürfen. Kinder dürfen in ihrer Kreativität und ihrem Einfühlungsvermögen nicht unterschätzt werden, ja wir können sie zum Trösten anregen.

Auf vielfältige, auch schillernde Weise wird das Bild vom Hirten mit seinem Schaf darum zum Symbolträger. Wie nur wenige andere

Symbole wird es im Kind zum inneren Bild, das als Bild für Gott in Angstsituationen oder im Gebet zum Tragen kommt.

> *Wie der Hirte sucht sein Tier,*
> *so suchst du, lieber Gott, nach mir.*
> *Ich kann nicht verloren gehen.*
> *Gott, du wirst mich immer sehen.*
> *Du trägst mich heim in deinem Arm.*
> *Da bin ich froh, da ist mir warm.*
>
> «*Das verlorene Schaf*»

Da Kinder die liebevolle Zuwendung des Hirten, aber auch die liebevolle Zuwendung Gottes nur verstehen können, wenn sie selbst Zuwendung und Liebe erlebt haben, wurzelt religiöse Erziehung darum ganz besonders auch in unserem Verhalten den Kindern gegenüber. Vor und mit jeder religiösen Erziehung werden wir dem Kind – wie der Hirte dem Schaf – darum Geborgenheit vermitteln. Der Satz oder auch der Gedanke «Ich habe dich lieb» ist mindestens so wichtig wie der Satz «Es gibt einen guten Gott». Hier wäre an Jesu Verhalten in der Geschichte von der Kindersegnung zu erinnern: Jesus lässt die Kinder zu sich kommen; er «herzt» sie, er umarmt sie, er hält *keine* Kinderpredigt!

Zärtlichkeit gehört zu solchem Getragensein, das zum Bild für Gottes Liebe werden kann. Auch die sinnliche, körperliche Erfahrung von Liebe ist nötig, damit wir von der Liebe Gottes überhaupt reden können.

Gegen die «Zucht» oder «Züchtigung» früherer Zeiten, gegen autoritäre Maßnahmen im Rahmen der Erziehung müssen wir heute vielleicht – endlich – nicht mehr kämpfen. Dennoch erschreckt es mich, jüngere Schulkinder immer wieder von der Angst vor Strafen, von der Angst «dranzukommen», erzählen zu hören.

Auffallender als eine harte, gar ungerechte oder unverhältnismäßige Bestrafung von Kindern ist heute wohl die Lieblosigkeit, die sich in Vernachlässigung oder unbewusster Rücksichtslosigkeit niederschlägt. Vielleicht empfinden Kinder das Nicht-Zeit-Haben der Eltern, den «Stress» als härtere Strafen als alle Prügel? Vielleicht nehmen sie solches Verhalten nur halbbewusst wahr, weil es alltäglich ist? Oder es wächst Eifersucht auf den Fernseher, auf Computer und Internet,

die als zärtliche Partner der Eltern nicht nur deren Zeit, sondern auch deren Zuwendung ganz zu absorbieren drohen?
   Möglicherweise belastet die unbeabsichtigte Hektik des modernen Alltags die Eltern tatsächlich. Jedenfalls muss das Vermitteln von Geborgenheit und Getragensein, wie es das kleine verlorene Schaf erlebt, immer wieder neu eingeübt werden. Ruhige Zeiten dafür zu finden, braucht Fantasie – und viel guten Willen.

Getragensein, Geborgenheit: Dies ist von Bedeutung, darf aber nicht zum Missverständnis führen, nur wir Erwachsenen seien die Starken, die Kinder die Schwachen. Kinder müssen als schon ausgeprägte Persönlichkeiten ernst genommen werden, nicht nur als die Kleinen, Verirrten. Auch dies gehört zu einem Verhalten, das die Grundlage für religiöse Erziehung bildet: Dass wir Kinder für voll nehmen und anerkennen, dass wir *ihnen* ein großes Stück unserer Geborgenheit in der Welt verdanken – und dass wir auch von ihnen lernen können: von den Gefühlen, die sie spontan äußern und die wir bei uns selbst vielleicht verstecken, von ihrer spontanen Wut und Zärtlichkeit. Beides ist bei uns Erwachsenen in der Regel sehr domestiziert.

3.4 Rituale weitergeben

Nach der Rückkehr des Hirten mit dem verlorenen Schaf wird ein Fest im Dorf gefeiert. Nach der Rückkehr des verlorenen Sohnes wird das Haus zum Fest-Haus. Feste werden zum Zeichen: Gott ist da; er ist bei uns. Unser Haus wird zu Gottes Haus. Es ist ein Haus, das wir kennen und in dem wir uns selbstverständlich «zu Hause» fühlen.
   Es müssen nicht immer große Feste sein. Kleine tägliche (nicht alltägliche) Feste können uns immer wieder der Gegenwart Gottes versichern. Zu solchen festlichen Momenten gehört – genau wie zu den großen Festen des Kirchenjahrs –, dass sie regelmäßig sind, dass sie wiederkehren, dass sie etwas Selbstverständliches haben, ohne ihren festlichen Charakter zu verlieren. Festmomente, kleine und große, bilden wichtige Bestandteile der religiösen Erziehung. Man kann sie auch *Rituale* nennen.
   Zum Ritual gehört Wiederholung – also nicht immer wieder etwas ganz Neues! Auch das Fest, das für den heimkehrenden Sohn bereitet wird, enthält die Elemente, die zu *jedem* Fest in der damaligen Zeit gehörten: Das gemästete Kalb ist schon bereit – ganz selbstverständ-

lich. Die Bedeutung des Rings, des Festkleides, des Tanzes ist offenbar nicht nur den Knechten, die das Fest bereiten sollen, klar; auch die Leser oder Hörer des Gleichnisses erkennen darin «Fest-Elemente», die das Haus zum Bild für Gottes Haus werden lassen.

Rituale, ganz kleine und dann auch größere Feste können auch im kindlichen Alltag helfen, den Tag zu einem «Gottestag» zu machen. Klassische Rituale im Alltag mit den Kindern sind das abendliche Erzählen, Singen und Beten; auch die Wiederholung eines Tages, der in besonderer Weise als siebter Tag wiederkehrt: Sonntag; die Wiederholung der Feste, die das Kind in jedem Jahr neu und freudig begrüßt: Weihnachten und Ostern. Mit Versen, Rhythmus, Refrain, Liedmelodien werden kleine sprachliche oder musikalische Stücke wiedererkannt, nachgesprochen; es entstehen dabei ganz kleine Rituale, beim Zubettgehen, beim Essen, beim Hinfallen, beim Heimkehren. Diese rituellen Momente, die zur christlichen Erziehung gehören, sind wie Perlen einer Kette. Die einzelne Perle ist klein, geht leicht verloren, hat wenig Wert. Aber als ganze wird die Kette zum Schmuckstück, das dem Leben etwas Festliches, Sonntägliches gibt. Gerade auch für Eltern, die sich selbst unsicher fühlen, sind diese Elemente eine große Hilfe: Wenn regelmäßig, zu einer bestimmten Tageszeit gesungen, gebetet wird, erspart man sich Diskussionen: Diskussionen zwischen den Eltern, Diskussionen auch mit den noch kleinen Kindern. Durch Wiederholung entsteht eine wohltuende Selbstverständlichkeit.

Es können, getragen durch das Ritual, im Gebet oder Lied auch außergewöhnliche, einmalige, «heikle» Fragen ausgesprochen werden. «Heikel»: Ich wähle dieses Wort bewusst, verbinden sich darin doch die Wortstämme von «heilig» und «Ekel». Darin spiegelt sich eine wichtige Beobachtung: Das Reden über intime Inhalte – und unser Glaube, das Gebet gehören sicherlich dazu – verlangt von den Erwachsenen, selbst kleinen Kindern gegenüber, immer wieder ein Überwinden von Scham. Das Eingebettetsein in Rituale, das Zurückgreifen auf feste Formen, auf Gebetstexte und Lieder, leistet bei solchem Überwinden große Hilfe.

Mit Hilfe fester Formen ist es für Eltern und alle Erziehenden darum leichter, Hemmungen zu überwinden. Hemmungen: Sind sie nicht «normal» beim Weitergeben von Gefühlen, von allerpersönlichsten Überzeugungen? Rituale helfen aber auch den Kindern selbst beim Überwinden von Krisen, so etwa in der Angstbewältigung – es mag die fast normale Angst vor dem Dunkel der Nacht sein –, aber auch im Umgang mit der Gewalt, der eigenen wie jener anderer. Der Psychologe Allan Guggenbühl weist darauf in seinem Buch «Die unheimliche Faszination der Gewalt» ausdrücklich hin.

«Auf dem Weg zu Gottes Haus»: Indem den Kindern durch Rituale und Wiederholungen das Gefühl von Geborgenheit bei Gott vermittelt wird und sie ein geistiges oder geistliches Haus ahnen, wird vielleicht auch die Brücke zu jenem Gebäude geschlagen, das kleine Kinder oft als besonderen «Wohnort» Gottes betrachten, der Kirche. Vielleicht lernen Kinder schon früh auch in kirchlichen Gottesdiensten verschiedenster Art kindgemäße Rituale kennen!

Entscheidend aber ist, dass die Beziehung zu Gott zum bergenden Haus werden kann, das nicht an einen bestimmten Ort oder an bestimmte Personen gebunden ist.

Gott, sei um mich wie ein Haus.
Ich gehe darin ein und aus.
Es ist das schönste Haus der Welt.
Ein solches Haus gibt's nicht für Geld.

Gott, sei du um mich wie ein Haus.
«Deine Welt ist schön und rund»

II

GOTT IM KINDERALLTAG

4. GOTTESBILDER

4.1 Der liebe Gott im Himmel

Lehrerinnen in Volksschulen erzählen, dass es heute unter Schulanfängern Kinder gibt, «die das Wort Gott noch nie gehört haben». Solche Kinder werden – naturgemäß – auch nicht nach Gott fragen. Es sind Kinder, die vermutlich nicht getauft sind und im Elternhaus oder Kindergarten keinen eindeutig religiösen Ritualen oder Erzählungen begegnen. Bei den hier folgenden Beobachtungen dagegen handelt es sich um Kinder, deren Eltern sich grundsätzlich für die Frage nach einer religiösen Erziehung interessieren, auch wenn sie sich selbst kritisch oder relativ distanziert verhalten.

Betrachtet man die von den Kindern gewählten oder selbst verfassten Gebetstexte oder die Befragungen junger Eltern über eine «religiöse Lebenswelt», ausgewertet in den Werken «Was Kinder von Gott erwarten», «Religiöse Lebenswelt junger Eltern», «Junge Eltern reden über Religion und Kirche», so scheint uns das von den Kindern wiedergegebene, aber auch das von den Eltern gewünschte Gottesbild fast uninteressant, eher langweilig und außerordentlich traditionell. Bei den Kindern überwiegt in den Gebeten die Anrede «Lieber Gott» vor allen andern Anreden. Und sie schreiben: «Ich hab dich lieb» oder «Du bist so lieb», «Du bist mein bester Freund», «Gott, du bist ein lieber Mann», «Du lässt uns nicht im Stich». Aussagen dieser Art wirken beruhigend, auf das Kind selbst und auf die Eltern, die den Kindern ein positives Gottesbild vermitteln möchten. Allerdings bleibt dieser «liebe Gott» formelhaft. Das Wort «lieb» ist eine Chiffre oder ein starrer Titel Gottes, wie er auch noch heute im Dialekt oft gebraucht wird: «De Liebgott» sagt ein kleines Kind, wenn es von Gott spricht.

Und wenn ein Neunjähriger schreibt: «Lieber Gott, es freut mich sehr, dass ich dich habe. Lieber Gott, du bist der einzige Freund, vor dem ich mich nicht fürchten muss. Gott, mein Freund, ich danke dir für alles. Amen»? Wird da diese Freundschaft Gottes nicht fast verdächtig? Gott, als «einziger Freund», der aber gegen die grundsätzliche Angst vor den andern Menschen nichts tun kann? Ein lieber Gott also, der zwar ein Freund ist, die Welt und unser Leben aber nicht verändern kann?

Etwas konkreter wird dieser liebe Gott, wenn er mit der Natur, den Jahreszeiten, den Blumen und Tieren, mit dem Staunen über die Schöpfung zu tun hat: In solchen Äußerungen von Kindern beginnt er zu leben.

Die erziehenden Eltern erwähnen im Hinblick auf ihre Motivation zur religiösen Erziehung bei weitem am häufigsten die Wörter «Halt» und «Schutz». «Ein Kind braucht doch einen Halt»: Dies die häufigste Begründung dafür, weshalb eine Beziehung zu Gott aufgebaut werden soll. Auch die Begriffe «Hilfe» und «Unterstützung» werden erwähnt. Dazu schreibt eine Mutter ausdrücklich, im Alltag spiele die Religion «überhaupt keine Rolle»; ein Vater sagt, er selbst mache sich «absolut keine Vorstellung von Gott». Abgesehen davon, dass im Zusammenhang mit Gott und Religion bei manchen Eltern wiederholt das Stichwort Weihnachten erwähnt wird, bleibt das kindliche Gottesbild auch aus der Elternsicht abstrakt.

Wenn Kinder Gott von sich aus malen, so ist heute in der Regel die Vorstellung eines alten Mannes mit Bart verschwunden. Gott hat meist Menschengestalt; er ist oft ein Mann, gezeichnet in fröhlichen Farben, den Darstellungen von Jesus ähnlich. Ein gelb gemalter Heiligenschein wird häufig hinzugefügt, um das Besondere dieser Person zu markieren. Seltener stellen sich kleinere Kinder Gott auch in einem Symbol vor: Ein Licht, ein Strahlenkranz, ein leuchtender Kreis wird gezeichnet. Immer aber werden spontane Kinderzeichnungen und Äußerungen ein willkommener Ausgangspunkt für Gespräche sein: «Was meinst du damit?» «Warum ist es hier so hell?» «Woher kommen diese Strahlen?» Wir hören auf das Kind – oder wir beschreiben, was *wir* auf der Kinderzeichnung sehen, und werden dabei vom Kind korrigiert!

Auffallend in Kinderbildern und Kinderaussagen über Gott ist der *Himmel*: Es ist für Kinder wichtig, dem sehr unbestimmten «lieben Gott» einen Wohnort zuzuweisen. Gerade kranke Kinder bestimmen den Gottesort sehr genau, zeichnen oft auch einen Serpentinenweg, der nach oben führt. Ja, der Himmel ist immer *oben*; er wird in der kindlichen Vorstellungskraft durchaus mit dem Himmel der Wolken und der Astronauten, mit dem sichtbaren, von Gott erschaffenen Himmel gleich gesetzt. Die englische Sprache hat – man wird beinahe neidisch – zwei Wörter: *Sky* heißt der sichtbare Himmel, in den sich Häuser und Türme mit einer «Skyline» zeichnen, Flugzeuge mit ihren Kondensstreifen. *Heaven* dagegen ist ein zweites, feierliches Wort für

Himmel! Aber der Neid oder die Sehnsucht nach einem zusätzlichen Wort lohnt sich letztlich nicht: Auch in der Ursprache der Bibel, Hebräisch und Griechisch, etwa zu Beginn des «Vater unser im Himmel» wird kein «besonderes» Wort, das den sichtbaren Himmel grundsätzlich vom Himmel als «Wohnort» Gottes unterscheiden würde, gebraucht. Allerdings ist vom Himmel in der Mehrzahl die Rede: *die* Himmel, in *den* Himmeln – die Großartigkeit des Himmels, der für uns Menschen nicht fassbar ist, kommt darin zum Ausdruck. Damit sind wir dem, was Kinder meinen, sehr nahe: Letztlich drücken sie mit ihren Aussagen und Zeichnungen die majestätische Ferne aus; Gott bekommt zwar eine Wohnstätte, bleibt aber unsichtbar, unerreichbar weit weg. Und sehr hoch über allem Menschlichen.

«Du bist der Chef der Welt», schreibt ein Kind und drückt damit auf eher saloppe, heutige Weise das Majestätische aus: Wie sollte Gott, der hoch über allem schwebt und größer und lieber als alle Menschen ist, nicht auch «der Chef» sein?

So ist der kindliche Gott sehr nah, ein Freund, ein Schutz und Halt, der nur selten erlebbar ist, daneben eine himmlische Größe, weit oben, noch hinter Sonne und Mond.

4.2 Gott als Aufpasser

«Gottesvergiftung» nannte der Psychoanalytiker Tilman Moser ein Buch, das 1976 geschrieben wurde und Aufsehen erregte. «Freut euch, wenn euer Gott freundlicher war», lesen wir als Motto auf der ersten Seite. Weiter hinten dann redet Tilman Moser «seinen» Gott folgendermaßen an:

Aber weißt du, was das Schlimmste ist, das sie mir über dich erzählt haben? Es ist die tückisch ausgestreute Überzeugung, dass du alles hörst und alles siehst und auch die geheimen Gedanken erkennen kannst. Hier hakte es sehr früh aus mit der Menschenwürde; doch dies ist ein Begriff der Erwachsenenwelt. In der Kinderwelt sieht das dann so aus, dass man sich elend fühlt, weil du einem lauernd und ohne Pausen des Erbarmens zusiehst und zuhörst und mit Gedankenlesen beschäftigt bist.

Heute sind wir uns im Klaren: Gott darf nicht als Drohmittel, als Aufpasser, der mich jederzeit kontrolliert, vor dem ich darum Angst haben muss, missbraucht werden. In den Elternbefragungen zeigt sich eine neue Einstellung: «Die Kinder wachsen mit weniger Angst auf. Wir bringen den Kindern auch nicht ein Bild bei des strafenden Gottes», schreibt ein junger Vater. Eine Mutter notiert: «Wir arbeiten also nicht mit Gott als Polizist, aber Gott ist schon überall». Gott als Polizist wird abgelehnt; die Frage aber, ob die Allgegenwart Gottes, die so schwer zu verstehen ist, nicht an sich schon Angst produzieren kann, liegt in der Luft. Und gelegentlich klingt in anderer Weise auch bei modernen Eltern doch noch der Gedanke an, dass Gott als moralisches Erziehungmittel gut zu gebrauchen wäre: «Bis jetzt mussten wir die Kinder noch nie bestrafen. Es hat immer geholfen, wenn wir sagten: ‹Das Christkind schaut dir zu. Gott weiß alles, was du machst, und das ist nicht schön; ...› Das hilft besser, als wenn ich sie körperlich bestrafe.» Man ist hier geneigt, an George Orwells Buch mit dem Titel «1984» zu denken, in dem «Big Brother», der alles sieht, das Verhalten der Menschen kontrolliert. Haben wir die Angst vor solcher «Gedankenpolizei» fünfzig Jahre nach Erscheinen des berühmten Bestsellers völlig abgelegt? Oder betätigen wir uns selbst gelegentlich, nur halbbewusst, als Angstmacher?

Eindeutig ist, dass Kinder auch heute den Zusammenhang von moralischem Verhalten und Gott sehr schnell herstellen: «Lieber Gott, ich danke dir, dass ich Hände und Füße habe. Denn es gibt Menschen, die haben keine Hände und Füße. Und ich will lieb und artig sein und anderen helfen, die nicht allein zurechtkommen. Amen», schreibt eine Achtjährige. Es ist nur eins von vielen Beispielen, in denen Kinder Gott ein «liebes» oder «artiges» Verhalten versprechen – als Dank einerseits, vielleicht auch als Besänftigung Gottes?

Außerordentlich wohltuend nimmt sich der folgende Kinderbrief aus: «Hallo, lieber Gott, ich finde du bist immer fer (fair) zu den Menschen, auch wenn jemand einmal etwas Böses tut. Und ich möchte dir noch etwas sagen: mach weiter so.» Dieses Kind vermag es, das «Böse» in sein Gottesverständnis zu integrieren, ohne dass Kontrolle oder Strafe anklingen würde. Fast genial wird das Wort «fair» gebraucht. Uns Erwachsenen fällt dabei die Vergebung ein, die wichtiger als alle Strafen werden müsste.

Eindeutig ist, dass die «Gegenwart» Gottes, die sich als tröstliche Hilfe so gern «brauchen» lässt und die wir gerade im Zusammensein mit Kindern bewusst empfinden können, umschlagen kann in eine «Allgegenwart», die *missbraucht* und darum bedrohlich wird. Es ist wichtig, dass uns diese Gefahr bewusst ist, uns aber nicht hindert,

Gott mit den Kindern im Alltag zu erspüren – und in Gesprächen Ängste zu erraten.

Aus einem anderen Grund kann kindliche Angst vor Gott entstehen: Kleine Kinder hören im Zusammenhang mit Gott oft schwierige, in ihren Ohren unverständliche Begriffe wie Glaube, Sünde, Gnade, Vergebung, Heil, Allmacht ... Es sind keineswegs «schlechte» Wörter – im Gegenteil: Diese Begriffe gehören zum christlichen Glauben; Kinder können ganz allmählich in sie hineinwachsen. Es darf aber nicht das Gefühl entstehen, mit der Religion, auch in Gebeten und Liedern werde etwas vermittelt, das «schwierig», nie richtig zu verstehen sei. Unverständliches kann Kinder faszinieren, vor allem aber *Angst* machen und das Gefühl wecken: Damit will ich nichts zu tun haben! Ich vergesse nie, wie eines meiner eigenen Kinder rebellierte und sich unter Tränen weigerte, folgende an sich wunderbare Liedstrophe von Paul Gerhardt auswendig zu lernen:

Ich weiß, dass du der Brunn der Gnad
und ewge Quelle bist,
daraus uns allen früh und spat
viel Heil und Gutes fließt.

So sehr empfänglich Kinder für bildhafte Vorstellungen (Brunnen, Quelle) sind, so schwierig, ja bedrohlich wirkt hier die Verbindung mit Begriffen wie Gnade oder Heil für Kinder der ersten Schulklasse!

4.3 Die schweren Warum-Fragen

«Er hilft mir nicht» oder «Er müsste doch mehr tun gegen die Ungerechtigkeit», sagen junge Eltern im Hinblick auf Gott. Kinder aber bringen uns immer wieder in Verlegenheit, ja in Nöte, durch ihre intensiven Fragen: «Warum tut er eigentlich nichts, dieser Gott? Wo ist er überhaupt?» Nicht immer ist es richtig oder möglich, solche unbequemen Fragen einfach zu überhören, wie es eine Mutter empfiehlt: «Die Kinder können Fragen stellen, dass man manchmal wirklich blöde dasteht. Dann ist es besser, man lenkt sie ein bisschen ab».

Eher «harmlose» oder lustige Kinderfragen, wie sie im berühmten Buchtitel «Kriegt ein Hund im Himmel Flügel?» aufklingen, treten heute, fünfundzwanzig Jahre nach Erscheinen dieses Erziehungsbuches von Heidi und Jörg Zink, eher in den Hintergrund. Oft spielt – in Anbetracht der Medienpräsenz – früh schon Tiefgründiges, auch Bedrückendes in den Kinderfragen mit. Dies bedeutet nicht, dass auch eher komische Fragen nicht ernst genommen werden müssten: Wir werden sie vermutlich durch Gegenfragen erwidern und dabei mehr über die Vorstellungen und Fantasien des Kindes erfahren, *mit* dem Kind darüber philosophieren, Vermutungen anstellen – und gemeinsam Fragen offen lassen!

Das konkrete Wissen der Kinder über ferne und fernste Not ist oft beeindruckend. Möglicherweise sitzen Asylantenkinder neben unseren Kindern auf der Schulbank oder im Kindergarten; auch die «neue», vielleicht versteckte Armut oder die Arbeitslosigkeit sind nahegerückt. Kinder haben für all diese Nöte gute Antennen – und schwere Warum-Fragen.

Der Krieg aber stellt – zu einer Zeit, da wir seit Jahrzehnten im Frieden leben – für die Kinder dennoch eine hautnahe Bedrohung dar; immer wieder erzählen junge Eltern, dass gerade unter den Allerkleinsten die wiederholte Bitte: «Lieber Gott, mach, dass es keinen Krieg gibt», zum festen Bestandteil jeden Abendgebets gehören muss.

An sich ist Gott für uns alle gut und mächtig. Wir singen es in Kirchenliedern, lesen es in der Bibel, trösten uns selbst damit, sagen es den Kindern weiter. Aber immer stellen auch wir Erwachsenen im Zusammenhang mit Not oder Krankheit die unbeantwortete Frage an Gott: «Warum tust du nichts?» Wir überlegen uns, was wir selbst gegen Ungerechtigkeit oder Elend tun können – wir werden aktiv, wir fragen nach Ursache und Schuld. Und wir beziehen schon früh die Kinder in solches Fragen ein, informieren sie, wecken Verständnis für Fremde unter uns, regen zum Teilen an. Und dennoch: Die geheime, oft heftige Frage, die keine Ruhe lässt, bleibt: «Warum tut er eigentlich nichts, dieser Gott? Wo ist er?»

Wir müssen uns – und dies erleben auch die Menschen in der Bibel noch und noch – die Antwort gefallen lassen: Gott ist eben «anders», nicht in menschlichen Kategorien zu fassen. Schon im 4. Kapitel des ersten Buches der Bibel stellt er uns vor ein schweres Rätsel: Gott nimmt Abels Opfer an, «auf Kain aber und sein Opfer sieht er nicht». Gott begründet seine scheinbare Ungerechtigkeit nicht. Die beiden Brüder sollen damit fertig werden. Kain soll seine Wut bezähmen; aber das gelingt ihm nicht. Er schlägt seinen Bruder Abel tot: der erste Streit, der erste Krieg der Bibel. Ihn für Kinder zu «erklären», wie es viele Kinderbibeln tun, hieße Fragen beantworten, die Gott selbst offen lässt. Denn auch als Erwachsene wissen wir nicht, warum Gott freundlich auf Abel blickt, so sehr uns alte Kinderbibeln erklären möchten, Abel sei gehorsamer gewesen, habe besser gebetet, Kain dagegen sei grimmig und jähzornig gewesen. Auch diese Geschichte verbietet ein einfaches Einteilen der Menschen in Gute und Böse. Sie verlangt von uns, auf eine Erklärung von Gottes Verhalten zu verzichten. Viel verlangt sie uns damit ab. Wichtiges, Schreckliches bleibt auch in unserem Leben unerklärbar, scheint allein auf Gottes Abwesenheit zu deuten und lässt uns vielleicht vergessen, dass Gott selbst den Mörder Kain verstanden und ihn weiterbegleitet hat; er versieht ihn mit einem Zeichen, um ihn zu schützen.

Vielleicht ist die wichtigste Antwort, die Gott selbst uns auf all unsere Warum-Fragen gegeben hat, Jesus selbst: Gott ist in einem Menschen da, aber er stirbt, wird scheinbar sinnlos hingerichtet und lässt uns damit mit unseren Fragen zurück. Doch die Fortsetzung dieser Antwort in der Bibel heißt Ostern, Auferstehung. Diese Botschaft allerdings: «Es geht weiter, trotz allem», ist schwer zu fassen und scheint uns oft sehr weit weg. Unsere konkreten Möglichkeiten aber, Not und Leid der Welt selbst zu ändern, sind sie nicht immer nur ein Tropfen auf den heißen Stein?

Und doch: Not *lässt* sich bekämpfen, das sollen Kinder wissen. Wir nehmen dabei Aufforderungen ernst, wie sie zum Beispiel die Kirchenverfassung der Berner Kantonalkirche ausdrückt: «Die Kirche bezeugt, dass das Wort Gottes für alle Bereiche des öffentlichen Lebens ... gilt; sie bekämpft daher alles Unrecht sowie jede leibliche und geistige Not und ihre Ursachen.»

Die schweren Warum-Fragen sind nicht das Letzte. Positive Geschichten, positive Erlebnisse stehen dagegen – und der Kampf für das Gute.

4.4 Gotteserfahrungen

Es ist offensichtlich: Gott spielt im Alltag der Kinder nicht von alleine eine Rolle. Gott ist nicht ohne weiteres erfahrbar – und doch möchten wir Kindern gerade dabei helfen.

Es geht sicher darum, Erfahrungen der Kinder, noch besser Erfahrungen von Eltern *und* Kindern, immer wieder direkt und ausdrücklich mit Gott in Beziehung zu setzen; beim Staunen über die Wunder

der Natur, beim Nachdenken über die besonderen Fähigkeiten des Menschen – die Sprache etwa – können wir von Gott reden. Es braucht Mut, auf diese Weise Gottesbeziehungen im kindlichen Alltag zu entdecken und sie dem Kind gegenüber auch in Worte zu fassen. Aber immer wieder werden uns dabei die Kinder selbst mit ihren Fragen oder Bemerkungen helfen. Dabei nehmen wir Fragen auf, machen sie zu unsern eigenen Fragen, stellen Vermutungen an und reden – ohne missionarischen Eifer – von Gott, etwa: «Ja, es ist wunderbar, dass wir lachen können, dass wir uns freuen – ich glaube, das ist ein Geschenk Gottes.» Als Erwachsene sage ich vielleicht: «Weißt du, ich glaube ...» oder ich spreche von einer Vermutung, versuche aber nicht, Gott zu beweisen. Ich ziehe ihn in unsere Alltagsgespräche hinein und rege dadurch zu Gotteserfahrungen an. Es ist möglich, aber nicht einmal nötig, entsprechende Gespräche mit den Kindern als «Philosophieren», wie es heute empfohlen wird, zu bezeichnen.

Gespräche mit Kindern, in denen eher versteckte Gotteserfahrungen aufgespürt werden, sind vor allem abends möglich. Indem solche Gespräche in ein Gebet münden, Tageserlebnisse also vor Gott gebracht werden, lassen sich Alltagserfahrung und Gotteserfahrung verbinden.

Eine kleine Geschichte könnte Gespräche über Gotteserfahrungen anregen:

Das Ratespiel

Peter, Tina, Moritz und Angela spielen das Personen-Ratespiel. «Ich weiß eine Person – ihr könnt raten», ruft Tina als erste.

«Mann? Frau? alt? jung? Tier? schwarz? braun?» Alle rufen durcheinander. Tina darf nur mit «ja» oder «nein» antworten. «Stopp! Ich hab's», sagt Moritz laut. «Es ist Poldi, dein Hamster!» «Bravo!» Alle klatschen.

Jetzt ist der kleine Moritz dran. «Ich weiß etwas Gutes – aber es ist nicht so leicht wie Poldi.» «Mädchen? Junge? Katze? alt? jung? Mann?»

Endlich sagt Moritz: «Ja». Alle Männer, die die Kinder kennen, werden geraten. Aber immer sagt Moritz «Nein». Es wird still. Die Kinder überlegen. «Ist er aus einem Buch? Räuber Hotzenplotz oder der Froschkönig oder so was?» «Nein!» «Also lebendig?» «Ja!» «Wir müssen den Wohnort herausfinden», ruft Tina. «Hier bei uns? Berlin? Deutschland? London? Italien? Europa? auf der Erde?» rufen alle durcheinander.

Jetzt sagt Moritz plötzlich immer «ja». «Du bist langweilig. Zuerst sagst du nichts als nein und jetzt nichts als ja. Du hast dir jemand ausgedacht, der überall wohnt. Den gibt es gar nicht! Ich mache nicht mehr mit.» Schon geht Tina zur Tür. «Halt, es ist wichtig! Ich will euch beim Raten helfen», ruft Moritz ihr nach. «Man kann mit ihm reden.» Wieder sind alle ganz still und überlegen. Peter flüstert: «Ein Telefon? Oder ein Tonbandgerät? Aber nein – das ist ja nicht lebendig!»

Da sagt Moritz: «Ich helfe noch weiter. Ich sage euch das Wichtigste über ihn – aber dann wisst ihr's! – Man kann zu ihm beten.» Peter platzt fast vor Lachen. «Der liebe Gott, ha, ha, ha!» Aber die andern lachen nicht. «Ich finde, du hast dir etwas Gutes ausgedacht», sagt Tina. – «Gott, das haben wir wirklich noch nie gehabt im Ratespiel! Aber ich muss dir etwas Wichtiges sagen: Ich glaube nicht, dass Gott ein Mann ist. Warum nicht eine Frau? Das würde mir besser gefallen ...»

«Mein Büchlein vom Beten»

Sicher werden auch andere Gottesbilder, möglichst verschiedenartige, in unseren Gesprächen aufleuchten: Gott als Licht, als Wind, als Burg, als Weg. Immer wieder werden Kinder selbst im Gespräch oder auch ganz spontan Bilder für Gott brauchen oder erfinden. Ich denke hier an eine kleine Episode aus Gerhard Hauptmanns tragischer Geschichte «Bahnwärter Thiel». Unvermutet fragt der kleine Junge seinen Vater nach Gott:

Tobias verlangte nach den Blumen, die seitab im Birkenwäldchen standen, und Thiel, wie immer, gab ihm nach.

Stücke blauen Himmels schienen auf den Boden des Haines herabgesunken, so wunderbar dicht standen kleine blaue Blüten darauf. Farbigen Wimpeln gleich flatterten und gaukelten die Schmetterlinge lautlos zwischen dem leuchtenden Weiß der Stämme, indes durch die zartgrünen Blätterwolken der Birkenkronen ein sanftes Rieseln ging.

Tobias rupfte Blumen, und der Vater schaute ihm sinnend zu. Zuweilen erhob sich auch der Blick des letzteren und suchte durch die Lücken der Blätter den Himmel, der wie eine riesige, makellos blaue Kristallschale das Goldlicht der Sonne auffing.

«Vater, ist das der liebe Gott?» fragte der Kleine plötzlich, auf ein braunes Eichhörnchen deutend, das unter kratzenden Geräuschen am Stamme einer alleinstehenden Kiefer hinanhuschte.

«Närrischer Kerl», war alles, was Thiel erwidern konnte, während losgerissene Borkenstückchen den Stamm herunter vor seine Füße fielen.

Erst später, nachdem das Büblein auf schreckliche Weise umgekommen ist, wird das Gottesbild, das der Kleine entdeckt hat, im Vater lebendig:

Alles war ihm neu, alles fremd. Er wusste nicht, was das war, worauf er ging, oder das, was ihn umgab. Da huschte ein Eichhorn über die Strecke, und Thiel besann sich. Er musste an den lieben Gott denken, ohne zu wissen, warum. «Der liebe Gott springt über den Weg, der liebe Gott springt über den Weg.» Er wiederholte diesen Satz mehrmals, gleichsam um auf etwas zu kommen, das damit zusammenhing. Er unterbrach sich, ein Lichtschein fiel in sein Hirn: «Aber mein Gott, das ist ja Wahnsinn.» ...

Das Eichhörnchen: Hier ein Gottesbild, das wir als Erwachsene nie erfinden würden, das aber richtig und lebendig werden kann – nicht eine bloße Kinderfantasie, sondern Hilfe für die Erwachsenen selbst, wenn sie Mut und Muße haben, solchen Vorstellungen nachzufragen! So werden Kinderfantasien zum Ausgangspunkt gemeinsamer Gespräche und können Erwachsenen selbst wichtige Gotteserfahrungen vermitteln!

5. Drei berühmte Kinder der Vergangenheit und ihr Gottesbild

Ich springe zurück in die Vergangenheit, in drei Vergangenheiten: Jedesmal geht es um ein Kind auf der Suche nach Gott, ein Kind in seiner ersten, überraschenden Begegnung mit Spiritualität überhaupt. Es handelt sich um drei berühmte Kinder, berühmte Knaben, die ums Jahr 400, ums Jahr 1200 und ums Jahr 1850 lebten: Augustinus, Parzival und Gottfried Kellers «Grünen Heinrich». Es handelt sich gleichzeitig um Erlebnisse von Berufsschreibern, die mit entsprechender Wortgewalt und Rhetorik über ihre Erlebnisse berichten, dennoch aber in gewissen Belangen beispielhaft für viele andere stehen können.

5.1 Augustinus

Der berühmte Theologe schreibt über seine Kindheit:

*Gott, mein Gott, was für ein Elend und was für einen Schwindel habe ich da erlebt: Man stellte mir als Jungen die Lebensregel auf, denen zu gehorchen, die mich anhielten, es in dieser Welt zu etwas zu bringen und mich auszuzeichnen in den sprachlichen Fertigkeiten, die Ehre bei den Menschen und trügerischen Reichtum einbringen. Deswegen schickte man mich zur Schule. Ich sollte lesen und schreiben lernen. Ich in meinem Elend sah nicht ein, wozu das nützen sollte. Aber wenn ich faul war beim Lernen, schlug man mich. Die Erwachsenen fanden das sogar gut: Die Vielen, die vor uns ein derartiges Leben führten, hatten die Leidenswege eingerichtet, die man uns zu gehen zwang, damit es noch mehr Mühsal und Schmerz gebe für die Kinder Adams. Ich traf, Herr, aber auch Menschen, die zu dir beteten. Von ihnen lernte ich, du seiest jemand Großes, der uns hören und helfen kann, auch wenn wir ihn nicht wahrnehmen, und ich stellte mir dich vor, so gut ich eben konnte. So fing ich schon als Kind an, zu dir zu beten, meine Hilfe und meine Zuflucht. Um dich anzurufen, zerriss ich die Knoten meiner Zunge. Ich war noch klein, aber nicht klein war die Leidenschaft, mit der ich darum betete, nicht mehr geschlagen zu werden in der Schule. Da du mich nicht erhörtest – was kein Nachteil war für mich –, lachten die Erwachsenen, sogar meine Eltern, die mir nichts Böses wünschten, über die Hiebspuren, damals für mich ein großes, ein bitteres Übel.
... Und doch sündigten wir, indem wir weniger schrieben, lasen oder über das Gelesene nachdachten, als man von uns verlangte. Denn es fehlte mir,*

Herr, ja nicht an Gedächtnis und an gescheiten Einfällen – davon hatte ich
nach deinem Willen reichlich für mein Alter. Aber ich hatte mehr Spaß am
Spielen, und dafür haben mich Leute gestraft, die im Grunde doch dasselbe
trieben. Nur nennt man die Spielereien der Erwachsenen ‹Geschäfte›. Doch
wenn Kinder sie betreiben, werden sie von den Großen bestraft ...

Und dennoch sündigte ich, Herr, mein Gott, der du alle Naturdinge er-
schaffst und einordnest, die Sünden aber nur einordnest; Herr, mein Gott,
ich sündigte, indem ich gegen die Gebote meiner Eltern und dieser Lehrer
verstieß. Denn was auch immer ihre Absicht war, ich hätte später das Wis-
sen gut gebrauchen können, das ich nach ihrem Willen erlernen sollte. ...
Herr, sieh das alles mit barmherzigen Augen an! Befreie uns davon, die wir
dich schon anrufen, und befreie auch die, die dich noch nicht anrufen, damit
sie dich anrufen und du sie befreist!

Der Verfasser schildert – am Ende des 4. Jahrhunderts – in seinen «Bekenntnissen» seine Schulnöte. Er soll lernen, aber: «Ich hatte mehr Spaß am Spielen.» Zum Glück, würden wir heute vermutlich sagen. Wir würden dabei von notwendiger Selbstentfaltung, gerade im Spiel, reden. Hier aber wird das Spielen als Sünde taxiert. Es wird mit Strafe, mit harter Körperstrafe durch die Erwachsenen beantwortet, eine Strafe, die Augustinus nachträglich selbst gutheißt. Wir heutigen Menschen würden die Behandlung dieses Kindes als grausam, autoritär, ja sadistisch bezeichnen. Der Ausblick in ein «ewiges Leben» wird, nur wenig tröstlich, am Rande erwähnt. Gott wird – nur kurz – als der Erschaffer der Naturdinge genannt, er ist also auch der Schöpfer.

Vor allem aber ist wiederholt die Rede vom Anrufen Gottes, vom Beten, das der Knabe bei den Erwachsenen gehört hat und womit er sich das Wissen von Gott erworben hat: «Du seist jemand Großes, der uns hören und helfen kann.» Das *Gebet* also ist es, das den kleinen Augustinus zum Weiterdenken über Gott anregt, zu Vorstellungen von Gott, «so gut ich eben konnte». Trotz Züchtigungen entsteht eine Gottesbeziehung, so etwas wie eine erste Spiritualität – «fast ein Wunder oder eine glückliche Veranlagung», könnte man sagen.

5.2 Parzival

Nun zum zweiten der drei kindlichen Helden: Sein Vater, ein berühmter Ritter, ist im Kampf gefallen. Das Kind wird in einer Waldidylle erzogen. Eine ausschließliche Muttererziehung prägt das Kind – es soll nichts vom Rittertum erfahren, um selbst nie Ritter zu werden. Die Mutter flieht in die Einöde; sie führt ein Leben in Armut und «triuwe» (Selbstverleugnung); das Leben ist außerdem geprägt von «vlüchtesal», was Flucht, Bergung, aber auch Betrug bedeutet. Der Junge ist in eine erzwungene heile Welt versetzt, bis er, angeregt, bewegt, aufgeregt durch eine unbedachte Bemerkung der Mutter, die zum ersten Mal von Gott spricht, die ängstlich-neugierige berühmte Frage stellt: «ô wê muoter, was ist got?» Hier sei die daran anschließende Waldszene wiedergegeben, in einer modernen Übersetzung aus dem Mittelhochdeutschen:

«Ach Mutter, ‹Gott›, was ist denn das?»
«Mein Sohn, ich will's dir sagen,
ganz im Ernst: Er ist noch heller
als der Tag; Er machte sich
zum Ebenbild des Menschen.
Und merke dir die Lehre, Sohn:
Bete zu Ihm in der Not.
Schon immer stand Er zu den Menschen.
Ein andrer heißt Der Herr der Hölle,
ist schwarz und kennt nur den Verrat.
Lass dich nur ja nicht auf ihn ein,
werd nicht schwankend, zweifle nie!»
So zeigte sie den Unterschied
zwischen Finsternis und Licht. ...

Eines Tages pirschte er
an einem lang gestreckten Abhang,
riss ein Blatt ab, lockte drauf.
In seiner Nähe war ein Steig,
dort hörte er Geräusche: Hufschlag.
Er holte mit dem Jagdspeer aus
und sagte: «Was hab ich gehört?
Ach, käm doch jetzt der Teufel her
mit seinem Zorn und seiner Wut –
den besieg ich, ganz bestimmt!
Die Mutter sagt, er sei zum Fürchten –
ich glaub, sie hat nur keinen Mut.»

So stand er; er war kampfbereit.
Und siehe da: Drei schöne Ritter
galoppierten zu ihm heran,
von Kopf bis Fuß gepanzert.
Der Junge glaubte allen Ernstes,
sie wären Mann für Mann ein Gott.
Und er blieb nicht länger stehen,
fiel in die Knie, auf dem Pfad;
der Junge rief mit lauter Stimme:
«Hilf mir, Gott, Du kannst doch helfen!»

Hier ist von Parzival die Rede. Das Epos stammt von Wolfram von Eschenbach, der um 1200 damit einen in jener Zeit bekannten Stoff aufnahm – und sein Vorbild Chrétien de Troyes, der nur eine Generation älter war, bearbeitete. Wolfram von Eschenbach weicht gerade an dieser Stelle von seinem Vorbild ab: Perceval, Chrétiens Held, sieht in den drei Rittern drei Engel, nicht Gott selbst wie Parzival. Parzival aber entdeckt in den drei Rittern Gott selbst. Hat nicht die Mutter Herzeloyde von Gott gesagt: «Noch heller als der Tag?» Ja, das muss Gott sein, was Parzival da sieht: die Rüstungen dieser glänzenden Dreiheit, vor der der Junge auf die Knie fällt und um Hilfe betet. Um Hilfe beten – wie Augustinus! Doch völlig anders.

Parzival ist isoliert im Walde aufgewachsen, verbunden mit der Natur. Nur die kleine Armbrust, mit der er Vögel schießt, spielerisch – auch er ein spielendes Kind also –, ist Zeichen seines Rittertums. Er, der später hervorragender Artusritter wird, auf der Suche nach dem Grâl, kann schon als Kind die paradoxen Zeichen des angeborenen Rittertums nicht verbergen: einerseits, ganz von alleine, das Bedürfnis zu schießen, andererseits sein ausgeprägtes Mitleid. Er weint über den Tod der geschossenen Vögel. Weinenkönnen aber ist nicht nur Schwäche, sondern Gefühlsäußerung, eine ritterliche Fähigkeit. Der Gesang der Vögel «erstracte siniu brüstelîn», dehnte seine Brust aus, beglückend und schmerzlich. Parzival erkennt das «Seufzen der Kreatur». Er ist offen für Leid, offen auch für eigene Schuld. Daneben ist er ein Tor, toersch (= töricht) oder «tump» (= dumm) – nicht gebildet also wie der kleine Augustinus.

Wie Augustinus bittet Parzival Gott um Hilfe – aber es ist nicht Gott, der auf der Waldlichtung vor ihm steht; es sind Ritter, die er für Gott hält. In seiner «tumpheit» erliegt er einer Täuschung.

5.3 Der Grüne Heinrich

Ich komme zum dritten der drei kindlichen Helden, die sich auf der Suche nach Gott befinden. Ich mache einen riesengroßen zeitlichen Sprung, einen Sprung ins Jahr 1850, einen Sprung nach Zürich zu Gottfried Kellers «Grünem Heinrich».

Wenn in der Dämmerung das Glöckchen läutete, so sprach meine Mutter von Gott und lehrte mich beten; ich fragte: «Was ist Gott? Ist es ein Mann?» und sie antwortete: «Nein, Gott ist ein Geist!» Das Kirchendach versank nach und nach in grauen Schatten, das Licht klomm an dem Türmchen hinauf, bis es zuletzt nur noch auf dem goldenen Wetterhahne funkelte, und eines Abends fand ich mich plötzlich des bestimmten Glaubens, dass dieser Hahn Gott sei. Er spielte auch eine unbestimmte Rolle der Anwesenheit in den kleinen Kindergebeten, welche ich mit vielem Vergnügen herzusagen wusste. Als ich aber einst ein Bilderbuch bekam, in dem ein prächtig gefärbter Tiger ansehnlich dasitzend abgebildet war, ging meine Vorstellung von Gott allmählich auf diesen über, ohne dass ich jedoch, so wenig wie vom Hahne je eine Meinung darüber äußerte. Es waren ganz innerliche Anschauungen, und nur wenn der Name Gottes genannt wurde, so schwebte mir erst der glänzende Vogel und nachher der schöne Tiger vor. Allmählich mischte sich zwar nicht ein klareres Bild, aber ein edlerer Begriff in meine Gedanken. Ich betete mein Unservater, dessen Einteilung und Abrundung mir das Einprägen leicht und das Wiederholen zu einer angenehmen Übung gemacht hatte, mit großer Meisterschaft und vielen Variationen, indem ich diesen oder jenen Teil doppelt und dreifach aussprach oder nach raschem und leisem Hersagen eines Satzes den folgenden langsam und laut betonte und dann rückwärts betete und mit den Anfangsworten ‹Vater unser› schloss. Aus diesem Gebete hatte sich eine Ahnung in mir niedergeschlagen, dass Gott ein Wesen sein müsse, mit welchem sich allenfalls ein vernünftiges Wort sprechen ließe, eher, als mit jenen Tiergestalten.
So lebte ich in einem unschuldig vergnüglichen Verhältnisse mit dem höchsten Wesen, ich kannte keine Bedürfnisse und keine Dankbarkeit, kein Recht und kein Unrecht, und ließ Gott herzlich einen guten Mann sein, wenn meine Aufmerksamkeit von ihm abgezogen wurde.

Vielleicht ist es nicht erlaubt, *dieses* Kind mit den beiden vorangehenden zu vergleichen. Oder ist es doch auch ein spirituelles Element, das seinem Kinderleben den ganz besonderen Akzent verleiht?

Als Weltfrömmigkeit, Hereinholen einer andern Dimension ins *Welt*erleben könnte man bezeichnen, was mit diesem Jungen immer wieder geschieht. «Ein vergnügliches Verhältnis mit dem höchsten Wesen» hat sich eingestellt. Wäre es denkbar, dass auch *Humor* zur Gottesbeziehung gehören kann? Ist es möglich, dass dieser sehr bildhafte Glaube zu einem tieferen Gottesverständnis führt, als eine erste Station bei Kindern oder bei kindlichen Gemütern? Dem berühmten, mystischen Versbeginn von Gerhard Tersteegen würde damit ein ganz anderes Element entgegengestellt! Bei Tersteegen heißt es:

> *Müder Geist, nun kehr zur Ruh*
> *und vergiss der Bilder alle.*
> *Schließ die Augen sachte zu,*
> *was nicht Gott ist, dir entfalle.*
> *Schweig dem Herrn und halt ihm still,*
> *dass er wirke, was er will.*

Kein Stillhalten beim grünen Heinrich! Kein Vergessen der Bilder – im Gegenteil! Viel Fantasie und gerade ein Aufgehen in Bildern, die zum Abbild für Gott werden können. Eine Denkbewegung, die sich schon bei Parzival angekündigt hat.

Versuchen wir nun aber, zu entdecken, was Augustinus, Parzival und dem «Grünen Heinrich» auf der Suche nach Gott gemeinsam ist, so springt es uns überdeutlich ins Auge: Auf die eine oder andere Weise ist es – *das Gebet* zu einem Gott, «der uns hören und helfen kann» (Augustinus), vor dem ich auf die Knie falle und rufe «Hilf mir, Gott, Du kannst doch helfen!» (Parzival), «mit welchem sich allenfalls ein vernünftiges Wort reden ließe» (Grüner Heinrich).

Gottfried Keller gibt uns in diesem Zusammenhang auch einen humorvollen Hinweis auf das «Vaterunser». Das ist wohl kein Zufall. Nicht nur das Gebet an sich ist als zentrale christliche Haltung über die Jahrhunderte hinweg wichtig, sondern das Einstimmen in ein ganz *bestimmtes* Gebet, das von Jesus selbst kommt und Generationen verbindet, das *immer gleich* gebetet wird und alle Wechsel von Lebens- und Glaubensmustern überstanden hat. Das Beten dieses Gebets ist Inbegriff eines *Rituals*. Es wiederholt sich, es bedeutet Einstimmen in einen Chor, der weitersingt und mich trägt, auch wenn ich gerade heute oder an einzelnen Stellen nicht ganz bei der Sache bin oder – als

Kind *und* als Erwachsener – nicht alles verstehe. Die Wiederholung entlastet: Ich muss gar nicht alles verstehen – und ich werde dennoch durch das Aufleuchten der einzelnen inhaltlichen Elemente des Gebets immer wieder neu angeregt.

6. BETEN

Das gemeinsame Beten mit dem Kind ist vermutlich der erste Schritt, möglicherweise der wichtigste in einer religiösen Erziehung, der bewusst zum Reden von Gott, zum Bewusstsein «Gott hat mit meinem Leben zu tun» führen will. Die Frage, ob wir als Eltern selbst noch beten wollen oder können, stellt sich dabei sofort. Sicherlich: Gemäß den erwähnten Umfragen ist das Beten – im Gegensatz zum Kirchenbesuch oder der Bibellektüre – auch heute noch sehr verbreitet. Es ist ein tief im Menschen liegendes Bedürfnis, ein «Du», das außerhalb oder «oberhalb» der menschlichen Freuden und Nöte steht, anzurufen, um das Leben in einen größeren Zusammenhang zu stellen, ihm – vielleicht unbewusst – mehr Sicherheit, auch mehr Würde zu geben. Dabei will solches Beten einen oft fernen, momentweise ganz nahen Gott herbeiholen und ihn um seine Präsenz und sein Eingreifen bitten. Auch wenn Gott dabei nicht direkt spürbar wird, verändern wir uns selbst, verändert sich unser Leben beim Beten.

Unsere Gebete sind dabei oft Stoßseufzer, kurze Hilferufe, aber auch erleichterte Lob- oder Dankrufe bei freudigen, erlösenden Ereignissen: «Gott sei Dank!» Daneben leben wir von formelhaften Gebeten, dem «Vaterunser», einzelnen Kirchenliedstrophen, Weihnachtsliedern, die uns einfallen. Reicht dies, um als Eltern ein Kind beten zu lehren? Müssten wir es nicht selbst sehr viel besser können?

An sich ist vor jedem Perfektionismus zu warnen. Es gibt nicht richtiges oder falsches Beten. Vielleicht lernt das Kind das Wort Gott zuerst in einem ganz einfachen Lied kennen, es lernt nach ihm fragen. Es erlebt aber noch vor den sehr speziellen Fragen: Mit Gott kann ich reden; Mutter oder Vater reden mit ihm; er ist bei mir, auch wenn ich ihn nicht sehe; es gibt einen Kontakt, der anders, weniger fassbar ist als die Liebe der Eltern, der aber weiter geht – und in kleinen Momenten spürbar wird. Als Erwachsene aber kann ich beim Beten mit den Kindern selbst neu beten lernen.

In meiner Geschichte «Benjamin sucht den lieben Gott» zieht ein Kind aus, um Gott zu suchen: In einer traumhaften Welt steigt, fliegt Benjamin in den Himmel. Hier müsste Gott doch zu finden sein! Später erfährt der Junge im Gebet mit den Eltern: Gott hört mich, er versteht mich, ich kann mit ihm in Kontakt treten. Die Gottesbeziehung, die sich im Gebet erleben lässt, wird wichtiger als der Wohnort Gottes. Solches Erleben ist nicht selbstverständlich, aber es könnte ein Ziel des Betens mit Kindern sein.

6.1 Ritual und Stille

Beten mit dem kleinen, dem kleinsten Kinde vermittelt Geborgenheit auf verschiedene Weise. Die Situation an sich beruhigt: Ich denke an das Kind, das abends im Bett liegt, warm, gesättigt – neben ihm sitzt die Mutter oder der Vater. Diese Mutter oder dieser Vater haben – hoffentlich – Zeit. Es kann ein «Ins-Bett-Geh-Ritual» wachsen, das jeden Tag gleich ist. Vielleicht gehört ein Lied, ein Gebet, der Gutenachtkuss dazu. Und weil es jeden Tag so – oder so ähnlich – ist, der Tag also immer gleich beendet wird, hat das kleine Kind den Eindruck, die Welt sei jetzt in Ordnung. Es fühlt sich neben den vertrauten Personen und in der vertrauten Situation geborgen.

Das Gefühl von Geborgenheit wird aber nicht nur durch die Eltern und durch die Situation, sondern auch durch die sprachliche Form eines Liedes oder Gebets vermittelt. Allein schon das Wiedererkennen bekannter Wörter ruft, bevor diese Wörter verstanden werden, Freude hervor. Wiederholungen jeder Art, sei es ein Refrain, ein Rhythmus, ein regelmäßig wiederkehrender Satz, vor allem Reime, die Wiederholungen lautlicher Art bilden, erfreuen das Kind. Sie machen das Gebet schon für Ein- oder Zweijährige zu einem lustvollen Ereignis. Dieses sprachliche Ereignis muss bei den ganz Kleinen noch nicht unbedingt ein eigentliches Gebet sein, das Lied muss nicht immer ein Abendlied sein. Sicher aber wird eine Sprache, die Freude, Lust und Geborgenheit vermittelt, eine gute Ausgangssituation dafür sein, mehr von dem Gott zu reden, von dem in Liedern oder Gebeten die Rede ist. Gott tritt so erstmals in einem erfreulichen Zusammenhang ins Bewusstsein des Kindes.

Eine regelmäßige Gestaltung des Abendrituals, auch eine gute Atmosphäre, vielleicht eine Kerze oder die Veränderung des Zimmers, das in bescheidenem Rahmen festlich gestaltet wird, gehört dazu. Eine kleine Musik kann das Ritual einleiten, ein schon bekanntes Bild kann aufgestellt, ein neues anregendes Bild des Tages aus der Zeitung geschnitten werden; der Geruch einer Salbe auf den kleinen Händen oder gar ein Parfüm-Tupfer aus Mutters Fläschchen, dies sind winzige Elemente, die zur äußeren Gestaltung des Rituals beitragen, es sinnlich, anschaulich und jedes Mal neu zu einem kleinen Kunstwerk machen. Einzelheiten werden dabei zu Symbolen, die dem Kind und dem Erwachsenen sagen: Jetzt ist ein besonderer Moment. Die Kinder werden mit der Zeit selbst gewählte Symbole beisteuern.

Beim wiederholenden, geformten typischen Kleinkinder-Gebet besteht eine Gefahr: die Gefahr des Herunterleierns und die Möglichkeit, dass das Kind zu sehr auf einzelne Texte, die naturgemäß immer einseitig sind, fixiert wird. Das Kind wünscht vielleicht immer die gleichen Verse, es hört oder spricht dabei nur noch angenehme Laute, ohne etwas zu denken. Darum wird man wohl von Anfang an mit Gebeten und Liedern abwechseln. Es lohnt sich, Lieder, Verse und Gebete zu diesem Zweck zu sammeln und, möglicherweise für jedes Kind einzeln, in einem Büchlein aufzuschreiben. Das Kind überlegt sich, wenn man abwechselt, eher, *was* es eigentlich spricht.

Wenn Kinder gereimte Gebete, Gebete aus Gebetbüchlein oder aus der Tradition abwandeln, auf sich selbst anwenden, weiterspinnen, können wir froh sein – auch wenn die Texte scheinbar verballhornt werden.

Auch Momente der Ruhe gehören zum Abendritual. In der Stille kommt das Kind zu sich selbst, ist aber gleichzeitig in der Gemeinschaft mit einem Erwachsenen aufgehoben. Vielleicht hört es neue Töne aus seinem Innern, sieht neue Eigenschaften von Mutter, Vater, Bruder oder Schwester in deren Augen aufleuchten. Es lernt in der Stille, im Schweigen, auf leise, auf wenige Worte hören. Es begegnet der Sprachlosigkeit, gerade auch bei seinen Fragen nach Gott: Diese müssen und sollen nicht immer beantwortet werden, sondern können oft friedlich im Raum stehen bleiben. Nicht Unkenntnis oder gar Faulheit der Eltern sind der Grund. Es geht um Geheimnisse, die im Schweigen aufgehoben bleiben, ja so lebendig werden, dass wir sie nicht zerreden dürfen. Gemeinsames Schweigen bringt ein Gefühl des Zusammengehörens, gleichzeitig eine Selbstbesinnung und eine Besinnung auf Gott.

6.2 Ich erzähle von mir

«Ich weiß nicht, warum ich auf der Welt bin, aber ich bin froh», schreibt eine kleine Schulanfängerin. «Danke Gott, dass ich lachen und weinen kann», notiert ein anderes Kind. Diese Kinder wollen von sich selbst erzählen, von ihren Fähigkeiten, ihren Freuden und Ängsten. Ein sechsjähriges Mädchen, das bei mir, der kinderreichen Patentante, in den Ferien war, hörte drei Abende lang still bei unseren Abendgebeten zu, bis es plötzlich lautstark und empört sagte: «Und jetzt komme ich dran, lieber Gott. Ich, ich heiße Franziska, ich, ich, ich ....» Ich vergesse diese Ich-Rufe nicht – und es steht mir fern, solche Bezogenheit auf die eigene Person aus dem Kindergebet verdammen zu wollen. Das Kind darf und soll als Individuum mit all seinen Freuden, Nöten und Interessen vor Gott treten; es darf wissen: Ich bin Gott mit allem, was ich kann und tue, wichtig; ja, auch meine Großmutter und meine Katze, meine Freude an den Blumen oder an der Kindersendung im Fernseher, aber auch – etwas später dann – meine Angst vor der Schule und mein inniger Wunsch nach einem Pferd: Das gehört zu mir; ich darf all dies vor Gott bringen und ihm von mir erzählen; er interessiert sich dafür – ja, eigentlich weiß er schon alles und will mich doch anhören.

Müd ist mein Bein. Müd ist mein Arm.
Ich lieg' im Bett, da ist es warm.
Wie schön ist das Schlafen und das Erwachen.
Ich habe viele schöne Sachen.

Du großer Gott, du bist bei mir.
Du großer Gott, ich danke dir.
Amen

«Gott, ich kann mit dir reden»

Ich renne gern, ich liebe das Rennen.
Ich lern immer neue Straßen kennen.

Ich saus mit dem Rad, ich liebe das Sausen.
Ich höre den Wind um die Ohren brausen.

Ich lache gern, ich liebe das Lachen.
Ich weiß so viele lustige Sachen.

Ich rede gern, ich liebe das Reden.
Die Mutter hört zu, sie sitzt daneben.

Fürs Rennen, Sausen, Lachen und Reden
dank ich dir, Gott, du hast alles gegeben.
Amen

«Gott, ich kann mit dir reden»

71

Ich bin schlechter Laune

Ich bin schlechter Laune.
Ich weiß nicht warum.
Und die andern sagen:
Tu doch nicht dumm!
Mir ist nicht wohl in meiner Haut.
Ich stampfe und ich schimpfe laut.
Ich sage dann: Lasst mich in Ruh!
Und schlage meine Türe zu.
Im Herzen sitzt ein böses Tier.
Es ärgert mich und schnappt nach mir.

Manchmal bin ich froh,
ich weiß nicht warum.
Mir gefallen alle Menschen rundum.
Mir ist so wohl in meiner Haut.
Ich sing' vor mich hin, ich pfeife laut.
Ich möchte alle an mich drücken.
Auf der Wiese Blumen pflücken.
Im Herzen hüpft ein Clown, der lacht.
Er hat mich munter und glücklich gemacht.

Gott, ich rufe dich, sei du bei mir.
Du siehst mich schimpfen, siehst mich singen.
Drum will ich beides vor dich bringen:
mein Herz mit dem Clown, mein Herz mit dem Tier.
Gott, du bist stärker als die beiden.
Gott, du kannst immer bei mir bleiben.
Hilf doch, das böse Tier vertreiben.
Und zeig dem Clown die richtigen Schritte.
Wohne du bei mir, das ist meine Bitte.

«Gott, ich kann mit dir reden»

Gerade in der Stille aber, die wir uns fürs Kindergebet wünschen, denken Kinder noch weiter über sich nach, denken in die Tiefe, in einer Weise, wie wir es auch als Erwachsene im Gebet tun möchten. Die «Gebetsschule» von Hubertus Halbfas, ein Buch mit dem Titel «Der Sprung in den Brunnen», beschreibt den Mut zum Alleinsein, das

Abtauchen in die Brunnentiefe, auch das einsame Vorantasten in einem Labyrinth als Bilder für unser Verhalten beim Beten: Wir sind auf einem Weg zu Gott, der Ausdauer erfordert und ein Weg in die Tiefe der eigenen Existenz ist. Trotz der Stille ist es kein Stillstehen!

Neben einem Hinabsteigen dieser Art aber können wir mit kleineren Kindern über das «Ich», von dem das Kind oder wir mit ihm erzählen, noch weiter nachdenken. Der zurückliegende Tag wird lebendig. Dadurch wird nicht nur das allerpersönlichste Erleben des kleinen Kindes ins Gebet hineingenommen; der ganze Tag mit seinen Begegnungen wird erzählt und damit vor Gott hingelegt. Mein Bilderbuch «Gute Nacht, Anna» beschreibt eine Reihe solcher kleiner Erzählungen vom Tag, die ins abendliche Ritual eingebettet sind:

«Erzähl mir eine Abendgeschichte, Papa!»
Der Vater schüttelt den Kopf.
«Erzähl du mir von dir, Anna!»
«Eine Geschichte von heute?»
«Ja, deine eigene Abendgeschichte.»
Anna denkt nach und erzählt:

Heute, Papa, hast du mir einen Streich gespielt. Es war lustig. Doch zuerst habe ich geweint. Weil es Milchreis gab. Den mag ich ja nicht. Aber du hast gesagt: Iss doch wenigstens einen einzigen Löffel, vielleicht findest du eine Überraschung. Und dann sagtest du: Noch ein kleines Löffelchen, dann kommt die Überraschung zum Vorschein. Und so ging es weiter. Ich merkte gar nicht, dass ich immer mehr aß. Und die Überraschung war der dicke Bär, der auf dem Boden deines alten Kindertellers gemalt ist. Ich hatte ihn vergessen. Weil ich fast nie aus deinem alten Teller essen darf. Und dann gab's ja noch Apfelmus. Das mag ich sehr gern. Und soooo schlimm ist der Milchreis eigentlich auch nicht.

«Danke Anna, ich habe mir beim Kochen Mühe gegeben», sagt der Vater.
«Wollen wir deine Geschichte mitnehmen in unser Abendgebet?»

> *Guter Gott,*
> *den Reis hast du wachsen lassen,*
> *auch die Äpfel für das Apfelmus.*
> *Andere Menschen haben Hunger.*
> *Viele Kinder sterben,*
> *weil sie nichts zu essen haben.*

Gott, das ist ungerecht;
wir möchten es ändern.
Sei bei allen Menschen,
den satten und den hungrigen.
Wir sind satt.
Aber wir haben Hunger nach dir.
Amen

Gute Nacht, Anna! Gute Nacht, Papa!

6.3 Ich rede von Gott

Mit jedem Gebet macht das Kind eine Aussage über Gott. «Gott, ich kann mit dir reden», meint im Grunde jedes Gebet schon mit seinem Anfang. Und jede Anrede Gottes – er ist für die Kinder der liebe Gott, der große Gott, der starke Gott, Heiland oder Vater – sagt viel über das Gegenüber aus, das das Kind vor sich sieht. Der allergrößte Teil der Kinder gebraucht «Lieber Gott» als Anrede, ja verwendet Gebetsformen, die von Eltern und Großeltern stammen. Die von Kindern geschriebenen Texte aber sagen noch mehr aus und bringen kindliche Vorstellungen von Gott zur Sprache. Angeregt durch die Gebetssituation oder den formelhaften Anfang beginnen sie, über Gott zu philosophieren. Oft spiegelt sich darin ein Eintauchen in die Beziehung zu Gott, ein Kreisen um diesen fern-nahen, groß-kleinen Gott. Solche von Kindern teilweise unbeholfen geschriebenen Texte sind besonders wertvoll, da Kinder wohl im alltäglichen «Gebrauchs-Gebet», bei dem das Ritual einen zügigen Ablauf fordert, selten in dieser Weise über das Ausgesprochene auch reden. Das Aufschreiben aber, das länger dauert, regt zum Nachdenken an; Vorstellungen der Kinder, die schriftlich formuliert werden, regen uns Erwachsene an, verbrauchte formelhafte Kindergebete neu zu überdenken.

Immer wieder schreiben Kinder fast aufdringlich: «Gott, ich hab dich lieb», «Ich mag dich», «du bist mein ein und alles», «du bist mein bester Freund». Das Bedürfnis nach einer innigen Beziehung steht dahinter. Daneben geht es um die Allmacht Gottes: «Ja, Gott kann alles», «er sorgt für Ordnung», «er passt auf». Neben dem «lieben» Gott ist der alte «Aufpasser» spürbar. Wir fahren den Kindern bei solchen Äußerungen sicher nicht «übers Maul», aber wir versuchen, mit zusätzlichen, mit weniger starren Aussagen über Gott das Gebet zu beleben. Geschichten aus der Bibel bilden eine wertvolle Ergänzung, sodass erzählte Geschichten das Gebet von einer gewissen Sturheit befreien. Wenn Kinder selbst in ihren Texten von Gott als von einem Hirten oder vom König reden, klingt dies schon an; Begriffe wie «Erlöser» oder «Friedensstifter» dagegen wirken eher «unverdaut» aus der Erwachsenenwelt übernommen. Starke Bilder in einzelnen Kindertexten wie «auf Gottes Hand sein» oder «Gott um sich haben wie eine starke Mauer» erinnern an die Psalmen.

Immer wird es sich lohnen, Gebetstexte, freie oder geformte, kindliche oder erwachsene, im Hinblick auf ihr Gottesbild zu überdenken, möglicherweise auch vorsichtig zu korrigieren. Alte Kindergebete, seien es bedrohende oder verniedlichende, werden dabei gelegentlich ungemütlich. Wir schaffen sie ohne Tränen ab, vor allem da, wo Gott als drohende Kontrollinstanz eingesetzt wird.

6.4 Danken und Denken

Danken, dankeschön sagen: Das gehört oder gehörte zu den guten Manieren. «Wie sagt man?», fragte die Mutter erwartungsvoll, wenn ihr Kind etwas geschenkt bekam, in der Hoffnung, ein deutlich ausgesprochener Dank komme schnell und möglichst von selbst – dazu, brav ausgestreckt, das «richtige» Händchen!

Heute hält man – zurecht – weniger von andressierten Formen und Formeln, von äußerlichen Manieren. Doch echter Dank, wie wir ihn uns auch heute wünschen, ist mehr und ist zum Glück nicht weniger modern als in der Kinderzeit unserer Mütter und Großmütter – auch Gott gegenüber.

Ein formelhaftes «Lieber Gott, ich danke dir», oft auch ein vertrautes Danklied kann den Aufhänger, den Anfang, auch den Einstieg in ein Gebet bilden. Was dann folgt, ist häufig Ausdruck eines Lebensgefühls, ja einer «Lebensqualität»: Kinder entdecken die Qualität ihres Daseins. Sie werden sich, indem sie danken, momentweise bewusst, dass alles rundum nicht selbstverständlich ist. Das Selbstverständliche wird zum Besonderen.

Danken und Denken: Die Wörter kommen aus der gleichen Wurzel. Das Danken führt zum Nachdenken über die Welt. Umgekehrt führt Nachdenken über die eigene Existenz zum Danken. Beim Danken wird alles, worüber sich nachzudenken lohnt, in eine Beziehung gesetzt: in die Beziehung zu dem, dem man dankt, zu Gott. Die Fähigkeit, vor Gott über sich selbst und die Welt nachzudenken, vermittelt dem Kind ein religiöses Grundgefühl, das wir als Erwachsene ohne viele Worte weitergeben und das nicht an bestimmte Kenntnisse in Sachen Gott und Religion gebunden ist. So verschaffen wir den Kindern Zeit zum Nachdenken, zum Schauen, zum Hören, zum Träumen – zum scheinbaren Nichtstun. Wir helfen den Kindern auch beim Finden von Worten, um das Erdachte, Geschaute auszusprechen und weiterzudenken. Indem die Dinge Namen erhalten, werden sie fassbar.

Ein Kind schreibt das Gebet auf: «Lieber Gott, ich danke dir für die schönen Töne auf der Welt und die grünen Bäume.» Ein anderes betet: «Hallo, lieber Gott! Heute will ich dir Danke sagen. Danke, dass ich gesund bin. Danke, dass ich alles habe, was ich brauche. Ja, ich habe sogar noch mehr.» Dieses Kind hat entdeckt, dass es tatsächlich «mehr als alles gibt» – die schönste Voraussetzung für ein Dankgebet!

Mit kleinen Kindern könnte man Beobachtungen der Natur einbeziehen oder ein einfaches Gebet folgender Art sprechen:

> *Lieber Gott, ich danke dir!*
> *Ich danke dir für jedes Tier:*
> *den Vogel auf dem Dach,*
> *die Fische im Bach*
> *und die Katze im Haus,*
> *im Keller die Maus,*
> *die Fliege und den Floh,*
> *den Elefanten im Zoo.*
> *Über alle bin ich froh!*
> *Danke, lieber Gott!*
>
> *«Gott, ich kann mit dir reden»*

Sicher gehören Tischgebete zu den Lob- und Dankgebeten. Tischgebete bereiten uns in der heutigen Zeit Probleme: Nicht nur kindliche Unruhe, unregelmäßige Essenszeiten, Hunger oder unsere eigene Knappheit an Zeit, scheinen es zu verhindern. Und dennoch: Ein regelmäßiges Gebet vor dem Essen kann zu kleinen Momenten des Nachdenkens und zu echtem Dank führen. Dann aber, wenn unsere innere Ruhe zum Beten nicht vorhanden ist, lässt sich – gerade mit Kindern, die größer werden – vor dem Essen auch singen. Vielleicht bewirkt auch ein vielerorts übliches Sich-die-Hände-Reichen und

«Gesegnete Mahlzeit»-Wünschen einen kleinen Moment der Stille, des Nachdenkens und der Gemeinschaft.

Wir sitzen zusammen, wir werden satt.
Wir danken dir, Gott, für das Essen.
Wir bitten für den, der kein Essen hat.

Gott, lass uns dich nicht vergessen!

Wir sitzen zusammen, wir haben es gut.
Gott, gib uns nicht nur zu essen.
Mach du uns froh, gib du uns Mut!

Gott, lass uns dich nicht vergessen
«Gott, ich kann mit dir reden»

6.5 Bitte und Fürbitte

Bitten und Beten: Darin steckt derselbe Wortstamm. Auch Betteln gehört dazu!

Oft klagen Eltern, die sich redlich um die christliche Erziehung bemühen, darüber, wie schwierig das freie Beten sei. Eigentlich möchten sie, dass die Kinder selbst Gebete formulieren. Aus den Gebeten werden aber schnell egoistische Bittgebete, Bettelgebete, Wunschzettelgebete. Wie gehen wir damit um? Ist es besser, zu altbewährten festgeformten Gebetsversen zurückzukehren? Wo wird die Grenze gezogen zwischen dem Nachdenken über die eigenen Wünsche vor Gott und unverschämtem Fordern?

Problematisch sind Wunschzettel-Gebete, die tatsächlich an die Briefe erinnern, die man früher dem Christkind aufs Fensterbrett legte und die hinter Gott so etwas wie eine Fee, einen Zauberer oder einen reichen Über-Onkel vermuten lassen, der mindestens für die größeren Wünsche wie ein Fahrrad oder gar ein «echtes Pferd» zuständig ist. Ähnlich verhält es sich mit dem «Wettergott», der im Hinblick auf Ferien und Kindergeburtstage von besonderer Bedeutung zu sein scheint.

Gott als «Schnell-Helfer»: Mit ihm setzt sich schon Johanna Spyris Heidi, das bei der Frankfurter Großmutter beten lernt, auseinander. Es stürzt in sein Zimmer, faltet die Hände und erwartet, dass sein sehnlichster Wunsch, auf die heimatliche Alp zurückkehren zu dürfen, sofort erfüllt werde. Bald hört das Kind aber auf zu beten: «Es

nützt nichts, der liebe Gott hat nicht zugehört, ...» Die nicht eintreten-
de Gebetserfüllung wird als Beweis *gegen* das Zuhören Gottes gedeutet: «... der liebe Gott hat es nicht getan», klagt das verzweifelte Kind.
Darum ist – auch im Hinblick auf heutige Kinder – zu wünschen, dass
bei sehr speziellen Bitten der Gedanke mitschwingt: «Wie *du* willst,
Gott, du kennst mich; vielleicht ist etwas anderes, von dem ich noch
gar nichts weiß, besser für mich.»

Schon früh wird auch Kindern die Beziehung zwischen Beten und
Handeln zum Problem: Ist es erlaubt, Gott um Dinge zu bitten, die
man durch eigenes Tun bewirken könnte? Kann Beten nicht auch zu
einer Abwälzung von Verantwortung auf Gott und damit zur be-
quemsten Lösung eines Problems werden? Eine kleine Geschichte mag
das Gespräch mit Kindern zu diesem Punkt anregen:

Darf man Gott um alles bitten?

«Daniela, Schularbeiten machen!», ruft die Mutter aus dem Fenster in den
Hof hinunter. Daniela hat wirklich keine Lust, Schularbeiten zu machen.
Man kann doch nicht mitten im schönsten Spiel aufhören! Jetzt, wo sie gera-
de Anführerin der Bande geworden ist ... «Ich habe heute keine Schularbei-
ten», ruft sie zurück. Das Diktat von morgen hat sie vergessen!

Erst abends im Bett ist der Gedanke ans Diktat wieder da. Aber es ist zu
spät, die schwierigen Wörter zu lernen. Auch Mama würde jetzt nicht mehr
helfen. Daniela wird angst!

Die Mutter kommt «Gute Nacht» sagen. Sie hat auch mit Daniela gebe-
tet. Erst jetzt, wo Daniela allein ist, fällt ihr etwas ein. Hat Papa nicht
gesagt «Gott darf man um alles bitten.»? Daniela ist froh, dass ihr das ein-
gefallen ist. Sie bittet Gott: «Mach, dass ich es morgen beim Diktat kann.»
Sie bittet dies viele Male, bis sie erschöpft einschläft.

Am Morgen ist die Angst wieder da. Daniela spürt, dass sie im Schlaf
nicht gelernt hat, wie man «ihr», «hier», «mir», «dir», «vier» schreibt. Im-
mer ein langes «i» – manchmal mit «h», manchmal mit «e», manchmal nur
«i» und trotzdem lang gesprochen! «Jetzt will ich schauen, ob es diesen Gott
wirklich gibt! Vielleicht ist doch nur alles Schwindel. Dann hat Beten ja kei-
nen Sinn!»

Daniela schreibt das Diktat. Sie zittert ein bisschen.

Die Lehrerin korrigiert die Diktate noch am gleichen Tag. «Ohne Lernen
geht das wirklich nicht! Die Arbeiten müssen von den Eltern unterschrieben
werden.» Sie klopft mit der Hand auf einen Stoß von ungefähr 5 Heften. Sie

wirft Daniela einen Blick zu, und Daniela weiß, dass sie fast alles falsch ge-
schrieben hat.

Und wie ist das nun mit Gott? Abends, nachdem der Vater die ungenü-
gende Note unterschrieben hat, fragt sie vorsichtig. Und sie sagt ihm alles.
Der Vater überlegt und antwortet: «Gott macht es uns nicht so leicht. Er
will, dass du deinen Kopf, deine Hände, deine Zeit – manchmal auch deine
Spielzeit – zum Lernen brauchst. Ich glaube sicher, dass er dir helfen will –
aber nicht wie ein Zauberer, so im letzten Moment – sondern mit dir zu-
sammen, wenn auch du mithilfst.»

Daniela wird still. Schließlich seufzt sie: «Dann muss ich also lernen und
außerdem noch beten! Ich finde das, ehrlich gesagt, ein bisschen viel! Lohnt
sich das?»

«Mein Büchlein vom Beten»

Nicht allein die Titel-Frage dieser kleinen Geschichte ist wichtig. Gemäß den untersuchten Kindergebeten spielt die Schule, vor allem die
Angst vor Diktaten und Prüfungen im Rechnen, für Schulkinder eine
enorme Rolle; auch eine negative Reaktion der Eltern auf schlechte
Zensuren wird in den Gebeten zur Sprache gebracht. Es schiene mir
wichtig, solche Schulnot mit Kindern in die abendlichen Gespräche
einzubeziehen und dabei aufzupassen, dass die Kinder Gott nicht anhand ihrer Schulzeugnisse zu beurteilen oder zu kontrollieren beginnen! Vor allem aber soll der Leistungsdruck und der Konkurrenz-
kampf, unter dem Kinder in unserer Zeit leiden, nicht tabuisiert
werden: Gott interessiert sich dafür; im Abendgebet haben auch diese
Probleme Platz!

Bitte wird zur Fürbitte: Das Auge des Kindes wird auf den andern,
den Mitmenschen, den Ausländer oder den Flüchtling, auf Kranke,
Alte oder Vernachlässigte gelenkt. Fürbittegebete anstelle der Wunschzettelgebete sind nicht nur wünschenswert, sondern auch natürlich.
Kinder sind in der Regel fast von alleine «sozial» eingestellt; sie sehen
das Elend anderer und möchten helfen. Wir werden über dieses Elend
mit ihnen reden, im Gespräch die Ursachen ergründen und überlegen, was zu tun wäre. Beten erübrigt auch hier das Handeln, die
konkrete Hilfe nicht. Beten muss vor allem «orientiertes Beten» sein –
niemals ein Schließen der Augen vor der Realität.

Möglicherweise werden Kinder selbst im Beobachten und Mitfühlen
aktiv, wie die kleine Karin im folgenden Gebet, das durch eine Fern-

sehsendung ausgelöst wurde: «Heute Abend habe ich einen Film gesehen, der mich fast zum Weinen gebracht hat. 2000 Flüchtlingsmenschen wurden mit einem Boot übers Meer zu einer einsamen Insel geführt und dort hinter Gitter gesteckt ... Ein Mädchen von dort, das schon fast fünf Jahre dort war, hatte erzählt, dass ihr Wunsch ist: frei wie ein Vogel zu sein. Und ich hoffe, dass ihr Wunsch bald in Erfüllung geht. Ich danke Gott dafür, dass er auch diese Menschen in seiner Hand hat.»

6.6 Mit Psalmen beten

In den Psalmen wird geklagt, geseufzt, ja geschrien und heftig aufbegehrt: Intensive Äußerungen, die dazu anregen, den Gefühlen Raum zu geben, die innerste Not nach außen zu kehren und sie vor Gott auszubreiten, ja, Gott sogar Vorwürfe zu machen. Beim Lesen und Nachempfinden der biblischen Psalmen haben wir aber auch Schwierigkeiten: Da werden die Bösen verdammt; da wird Rache herbeigewünscht; der Beter erscheint uns oft als selbstgerecht. – Und doch: Die Möglichkeit, dass heftige Gefühle vor Gott Platz haben, ist auch fürs Beten mit Kindern wichtig. Das Kindergebet darf nicht der Domestizierung dienen oder eine Pflichtübung sein, sondern ein Ort der Gefühle. Kinder kennen – wie die Psalmbeter – tiefste bedrückende Not und Hilflosigkeit, auch wenn solche Empfindungen gelegentlich nur von kurzer Dauer sind. Erst recht leiden schwer kranke, versagende, überforderte oder verlassene Kinder; sie fühlen sich hilflos. Was nützt da die Sprache der Psalmen?

Neben der Aufmunterung, Gefühle zu äußern, ist es vor allem die ausgeprägte Bildhaftigkeit, die uns auch als Erwachsene anregt: Gott ist wie ein Fels; er ist wie eine Burg, in der ich sicher wohne – mehrere Psalmen gebrauchen gerade dieses Bild (Psalm 18, 46, 91, 144). In meinem meditativen Kinderbuch «Wohnt Gott im Wind?» werden solche Bilder aus Psalmen in Bilder und kindgemäße Texte umgesetzt.

Da steht eine Burg, groß und fest.
Auf einen Felsen ist sie gebaut,
ihre Mauern sind dick.
Ich kann hineingehen durch ein großes Tor.
Hier bin ich sicher, wenn ich Angst habe,

auch wenn ich träume,
dass Ritter dicke Speere werfen,
dass Wölfe und Bären kommen
oder riesengroße Drachen.
In der Burg geschieht mir nichts.

Gott – so bist du:
Eine Burg gegen die Angst.
«Wohnt Gott im Wind?»

Die Reaktion der Kinder auf Texte, die als Erzählung oder auch im Gespräch mit Gott biblische Bilder aufnehmen, ist erstaunlich gut. In meinen Dialektgebeten faszinieren, wie ich oft höre, Psalmgebete Kinder und Erwachsene in besonderer Weise. Gott ist wie die Schwalbe, die ihre Jungen behütet: Psalm 84. Es geht mir schlecht, ich habe Angst wie vor dem Ertrinken im steigenden Wasser, auf seichtem Grund: Psalm 69. Gott ist aber auch ein guter Hirt: Psalm 23. Oder ich selbst bin wie ein dürstender Hirsch: Psalm 42.

Wiederholt ist es auch das Bild von Gottes Hand oder Gottes tragenden Händen, das Kindern besonders hilfreich wird. So schreibt eine Neunjährige in ihrem eigenen Gebet: «Lieber Gott, lass mich nicht allein, ich möchte auf deiner Hand sein. Mit vielen anderen. Amen.» Ingo Baldermann schildert in seinem Buch «Wer hört mein Weinen – Kinder entdecken sich selbst in den Psalmen» eindrückliche Reaktionen von Kindern – vor allem in der Schulsituation – auf Bilder für Gott und für den Menschen, die uns die Psalmen vermitteln.

Oft sind es nur einzelne Zeilen der Psalmen, die sich zum Beten mit Kindern eignen. Sicher aber lohnt es sich, als Erziehende die Psalmen im Hinblick auf Kinder neu zu lesen – und dabei Entdeckungen zu machen, die das Gebet enorm bereichern. Möglicherweise erzählen wir Kindern auch von David, der Psalmen dichtete; von Hiob, der in Psalmen schrie; von den Hebräern, die trauernd an den Ufern Babylons Psalmen sangen; von der jungen Maria, die im Magnifikat vom Heil, das in die Welt kommt, jubelt. Durch ein gelegentliches Einordnen der Psalmen in ihre biblische Ursprungs-Situation werden Gebet und biblische Geschichte verbunden: Gleichzeitig mit dem bildhaften Denken der Psalmen wachsen Kinder in biblisches Beten hinein.

Neben den Bildern, die uns die Bibel zur Verfügung stellt, machen gerade die Psalmen Mut, auch «weltliche» Bilder, die besser zu fassen sind als komplizierte Erklärungen, zu gebrauchen. Die Bilder können zu Helfern in der Not und bei den schwersten Fragen werden:

Jesus, du kommst von Gott

Jesus, du kommst von Gott.
Du bist ein Mensch geworden.
Ein Mensch mit Armen und Beinen.
Ein Mensch, der konnte traurig sein und weinen.
Ein Mensch mit Angst und Not.

Jesus, du kommst von Gott.
Du kennst auch unsre Menschenherzen
mit ihren Leiden, ihren Schmerzen.

Jesus, du baust eine Brücke,
eine Brücke aus unsichtbaren Steinen.
Auf der Brücke verliert man das Weinen.
Denn auf der Brücke wissen wir:
Wir gehen alle zu dir.
Jesus, du kommst von Gott.

«Gott, ich kann mit dir reden»

7. DAS «VATERUNSER»

Sicher ist das «Vaterunser» ein Gebet für Erwachsene, wie viele Kirchenlieder ist es aber ein Text, mit dem Kinder groß werden, in den sie hineinwachsen, den sie ganz allmählich lernen und verstehen können. Es ist zu hoffen, dass sie dabei Fragen stellen – und wir ihnen in kleinen Etappen weitergeben können, was uns selbst bedeutsam geworden ist. Die folgenden Gedanken sollen vor allem helfen, Erwachsenen selbst das Verstehen zu erleichtern. Sie greifen meist nur einen Aspekt heraus und wollen die einzelnen Bitten nicht erschöpfend erklären. Das Umsetzen für Kinder, die kindgemäße Anwendung sozusagen, darf nicht erzwungen werden und müsste sich wohl in ganz kleinen «Portionen» fast von alleine ergeben.

Der Wortlaut des Gebets Jesu ist für den deutschen Sprachraum in den Sechzigerjahren ökumenisch vereinheitlicht worden und inzwischen praktisch überall in der hier zu Grunde gelegten Form abgedruckt. Nur für die Anrede konnte keine einheitliche Form gefunden werden. Deshalb dürfen und müssen «Vater unser» und «Unser Vater» gleichberechtigt nebeneinander verwendet werden.

Vater unser

Gott wird angeredet. Er wird als naher Verwandter angeredet. Er gehört zu mir. Ich bin ihm nahe – und ich darf ihm gegenüber *Kind* sein. Ich trete in eine familiäre Sphäre ein und bin mir bewusst, dass Jesus in seiner Muttersprache vermutlich das Wort «Abba», Papa also, ein Wort der Familiensprache, brauchte. Dieser Abba sitzt neben mir, nahe bei mir. Der Schritt, zu sagen «Mutter unser» ist nicht mehr weit oder «wie eine Mutter». «Unser Vater / der du bist die Mutter» beginnt Kurt Marti seine «Vaterunser»-Nachdichtung. *Das Mütterliche* jedenfalls gehört ganz an den Anfang des Gebets. Auf erstaunliche Weise zeigt uns auch das Leben der drei Kinder der Vergangenheit, nach deren Gottesvorstellungen wir fragten (siehe S. 61ff.), wie ausgeprägt die Bedeutung der Mutter ist: Parzival wächst ohne Vater auf, Gottfried Keller verliert ihn früh, bei Augustin ist es immer wieder die Mutter Monica, die für das Kind prägend wirkt.

Nicht nur die Vater-Anrede aber ist bedenkenswert. «*Unser* Vater», nicht «*mein* Vater». Nicht nur die Frauen oder die Mütter sind hier mit eingeschlossen, sondern die ganze Welt gehört mit hinein ins «Vaterunser». Wir beten als Geschwister, teilen das Gebet, teilen gewissermaßen Gott, ohne dass er kleiner wird, teilen unsere Spiritualität, teilen sie auch mit den Kindern. Es darf uns nie vor allem um egoistische Frömmigkeit, um unser eigenes Seelenheil gehen. Die andern sind mit drin. Es ist kein Zufall, dass Spiritualität in Gemeinschaften, in Kommunitäten («Communis» bedeutet gemeinsam), im «*Wir*» einfacher ist als für ein einsames «*Ich*». Familien aber wären die ersten Kommunitäten!

Der Himmel

«Unser Vater im Himmel». «Vergiss der Bilder alle» – so sagt der Liederdichter Gerhard Tersteegen in seinen Versen. Der Himmel aber *ist* ein Bild, vor allem für Kinder. Kinder malen den Himmel, oben auf dem Blatt. Sie sagen: «Da wohnt Gott.» Sie wollen Gott an einem Ort festmachen. Sie *müssen* ihn festmachen, ihn sich vorstellen, damit er tröstlich ist. Zeichnungen und Aussagen kranker Kinder zeigen dies besonders deutlich. Heinrich Spaemann weist in seinem Buch «Orientierung am Kinde» darauf hin, wie wichtig auch für Erwachsene dieser kindliche, nach oben gerichtete Blick ist. Er erinnert daran, dass auch Jesus – so bei der Auferweckung des Lazarus – seine Augen immer wieder zum Himmel erhob (Johannes 11,41). Dieses Bild – unten wir, oben Gott; unten Erde, oben Himmel: Es ist ein hilfreiches Bild, sicher weniger einseitig als jenes vom Turmhahn oder vom Tiger in Gottfried Kellers «Grünem Heinrich». Doch es *bleibt* ein Bild, das sogar von der Bibel selbst überholt wird: Das Reich Gottes ist mitten unter uns; es ist schon hier auf der Erde; Gott ist erfahrbar in der Welt! Erfahrbarkeit Gottes in der Welt: Dies könnte ganz wesentlich zu unserer religiösen Erziehung gehören. Der «Grüne Heinrich» macht es uns spielerisch vor: Gott im Tiger, vielleicht sogar in einer Katze – und doch «Vater unser *im Himmel*». Ganz nah, gleichzeitig ganz fern.

So kann der Himmel auf Erden sein – oder die Erde ein Hinweis auf den Himmel. Das Gebet stellt, ähnlich und doch wieder anders als die Himmelsleiter, von der Jakob träumt, die Verbindung zwischen Erde und Himmel dar.

Martin Luther sagt im Kleinen Katechismus zu dieser Bitte: «Was ist das? Antwort: Gottes Name ist zwar an sich selbst heilig; aber wir bitten in diesem Gebet, dass er auch bei uns heilig werde.»

Heil – heilen – heilig – heiligen – diese Wörter gehören alle zusammen. «Heil machen» bedeutet heil oder ganz machen. Alle Kinder kennen vermutlich den beschwörenden Vers «Heile, heile Segen, drei Tage Regen ...» Wie ein Zauberspruch wird er gebraucht, bis die Welt des Kindes wieder ganz, in Ordnung ist.

«Heilfroh» bedeutet «ganz und gar froh». Hinter dem englischen whole = ganz steckt derselbe Wortstamm. Vielleicht müsste man sich dieser Bedeutung des *Ganzwerdens* immer wieder bewusst sein, obwohl «heilig» sonst als Übersetzung des lateinischen «sanctus» seit Jahrhunderten in der deutschen Sprache eine viel speziellere Bedeutung als *ganz* hat.

Heil-Heilig: Ausdruck einer guten, wünschenswerten Ganzheit der Welt, aber auch einer Einheit von Mensch und Gott, die in der Heiligung von Gottes Namen zum Ausdruck kommt.

Heil-Heilig: auch gefährliche, verpönte Begriffe in neuerer Zeit, mit denen wir behutsam umgehen sollten. Nicht nur in der verhängnisvollen Kombination von «Heil Hitler»! Während auch evangelische Christen heute die Heiligenleben als vorbildliche Einheit, eben *Ganzheit* von irdischer und himmlischer Welt neu entdecken, geht es Katholikinnen und Katholiken gelegentlich umgekehrt. Sie haben oft ungute Erinnerungen an weibliche Heilige, mit denen sie aufgewachsen sind – und die sie jetzt als «verbraucht» empfinden. Es waren Dulderinnen, von deren Qualen und Unterordnung als Vorbild zur Anpassung erzählt wurde – alles andere als die Ganzheit oder Ganzheitlichkeit eines weiblichen Lebens.

Heil-Heilig: Der Begriff «Heile Welt» ist heute verpönt. Das Ganze, Heile ist nur noch Illusion! Oder das Ganze, Heile ist eine Idylle, die gefährdet, nicht abschirmbar gegen außen ist – wie jene Waldeinsamkeit, in der Herzeloyde ihren Parzival bewahren will vor den Gefahren der Welt, vor dem Rittertum. Solche heile Welt aber bricht – wie zu erwarten – bei der ersten ernsthaften Gefahr jäh zusammen.

Nochmals – Heil-Heilig-Heiligen: Etwas einseitig vielleicht möchte ich auf der Bedeutung der *Ganzheit* beharren und dazu aufmuntern, solche nicht illusionäre Ganzheit auch in einer sehr unheilen, ja heillosen Welt momentweise anzustreben: Ganz-Sein, Heil-Sein bei Gott, vielleicht nur momentweise empfunden, aber dann so stark, dass etwas von der zentralsten christlichen Bedeutung des Wortes erahnt wird: Jesus *macht* die Menschen heil, er heilt sie; Jesus kommt selbst als *Heil* der Welt auf die Erde.

All dies schwingt mit, wenn wir sagen: Dein Name werde geheiligt. Dein Name bilde mit unserem Namen ein Ganzes; er mache uns heil.

Dein Reich komme

Ein Gottesreich mit einem König ohne Krone – für Kinder ist das schwer nachvollziehbar, auch für uns Erwachsene. Dennoch: «Lasset die Kinder zu mir kommen, denn solchen gehört das Reich Gottes.» (Markus 10,14) Könnte es sein, dass es eine gewisse Kindlichkeit braucht, um das Reich Gottes schon auf Erden zu erkennen und zu finden? Meine Bitte «Dein Reich komme» könnte dann nicht nur die Sehnsucht nach geglücktem Leben beinhalten, sondern die Erinnerung an ein geglücktes Erlebnis oder das Gefühl von einer ganzen und schönen Welt, schon im Diesseits. Wenn wir unsere Augen und Ohren dafür genug öffnen und gleichzeitig gegen die Liederlichkeit unseres Gedächtnisses kämpfen, so sind solche «Momente von Reich Gottes auf Erden» plötzlich da: In einer liebevollen Begegnung mit einem anderen Menschen, in einem intensiven Erlebnis in der Natur, im plötzlichen Wahrnehmen von perfekter Schönheit in einem Kunstwerk, sei es in Musik, Malerei oder Dichtung.

Es gibt Glücksmomente, die ans Reich Gottes erinnern können. Kinder scheinen solche Momente öfter zu erleben. Dass solche Momente immer wieder zum Vorgeschmack von Gottes Reich werden, gehört zu einem Leben, das von Hoffnung geprägt ist. Ein Stück Reich Gottes wäre dann schon auf Erden vorhanden.

Dein Wille geschehe wie im Himmel so auf Erden

Wenn man die vielen «Wunschzettelgebete» von Kindern liest, in denen sie um ungefähr alles – vom Computerspiel über das eigene Pferd bis zum schönen Wetter am Geburtstag – bitten, so möchte man ihnen, ganz vorsichtig sagen: Nicht nur dein kindlicher Wunsch und Wille ist wichtig, dein vordergründiges Wunschdenken, sondern dein Mitdenken der Bitte «Dein Wille geschehe».

Den *Willen Gottes*, der vor und hinter unseren persönlichen Bedürfnissen steht, können wir nicht ergründen. Ernst genommen bedeutet diese Bitte, für Kinder *und* Erwachsene, Verzicht und Bereicherung gleichzeitig. Verzicht: Sicher ein unpopuläres Wort, in einer Zeit,
wo – immer noch – Selbstverwirklichung, Erkennen und Kultivieren
der eigenen Bedürfnisse groß geschrieben werden. «Dein Wille geschehe» oder auch «So ist es dein Wille» sagt tatsächlich: Es geschе-
hen Dinge, die *wir* nicht wollen, für die wir keinen Grund wissen, auf
deren Erklärung wir verzichten müssen, die wir auch nicht beeinflus-
sen können. Dinge, die dennoch nicht gegen Gottes Existenz sprechen.

Gottes Wille könnte – und sollte – nicht einfach als Gegenwind gegen meine eigene Fahrtrichtung, gegen *meinen* Willen empfunden
werden, sondern mir beim Verzicht helfen: Verzicht auf gewaltige
Willensanstrengungen, Verzicht auch auf übertriebenes Verantwor-
tungsgefühl, ein Aus-der-Hand-geben-können. Und schon bei Kindern: der Verzicht darauf, dass jede Frage nach Gott und der Welt
beantwortet oder dass jede Bitte erfüllt werden kann. Bei den über-
bordenden «Wunschzettelgebeten» kleiner Kinder, die dann so häufig
enttäuscht werden, fängt es an.

Wir möchten die Kinder und auch uns selbst nicht zu willenlosen
Menschen machen, im Gegenteil! Oft werden wir uns den Mut zu-
sprechen müssen, den Willen für eine gute Sache nicht zu verlieren,
daneben aber auch den Mut zum Verzichten aufzubringen.

Unser tägliches Brot gib uns heute

Ich könnte an dieser Stelle ein langes Kapitel einfügen. «Brot» ist
selbstverständlich Zeichen für sehr viel mehr, für alles zum Leben
Notwendige. «*Unser* Brot» und «gib *uns*» – heißt es; es ist also wiederum eine Bitte, die niemals in ein egoistisches Wunschgebet ausarten dürfte, sondern in der es um *alle* geht. Ich will hier mit einem Wort
Pestalozzis nur andeuten, in welcher Richtung ein Umgang mit dieser
Bitte für uns gehen könnte, sodass dabei die Bitte sofort zur Fürbitte
würde:

> *Aber wenn du dem Armen hilfst,*
> *dass er wie ein Mensch leben kann,*
> *so zeigst du ihm Gott.*

Und vergib uns unsre Schuld, wie auch wir vergeben unsern Schuldigern

Im Feuilleton einer angesehenen Tageszeitung war in der Rubrik «Zeitzeichen» unter dem Titel «Das Gottesbild in Light-Version» zu lesen:

Nachdem die «Light-Version» begonnen hat, sich in allen Lebensbereichen durchzusetzen, soll nun auch die Religion von belastenden Elementen befreit werden.

Die Kategorie der Schuld ist einem solchen Unterfangen hinderlich. Der Wunsch nach Selbstverwirklichung, der an die Stelle der Erlösungsbedürftigkeit des Erdenmenschen getreten ist, orientiert sich an individuellen Glücksmöglichkeiten, nicht am Vertrauen auf Gottes Gnade ...

Das Reden von Schuld ist heute nicht erwünscht, und doch fällt auf, wie wichtig für Kinder, für *heutige* Kinder Schuldgefühle sind, ohne dass immer dieses Wort dafür gebraucht würde. In der Sammlung «Was Kinder von Gott erwarten» sind Sätze wie «Lieber Gott, du weißt, ich bin oft so böse» häufig. Bemerkenswert ist das Bedürfnis von Kindern, «lieb» sein zu wollen, das einerseits auf den Wunsch dieser Kinder nach Anerkennung hindeutet, andererseits auf die Tatsache, dass eine Ethik für Kinder heute weitgehend fehlt. Ein Gespräch darüber, was denn «lieb» überhaupt sei, wird von den Kindern durchaus gewünscht. Aus lauter Angst, autoritär oder moralisch zu sein, haben wir Hemmungen, Kindern Richtlinien zu geben. Wir bieten ihnen eben eine «Light-Version» an, in der Begriffe wie Schuld, Sünde, Gnade, Vergebung gar nicht vorkommen – und wir machen es Kindern *schwer* mit dieser Light-Version, da wir nicht erlauben, über etwas zu sprechen, das zutiefst zum Menschsein, zum Menschsein vor Gott jedenfalls, gehört.

Kinder machen dann in ihren selbst gebastelten Gebeten verzweifelte Versuche, sagen etwa: «Du hast mich verzeiht, lieber Gott». Sie sind offensichtlich nicht gewohnt, mit Begriffen wie Schuld und Vergebung umzugehen.

Wenn ich hier von Schuld rede, meine ich – erst recht im Hinblick auf Kinder – nicht die Erbsünde, sondern das ganz «normale», «kleine» Schuldigwerden, das wir alle kennen und für das Kinder ein gutes Gespür haben. Schuld kann in kleinen Lieblosigkeiten bestehen – seien wir froh, wenn Kinder sie spüren! Und seien wir froh, wenn wir

selbst, als Erwachsene, sie *noch* spüren – in der Hektik, im Erfolgs-
und Pflichterfüllungswahn unserer Zeit, in der für das Aufmerken
auf solche kleine Schuld Zeit und Energie meist fehlt.

Schuld: Möglicherweise ein verbrauchtes, auch gefährliches und
bedrohliches Wort, früher oft schändlich missbraucht, um Kinder zu
Duckmäusern zu machen. Schuld: aber auch ein Begriff, eine Denkbewegung, die nicht unter den Tisch gewischt werden darf. Schuld:
eine Last, die uns abgenommen werden muss, damit wir hoffnungs-
volle Menschen werden können!

Vielleicht gehört – und dies ist nicht nur eine katholische Angelegenheit – die Beichte ganz wesentlich mit zu diesem Punkt. Die Bene-
diktinerin Silja Walter geht dieser Frage in einem «Geistlichen Tagebuch» (1999) nach: Anhand von Bibeltexten, nicht anhand veralteter
Beichtformulare seine eigenen Schwächen und seine Schuld vorbrin-
gen, vor Gott oder vor einem Mitmenschen. Ist dies nicht eine Möglichkeit für Menschen aller Konfessionen und jeden Alters?

Dass auch «heutige» Kinder ihre Schuld oder ganz einfach ihr Gefühl von «Schlechtsein» gerne loswerden möchten, zeigt der schon
erwähnte immer noch überaus häufige Gebrauch der alten Gebete
«Mach mich fromm» und «Mein Herz mach rein».

Und führe uns nicht in Versuchung, sondern erlöse uns von dem Bösen

Der Begriff des «Bösen» springt Kinder wie kaum ein anderer des
«Vaterunsers» an und soll hier kurz diskutiert werden:

Sicher gehören zu dem, was wir Menschen als böse und schlecht
empfinden, Leid, Krankheit, unlösbare Probleme, Angst. Es sind
Dinge oder Zustände, die scheinbar gegen das Vorhandensein eines
gütigen Gottes sprechen und Inbegriff dessen sind, was uns in unserer Beziehung zu Gott stört – und die in eine moderne Welt, in der
doch alles machbar sein muss, nicht passen. Kinder aber könnte man
anhand des Bösen, das nicht wegzudiskutieren ist, einerseits zum
Kampf gegen das Böse in der Welt ermuntern, ihnen andererseits klar
machen, dass es mit Leiden, Not und Krankheit «Böses» gibt, das zum
Menschsein gehört, das wir nicht Gott zum Vorwurf machen können,
mit dem wir «rechnen» und das wir in unser Denken und Leben ein-
bauen müssen. Mit der Menschwerdung und dem Tod Jesu kommt
Gott in das Leiden der Menschen hinein und gibt ihm göttliche Würde: Es ist nicht mehr «böse».

Als Erwachsene empfinden wir Zeiten der Not, Zeiten des Ausge-
liefertseins, Zeiten der Krankheit oft in besonderer Weise als Zeiten
des Nachdenkens über Gott und über unsere eigene Hilflosigkeit. Im
Grunde gilt dies, denken wir an schwere Zeiten unserer Kindheit zurück, bis zu einem gewissen Grade auch für Kinder. In Zeiten der
Krankheit etwa, aber auch bei Gefühlen von Verlassensein, werden
religiöse Fragen geweckt, die in gesunden Zeiten überspielt oder
gleich wieder vergessen würden. Dass wir beten lernen «Erlöse uns
von dem Bösen» kann in der Not zu einem großen Schatz werden.

Zum Schluss

Wenn Erlösung vom Bösen, wenn also Gottes Hilfe, um die es beim Gebet geht, «nur» spirituell ist, das heißt nur im Geist oder in einer Veränderung unseres subjektiven Befindens besteht, ist Beten immer
gefährdet. Es wird, ob es als persönliches oder gemeinsames Gebet gebetet wird, entleert, wenn es nicht auch mit einem in der Realität spür-
baren Eingreifen Gottes, mit einer Hilfe, die über alles vom Menschen
Machbare hinausgeht, rechnet. Wie wäre solche Hilfe zu definieren?

Der Lobspruch am Schluss, der zwar im biblischen Urtext beim
«Vaterunser» fehlt, könnte bei dieser Frage helfen: «Denn dein ist das
Reich und die Kraft und die Herrlichkeit in Ewigkeit.» Gottes Kraft
und Herrlichkeit relativieren unsere Welt, zeigen aber das Herein-
brechen einer Macht, die nicht gewaltig zu sein braucht, doch immer
stark und wohltätig.

Ich würde *diese* Macht, diese Kraft oder Herrlichkeit, als *Wunder* bezeichnen. Lebt letztlich nicht alles Beten davon, dass ein Wunder – von
uns nicht bewerkstelligt – möglich ist? Ich möchte die Gedanken zum
«Vaterunser» darum mit einem kleinen Gedicht von Hilde Domin ab-
schließen, um zum Ausdruck zu bringen, dass jedes Gebet – auch nach
seitenlangen Erklärungen – Wunder und Geheimnis bleiben muss:

Nicht müde werden

Nicht müde werden
sondern dem Wunder
leise
wie einem Vogel
die Hand hinhalten.

8. DIE SCHÖPFUNG

8.1 Woher kommt alles?

«Ich glaube an Gott ... den Schöpfer des Himmels und der Erde.» – So beginnt das apostolische Glaubensbekenntnis! – Fragt man kleine Kinder, was sie denn von Gott wüssten, so bekommt man in immer wieder abgewandelter Form zur Antwort: «Er hat die Welt gemacht.» Dass Gott der Schöpfer ist, scheint einer der zentralen Punkte unseres Glaubens zu sein, auch eine der wenigen religiösen Aussagen, die man fast selbstverständlich an alle Kinder weitergibt. Lässt sich aber von der Schöpfungs*geschichte* noch reden? Ist es nicht unzeitgemäß, heute, wo man von einer Explosion der Urmaterie vor mehreren Milliarden Jahren spricht, wo man die Geschichte des Weltalls tatsächlich bis in früheste Zeiten zurück kennt und physikalisch erklären kann, noch zu sagen, Gott habe die Welt gemacht? Sollte man auf das «Märchen» vom Schöpfergott nicht verzichten?

Die Schöpfungsgeschichte ist, obwohl sie am Anfang der Bibel steht, später entstanden als andere Teile des Alten Testaments. Außerdem gibt es zwei verschiedene Schöpfungsberichte (1 Mose, Kap. 1 und Kap. 2): Kann eine Geschichte, die auf zwei ganz verschiedene Arten erzählt wird, überhaupt wahr sein? Bewusst habe ich in meiner Kinderbibel «Mit Gott unterwegs» beide Schöpfungsberichte nacherzählt, aber auch einen der Schöpfungspsalmen (Psalm 8) für Kinder umgesetzt, um nicht nur den erzählenden, sondern auch den preisenden Umgang mit der Schöpfung weiterzugeben. Und noch etwas ließe sich gegen ein sehr frühes Erzählen vom Schöpfergott – vor allem bei Kindern – einwenden: Wird nicht die Antwort «Gott hat das eben so gemacht» zu häufig als faule Ausrede missbraucht? Verhindert nicht gerade diese Antwort oft ein echtes Gespräch zwischen Erwachsenen und Kindern?

Dennoch kann man auch heute von der Schöpfung sprechen, obwohl es nicht unbedingt ratsam ist, schon ganz kleinen Kindern die ganze Geschichte der Schöpfung zu *erzählen*. Ich will darum hier keine Rezepte geben, wie man von der Schöpfung möglichst spannend und zeitgemäß erzählt. Gerade bei kleinen Kindern wird vom Ursprung der Welt vor allem in *Gesprächen* die Rede sein; denn jedes Kind stellt – oft in den unmöglichsten Situationen – die Frage, woher denn alles komme. Darauf müssen wir als Erwachsene antworten, und zwar nicht so, dass das Kind in Gott einen Oberzauberer sehen lernt, einen Zauberer, der im sonstigen Leben keine Rolle mehr spielen wird, weil er einer Märchenfigur gleichgesetzt wird. Vor allem sollte das Kind merken: Auch den Eltern ist diese Frage nach der Schöpfung wichtig; sie bemühen sich selbst, die Schöpfung zu bewahren – sie benützen nicht ein frommes Märchen, um unbequeme Fragen zu beantworten.

Was wir *sachlich* erklären können, sollten wir auch sachlich erklären! – Wenn es z.B. regnet und ein Kind verzweifelt nach der Ursache dieses störenden Naturereignisses fragt, wäre die Antwort: «Gott lässt es regnen» zu einfach. Auch der Hinweis, dass die Pflanzen eben auch «zu trinken brauchen», würde beim Kind die Frage «Warum denn gerade jetzt?» weitgehend unbeantwortet lassen. Wir kommen bei solchen Fragen nicht darum herum, schon relativ kleinen Kindern gegenüber von der Bildung von Luftfeuchtigkeit, vom Entstehen der Regentropfen, von den Gesetzmäßigkeiten von Wind und Wetter zu sprechen – also schon früh auf naturwissenschaftliche Weise Erklärungen zu geben, auch wenn wir dabei halbvergessenes Schulwissen aus unserer Erinnerung mühsam hervorholen müssen. Auch wenn Sonne, Regen, Wind und Wetter zu Gottes Schöpfung gehören, haben sie ihre eigenen Gesetzmäßigkeiten, die ohne Gott erklärbar sind. Können die Kinder komplizierte Gesetzmäßigkeiten noch nicht verstehen, so schiene mir eine elementare kindlich-sachliche Erklärung richtig, in unserm Fall etwa: «Die Wolken sind so schwer von Wassertropfen, dass sie sie nicht mehr länger halten können.» Eine solche Antwort steht einer späteren wissenschaftlichen Erklärung nicht im Wege und verhindert die Vorstellung von einem unberechenbaren Zauberer-Gott. Solche Antworten sprechen nicht gegen den Schöpfer-Gott!

Gott als Schöpfer, Gott, der hinter der Natur steht, ist für sehr viele Kinder der wichtigste Adressat des Gebets. Wenn ihre Gebetstexte von Gott als Erfinder reden, so steht die Vorstellung einer weit zurückliegenden Schöpfungstat Gottes dahinter, ähnlich wie bei den teilweise merkwürdigen Ausdrücken «geschaffen», «erschaffen», «angeschaffen» (siehe «Was Kinder von Gott erwarten»). Die Unsicherheit im Hinblick auf die Formen des Wortes «schöpfen» deutet darauf hin, dass es sich hier um eine Aussage über Gott handelt, die oft formelhaft bleibt, in der Alltagssprache und im Erleben des Kindes nicht verankert ist.

Es erstaunt darum nicht, dass das Wort «machen» – meist in der Formulierung: «Gott hat gemacht» – ungleich viel häufiger vorkommt in den Kindertexten als «schöpfen»: «Machen» ist die Haupttätigkeit Gottes. Dass Gott macht, dass er gemacht hat, dass er immer neu machen wird, verbindet ihn mit der Schöpfung. «Du hast die ganze Welt erfunden», schreiben sie – und «Mach bitte, dass es nicht immer regnet.» Das zukünftige Machen Gottes aber drücken Kinder in der Regel mit «lass» aus: «Lieber Gott, lass die Sonne scheinen.» Hinter diesem «Lassen» versteckt sich in der kindlichen Vorstellungswelt wieder ein «Macher-Gott», der auch heute und in der Zukunft in der Natur wirkt, also nicht nur im Zusammenhang mit einer weit zurückliegenden «Erfindung» der Welt. An sich scheint mir solches Reden, das Gott nicht irgendwo an den Anfang aller Zeiten verbannt, richtig. Andererseits birgt das formelhafte Reden vom Macher-Gott Gefahren in sich: Gott wird auch so wieder zum Zauberer, der das an sich Unmachbare und Unerklärbare schon richtig macht und «aufpasst», der dadurch auch übermächtig und bedrohlich werden kann.

8.2 Schöpfungsgeschichte und modernes Weltbild

Betrachtet man andere altorientalische Schöpfungsberichte, so wird ein Unterschied gegenüber der biblischen Erzählung von der Erschaffung der Welt deutlich: In den anderen Berichten steht am Anfang der Zeiten ein Kampf verschiedener Gottheiten. Solche Götter bleiben auch nachher ein Teil der Schöpfung: Wasser, Erde, Luft werden personalisiert. Sonne, Mond und Sterne werden als Gottheiten verehrt. Im Alten Testament dagegen werden Sonne und Mond mit dem prosaischen Namen «Lampe» bezeichnet (1 Mose 1,14–16). Sie sind ein Teil der Schöpfung. Ebenso ist auch der Himmel Geschöpf. Alles, außer Gott selbst, gehört zur geschaffenen Welt, die der Mensch nicht vergöttlichen, nicht abgöttisch verehren, sondern sachlich betrachten und untersuchen darf. Die Bibel regt darum ein Erforschen der Himmelskörper und des Beginns allen Lebens an, steht also naturwissenschaftlichen Erkenntnissen nicht im Wege.

Wir wissen heute ganz bestimmt mehr über die Entstehung der Welt, als es die alttestamentlichen Erzähler vor 2500 oder 3000 Jahren wissen konnten. Aber die Einstellung gegenüber dieser Welt, die uns die Bibel lehren will, ist heute noch genau so modern: Wir sollen die *ganze* Welt als Geschöpf ansehen; sie soll nicht wie ein Gott verehrt, aber auch nicht ausgebeutet werden. Nichts in ihr soll uns zum Götzen werden, und dennoch sollen wir unsere Verantwortung für sie wahrnehmen.

8.3 Der Segen Gottes

In der Schöpfungsgeschichte finden wir – auch für Kinder – keine Antwort auf die Fragen: «Was ist Gott?», «Wie sieht Gott aus?» Es ist nicht von Eigenschaften oder vom Aufenthaltsort Gottes die Rede, sondern allein von seinem Wirken. Sein Wirken und sein Reden aber gehören zusammen. Indem er ausspricht, dass etwas geschehe, geschieht es auch. – Man müsste Kindern an diesem Text also zeigen, dass die Fragen «Wer ist Gott?» oder «Wo wohnt Gott?» nicht beantwortet werden können, aber auch nicht wichtig sind im Vergleich zur Frage: «Was tut Gott?».

Was tut denn dieser Gott in der Schöpfungsgeschichte, außer dass er «macht» oder «schafft»? Er *segnet*: Zuerst die ersten Lebewesen, die einfachsten Tiere, dann auch die Menschen. Beim Segnen spricht er: «Seid fruchtbar und mehret euch!» Gleichzeitig mit diesem Segen geht die Kraft zur Mehrung, zur Fülle auf diese Lebewesen über. Auch später, in anderen biblischen Geschichten, ist vom Segen die Rede: Er bedeutet die Versicherung, dass Gott nicht nur die ersten Menschen erschaffen hat, sondern dass er sich auch um das, was nachher kommt, um das «Mehren», kümmert. Seine Kraft, sein Segen ist auch bei den Menschen, die später durch natürliche Vermehrung entstanden sind, also nicht direkt von Gott erschaffen wurden. Dieser Segen ist wirksam vom Wachsen eines Kindes im Mutterleibe an bis zu seinem Tod. Über diesen Segen kann man mit Kindern sprechen, auch wenn sie gleichzeitig über die «menschliche», naturwissenschaftlich erklärbare Entstehung des Menschen orientiert sind. Beides gehört zusammen.

8.4 Die Sonderstellung des Menschen und seine Sprache

Innerhalb der Schöpfung nimmt der Mensch eine ganz besondere Stellung ein. Der Mensch ist etwas grundsätzlich Neues: Er ist «nach dem Bilde Gottes geschaffen»; die Erde ist ihm «untertan» (1 Mose 1,28). Er kann über die Erde «befehlen», sie genießen, sie nutzen und weiterentwickeln. Er soll aber sorglich mit ihr umgehen; er trägt in höchstem Maße Verantwortung. Diese außerordentlich privilegierte Stellung kommt im achten Psalm, dem Schöpfungspsalm, besonders schön zum Ausdruck; es ist ein Psalm, den man etwas größeren Kindern gut vorlesen kann. Dass der Mensch nach dem «Bilde Gottes», «ihm ähnlich» erschaffen wurde, ist eine schwierige Aussage. Es ist wichtig, sie gerade Kindern gegenüber nicht so auszulegen, dass sie sich Gott als eine Art Supermenschen vorstellen: dem Menschen zwar ähnlich, nur viel größer, stärker und unsichtbar. Ein solches Gottesverständnis würde selbsverständlich kleinen Kindern entgegenkommen und zu einem Ausschmücken von Gottes Macht und Herrlichkeit reizen. Es ist ratsam, mit Kindern über den Begriff der Gottebenbildlichkeit nicht zu früh zu sprechen.

Was bedeutet denn dieses Gott-ähnlich-Sein des Menschen? Ganz sicher gehört die Tatsache dazu, dass die Welt dem Menschen «untertan» ist: Der Mensch ist fähig, über die anderen Geschöpfe zu herrschen, gleichzeitig verpflichtet, für sie zu sorgen und in ihnen Geschöpfe Gottes zu erkennen, die ihr eigenes Recht auf Leben und Wohlergehen haben. Die Gottes-Ebenbildlichkeit des Menschen darf deshalb nicht in Arroganz oder Eigennutz ausarten, sodass Umweltschutz nur im Interesse des Menschen selbst geschehen würde. Es geht um die Erhaltung und Pflege von Gottes Tieren und Pflanzen, auch da, wo wir ihren Nutzen nicht direkt erkennen können. Die Gottes-Ebenbildlichkeit des Menschen darf auch nicht zur Folge haben, dass wir den Tieren eine direkte Beziehung zu Gott absprechen; ihre Intelligenz, ihre Sprache, ihre Gefühle – sie sind für den Menschen schwer zu deuten, jedoch ein Teil von Gottes Schöpfung, ein unerklärbares Wunder für den Menschen.

Es tanzen Insekten in unserem Garten, die uns ärgern; es gibt Schädlinge, die wir vernichten möchten – aber sie sind alle Geschöpfe Gottes, eingebunden in ein geheimnisvolles Netz, dessen Knüpfwerk wir Menschen nicht erklären können. Wir kennen wohl alle das Lied von Wilhelm Hey «Weißt du, wieviel Sternlein stehen?» In der zweiten Strophe dieses Liedes singen wir: «Gott, der Herr, rief sie mit Namen, dass sie all ins Leben kamen, dass sie nun so fröhlich sind.» Wer hier mit Namen gerufen wird von Gott selbst, das sind die *Tiere*. So singen es auch Psalmverse, die neben dem Schöpfungsbericht, wo der Mensch den Tieren Namen gibt, ihr eigenes Recht haben.

Und der Mensch? «Du hast ihn wenig geringer gemacht als Gott», so singt der achte Psalm. Der Mensch ist ein Lebewesen, das Gott in besonderer Weise entspricht, ein Wesen, das denken, sprechen und hören kann, ein Wesen, das Sprache und Intelligenz hat und zum Kontakt mit Gott fähig ist. Er kann auch mit dem Mitmenschen reden.

Gerade die Sprache ist etwas, worüber man mit Kindern früh schon aufregende Gespräche führen kann. Fragen wie «Wer hat den Tieren ihre Namen gegeben?» oder «Wie hat Gott gemacht, dass wir sprechen können?» tauchen ganz spontan auf. Wir können solche Fragen nicht wörtlich beantworten – aber darüber reden, dass die Sprache Gott und die Menschen verbindet. So geht es um die Gottebenbildlichkeit, ohne dass wir konkrete Aussagen über Gottes Gestalt oder seine Wohnung machen. Wenn wir dabei auch über das Vorhandensein *verschiedener* Sprachen, über das Sprechenlernen des kleinen Kindes usw. reden, so lehren solche Gespräche an sich nichts über Gott, lassen das Kind aber ahnen, wie wichtig und für den Menschen charakteristisch die Sprache ist, wie gut der Mensch im Vergleich zu andern Lebewesen ausgestattet ist! – Wir können den Kindern sagen, dass wir gerade durch die Sprache die Möglichkeit haben, Gott zu loben, ihn zu bitten. Er kann uns hören! Das Vorhandensein von Sprache ermöglicht das Gebet, das Nachdenken über Gott und die Welt, das Reden von Gott und eine Begegnung mit ihm.

Wenn ein Kind lernt, sich selbst als etwas ganz Besonderes innerhalb der Schöpfung zu erleben, erfährt es gleichzeitig, dass auch jedes andere Kind diesen Anspruch auf eine Sonderstellung behaupten kann. *Jedes* Kind ist nach dem Bild Gottes erschaffen; jedes hat einen Anspruch auf Selbstentfaltung. Der Mensch ist von Anfang nicht als Einzelwesen geschaffen, sondern mit andern Menschen, die nicht nur der Vermehrung dienen, sondern *Freundin* oder *Freund* sind. Wie wäre Sprache ohne Partner möglich?

8.5 Das Erleben der Schöpfung

Wenn wir mit Kindern über «Schöpfung» reden, so ist das Erzählen der Schöpfungsgeschichte schwierig. Dagegen ist es bei den Kleinen wohl gefordert, im Zusammenhang mit der Schöpfung – wir meinen hier alles Geschaffene –, ein Reden über Gott zu beginnen. Gott ist dann nicht nur eine Angelegenheit der Kirche, des Abendgebets und der Biblischen Geschichte, sondern vorhanden in unserem ganzen Leben. Er ist nicht nur Schöpfergott, der in unendlicher Vergangenheit einmal alles perfekt geschaffen hat und es jetzt sich selber überlässt.

Er ist ein Gott, der immer weiter da ist und wirkt. Vielleicht wirkt er in einzelnen Geschichten des Neuen Testamentes besonders offensichtlich; näher stehen aber dem Kinde eigene Erfahrungen, die es, im richtigen Zusammenhang, zu Gott führen können.

Kleine Kinder lernen die Schöpfung, die Natur, die sie umgibt, allmählich beobachten. Dass Kindern dies ermöglicht wird, ist in einer städtischen Welt, aber auch in einer Welt von Fernsehen und Video keine Selbstverständlichkeit. Zum Teil kann man solches Beobachten der Natur anhand wunderschöner Bilderbücher «einüben». Am besten aber ist es, das Kind die Schöpfung selbst erleben zu lassen: Ausflüge in den Wald, Sammeln verschiedenster Blätter, Früchte, auch das Beobachten von Tieren ist nie langweilig. Dazu gehört auch das Beobachten der Elemente: das Wasser, das verdunstet, das einsickert, das tropft; das Licht, das wärmt, blendet und dessen Fehlen Angst macht (Spiele mit verbundenen Augen!); das Feuer, das uns hilft beim Kochen und Wärmen, aber auch elementare Gefahr bedeuten kann; das Wachsen und Gedeihen, alle Veränderungen in der Natur gehören dazu: Wie entstehen Morgen und Abend? Wie wachsen Pflanzen? Das Aussäen, das Beobachten und Pflegen der bepflanzten Erde verbindet mit solchem Geschehen. Die Entwicklung eines Schmetterlings aus dem Ei und der Raupe lässt sich auch anhand eines guten Bilderbuchs vorführen.

Vieles kann das Kind sich erklären; vieles aber soll und kann es nur bestaunen und im wahrsten Sinn «bewundern»: Die Welt wird zum Wunder. Für das, was an Wunder bleibt, wird man vielleicht nicht Gott als simple Erklärung «anbieten», aber zeigen, dass alles Wunder ist und mit Gott zu tun hat, dass man Gott dafür danken kann. Ein Danklied oder auch ein einfaches Gebet kann dies zum Ausdruck bringen. Das Kind erfährt dabei, dass die «Schöpfung» von Gott kommt, dass Gott aber nicht der Ersatz für naturwissenschaftliche Erklärungen ist.

Zu Hilfe kommt uns dabei natürlich auch die Neugier des Kindes, sein ständiges Weiterfragen, etwa beim Nachdenken über die Lebensmittel, die auf den Tisch kommen. Ich denke hier an die endlose Kettenfrage meines damals fünfjährigen Sohnes über den Honig: Von den Bienen ging es zu den Waben, zur «Sprache» der Bienen, zum Imker – und dann plötzlich zum lieben Gott, der zuerst die Bienen und dann den Imker so gescheit und geschickt gemacht habe.

Hilfreich ist natürlich auch die ganz besondere Beziehung, die sehr viele Kinder zu Tieren haben. Hier zeigt sich ihr Bedürfnis zu hegen und zu pflegen, aber auch das Bedürfnis nach Zärtlichkeit. In der Begegnung mit dem Tier, das weich und warm ist, das reagiert, leckt und schnurrt, erleben Kinder, wie beglückend Natur überhaupt ist. Die Überzeugung, Gott kenne auch unsern Hund mit Namen oder etwa die Frage, ob es einen Katzenhimmel gebe, zeigen, dass gerade die Haustiere für Kinder beinahe Menschenwürde haben und in Gottes Schöpfung eine Sonderstellung einnehmen. Sicher spielen die Tiere auch in unseren Gesprächen mit den Kindern und im Kindergebet immer wieder eine Rolle. In besonderer Weise kann man im Zusammenhang mit der Verantwortung für ein Tier auch über die Sorge des Menschen für die Schöpfung ganz allgemein reden.

8.6 Verantwortung für die Umwelt

Das Umweltbewusstsein der Kinder ist heute sehr ausgeprägt. Einerseits sind echte Angst und Hilflosigkeit spürbar, andererseits neigen Kinder auch zu sehr vereinfachenden Urteilen über die «Menschen» (damit sind die Erwachsenen gemeint!) oder stellen unrealistische Forderungen an Gott wie: «Lass die Fabriken zerfallen.» Eher zu begrüßen als solche Wünsche ist vielleicht das von Kindern angeführte Stichwort vom «Sorgetragen» («Was Kinder von Gott erwarten») oder das köstlich klare Bekenntnis: «Ich bin ein Umwelt-Freund.» Hier steht das Kind der Schöpfung und ihrem «Erfinder» nicht mehr fremd und fragend gegenüber, sondern fühlt sich selbst als Teil von Gottes Welt, die gleichzeitig unsere «Umwelt» ist.

Sehr früh aber hören Kinder von der globalen Bedrohung unserer Welt, unserer Natur: vom Problem der unendlichen Abfallmengen, die nicht zu vertilgen sind; von der Veränderung der Luft, ja der ganzen Atmosphäre: Gefahr für das Leben schlechthin; von den Bedrohungen durch den Verkehr, dem jedes Kind selbst ausgeliefert ist; vom Aussterben wunderbarer Tier- und Pflanzenarten; vom Wellenschlag der schnellen Motorboote, die den Schilfgürtel des Sees absterben lassen ... Die Aufzählung ließe sich ausdehnen. Es muss uns klar sein: Solche Bedrohungen oder Probleme sind religiöse Probleme. Gottes Schöpfung ist bedroht. Jedes Kind muss sensibilisiert werden, um Ideen und Kräfte zu entwickeln, gegen den Missbrauch der Natur anzukämpfen.

Sicher werden in diesem Zusammenhang immer wieder tiefgründige Gespräche ausgelöst. Anlass ist vielleicht der «harmlose» Wasserverbrauch beim Zähneputzen; was steht alles hinter der Wasseraufbereitung; wie sehr leiden Menschen in anderen Weltgegenden unter Wassenmangel! Die oft geführte Diskussion um einen «autofreien Sonntag» weckt in manchen Kindern eine fast schwärmerische Begeisterung: keine Giftgase, kein Lärm, kein gefährlicher Verkehr, wie schön! Führen wir aber solche Gespräche weiter, so müssen schon kleine Kinder plötzlich erkennen, dass der Verzicht auf das Auto den sonntäglichen Besuch der Großeltern gefährden kann. Auch im Hinblick auf die bedrohlichen Fabriken, die Kinder «zerfallen» lassen möchten, werden Widersprüche, ja Konflikte bewusst: Hinter den hässlichen Fabrikmauern werden doch Gegenstände hergestellt, die wir nötig brauchen oder die unser Leben behaglich machen. Fest eingebürgerte Ansprüche im Alltag und die Sorge um die Umwelt liegen auf sehr verschiedenen Denk-Ebenen der Kinder. Darum müsste auch die Aussage «Ich bin ein Umwelt-Freund» hinterfragt werden: Selbstverständliche Lebensgewohnheiten, erst recht aber Luxus-Ansprüche der Eltern – und der Kinder! – können zum Problem werden; der Verzicht fällt in der Regel nicht leicht.

8.7 Das Geheimnis Gottes

Wir sehen: Die Schöpfungsgeschichte kann uns helfen, unser Leben und die Welt anders, besser zu verstehen. Sie sagt uns aber nicht genau, wie die Welt entstanden sei, auch nicht, wie der Gott, der diese Welt hat entstehen lassen, aussieht. Sie zeigt uns, dass Gott am Anfang von allem steht, dass er mit allem etwas zu tun hat. Sie sagt uns einiges über das Wirken jenes Gottes und ist – in dieser Beziehung – zwar lebensnah, aber unvollständig. Das Wirken Gottes in der ganzen Geschichte des Volkes Israel, das Wirken Gottes in Jesus lässt uns noch mehr erfahren über diesen Gott. Es ist darum wichtig, einem Kind schon ziemlich früh, als Ergänzung zum Reden vom Schöpfergott, andere biblische Geschichten zu erzählen, vielleicht jene vom barmherzigen Samariter oder die Geschichte vom Zöllner Zachäus. Sehr viel muss es bei *kleinen* Kindern nicht sein: Eine zu große Fülle wäre verwirrend.

Es ist fürs Kind – und für uns selbst – oft entmutigend, dass man im Fragen nach Gott bei der Schöpfungsgeschichte nur eine recht fragmentarische Antwort erhält. Wir bleiben vor verschlossenen Toren stehen; dahinter ist ein Geheimnis. Dieses Geheimnis bleibt, auch wenn wir in andern Teilen der Bibel mehr, wieder Neues über Gottes Wirken erfahren. Es ist unsere Pflicht, dieses Geheimnis auch für die Kinder Geheimnis bleiben zu lassen. Wir können an dieses Geheimnis glauben, es verehren – durchschauen können wir es nicht.

9. VOM LEIDEN

Wir wissen wohl alle aus unserer eigenen Erfahrung: Eine ideale, eine nur fröhliche Kindheit gibt es nicht. Kinder, auch wenn sie oft als Inbegriff der Freude und der Unbeschwertheit gelten, können auch leiden. Leiden gehört fast von Anfang an mit zu ihrem Dasein. Wir erleben dies als Erwachsene fast jeden Tag – wir haben es auch als Kind erlebt. Oft aber vergessen wir Erwachsenen unser längst vergangenes kindliches Leiden; frohe Kindheitserinnerungen haben die Gedanken daran verdrängt. Und wir leben in einer Zeit, in der alles machbar scheint, in die Leiden nicht passt. Es sei eine Krankheit der heutigen Zeit, «nicht leiden zu können», sagt der bekannte Psychiater und Autor H.E. Richter.

Im Hinblick auf die eigenen Kinder aber ist es bedeutsam, sich zu erinnern. Aus unserer Erinnerung, aber auch aus Erkenntnissen der Kinderpsychologie können wir lernen, Leiden unserer Kinder zu sehen, ernst zu nehmen. Wir können allerdings nicht lernen, Leiden völlig abzuschaffen oder ganz zu verdrängen. Doch das Kind braucht eine Hilfe, um das gefährdete Gleichgewicht von Freude und Leid in seinem Denken stets neu herzustellen. Dabei muss auch sein Leid von uns anerkannt werden. Leiden ist nicht etwas, was es schamhaft zu verstecken gilt, weil es den andern stört oder ärgert. Leiden muss durchgestanden, verarbeitet, besprochen werden. Es führt dadurch weiter. Schmerzhafte Erfahrungen durch eine hohe Schon-Mauer, durch extreme Rücksichtnahme dem Kind immer nur ersparen zu wollen, wäre keine echte Hilfe.

Naturgemäß ist es wohl meist die Mutter als nächste Bezugsperson, die dem Kind durch ihr notwendiges Verschwinden auch erste Angstgefühle, die Angst vor dem Alleinegelassen-Werden, verursacht. Naturgemäß sind auch die Mutter oder der Vater Mit-Leidende im Hinblick auf die kindliche Eifersucht: Sie können in aller Liebe nur einmal da sein, sich – für Geschwister, Beruf oder andere Verpflichtungen – nicht spalten und das Leiden des Kindes nicht durch Befriedigung aller seiner Bedürfnisse beseitigen. Leiden verbindet also vor allem Mutter und Kind in elementarer Weise. Leiden ist dabei nicht einfach die negative Seite des Lebens, die es auszuhalten gilt, sondern eine lebensnotwendige und zutiefst religiöse Erfahrung. Das Erleben von Leiden, von Hilflosigkeit weist auf die grundsätzliche Abhängigkeit des Menschen hin und ist eine wichtige Voraussetzung für seine Beziehung zu Gott. Die Frage nach dem Leiden wird nie vollständig beantwortet – so auch in der biblischen Hiob-Geschichte nicht. Gott gibt Hiob keine Antwort auf seine Warum-Fragen. Gott antwortet auf unerwartete Weise – er singt ein Lied von der Schöpfung:

Endlich hörte Ijob Gottes Stimme. Im Sturm kam Gott zu ihm. Ijob hörte Gottes Stimme. Aber Gott antwortete nicht auf Ijobs Fragen. Hatte er nicht gehört, dass Ijob immer wieder gefragt hatte: «Warum denn, warum?»
Gott sagte nicht: «Darum, darum also.»
Er sagte nichts über Krankheit, Elend und Leid. Aber Gott sang sein eigenes Lied: ein Lied von der Schöpfung, von Licht und Dunkel, von Bergen und Tälern, von Sonne und Wasser.
Ijob wurde still. Ijob fragte nicht mehr: Warum? «Du bist bei mir, Gott», sagte er. «Vorher habe ich zugehört, wenn sie von dir erzählten. Jetzt habe ich dich selbst gehört. Mit meinen Augen habe ich dich gesehen. Du bist da, mein Gott. Das soll mir genügen.»

«Mit Gott unterwegs»

9.1 Vom Leiden des Kindes

Das Gefühl, grundsätzlich angenommen und geborgen zu sein, wird auf besondere Weise in der Mutter-Kind-Beziehung erlebt und eingeübt. Hier erwirbt sich das Kind das Urvertrauen, das es nachher auch auf seine Beziehung zu Gott übertragen kann. Wenn ein Kind entwöhnt wird, macht es oft zum ersten Mal die Erfahrung des Verlassenseins. Es erlebt das Fehlen der bis dahin mit der Nahrungsaufnahme verbundenen Lustgefühle, in denen es, körperlich und seelisch, völlig eins war mit der Mutter. Es «leidet» zum ersten Mal. Wenn es dann – noch ohne genug Sprachvermögen zu haben, um Erklärungen zu verstehen – die Mutter aus seinem Gesichtskreis entlassen kann, ohne zu rebellieren, einfach weil es völlig gewiss ist, dass diese Beziehung zuverlässig und nicht an ständige körperliche Gegenwart gebunden ist, hat es seine erste soziale Leistung vollbracht, eine Leistung, zu der eindeutig Verzicht gehört. Es besteht heute Einigkeit darüber, dass man Kinder nicht mehr durch allzu strikte Einhaltung eines Fütterungs-Plans zu früh dressieren und zu leidvoller Entsagung zwingen sollte. Man wird sich aber auch vor einer das Kind beunruhigenden Regellosigkeit hüten und Versagungen oder Forderungen ganz allmählich ans Kind herantragen. Im Rahmen eines größeren, prinzipiellen Angenommenseins wird man Grenzen setzen.

Ein Kind leidet unter der Trennung von Mutter oder Vater. Es kann eigentliche Trennungsangst entwickeln. Daneben *braucht* es aber Trennung, um eine eigene Persönlichkeit zu werden. Eigenständigkeit demonstriert das Kind im Trotzalter durch Verweigerung alles Geforderten, durch einen ausgeprägten eigenen Willen. Gleichzeitig aber ist das Kind in seiner Trotzerei unglücklich; mit einem Teil seines Wesens möchte es noch ganz geborgen und abhängig sein. Das Kind *leidet* in diesem Stadium unter seinem eigenen Verhalten, braucht aber, indem es zwischen Eigenwille und Abhängigkeit pendelt, dieses Leiden für seine Entwicklung. Das Verhalten der Eltern in diesem Zeitpunkt ist nicht leicht: Eiserne Konsequenz und eine ständige Triebbefriedigung sind gleichermaßen falsch; Fantasie und Ablenkung helfen vielleicht aus Sackgassen.

Eine kindliche Angst, die oft im selben Alter auftritt wie die Trotzerei, ist die Angst vor dem Dunkel: eine Angst, über die man reden, die man dadurch mildern kann. Es ist eine Urangst, die für mein Gefühl mit sinnvollem Leiden nicht viel zu tun hat. Sie tritt bei manchen Kindern ganz plötzlich auf, andere – aus der gleichen Familie – lernen sie nie kennen. Wir können solche Angst vielleicht beseitigen, indem wir eine kleine Lampe im Kinderzimmer brennen lassen. Solche Angst der Kinder zu einer Mutprobe zu machen, schiene mir sinnlos.

Die schmerzhafte Spannung dagegen, die für viele Kinder beim Eintritt in Kindertagesstätte, Kindergarten oder Schule entsteht, können wir ihnen nicht ersparen. Gleichzeitig mit der Ablösung von zu Hause muss jetzt das Einordnen in eine Gruppe geleistet werden. So sehr das Kind sich normalerweise nach Spielgefährten sehnt, ist die Gruppe auf die eine oder andere Weise eine Herausforderung: Das eine Kind muss seine eigenen Unternehmungen und Initiativen zurückstecken, ein anderes muss lernen, sich auch in einem größeren Kreis zu äußern, statt sich schamhaft an den Rockzipfel der Mutter zu hängen. Allerdings wird solches Leiden oft sehr bald durch die Freude an der Gemeinschaft verdrängt.

Das schon angedeutete Leiden von Kindern an Eifersucht ist in Familien mit mehreren Kindern nicht wegzudenken. Das Teilen der elterlichen Liebe – in der Schule ist es die Liebe der Lehrerin! – muss immer neu eingeübt werden.

In ganz anderer Weise leiden größere Kinder heute unter der Schule: Der Leistungsdruck, die Angst vor den Noten, der Unwille gegen die Schularbeiten und das Fehlen von Spielzeit machen sie unglücklich. Je größer sie werden, desto mehr wird das Leiden an der Schule gekoppelt mit der Sorge um die Zukunft, um den späteren Beruf, ja um die Rolle in der Gesellschaft, die für jedes größere Kind – und erst recht für uns Erwachsene – von Bedeutung ist. Möglicherweise leiden Kinder unter der Unzufriedenheit und Unsicherheit der Erwachsenen in ihrer Umgebung, aber auch unter der Bedrohung und Verlockung, die alle Fragen der Sexualität mit sich bringen.

Dies alles mag klingen, als ob das Leben des Kindes eine einzige Leidensgeschichte wäre! Dem ist natürlich nicht so: Kinder sind zu unmäßiger Freude, zu großer Begeisterung, zu selbstvergessenem Spiel und zu liebevoller Hingabe in einem weit größeren Maße fähig als Erwachsene. Aber dies darf uns nicht veranlassen, die andere Seite, die Seite des Leidens zu verdrängen.

Wenn ein Kind später, als Erwachsener, gegen Leiderfahrungen Kraft haben und sie ertragen können soll, muss es dies eingeübt haben, muss es mit der Begrenztheit, der Nicht-Machbarkeit des Lebens vertraut sein. Zu solchem «Einüben» gehört es, dass man Kindern in schwierigen Situationen Zeit zum Traurigsein, zum Stillesein, zum Nachdenken lässt. Man darf dabei dem Leiden Sprache verleihen, ohne jammern zu müssen: «Ich bin traurig», «Ich halte es nicht mehr aus», «So geht das nicht», oder auch: «Das muss geändert werden». Es braucht neben Zeit auch die richtige Atmosphäre, um mit Kindern über leidvolle Erlebnisse zu reden.

Es geht auch darum, für die Wahrnehmung des Leidens anderer und des Leidens der Kreatur zu sensibilisieren. Ich denke hier an tiefes Leiden, wie es Kinder der sogenannten «Dritten Welt», Heimkinder, sozial benachteiligte Kinder, kranke Kinder, Kinder in Kriegsländern erleben. Dabei sollen unsere Kinder aber nicht vor allem zu «Mitleid» mit solchen Kindern, sondern zu aktiver Hilfe angeregt werden, soweit dies möglich ist. Wohlbehütete Kinder einer bürgerlichen Welt müssten immer wieder lernen, ihr Selbstmitleid abzulegen, um das Leiden anderer mit freierem Blick zu sehen. Vielleicht entdecken sie dabei plötzlich, dass sie selbst anderen Menschen Leid zufügen oder dass sie andere Menschen durch ihren Egoismus verletzt haben.

9.2 Das Leiden an der Zeitlichkeit

Für uns Erwachsene, aber auch für größere Kinder, ist grundsätzliches Leiden des Menschen in seiner Zeitlichkeit begründet. Weil das Leben befristet ist, hat es eine positive Einmaligkeit. Weil das Leben befristet ist, steht uns aber allen – oft als gefürchtetes Ende – der Tod bevor. Unsere Zeit ist begrenzt, grundsätzlich begrenzt durch den Tod, aber immer wieder neu – im Kleinen – begrenzt durch das Ablaufen jedes einzelnen Tages. Das Ablaufen der Zeit wird darum oft als schmerzvoll empfunden: Die Zeit reicht nie zu allem, was man tun möchte. Dies empfinden gerade Jugendliche, die das Leben in der einen und anderen Richtung erproben möchten und dazu – nicht nur zum Schularbeitenmachen – fast unendlich Zeit brauchen. Für alte Leute und für Einsame dagegen kann ein zu *langsames* Ablaufen der Zeit zur Qual werden. Ihre Zeit ist nicht ausgefüllt. Für Schlaflose sind die Stundenschläge der Nacht, die das langsame Weiterschreiten der Zeit verkörpern, eine Qual. Von Kranken wird der Tod vielleicht als Ende allen irdischen Leidens herbeigesehnt – und dennoch bleibt die Angst vor dem Tod, über die man kaum spricht, das Urleiden des Menschen überhaupt.

In jeder Weise hat es der Mensch schwer, mit seiner Beziehung zur Zeit fertig zu werden. Er ist im Grunde nicht gewillt, seine Zeitlichkeit zu bejahen.

9.3 Leidende Menschen der Bibel

Dem leidenden, dem erlösungsbedürftigen Menschen begegnen wir fast überall in der Bibel, auch in jenen Geschichten, die man schon Kindern erzählt. Viele Menschen der Bibel erhalten in ihrer Not Verheißungen, die aber lange nicht erfüllt werden und auch den Auserwählten langes Warten und eine fast unerträgliche Leidenszeit abverlangen. Ich denke an die kinderlose Sara oder an Mose und das Volk Israel auf der 40-jährigen Wüstenwanderung. Immer wieder müssen Menschen mit der Angst vor dem Unbekannten fertig werden – eine Erfahrung, die für Kinder nachvollziehbar ist. In solches Leiden hinein aber kommt oft ein Engel oder ein Traum: Verheißungen, die wir kaum für möglich halten, auf deren Erfüllung wir geduldig warten, gehen in Erfüllung. Das Erzählen aus der Bibel kann ansteckend wirken.

Besonders intensiven Ausdruck findet das Leiden in den *Psalmen*. Sie helfen uns, das Leiden in Worte zu fassen, darüber zu klagen, es vor Gott zu bringen. Und immer wieder sind es die wunderbaren inneren und äußeren Bilder, die uns zur Verfügung gestellt werden. Es ist darum möglich, einzelne Psalmen für Kinder fruchtbar zu machen, d.h. in verständlicher Sprache einzelne Bilder oder Situationen für Kinder herauszupicken und einfache Gebete daraus zu machen.

Wie der Hirsch nach Wasser schreit

Der Hirsch sucht eine Wasserstelle.
Sein Durst ist groß. Er schreit und schreit.
Er sucht nach einer frischen Quelle.
Die Sonne brennt, der Weg ist weit.

Ich suche Gott, ich find' ihn nicht.
Ich suche Gott auf allen Straßen.
Du großer Gott, wo find' ich dich?
Dich möcht' ich sehen, möcht' ich fassen.

Wie der Hirsch nach Wasser schreit,
Gott, so hab' ich Durst nach dir.
Die Sonne brennt, der Weg ist weit,
Gott, versteckst du dich vor mir?

Ich schreie laut, dich darf ich stören.
hör zu, ich ruf', so laut ich kann.
Dich ruf' ich, Gott, du wirst mich hören.
Ich warte, Gott, du schaust mich an!

Dafür danke ich dir!

Psalm 42, «Gott, ich kann mit dir reden»

«Mein Gott, mein Gott, warum hast du mich verlassen?», schreit Jesus am Kreuz. Er ruft dies mit Psalm-Worten. Er drückt damit eine schon immer ausgesprochene Klage des Menschen aus: die Klage über das Verlassensein von Gott. Diese Urklage auch des kleinen Kindes, für das die Mutter noch alles ist, begleitet den Menschen durch sein Leben. Sie wird in vielen Psalmen formuliert. «Und ob ich schon wanderte im finstern Tal», heißt es in Psalm 23. Die Urangst vor dem Dunkeln wird zum Bild für das Leiden des Menschen. – In vielen andern Geschichten der Bibel wird das Leiden, auch das Scheitern oder Zögern des Menschen gezeigt; gerade in solchen schweren Situationen wird nach Gott besonders intensiv gefragt und auf seine Hilfe gebaut.

Wichtig für uns ist es, dass Jesus selbst das Psalmwort «Mein Gott, mein Gott, warum hast du mich verlassen?» aufnimmt. Er zeigt damit, dass er an unserem ganzen Leben, auch an unserer Zeitlichkeit teilhat. Indem er sich verlassen fühlt, stirbt, gehört er ganz zu uns, ist er Mensch auch in jenem Bereich, den wir als Inbegriff des Negativen empfinden. Das Leiden Jesu im Anblick des Todes bringt ihn uns nahe. Er hilft uns nicht nur durch seine Wundertaten und durch sein Gebot der Liebe – er tut uns den wertvollsten Dienst, indem er wie wir leidet. Er gibt uns die Gewissheit, dass unsere Beziehung zu Gott auch im Leiden fortdauert. Von sich selbst sagt er: «Denn auch der Sohn des Menschen ist nicht gekommen, damit ihm gedient werde, sondern damit er diene und sein Leben gebe als Lösegeld für viele.» (Markus 10,45)

Es wäre aber falsch, wenn wir hier Halt machen würden und nicht gleichzeitig sagten, dass Jesus selbst in seinem Leben gegen das Leiden gekämpft hat. Er hat Leiden und Krankheiten, die Vorboten des Todes, bei seinen Mitmenschen nicht nur in Liebe erkannt, sondern sie in vielfältiger Weise besiegt. Jesu Wunder sind Gegenzeichen, die für uns ebenso wichtig sind wie die Erkenntnis von der Notwendigkeit des Leidens: Leiden, Krankheit, Angst und Tod sind nicht das Letzte – es gibt eine Kraft Gottes, die stärker ist und von der uns die Taten und Lehren Jesu erzählen.

Für Kinder ist dies schwer zu erfassen. Sie sehen aber, dass Erwachsene auch leiden, ohne an ihrem Leiden zu zerbrechen. Sie spüren: Wir können über unser Leiden reden, wir müssen auch unsere Konflikte nicht verdrängen. Dass der Mensch an seiner Zeitlichkeit leidet, erfährt das Kind im Lauf des Größerwerdens. Es lernt, mit seiner Begrenztheit, seiner Erlösungsbedürftigkeit zu leben, und kommt dabei Gott auf unmerkliche Weise näher.

Dietrich Bonhoeffer schreibt: «Die Befreiung liegt im Leiden darin, dass man die Sache ganz aus den eigenen Händen und in die Hände Gottes legen darf.» Vielleicht kann solche Befreiung schon bei kindlichem Leiden in ganz kleinen «Portionen» geschehen?

107

10. KIND UND TOD

10.1 Der Tod für uns Erwachsene

Bedeutet der Titel «Kind und Tod», dass wir dem Kind den Tod erklären, zeigen, ja beibringen wollen wie etwa das Einmaleins, das Aufräumen oder das Zähneputzen? Wollen wir diese Sache «Tod», über die man in neuerer Zeit so viel liest, nun auch für Kinder vermarkten?

Vielleicht spürt man aus diesen Fragen, dass mir vor einem Zerreden des Todes Angst ist. Ich möchte daraus kein Sachthema machen, sondern aus meiner eigenen Betroffenheit, aus meinem erwachsenen Erleben heraus fragen nach dem Kind, nach dem Tod, aber auch nach mir selbst.

Das Reden vom Tod wird in der Regel nicht auf sich selbst, sondern auf andere bezogen. Zum Wort «Tod» gehört im Deutschen das Tätigkeitswort «töten». Für das, was mit uns selbst geschieht, hat das Deutsche im Gegensatz zu andern Sprachen einen eigenen Wortstamm: Sterben – ein Wort, das ursprünglich «starr werden» bedeutete und als schonender Ausdruck gebraucht wurde. Heute aber ist auch «Sterben» für uns zu einem direkten, harten Wort geworden. Wir weichen ihm aus. Wir brauchen Wörter wie «entschlafen», «heimgehen», «ableben» oder salopp «verrecken», «abkratzen». Die Sprache zeigt also: Beim Tod geht es meist um den Tod anderer; die Sache mit dem Tod ist uns unbequem. – Dennoch müssen wir über unsern eigenen Tod nachdenken und mit den Kindern darüber reden.

Im «Malte Laurids Brigge» schreibt Rilke im Jahre 1910:

Wenn ich nach Hause denke, wo niemand mehr ist, dann glaube ich, das muss früher anders gewesen sein [nämlich ‹das› mit dem Tod]. Früher wusste man (oder vielleicht man ahnte es), dass man den Tod in sich hatte wie die Frucht den Kern. Die Kinder hatten einen kleinen in sich und die Erwachsenen einen großen. Die Frauen hatten ihn im Schoß und die Männer in der Brust. Den hatte man, und das gab einem eine eigentümliche Würde und einen stillen Stolz.

Elisabeth Kübler-Ross nannte ein Buch schon 1976 «Reif werden zum Tod»; der Titel entspricht in erstaunlicher Weise dem Bild Rilkes; es ist ein Reifwerden, das nicht erst mit Alter und Krankheit einsetzen muss. – Der Theologe Karl Rahner aber spricht von einer Verlängerung des Todes; damit meint er nicht etwa ein Hinausschieben des Todes, sondern ein Verlängern des Todes nach vorn, nach rückwärts, ins ganze Leben hinein.

Der Tod ist also eine Sache des ganzen Lebens. Er beginnt in der Kindheit. Er verbindet Eltern, Kinder, Erziehende. Alle haben ihn in sich. Von Anfang an. Man lebt mit ihm, was nicht unbedingt immer auch ein Reden über ihn sein muss.

Der Tod aber ist für uns und die Kinder in der Regel das schlechthin Fremde, jedenfalls fremd und bedrohlich, wenn es uns selbst betrifft – am allerunbegreiflichsten, wenn es ein eigenes Kind betrifft. Ich sehe vor meinem inneren Auge die schmerzerfüllten, verzerrten, hadernden Blicke jener Frau, die Käthe Kollwitz immer wieder gemalt hat – man weiß, dass die Künstlerin den Tod ihres Sohnes, der im Ersten Weltkrieg gefallen ist, für den Rest ihres Lebens immer wieder neu verarbeitet hat. Es geht auch hier um die Frage nach «Kind und Tod», um eine besonders schmerzliche Situation, die mir auch im Kontakt mit Müttern todkranker Kinder aufgegangen ist; hier begegnet uns der Tod so grausam wie sonst nie. Eine buddhistische Erzählung, die man nicht als Gegensatz zum Christentum verstehen muss, stellt denn auch eine trauernde Mutter als Inbegriff aller Trauernden in ihren Mittelpunkt:

Die Lehre, dass der Tod für alle lebendigen Geschöpfe unvermeidlich ist, findet bewegenden Ausdruck in einer der populärsten aller buddhistischen Erzählungen, der «Parabel vom Senfkorn». In dieser Geschichte wird von einer Frau berichtet, die grenzenlosen Schmerz über den Tod ihres geliebten Sohnes empfindet, dessen Leichnam sie in ihren Armen hält. Sie scheint nicht zu wissen, dass der Tod ein endgültiges Ereignis ist – wenigstens für dieses Leben. In der Hoffnung, ein Mittel gegen die «Krankheit» ihres Kindes zu finden, das es ins Bewusstsein zurückrufen könnte, nähert sie sich dem Buddha, dessen wundersame Heilkräfte bekannt sind. Der Buddha gibt ihr ein Gegenmittel, aber nicht von der Art, die sie gesucht hatte. Er trägt ihr auf, in der Stadt von Haus zu Haus zu gehen und einige Körner Senfsamen zu suchen. Dieser Senfsamen, so sagt er, wird ihr ein wirksames Gegenmittel für die Krankheit ihres Kindes (das heißt den Tod) liefern. Aber sie darf den Senfsamen nur aus einem Haus nehmen, in dem noch nie jemand gestorben ist – weder ein Vater noch eine Mutter, weder ein Bruder noch eine Schwes-

ter, weder ein Diener noch ein Tier. Bei ihrer Suche von Haus zu Haus ent-
deckt sie, dass kein einziges zu finden ist, in dem nicht einer seiner Bewohner
gestorben ist. Allmählich gelangt sie zu der Wahrheit, die das Wundermittel
gegen Tod und Trauer ist: dass nämlich der Tod das unausweichliche Schick-
sal aller Geschöpfe ist und dass sie angesichts dieser Unvermeidlichkeit keine
Ursache zum Trauern hat. Befreit von den Qualen falscher Hoffnung und
nutzlosen Schmerzes geht sie sogleich mit befriedetem Geist zur Verbren-
nungsstätte und übergibt ihren Sohn den Flammen der Einäscherung.

Zitiert nach Kübler-Ross, «Reif werden zum Tode»

So leicht wird uns ein Umdenken im Ernstfalle nicht fallen, obwohl
wir wissen, dass der Tod, das Wissen um die Begrenztheit menschlichen Lebens alle Menschen verbindet. Dieses Wissen ist unheimlich
und unbequem. Der Zeitpunkt jeden Todes, vor allem auch das ganze
«Nachher» sind uns unbekannt. Gleichzeitig schließt unser Fragen
nach dem Tod die Frage nach unserem Leben mit ein. Durch den Tod
ist unser Leben begrenzt, durch seine Begrenztheit ist es wertvoll –
wo liegt der Sinn dieses wertvollen Lebens? Die Frage nach Gott aber
stellen wir nie so intensiv wie bei der Frage nach dem Tod, die gleichzeitig die Frage nach dem Sinn des Lebens ist. An diesem Leben hängt
der Mensch. Der Tod kommt für ihn immer zu früh.

Sehr bildhaft spiegelt sich diese Einstellung in dem Grimm'schen
Märchen «Die Lebenszeit»: Zuerst kommen drei Tiere zu Gott, um
sich ihre Lebenszeit bestimmen zu lassen. «Dreißig Jahre, ist dir das
recht?», fragt Gott jedes. Allen Tieren ist dies zu viel. Gott erbarmt
sich. Gott erlässt jedem von ihnen einen Teil, dem Esel achtzehn Jahre,
dem Hund zwölf Jahre, dem Affen zehn Jahre. Der Mensch aber, wie
er vor Gott tritt, ist mit seinen dreißig Jahren nicht zufrieden – er erhält die nicht gebrauchten Jahre des Esels, des Hundes und schließlich noch jene des Affen, also «siebzig Jahre». Das Märchen fährt fort:
«Der Mensch ging fort, war aber nicht zufrieden gestellt.»

Gerade der Mensch, als das vernünftigste Wesen, kann sich dem
Schicksal seiner Vergänglichkeit nicht fügen. Die Dinge, die an den
Tod erinnern, verdrängt er geflissentlich oder nimmt sie einfach nicht
wahr. Auch diesen Sachverhalt macht ein Märchen der Brüder Grimm
besonders anschaulich: «Die Boten des Todes». Der Tod liegt halb
ohnmächtig, von einem Riesen besiegt, am Wegrand. Ein junger
Mann hilft ihm wieder auf. Ihm sagt der Tod, wer er sei. Er könne
zwar keinen verschonen; aber er werde seinem Helfer aus Dankbar-

keit Boten schicken, «bevor ich komme und dich abhole». Wie der Tod diesem Mann dann tatsächlich auf die Schulter klopft, um ihn abzuholen, ist der Mann völlig unvorbereitet. Die «Boten des Todes»: Fieber, Schwindel, Schmerz, Ohrenbrausen und vor allem den Schlaf, den «leiblichen Bruder des Todes», hat er nicht als Vorboten zur Kenntnis genommen.

Wir sprechen nicht gern über den Tod. Dies liegt in der Natur des Menschen. Es gibt zwar in neuester Zeit eine Menge Literatur zum Thema Tod. Ist sie Ausdruck des schlechten Gewissens oder ein Zeichen eines echten Bedürfnisses? Gleichzeitig wird das Thema – schon aus Selbstschutz – immer wieder tabuisiert. Da, wo der Tod am allernächsten ist, sei es in unserer Beziehung zum eigenen Tod, aber auch im Kontakt mit Sterbenden, werden wir stumm oder verlegen. Die sehr direkten Fragen der Kinder führen uns in Versuchung, zu schweigen oder Antworten zu geben, die zwar kindgemäß, vielleicht unwahr, für uns selbst nicht glaubhaft sind.

10.2 Die Bedeutung des Todes für gesunde Kinder

Nicht endgültig: Kleine Kinder bis zu vier oder sechs Jahren stehen dem Tod in der Regel unbefangen gegenüber. Tot ist für sie nichts Endgültiges. «Tot» ist etwas wie «kaputt» oder «unbeweglich». Ein kaputtes Ding aber kann man wieder heil machen, flicken. Kleine Kinder erfassen die Endgültigkeit des Todes nicht. Sie können beispielsweise zum Großvater sagen: «Du wirst bald sterben», weil sie ahnen, dass «tot» und «alt» miteinander zu tun haben. Die Tragweite dieses Zusammenhangs aber ist ihnen nicht bewusst. Kleine Kinder spielen auch «tot», um kurz darauf lachend wieder aufzustehen. Die Geschichte von den zehn kleinen «Negerlein», die in verschiedensten Bilderbuchvarianten immer wieder bei Kindern beliebt war, erschien früher offenbar als lustig und natürlich, während uns Erwachsenen unbehaglich wird beim Anblick einer solchen Sterbefabrik, die gut und gern in den Bilderbuchregalen der Kinder fehlen darf.

Bei einer Umfrage in deutschen Kindergärten nannten fast alle Erzieherinnen das Tot-Schießen-Spiel der Kinder, mit oder ohne Spielrevolver, ein übliches, in dem das Tot-Umfallen Spaß macht; es ist ein Spiel, das möglicherweise von Fernseh-Erlebnissen oder Comics beeinflusst wird.

Kinder dieser Altersstufe fühlen sich in ihrem Innersten wenig betroffen bei Todesfällen; sie reagieren nicht emotional, beziehen den Tod normalerweise nicht auf sich selbst, ja sie können – zum Entsetzen größerer Kinder – auch kleine Tiere töten.

Kleine Kinder glauben darum auch, man könne den Tod überlisten. So ist die Geschichte eines fünfjährigen Jungen interessant, der sich überlegt, wie man das Altwerden und Sterben seines Vaters verhindern könnte. Er sagt: «Wir machen deinen Geburtstag nicht, dann wirst du gar nicht alt» ... «Wir schenken dir nix und machen keinen Geburtstag» ... «Ja, dann gibt es keine Kerzen, dann weiß man auch nicht, wie alt du bist.» Ein kleines Mädchen sagt: «Mama, wenn du einen großen Stein auf meinen Kopf legst, werde ich nicht wachsen; denn die Leute, welche wachsen, werden alt und sterben.»

Das eher unproblematische Verhältnis von Kleinkindern zum Tod hängt mit ihrem noch wenig entwickelten Zeitgefühl zusammen. Sie kennen die Angst, zu wenig Zeit zu haben, nicht. Es wäre schlimm, in ihnen solche Angst zu wecken. Um glücklich und entspannt spielen zu können, brauchen sie das Gefühl, unbeschränkt Zeit zu haben. Dieses Gefühl wollen wir ihnen möglichst lange lassen. Der Leistungsdruck kommt früh genug – ein Kind, das lange angstfrei gespielt hat, wird diesem eher gewachsen sein.

10.3 Angst vor dem Tod der Mutter

Nur der Tod der Mutter oder gar beider Eltern oder einer Eltern-Ersatz-Person ist für ein kleines Kind wirklich bedrohlich und endgültig. Das ganze Alltagsleben würde dadurch verändert, sein Bedürfnis nach einer Hauptbezugsperson nicht mehr befriedigt. Die einzige echte Hilfe, die man für Kinder bis zu ungefähr vier Jahren in dieser Situation vorsehen könnte, wäre eine Stellvertreterin, ein Mensch also, der gewillt ist, ebenso liebevoll und aufopfernd für das Kind dazusein, wie es die verstorbene Mutter wäre, sodass das Gefühl von Geborgenheit nicht verloren ginge.

Anna Freud, die Tochter Sigmund Freuds, hat in ihren Schriften Reaktionen kleiner Kinder auf das Erleben schrecklicher Kriegswirren untersucht und kaum Schockreaktionen von Kindern bei Todesfällen beobachtet, solange die Eltern bei ihnen waren. Auch in Kinderkliniken reagieren Kinder dieser Altersstufe nicht dramatisch auf den Tod eines Mitpatienten, immer vorausgesetzt, dass sie sozial gut aufgehoben, am besten bei den Eltern, geborgen sind. Kleine Kinder wollen darum keine übergroße Fürsorglichkeit nach einem Todesfall, sondern die Gewähr, dass die menschlichen Beziehungen, von denen sie getragen werden, selbstverständlich weitergehen.

Im Grunde entstehen nur dann merkwürdige Angst- und Fantasievorstellungen, wenn man nicht offen ist mit den Kindern, möglicherweise ohne es zu wollen. So geschieht es, dass Kinder auf die Mitteilung «Unsere Oma ist sanft entschlafen» reagieren, indem sie Angst vor dem Einschlafen haben. Oder aber sie fürchten, die tote Katze, die in einen Container für Tierkadaver gelegt wurde, könnte nicht mehr herauskommen. Vielleicht ist sie nicht endgültig tot?

Es gibt Fantasien, die Kinder sich vor allem dann machen, wenn sie spüren: Davon spricht man nicht. Ich darf nicht fragen und denke mir selbst etwas aus. Solche Spekulationen finden sich besonders bei Kindern von sieben bis elf Jahren. Sie interessieren sich in realistischer Art für den Tod, auch für das Äußerliche, den Sarg, den Friedhof, die Verwesung, das «Nachher»; ein Empfinden von Mitleid ist noch kaum vorhanden, während die «Nebenerscheinungen» des Todes enorm wichtig und realistische Antworten erwartet werden. Bleiben solche Antworten aus, erfindet sie das Kind selbst. Die Einstellung zum Tod wird allmählich auch affektiver, ist aber in dieser realistischen Phase selten von Angstzuständen begleitet und wird kaum vom Kind auf seinen eigenen Tod bezogen.

Ich will hier nicht in starre Altersguppen einteilen. Verallgemeinerungen sind gefährlich; jedes Kind ist eine Persönlichkeit, fragt anders, erlebt vor allem andere Dinge.

Eine Beobachtung scheint aber allgemeiner Natur: Im Alter des Übergangs vom Kindergarten zur Schule, möglicherweise auch etwas früher oder später, stellt sich bei der Mehrzahl der Kinder eine Art Krise in ihrer Beziehung zum Tod ein. Sie äußern ihre Angst vor dem Tod der Mutter, wenn diese, als Hauptbezugsperson, verreist oder längere Zeit abwesend ist. Diese Angst ist eine Extremform der Trennungsangst, die vielleicht die Urangst des Kindes überhaupt ist. Wenn ein Kind in solchen Fällen von «tot» spricht, stellt es sich darunter oft nichts Konkretes vor; es hat das Wort von Erwachsenen gehört und gespürt, dass «tot» der Inbegriff von Negativem und Traurigem ist.

Mit Kindern dieser Stufe sind vorsichtige Gespräche über das Sterben möglich, in denen uns der Leitsatz: «Beruhigen – aber kein

Wort des Schwindelns» leiten sollte. Auf dem Arm der Mutter, in großer Geborgenheit, könnte man mit einem Kind dieses Alters auch einmal darüber sprechen, bei wem es ganz konkret aufgehoben wäre, wenn den Eltern tatsächlich etwas zustoßen sollte; vielleicht haben wir die Paten unserer Kinder im Hinblick auf diesen Ernstfall ausgewählt? Es sind Gespräche, die uns Eltern wegen unserer eigenen Todesangst unangenehm sind und darum in der Regel selten stattfinden. Wichtig scheint mir, dass diese Angst des Kindes vor dem Tod der Mutter nicht als Vorahnung aufgefasst wird oder der Mutter selbst Angst macht. – Schwerstkranke kleine Patienten der Kinderklinik fürchten sich vor dem Tod der Mutter oft mehr als vor dem eigenen Sterben. Ich habe erlebt, dass solche Mütter nach Klinikbesuchen von zu Hause anrufen mussten, um von ihrer glücklichen Heimkehr – ohne Unfall – zu berichten.

10.4 Wie erfährt ein Kind vom Tod?

Aus psychologischen Untersuchungen wird deutlich, dass das Wissen um den Tod nicht angeboren ist, sondern dem Kind «beigebracht», also sozial vermittelt wird. Eltern und Erzieher sind diejenigen, die durch bewusstes Reden und Erklären, aber auch durch ihr Verhalten die Kinder prägen. Es verhält sich wie mit dem Reden von Gott: Gott ist nicht an sich vorhanden, sichtbar, beweisbar, er ist so da, wie wir von ihm reden.

Wie reden wir denn heute vom Tod, wie erfährt ein Kind vom Tod, wie begegnet es ihm? Nur selten erlebt ein Kind heute den Tod eines nahen Familienangehörigen aus der Nähe. Wir leben «altershomogen»: Die «Alten» wohnen in der Regel nicht zusammen mit den Mittleren und Jungen. Sie leben oft allein, in Heimen, in Alterssiedlungen. Dies hängt mit den kleinen Wohnungen der Familien zusammen, aber auch mit unserem Lebensstil, mit den Anforderungen, die an die heutige Elterngeneration vom Beruf und von der Schule her – hier nur das Stichwort «Leistungsdruck!» – gestellt werden. Auf jeden Fall haben Menschen der mittleren Generation heute meist weder den Platz noch die Kräfte noch die Zeit und wohl auch selten Lust, ihre Eltern, also die Großeltern oder gar die Urgroßeltern der Kinder, bei sich alt werden und sterben zu lassen.

Früher, ich denke an das Leben in Großfamilien, wie wir es heute nur noch in ausgesprochen bäuerlichen Verhältnissen finden, starben alte Leute in ihrer gewohnten Umgebung. Sie hatten ihren eigenen Tod, ihren eigenen Stil des Sterbens, die Möglichkeit, bis zum Schluss mit den Jungen und Jüngsten im alltäglichen Kontakt zu bleiben. Heute müssten wir von einer Stillosigkeit des Sterbens sprechen: Das Bett ist häufig nicht das eigene, das Zimmer nicht. Vielleicht bietet eine Klinik oder ein Heim bessere Pflege. Hilfsmittel und Erleichterungen stehen dort zur Verfügung, die wir den Alten und Kranken zu Hause nicht bieten können. Das Sterben aber wird einsam, vielleicht ein Sterben inmitten medizinischer Apparate.

Altwerden und Tod jedenfalls ist in der Regel so «organisiert», dass es sich außerhalb des kindlichen Alltags abspielt. Dass in unserer Zeit die Sorge für Sterbende mit dem Fachausdruck «Sterbebegleitung» benannt und wichtig geworden ist, scheint mir vor allem im Hinblick auf Krebskranke ein wunderbarer Fortschritt. Es sind «Hospize» geschaffen worden, in denen sterbende Menschen nicht nur medizinisch, sondern vor allem auch menschlich aufgehoben sind und ein würdiges, liebevoll betreutes Leben in einer Gemeinschaft führen können. Dies sind allerdings Einrichtungen oder Bewegungen, die in der Regel außerhalb des kindlichen Lebenshorizonts liegen.

Noch im 19. Jahrhundert, erst recht aber früher, war die Kindersterblichkeit sehr hoch. Kinder erlebten darum nicht nur den Tod der Großeltern, sondern besonders häufig auch den Tod von Geschwistern aus nächster Nähe. Oft wurde ihnen in übler Weise Angst vor dem eigenen Tod gemacht; man verlangte ein Bravsein oder «Frommsein», mit der Drohung, dass die Strafe für alles Bösesein mit dem Tod plötzlich eintreten könnte. Das kindliche Leben wurde dadurch belastet. – Der Tod eines Elternteils war für Kinder früherer Zeit sehr viel häufiger, weil die Menschen weniger alt wurden. Oft starb die Mutter bei der Geburt eines Kindes.

Bevor ich nach einem Verhalten der Erwachsenen frage, das die Beziehung des Kindes zum Tod prägen könnte, möchte ich einige Beobachtungen an kranken, todkranken Kindern mitteilen. Auch wenn es grundsätzlich um den Kontakt mit gesunden Kindern geht, können wir aus Beobachtungen an hochsensiblen sterbenden Kindern Entscheidendes lernen.

Es ist bekannt, dass schwerstkranke Kinder ihren Tod vorausahnen. Sie senden Signale aus; es sind selten direkte, eher versteckte Fragen, vor allem auch Bilder, zu denen man den Kommentar der Kinder selbst anhören muss. Hier sei ein einzelnes kindliches «Signal» angeführt, das mir besonders Eindruck machte: Ein achtjähriges todkrankes Mädchen bittet seine Mutter, ihm Andersens Märchen vom Mädchen mit den Streichhölzern zu erzählen. Die Mutter sagt noch mehrere Jahre nach dem Tod des Mädchens zu den Ärzten: «Zum Glück hat sie nie gefragt.» Die Psychologin Susan Bach, der viele Anregungen im Hinblick auf sterbende Kinder zu verdanken sind, schreibt dazu: «Wenn man der Mutter hätte helfen können, diese bestimmte Frage [nämlich: Warum willst du diese Geschichte hören?] zu stellen, wäre die kleine Patientin vielleicht fähig gewesen, ihr inneres Wesen mit jemandem zu teilen und wäre nicht allein mit sich selbst gestorben.» Ich möchte vermuten: Dem kleinen Mädchen war *die Geschichte selbst* wohl Antwort genug. Das Kind im Märchen sieht im Schein der wärmenden Streichhölzer, die es angezündet hat, seine verstorbene Großmutter. «Oh, nimm mich mit!», ruft es. Nachdem alle Streichhölzer verbraucht sind, stirbt das Kind. Das Märchen endet so: «Die Großmutter war nie so schön, so groß gewesen; sie hob das kleine Mädchen auf ihren Arm, und in Glanz und Freude flogen sie in die Höhe, und da fühlten sie keine Kälte, keinen Hunger, keine Furcht – sie waren bei Gott. – Aber im Winkel am Haus sass in der kalten Morgenstunde das kleine Mädchen mit roten Wangen, mit lächelndem Munde – tot, erfroren am letzten Tage des alten Jahres.» Hat das sterbende Kind hier nicht jene Antwort, die es brauchte, gefordert und sie mit dem Erzählen des Märchens erhalten?

Viele Zeichnungen gibt es von einem anderen achtjährigen Mädchen, Priska. Sie erkrankte an einem Hirntumor und starb ein knappes Jahr später. Zehn Monate vor ihrem Tod zeichnete sie einen Serpentinenweg, der zu einem Haus führt, das zwischen Himmel und Erde zu schweben scheint, näher dem Himmel zu. Priska sagt dazu: «Ich bin das Mädchen und möchte in das Haus gehen.» Dieses Mädchen zeichnete besonders gerne Zauberer, aber auch ausgesprochen fröhliche Nikolausfiguren – «uralte Gestalten Gottes», bemerkt Susan Bach dazu und stellt die Frage, ob gerade Priskas positive Beziehungen zu diesen Gestalten für ihren letzten Weg von Bedeutung waren. Jedenfalls soll dieses Kind bis zum Schluss zufrieden und glücklich gewesen sein; von einem «Hinübertanzen» in den Tod spricht die Psychologin.

Es könnten andere «positive» Beispiele sterbender Kinder erwähnt werden. In der einen oder anderen Weise regen sie uns an, auch mit gesunden Kindern zu sprechen: Geborgenheit und das Bild von einem gütigen Gott sind im Tod wichtig, wichtiger als ein Ausmalen des «Himmels» oder einer unerlaubten ausgeschmückten Szenerie für ein Leben nach dem Tode. Das Mädchen aber, das Andersens Märchen hören wollte, zeigt, dass Bilder oder Geschichten, die den Kindern früh vermittelt werden, einen Schatz bilden, der ihnen bei der Auseinandersetzung mit dem Tod hilft, ohne dass sie direkt fragen müssen. Immer liefern Bilder und Märchen den kranken Kindern das Werkzeug, um verfremdet und auch unbewusst über sich selbst, z.B. über ihre eigene Angst, zu sprechen, wenn sie von der Angst eines Märchenhelden erzählen oder sie malen.

10.6 Mit Grenzen leben

Nach diesen Hinweisen, die ich kranken Kindern zu verdanken habe, möchte ich fragen, wie wir die gesunden auf den Tod vorbereiten, sodass es mehr als eine Enttabuisierung ist, wie sie heute mit Recht verlangt wird. Es geht dabei nicht um ein Beantworten einzelner Kinderfragen. Es geht um das Denken, Leben und Reden mit den Kindern, im Bewusstsein, dass unser Leben begrenzt ist.

Es ist bekannt, dass das Kind ungefähr im achten Monat entdeckt, dass die unbelebten Dinge keinen Dialog mit ihm führen können. Es lernt, Belebtes und Unbelebtes in der Welt zu unterscheiden. Dies ist die erste, wertvolle und gleichzeitig erschreckende Erkenntnis dessen, dass es so etwas wie «tot» gibt.

Jean Piaget, der im Hinblick auf die seelische Entwicklung der Kinder wohl bedeutendste Psychologe unseres Jahrhunderts, schreibt: «Durch das Phänomen Tod wird das Kind gezwungen, seine Neigung zu durchbrechen, alles in der Welt sich so vorzustellen, als sei das nur für den Menschen und sein Wohlbefinden eingerichtet.» Diese Äußerung besagt, dass das Kind irgendwann auch seine Grenzen erkennen und akzeptieren, verzichten lernt. Ich erinnere hier an das Kind im Märchen von den Sterntalern; es gibt alles her, alles an Sicherheit und

Wohlbefinden, um damit aber eine völlig neue Entdeckung zu machen: Das Leben ist zwar begrenzt. Dieses begrenzte Leben ist aber nicht das ganze Leben; nachher, darüber hinaus geht es weiter.

Verena Kast gebraucht in ihrem Buch «Trauern» den Ausdruck von der «abschiedlichen Existenz»; er gehört zum Leben mit Grenzen. «Abschiedliche Existenz» meint, dass man sich immer wieder auch von Altem trennt, um Neues beginnen zu können. «Abschiedliche Existenz» gehört zu Sterben und Trauer, ist aber auch im Leben immer wieder da und darf nicht verdrängt werden. Sicherlich müssen wir dem Kind beim Verarbeiten abschiedlicher Momente helfen: bei Trennungen, bei Schmerzen, beim Verzichten, beim Bewusstwerden von lästigen Grenzen. Aus solchen Erlebnissen kann aber neue Kreativität erwachsen. Die Gefühlserziehung des Kindes muss dabei ernst genommen werden; die Schulung der Sinne ist vor allem bei kleinen Kindern wichtiger ist als jene des Verstandes, des Intellekts. Maria Montessori (1870–1952) förderte eine solche Schulung der Sinnestätigkeit; im Hinblick auf den Tod ist ihre Empfehlung, das Kind mit geschlossenen Augen das Gehaltensein durch Erwachsene, rechts und links, erleben zu lassen: Sicherheit also, die über die äußerliche Sicherheit hinausgeht, Begleitet-Werden. Beim Gehenlernen, beim Schwimmen, beim Springen machen Kinder die Erfahrung des Schreitens ins Ungewisse; wir können als Eltern nicht sagen: «Ich nehme dir das ab.», aber: «Ich gehe mit.» Das Mitgehen vermittelt Geborgenheit und wird dabei auch zum Bild für das Mitgehen Gottes im Leben und nach dem Leben.

Vorbereiten auf den Tod würde also schon ganz von Anfang an bedeuten: das Kind auch die Unsicherheit, Offenheit des Daseins erfahren lassen, ihm Bekanntschaft mit leblosen Dingen nicht ersparen, es aber auch erleben lassen, was Begleitet-Werden bedeutet.

Neben solchen allgemeinen Verhaltensformen, die das Reden über den Tod erleichtern, sei im Folgenden auf Möglichkeiten hingewiesen, wie man noch gezielter vom Tod reden, ihn ins Leben einbeziehen könnte.

Schon früh kann ein Kind Werden und Vergehen in der Natur beobachten, etwa im Kreislauf des Jahres: Die Blätter, die sich im Frühjahr langsam aufrollen und durch ihr frisches Grün Freude bringen, fallen bei aller Farbenpracht später einmal ab. Sie werden zu Erde. Ein Gespräch über einen Komposthaufen, der tote Blätter birgt und dennoch Sinn hat, ist wertvoll. Eine Seifenblase, groß und schillernd, zerplatzt; sie wird zu einem Tröpfchen, das bald vertrocknet und niemandem nütze ist; das Vergehen wird dabei sichtbar. Der Tod eines Tieres, sei es der geliebte Hamster oder ein toter Vogel auf dem Weg, und sein «Begräbnis» lassen das Kind über die Einmaligkeit und Vergänglichkeit allen Lebens nachdenken. Solche Alltagsbegebenheiten, die man das Kind sehen lehrt, zeigen ihm, dass Sterben etwas Natürliches ist. Das Übertragen dieser Erfahrung auf den Menschen kann das Kind später vielleicht selbst leisten.

Man könnte im Zusammenhang mit dem Tod auch vom Schmetterling sprechen. Aus der unansehnlichen Raupe wird ein wunderbares Gebilde, dessen Form und Farbe vorher niemand erahnte. Kleineren Kindern kann man dieses Phänomen anhand eines Bilderbuches zeigen. Ich habe von Erzieherinnen gehört, die im Kindergarten selbst Schmetterlinge gezogen haben. Es ergaben sich lange, behutsame Gespräche über Leben und Sterben daraus – Gespräche, die natürlich eine religiöse Dimension hatten.

Bei solchen Gesprächen über Raupe und Schmetterling wird man von einem neuen Leben der Kreatur reden. «Neues Leben» – ein anderes Leben, das man sich vorher nicht denken kann – scheint mir ein angemessener Begriff, der auch uns Erwachsenen mehr sagt als die rätselhaften Formeln vom «ewigen Leben» und «vom Leben nach dem Tod».

Auch das Bild des Samenkorns, aus dem eine ganz neue Pflanze wird, könnten wir gebrauchen. Es muss noch nicht die biblisch-christliche Deutung des Samenkorns sein. Das Vergehen, ja das Verfaulen der Samenhülle, aus der buntes Leben, das in der Form des Samens nicht zu erahnen ist, ersteht, scheint mir als Bild wichtig – und als Experiment, in einem Blumentopf auch in der kleinsten Wohnung, in jedem Kindergarten oder Schulzimmer nacherlebbar. In der Bibel findet sich der Hinweis auf das Samenkorn in 1 Kor 15 und Joh 12,24. In meinem viel erprobten Bilderbuch «Pele und das neue Leben» steht dieses Bild im Mittelpunkt.

119

10.8 Begegnung mit alten Menschen

Der Kontakt mit alten Menschen ist für ein Kind, aber auch für die Alten eine große Bereicherung. Da das Zusammenleben der Generationen nicht mehr das «Normale» ist, sollte die mittlere Generation die Begegnung der Kinder mit den Älteren (es müssen nicht nur die eigenen Großeltern sein) immer wieder begünstigen. Das ist nicht ganz leicht. Ich denke nicht nur an die noch rüstige Großmama, die sich leicht als Babysitter gebrauchen lässt – sie vor allem ist natürlich für jedes Kind ein unendlicher Schatz und eine Erweiterung seines Lebenshorizontes. Eltern sollten denn auch den Großeltern einen eigenen Erziehungsstil zugestehen. Dieser wird die Bande so eng knüpfen, dass die Verbindung bei kranken und *sehr* alten Großeltern (oder Urgroßeltern) hält; sie ist für alte Menschen eine Quelle der Freude, für die Kinder aber die Möglichkeit, das Abnehmen der Kräfte und auch den Tod zu verarbeiten. Auch etwas ferner stehende oder kranke und verwirrte alte Leute muss man nicht vor den Kindern «verstecken». Man kann sie besuchen und versuchen, ihnen Freude zu machen.

Altwerden wäre also nicht etwas, das sich am Rande der Gesellschaft abspielt und verschämt versteckt wird, sondern es sollte ein positiver Teil unseres Lebens sein: Alte Menschen als wertvolle Partner, die uns und dem Kind die Länge ihres Lebens voraus haben, gleichzeitig die Nähe zum «Neuen Leben».

10.9 Trauer

Heute wissen wir: Ohne Trauer kann der Tod eines geliebten Menschen nicht verarbeitet werden. Ich denke an das Märchen vom Totenhemdchen. Hier wird einer Mutter, die am Grab ihres Kindes Tränen vergießt, das Weinen verboten: Das verstorbene Büblein kann nicht schlafen; es erscheint im weißen Totenhemdchen und sagt: «Ach Mutter, hör doch auf zu weinen ...» Dieses Märchen zeigt, dass das Verdrängen von Trauer über lange Zeiten zu den Forderungen der Gesellschaft gehörte. Demgegenüber weint sich Aschenputtel beim Grab seiner Mutter aus; seine Tränen sind fruchtbar; sie lassen Neues wachsen.

Traurig sein, Weinen – dazu stehen wir heute – ist eine gute Reaktion, denn das Leben des Verstorbenen ist wirklich zu Ende. Auch mit

Kindern sollten wir in diesem Punkt realistisch sein. Über ein Wiedersehen im Himmel würde ich keine genauen Versprechungen machen. Der an sich berechtigte Trost, der Verstorbene sei bei Gott gut geborgen, kann die Tatsache, dass er uns fehlt, dass er eben nicht mehr da ist, nicht aufheben. Dass wir an den Verstorbenen denken, mag die Trauer vergrößern, hilft uns und den Kindern aber, ihn in uns selbst weiterleben zu lassen. Echtes Trauern wird dem Kind, je größer es wird, auch helfen, die Trauer der Mitmenschen zu verstehen und teilnehmend darauf zu reagieren; es wird – gerade als Kind – vielleicht ganz neue Ideen haben, wie man einem Trauernden tröstend begegnen könnte. Ich denke hier auch an die Schwierigkeit, Kondolenzbriefe zu schreiben oder Besuche zu machen.

Zu Beerdigungen nahe stehender Menschen würde ich Kinder schon früh mitnehmen; allerdings müssen sie darauf ganz sachlich vorbereitet werden. Dass bei echter Trauer um nahe stehende verstorbene Menschen das Interesse für die Außenwelt vorerst sehr klein wird oder werden kann, ist klar. Es gehört wohl zur Trauerarbeit, dass wir als Erwachsene ein solches Stadium intensiv durchstehen und diesen Zustand auch vor Kindern, die der Außenwelt eher zugetan bleiben, nicht völlig verstecken. Vielleicht hilft uns gerade im Anblick des Todes die Freude an den Kindern in besonderer Weise.

10.10 Seelsorgerliche Hilfe

Es sind einige wenige, scheinbar unzusammenhängende Begriffe, die ergänzend zum Ausdruck bringen, wie man mit Kindern vom Tod reden könnte: Mitleid, Gebet, einen «Vorrat» mitgeben, Humor.

Das *Mit-Leid* – Ich meine damit das Mit-leiden, Mit-gehen, Begleiten von Menschen im ganzen Leben, auch bis zum Tod, auch in der Frage nach dem Tod. Solches Mit-Leiden, nicht unpassendes Mitleid im herkömmlichen Sinn, solches Sich-Einlassen auf andere Menschen, ist Seelsorge. Das Kind lernt aber auch selbst, andere zu begleiten, auf eigene Ansprüche zu verzichten. Mit-Gehen, Mit-Leiden verstärkt das Gefühl zusammenzugehören, nicht allein zu sein, auf einem Weg, der allen gemeinsam ist und über den man reden kann. Es gehört das Eingeständnis dazu, dass immer wieder nicht aufgeht, nicht gerecht ist, was wir sehen. Es bedeutet, dass wir nicht alles erklären müssen und können und gerade Leiden und Tod als unerklärliche Dinge in unser Leben einbeziehen müssen.

Mir ist dies bei meiner Mithilfe in der Klinikseelsorge in der Heidelberger Kinderklinik schmerzlich klar geworden: Mit-Gehen, ein ganz kleines Stück auf einem scheinbar hoffnungslosen Weg ist alles, was wir tun können. Wenn wir Glück haben, können wir rechts und links oder auch nur ein einziges Mal an einem solchen Weg ein Licht anzünden, eine Geschichte erzählen, einer Mutter den Arm um die Schulter legen. Wir müssen mit wenigem zufrieden sein, ja müssen das wenige als *große* Chance ansehen. Ganz kleine Zeichen werden wichtig.

Gesunde Kinder, unsere eigenen Kinder und die uns anvertrauten, können wir intensiver begleiten, mit ihnen gehen. Unser Verhalten gibt ihnen Mut und die Geborgenheit, in der man auch nach dem Tod fragen darf.

Das *Gebet* – Die Beziehung zu Gott, das Aufgehobensein bei Gott ist wohl das Wichtigste, was wir dem Kind auf seine Frage nach dem «Jenseits» sagen dürfen. Das scheint karg. Diese Kargheit ist gleichzeitig Offenheit, sie darf nicht durch ein Erfinden und Ausmalen himmlischer Paläste mit goldenen Zimmern ersetzt werden. Wohl aber soll von der Auferstehung Jesu gesprochen werden. Der auferstandene Jesus zeigt, dass das Leben weitergeht, in einer Weise allerdings, die uns hier auf dieser Welt unbekannt bleiben muss, wobei mir die Versicherung, dass es ein Leben bei Gott sei, sehr viel scheint.

Im Gebet wird das «Zu-Gott-Gehören» in direkter Weise nachempfunden: Ich kann mit Gott reden, weil er mich anhört und empfängt, wie der Vater im Gleichnis seinen verlorenen Sohn. Gerade das Gebet, das auch das Fürbittegebet für die Alten und Kranken mit einschließt, zeigt schon dem Kind, dass auch Alter, Krankheit und Tod unserer Beziehung zu Gott nichts anhaben können. Um ein möglichst langes Weiterleben sterbender Menschen zu beten, ist nicht immer das Richtige – aber darum, dass die Schmerzen der kranken Urgroßmutter nicht zu groß seien, darum, dass sie sich nicht fürchte vor dem Sterben. Unser Jüngster sagte, als unsere «Urmami», die Nachbarsbauernfrau, nach langer Krankheit mit 90 Jahren gestorben war: «Und jetzt will ich darum beten, dass es ihr beim lieben Gott gefällt». Ich war darüber beglückt. Er hatte wohl etwas Wichtiges begriffen.

Peter, einen 14-jährigen krebskranken Jungen forderte ich sehr vorsichtig zum Beten auf. Ich hatte zuvor mit dem kleinen Philipp, der im selben Klinikzimmer lag, ein einfaches Kindergebet – ein Büchlein lag auf dem Nachttisch bereit – gesprochen. Peter war erschöpft, versuchte von den Ferien des kommenden Sommers, die er nicht mehr erleben würde, zu reden. Er hatte mein Beten mit Philipp genau beobachtet und sagte: «Beten – man will schon, aber man *kann* nicht.» Dann fast heftig, mit einem Blick auf den Fünfjährigen neben sich: «Man müsste das früher gelernt haben.» – Von diesem Jungen habe ich auf traurigste Weise gelernt: Es ist unsere Aufgabe, *gesunden*, schon kleinen Kindern zu zeigen, dass man beten *kann*. Auch im Hinblick auf den Tod ist die Gebetserziehung ein Kernstück unserer seelsorgerlichen Begleitung.

Ein *Vorrat* – was ist damit gemeint? Ich denke hier vor allem an innere Bilder, die im Kind wachsen, in erster Linie an biblische Bilder, die in ihrer elementaren Bildhaftigkeit eine ganz weltliche Seite haben und gleichzeitig zum Bild für Gott werden. Auch hier habe ich von schwer kranken und von trauernden Kindern viel gelernt. Da war – als liebste Geschichte für Kinder in der Klinik – immer wieder jene vom verlorenen Schaf, das vom Hirten gefunden wird. Kranke Kinder suchten das abgeschabte Stoffschäfchen; sie wollten den suchenden Hirten spielen; vor allem aber wollten sie ein Schäfchen sein, das gesucht, gefunden und gestreichelt wird. Dies wurde zum großen Trost. Die Botschaft, dies sei eine Geschichte von Gott und den Menschen, war dabei fast Nebensache, machte aber die Geschichte vom sorgenden guten Hirten zum «Vorrat»; könnte er auch für mich, als verlorenen, als sterbenden Menschen zum Vorrat werden?

Für ein neunjähriges Mädchen im Krankenhaus konzentrierte sich die Hoffnung plötzlich in einem *Bild*, nachdem es vorher alle Jesus-Geschichten kategorisch abgelehnt hatte. Es fragte: «Aber weißt du, welche Geschichte von Jesus die schönste ist? Die mit der leeren Höhle ...» Und als Antwort auf den fragenden Blick der Seelsorgerin sagte das Kind «nun wesentlich munterer, fast triumphierend»: «Na, die mit der leeren Höhle ... wo sie alle denken, nun ist Jesus aber wirklich tot und sie wollen ihn besuchen in seinem Grab. Da ist die Höhle leer, er ist gar nicht für immer tot geblieben. Das ist doch gut.» Hier hat sich alle Hoffnung in einem Bild – jenem der Höhle – verdichtet. Ich könnte mir kein Beispiel vorstellen, in dem Kinder uns besser zeigen, wie ein biblisches Bild zu Hilfe, Trost und Vorrat werden kann!

Der *Humor:* Humor bedeutet nicht unbedingt Lachen und hat wenig mit Komik zu tun. Humor in einem tieferen Sinn bedeutet, dass wir Dinge relativieren, nicht so tragisch nehmen und das Positive im Auge behalten. Humor bedeutet auch, dass im Schmerzlichsten ein Ausblick aufs Erfreuliche, Schöne immer wieder möglich ist. Vielleicht müsste man von Heiterkeit statt von Humor sprechen. Heiterkeit bringt zum Ausdruck: Auch der Tod ist nicht das Letzte. Heiterkeit lässt bei todkranken Kindern immer noch ein Stück Lebenshoffnung offen; Heiterkeit macht auch gesunden Kindern das Reden vom Tod leichter. Trotz oder gerade wegen der Begrenztheit durch den Tod ist das Leben vergnügt, erfüllt, wertvoll und bis zum Schluss lebenswert. Der Tod wird durch ein Schlechtmachen des Lebens nicht leichter, sondern durch das Gefühl, voll gelebt zu haben und alle Schönheiten der Welt zu kennen.

Es gibt heute zum Glück eine ganze Reihe hervorragender Bilderbücher, die uns das Reden über den Tod erleichtern. «Hat Opa einen Anzug an?», fragt ein kleiner Junge, dessen Großvater im Sarg liegt. Diese Frage ist gleichzeitig der Titel des 1998 mit dem Deutschen Jugendbuchpreis ausgezeichneten Bilderbuches, das auf ernsthafte und doch humorvolle Weise, auch mit modernen, expressiven Bildern zum gemeinsamen Nachdenken anregt. Das Thema Tod wird heute nicht mehr tabuisiert.

11. Kinder zwischen Gut und Böse

11.1 Kinder möchten «lieb» sein

Das Bedürfnis, Gut und Böse unterscheiden zu können, das Bedürfnis, selbst zu den Guten zu gehören, kommt deutlich in den Gebeten, die sich Kinder ausgedacht haben, zum Ausdruck. Sie schreiben: «Ich will lieb und artig sein und andern helfen»; «Hilf, dass auch die bösen Menschen bald lieb und vernünftig werden»; «Hilf mir, dass ich gehorche ...»; «Lass mich unterscheiden, was gut und was böse ist»; «Lieber Gott, du weißt, ich bin oft so böse». («Was Kinder von Gott erwarten»)

Bei solchen Kindertexten kann uns fast angst werden – angst vor zu harter Moral, zu der Kinder durchaus neigen können. Angst vor unbewusster Schwarz-Weißmalerei beim Wahrnehmen anderer Menschen: Sie werden in Gute und Böse eingeteilt. Dazu fällt mir ein kleines Gebet ein, das aus dem Gebetbüchlein meiner Urgroßmutter stammt:

Gebet zum lieben Gott

Ein gutes Kind gern wär' ich nun
Und wollte nie was Böses thun,
Dass Vater und Mutter alle hier
Sähen ihre Lust und Freude an mir.
Du lieber Gott, der Alles thut,
O hilf auch mir und mach' mich gut!

Auch in den Gebeten «Lieber Gott, mach mich fromm» oder «Ich bin klein, mein Herz mach rein» kommen uns ein Menschenbild und ein Gottesbild entgegen, die wie Überbleibsel aus früheren Zeiten wirken. Wird hier fast unmerklich gedroht mit einem Gott, der alles sieht, der darum Angst macht – und möglichst viel Anpassung an gesellschaftliche Normen fordert? Widerspricht das ausgeprägte Bedürfnis der Kinder nach Einordnung und Anpassung nicht allen modernen Erziehungstheorien, die spätestens seit dem Ende der sechziger Jahre für eine freiheitliche Erziehung und die Selbstentfaltung der Kinder plädieren? Steht nicht schon seit dem Zeitalter der Aufklärung, also seit 200 Jahren, die Erziehung der Kinder zu eigenständigen Menschen, die selbst entscheiden können und kreative Kräfte entwickeln, im Vordergrund?

Gerade im Gebet, in der Begegnung mit Gott scheint all dies plötzlich nichts mehr zu gelten. Gott ist hier der Helfer, der die Kinder beim «Liebsein» unterstützen kann. Es ist, als ob Artigsein und Gehorchen Haupterwartungen wären, die dem Kind in seinem Alltag entgegentreten. Das Kind aber gibt sich Mühe, solche Erwartungen auch zu erfüllen. Es erfährt vielleicht: «Böse-Sein» führt zu Liebesentzug, «Lieb-Sein» ist unheimlich schwer. Da ist Gott nicht nur Aufpasser, sondern der schlechthin Sachverständige für Gut und Böse.

Die Unterscheidung von Gut und Böse hat aber nicht nur mit veralteten Erwartungen an artige oder unartige Kinder zu tun. Es entspricht einem Urbedürfnis des Kindes, gute und böse Kräfte in der Welt und auch im eigenen Innern unterscheiden, erkennen zu können. Der Wunsch, Märchen – und immer wieder die gleichen Märchen – zu hören, spiegelt diese Tendenz. Im Märchen wird in der Regel das Böse schlechthin, ob es sich nun in einem geheimnisvollbösen Wesen oder als Grausamkeit des Mächtigen zeigt, besiegt, getötet oder bekehrt. Das Kind erhält hier die Gewissheit, dass das Gute stärker, seine Urangst vor dem Bösen aber unberechtigt ist.

In solcher Art können und dürfen die Bedürfnisse von Kindern wohl gestillt werden, gerade beim Märchen-Erzählen – darüber mehr im Kapitel über Märchen – in einer Fantasie-Welt also. Dass im realen Leben «gut» und «böse» nicht immer klar zu unterscheiden sind, dass hinter einem «bösen Menschen» möglicherweise dessen ungelöste Probleme oder guten Eigenschaften, hinter einem «guten» aber Selbstgerechtigkeit oder Schein stecken, lernen Kinder erst beim Größerwerden. Ein differenzierteres Beurteilen der andern führt möglicherweise weg von dem fast sturen Wunsch, eindeutig lieb oder gut sein zu wollen.

11.2 Strafe und Gewissen

Kinder müssen sich Regeln und Normen aneignen. Anders ist ein Zusammenleben nicht möglich. Wie weit ist dafür Dressur, Drill oder Zwang nötig – wie weit lernt ein Kind durch selbstverständliches Abgucken das Entscheidende von alleine? Wie weit ist Strafe erlaubt?

Pestalozzi schreibt: «Es ist nur Eltern erlaubt, ihre Kinder zu bestrafen.» Wäre es möglich, dass Kinder ihren eigenen Eltern gelegentlich eine Strafe verzeihen, weil die Liebe und das Bedürfnis nach Liebe um vieles größer sind als Schmerz oder Angst? Ohne eine körperliche Strafe im geringsten verteidigen zu wollen, gebe ich eine kleine Begebenheit wieder, die ich vor vielen Jahren mit meiner eigenen kleinen Tochter erlebte und damals aufgeschrieben habe:

Eine Ohrfeige

Das Kind besucht seit zehn Tagen die erste Klasse. Es soll heute drei Reihen «S» schreiben. Das fällt ihm schwer. Immer wieder missrät ein Buchstabe. Die Mutter sitzt geduldig dabei; der kleine Bruder spielt friedlich im Ställchen daneben. Langsam wird die Laune der kleinen Schülerin schlechter. Sie ärgert sich über die ekelhafte Form des S und verlässt plötzlich – mit Türknallen – das Zimmer. Das Schreiben sei ihr zu blöd! Bald kommt sie von allein wieder. Sie will ja im Grunde schreiben. Neben ihr beginnt ein Quengeln; der Kleine möchte hinaus. Die Mutter aber schaut immer wieder verstohlen auf die Uhr. Nun streckt auch noch der große Bruder den Kopf herein und sagt: «Immer noch nicht fertig?» Begreiflicherweise geraten die «S» immer weniger gut. Das kleine Mädchen beginnt in seiner Not, trotz allen Zuredens, die Mutter heftig zu beschimpfen und plötzlich, ohne dass sie es wollte, hat die Mutter dem «bösen Kind» eine Ohrfeige gegeben. Beide – das Kind und die Mutter – sind erschrocken. Beinahe aber noch erschreckender ist es, dass die restlichen «S» nun im Nu, ohne Murren geschrieben sind. Hätte die Wirkung auch anders sein können?

Abends sagen die großen Geschwister: «Anna war heute sehr bös!» Auch sie beschäftigt die Ohrfeige, und es ist schwer, ihnen beizubringen, dass Anna nicht einfach «bös» war, sondern dass der Schulbeginn schwer für sie zu verarbeiten ist, dass sie von Eifersucht auf den kleinen Bruder geplagt wird und dass ihr alle helfen müssen, um ihr die große Umstellung zu erleichtern. Dass die Ohrfeige nicht «richtig» war, sondern eine Kurzschlussreaktion in einer Nerven aufreibenden Situation, ist mir völlig klar.

Es geht hier, wohlverstanden, nicht um ein Empfehlen von Strafhandlungen. Ich möchte eine gewaltlose Erziehung der Kinder in jeder Beziehung unterstützen, aber gleichzeitig betonen: Auch als Eltern unterliegen wir unsern Affekten, auch als Eltern sind wir auf die vorbehaltlose Liebe unserer Kinder angewiesen. Es wäre falsch, jede

Auseinandersetzung mit dem eigenen Kind zu fürchten. Es wäre auch falsch, die eigenen Gefühle immer zu unterdrücken. Es ist wichtig, dass auch die beste Mutter noch ihren Freiraum behält – und das Kind diesen Freiraum liebevoll anerkennt. Die Liebe dem Kind gegenüber wird dominieren, sodass auch ein Nein-Sagen, ein gelegentliches Verbot, ja ein Erlebnis wie jenes mit der Ohrfeige nicht zur Katastrophe werden müssen. Oft provozieren uns Kinder beinahe – und sehnen sich unbewusst danach, Grenzen zu spüren. Einzelne Gebote und Verbote aber sind zur Sicherheit des Kindes nötig. Andererseits braucht das Kind für sein Wohlbefinden immer auch Anerkennung, Lob oder «Erfolgserlebnisse». Es ist offensichtlich: Gerade bei der «moralischen» Erziehung befinden wir uns auf einer recht unbequemen Gratwanderung.

Das *Gewissen* ist mit dem Gut-Böse-Denken aufs engste verbunden. Lässt man erwachsene Menschen, in Kursen etwa, von ihrer frühesten Erinnerung an «ein schlechtes Gewissen» erzählen, so ist daraus Folgendes zu lernen: Kinder sollten mit ihrem schlechten Gewissen, das sich fast von alleine entwickelt, nicht allein gelassen werden – und «schlechte» Gedanken nicht bis ins Erwachsenenalter mittragen. Es geht darum, ein schlechtes Gewissen in unserem Kind zu erspüren, auf erzählende, vielleicht humoristische Weise damit umzugehen und das Kind auf diese Weise zu entlasten.

Aus Staub's Kinderbüchlein, das aus dem letzten Jahrhundert stammt, ist mir von meiner eigenen Kindheit die kleine Geschichte «Das Gewissen» in Erinnerung, ähnlich anderen Erzählungen, die ich im Fach «Biblische Geschichte und Sittenlehre», dem damaligen Religionsunterricht, hörte. In diesen kleinen Geschichten wurde das Böse-Sein, aber auch das schlechte Gewissen eindeutig mit Gott, meist auch mit dem Wort Sünde verbunden. Vor einer solchen «Lehre» möchte ich heutige Kinder bewahren.

Das Gewissen

Ein kleineres Mädchen sagte zur größeren Schwester: «Wenn ich unartig gewesen bin, oder etwas Schlimmes getan habe, so klopft es allemal in meinem Herzen drinnen, wie mit einem Hämmerlein, und dann ist es mir so weh und so angst.» Die Schwester sprach: «Schau, das Hämmerlein ist das böse Gewissen. Der liebe Gott klopft damit an dein Herz und sagt dir, dass du gesündigt habest und ein besseres Kind werden müssest. Wenn aber El-

*tern und Lehrer mit dir zufrieden sind, was fühlst du dann im Herzen?» Das
Kind sagte: «O, dann ist es mir so wohl und leicht und ich bin ganz glücklich und das Hämmerlein ist mäuschenstille.» «Sieh, das ist das gute Gewissen», sprach die Schwester; «darum lass uns sorgen, dass das Hämmerlein
nicht mehr klopfe.»*

11.3 Gottesfurcht

In der schwierigen biblischen Geschichte, in der Abraham von Gott
aufgefordert wird, seinen Sohn Isaak zu opfern, lese ich in einer Kinderbibel folgende Sätze: «Aber wenn er es nicht tun würde, dann wäre Gott nicht mehr sein Freund.» Oder: «Wenn Gott etwas sagt, dann
ist es immer gut. Dann muss man immer gehorchen, auch wenn man
nichts davon versteht. Und wenn man auch deswegen Kummer hat.»
– An sich würde ich gerade diese Geschichte *kleinen* Kindern eher
nicht erzählen, so wie ich auch auf die wenigen biblischen Auftritte
des Teufels oder das Erwähnen der Hölle verzichten möchte. Vor allem
aber ist zu betonen, dass moralische Lehrsätze wie die zitierten nicht
im biblischen Text selbst (1 Mose, Kap. 22) stehen. In der nur scheinbar kindgemäßen Nacherzählung wird Gott als Erziehungsmittel
missbraucht. Es wird mit Gottes Liebesentzug gedroht: Er kündet
seine Freundschaft auf, wenn man nicht immer gehorcht ...
   Hier spiegelt sich ein gefährlicher Umgang mit der Bibel: eine
Deutung oder «Anwendung», die Angst macht und Gott zum befeh-
lenden Aufpasser, den wir weder verstehen können noch wollen, stilisiert. Wir fallen wiederum in frühere Zeiten zurück und landen bei
der «Gottesfurcht» des 19. Jahrhunderts: So wie in folgender Geschichte sollten wir Kinder nicht vom Kirschenstehlen abhalten!
Dennoch sollten «Gottesfurcht» und Ethik, auch für uns und unsere
Kinder, niemals ganz voneinander getrennt werden. Die kleine Geschichte soll hier nicht *nur* als negatives Beispiel stehen, sondern auch
anregen, den veralteten Begriff «Gottesfurcht» positiver zu füllen.

*Konrad kam einmal in ein fremdes Haus. Ein Körblein voll schöner Kir-
schen stand auf dem Tische. Konrad hätte gar so gern von den Kirschen
gehabt. Als er niemanden in der Stube sah, wollte er eine Hand voll nehmen
und fortspringen. Schon langte er danach, da fiel ihm plötzlich ein Sprüchlein ein, das der Lehrer einmal an die Wandtafel geschrieben. Er zog schnell
die Hand zurück und sagte das Sprüchlein halblaut: «Wo ich hin und was*

ich tu', sieht mir Gott, mein Vater, zu.» Und er ging schnell aus der Stube. Eine Frau, die krank im Nebenzimmer im Bette lag, hatte alles gesehen und gehört. Sie sagte es später Konrads Vater. O wie dieser im Stillen sich freute über seinen gottesfürchtigen Sohn!

11.4 Eine neue Ethik: Gott in der Welt?

Es scheint eindeutig: Eine Erziehung, in der wir Gottesfurcht als Erziehungsmittel brauchen, in der Strafe oder ein schlechtes Gewissen in der religiösen Erziehung eingesetzt werden, lehnen wir heute ab, müssen wir auch ablehnen. Aber einen schrankenlosen Freiheitsraum, der Kindern in seiner Größe Angst macht, wollen wir nicht. Dies äußern die Kinder mit großer Deutlichkeit, wenn sie von ihren Eltern Richtlinien geradezu fordern. Dies sagen auch Mütter und Väter, die nach Richtlinien für sich und die Kinder suchen.

Im Schweizerischen Zivilgesetzbuch (Artikel 302) ist die Rede von der «sittlichen Entfaltung» der Kinder, die Eltern fördern und schützen sollen. Hinter dieser knappen, fast verschlüsselten Forderung steht eine lange Tradition der moralischen Erziehung, für die Eltern, aber auch die anderen Erziehenden verantwortlich gemacht wurden und werden. Im 18. Jahrhundert stand solche Sittlichkeit im Zeichen der Aufklärung; Kinder sollten vor allem zur Welt- und Menschenkenntnis erzogen werden und wurden dazu z.B. in hoch qualifizierten Erziehungsanstalten der berühmtem «Philanthropinisten» wie J.B. Basedow (1724–1790) und Ch.G. Salzmann (1744–1811) mustergültig betreut und schon jung aus der Familien-Sphäre herausgelöst. Es war eine nicht ausdrücklich religiöse Erziehung. Der berühmte Pädagoge und Philosoph J.J. Rousseau empfahl damals, mit einer im engeren Sinn christlichen Erziehung nicht schon in der Kindheit zu beginnen. – Im 19. Jahrhundert dagegen gewannen Erziehungstheorien, die, herausgewachsen aus dem Pietismus, zu einer «erwecklichen» Bewegung gehörten, die Oberhand: Schon früh ist jetzt Kindern gegenüber von Sünde, Gnade und Frömmigkeit die Rede; die verderbte Natur des Menschen muss bekämpft werden; die Unterscheidung von Gut und Böse – vor einem richtenden Gott – steht im Vordergrund. Gewisse Stilarten religiösen Erzählens, auch religiöse Kindertexte, die sich bis heute erhalten haben, waren die Folge.

Heute haben wir uns im Zusammenhang oder auch in der Folge der «antiautoritären Erziehung» von Zwanghaftem freigekämpft,

haben versucht, gerade in der religiösen Erziehung keine Angst aus-
zulösen, dem kindlichen Denken und seiner Fantasie kein Korsett an-
zulegen. Aber, gewissermaßen durch die Hintertür, kann das Veraltete wieder eintreten. Das Bedürfnis der Kinder selbst und unsere
Unsicherheit, wie denn ein Reden von Gott Richtlinien in eine veränderte moderne Welt bringen könnte, stehen dahinter.

Die Welt ist für die Kinder größer, ja riesig geworden: Durch die
Medien nehmen sie schon früh an einer weltweiten Öffentlichkeit teil,
fühlen sich vielleicht verantwortlich, aber überfordert. Daneben machen den Eltern die Gewalt unter Kindern oder das Suchtproblem
große Angst: Wie machen wir als Einzelne unseren Einfluss geltend;
ist die Gesellschaft, die Kinder in gewisse Bewegungen hineinzieht,
nicht übermächtig? Der Umgang mit einer modernen, komplizierten
Technik ist nötig, scheint aber das Leben zu überfluten. Selbst in religiöse Bereiche dringt die Technik massiv ein: Computerspiele, das
Surfen im Internet, aber auch technische Spielwaren wie das vor kurzer Zeit in Millionen verbreitete «Tamagotchi» werden zu Götzen,
erhalten eine religiöse Dimension. «Was für ein unbeschreiblich großes Glück du hast, dass du dabei ausgerechnet an mich geraten bist»,
steht im Beiheft zu diesem technischen Wunder-Ei, das als «putziger
Besucher aus dem All» bezeichnet wird oder als «außerirdischer
Liebling».

Ein Problemkreis, der heute mit Sicherheit – vorerst nur am Rande
– bereits in die Kinderwelt gelangt, ist die politische Vergangenheitsbewältigung, die uns alle beschäftigt, sei es die noch kaum verarbeite-
te politische Wende, die dem Ost-West-Denken und damit einem über
Jahrzehnte verfestigten Gut-Böse-Denken ein Ende setzte, sei es die
von uns allen geforderte Vergangenheitsbewältigung, die in Deutschland, Österreich *und* in der Schweiz unsere Großväter und Großmütter, unsere Väter und Mütter während des «Dritten Reichs» betrifft.

Auf dem Hintergrund oder neben allen diesen Phänomenen hat
sich der Begriff und das Bedürfnis nach *Selbstverwirklichung*, gerade
auch im Hinblick auf die kindliche Entwicklung breit gemacht: ein
Individualismus, der das Kind gegen übermächtige Autoritäten stark
und kreativ machen soll; ein Individualismus, der aber gleichzeitig zu
Egoismus und Vereinsamung führen kann. Daneben oder dagegen
wollen wir uns für *Solidarität* einsetzen – ein Begriff, der hilfreich ist,
aber auch zur hohlen Formel verkommen kann. Solidarität: ein Wort,
das wir heute als Zusammengehörigkeitsgefühl, Engagement für ge-

meinsame Ziele, auch als die Bereitschaft, sich für andere einzusetzen, verstehen. Der Begriff ist ursprünglich ein juristischer, meint Haftung und wurde zuerst in der Arbeiter- und Gewerkschaftsbewegung gebraucht; letztlich liegt er auf einer anderen Ebene als die christlichen Begriffe Liebe und Barmherzigkeit, mit denen wir die Solidarität gerne zusammenbringen möchten. Solidarität: Es ist ein wissenschaftlicher, politischer und letztlich kämpferischer Begriff, den wir immer neu mit Inhalt füllen müssen, damit er lebt und auch für Kinder leben kann.

Alle hier angeführten Beobachtungen zeigen uns, wie schwierig heute eine religiöse Erziehung ist, die – eingebunden in die Gesellschaft – zu ethischer Erziehung wird. Dass, alleine beim Umgang mit den genannten Problemen, im Alltag mit den Kindern stets neue «Lösungen» oder kreative Ansätze nötig sind, zeigt die Untersuchung «Jeder ein Sonderfall? Religion in der Schweiz». Es gibt keine Rezepte; das Vertrauen in kirchliche Einrichtungen als Ratgeber ist erschüttert. Von den einzelnen Menschen aber wird Hilfe zur Bewältigung von Alltagsproblemen, auch die Hilfe beim Suchen von ethischen Richtlinien durchaus im religiösen, aber nicht im kirchlichen Bereich gesucht.

Worin besteht nun solche Hilfe – was «bietet» die christliche Religion im Hinblick auf eine Ethik für und mit Kindern?

Stille und Bewegung – An sich will dies nicht nur die christliche Religion: Momente der Stille, ruhige Augenblicke in einer hektischen Welt; Augenblicke des Träumens, des Horchens, der Besinnung – meditative Momente, zu denen Kinder ohne weiteres fähig sind. Solche Momente sind nötig für den Menschen, um über sich selbst hinauszudenken. In solchen Momenten wird Gott für das Kind möglicherweise lebendig; in solcher Situation wächst die Kraft zu neuer, überlegter Bewegung, die nicht unter dem Zwang der oben erwähnten Techniken oder Gesetzmäßigkeiten unserer Zeit steht. Es ist die Chance, selbst zu entscheiden und aus der Besinnung heraus aktiv, kreativ zu sein. Auch wenn dies nicht unbedingt mit dem Reden von Gott in Zusammenhang stehen muss, so scheint mir, dass sich das Abendgebet oder das Erzählen, überhaupt religiös geprägte Rituale zu solchem Anregen kreativer Kraft besonders eignen.

Offene Augen – so möchte ich jene Haltung nennen, die wir als Christen mit dem Wort Nächstenliebe bezeichnen. Es sind offene Augen und Ohren für die andere, den anderen, für Kleine und Große, Alte und Junge, hinweg über die Generationen; es sind sehr wache Augen, die in unserer Zeit von den Bildschirmen und den Leistungsforderungen der Gesellschaft weggeholt, von ihrer Starre und Menschenblindheit befreit werden müssen. Ganz kleine Kinder haben noch eine unverbrauchte Offenheit, die sich nur für den andern interessiert, ihm die Arme entgegenstreckt, sich in die Arme nehmen lässt. Aber schon der erste Kuss, Streicheln, Aneinanderschmiegen wird «gelernt», abgeguckt, nachgeahmt. Dies scheint völlig selbstverständlich, ja banal. Und dennoch: Mit der Zärtlichkeit, den Augen für den andern beginnt die Nächstenliebe, die in jeder Lebensphase neuen Ausdruck und neue Fantasie braucht. Neben den offenen Augen werden Kinder ihre liebevollen, ihre gebenden Hände brauchen, dann den Verstand, der nicht nur analysiert, sondern hilft, die Welt zu verändern. Eine altmodische Ethik, eine langweilige Ethik? Es gilt, sie in einer neuen Welt nicht zu verlieren und zeitgemäß umzusetzen. Toleranz gegenüber fremden Religionen gehört dazu – und Augen hinaus in die Fremde: Nächstenliebe wird zu Fernstenliebe.

Gott ist in der Welt – Dies wäre eine Erkenntnis, die wir Kindern anhand der Schöpfung, anhand des Nächsten und Fernsten, anhand der eigenen Seele vermitteln müssten: Ich brauche keinen Trip, auch keine esoterische Reise, um ihn zu finden. Gott ist selbstverständlich hier: Ich muss nicht erst «fromm» werden oder ein «reines Herz» haben. Gott kommt zu mir; *er* macht mein Herz rein, indem er da ist. Es wird erst später möglich sein, Kindern gegenüber auch von Sündenvergebung, vom Kommen Gottes, von seiner Menschwerdung zu reden. Dass Gott da ist, mit Sicherheit da ist und mich annimmt, ist aber schon früh zu verstehen – und in kleinen Gesprächen, Gebeten oder Geschichten zu vermitteln.

Indem Gott in der Welt ist, wird diese Gotteswelt nicht nur zum Zeichen für Gott; sie wird auch schützenswert, wertvoll, unserer Verantwortung anvertraut – wie die andern Menschen, für die uns Augen gegeben sind. Sie werden unersetzbar; die «Wegwerfgesellschaft» aber wird verändert. Dies geschieht in der Regel nur in ganz kleinen Schritten: eine minimale Ethik scheinbar, die mit kindlichen Händen und in kindlichen Herzen beginnt, vielleicht mit dem Streicheln, vielleicht mit einem Lächeln. Zwei Kindergebete – für verschiedene Altersstufen – mögen etwas davon vermitteln.

In der grauen Stadt

Ich bin alleine in der grauen Stadt.
In den vielen Menschen such' ich Augen, such' ich Hände.
Doch wohin ich blicke und mich wende:
alle starr und unbekannt.

Ein kleines Lächeln dort –
schon ist es wieder fort.

Ich bin alleine in der grauen Stadt.
In den Häusern, in den Gassen,
wo ist eine Hand zum Fassen?
Ich möchte diese Menschen kennen,
sie streicheln und beim Namen nennen.

Wer ist es, der gelächelt hat?

Ich bin alleine in der grauen Stadt.

Gott, du kennst alle in der grauen Stadt.
Kennst ihre Haut, ihre Augen und Hände.
Du kennst die Häuser, Fenster, Wände.
Gott, ich geb' dir meine Hand.
Willst du sie nehmen, mich begleiten?
Schau rechts, schau links, nach allen Seiten!
Schau hinten, vorn, nach allen Enden!
Nimm auch die andern bei den Händen.
Damit sie mit dir durch die grauen Straßen geh'n,
sich fassen und sich in die Augen seh'n.
Die Stadt, die ist dann nicht mehr grau.

Das kleine Lächeln steckt jetzt alle an.

Und ich, ich weiß es ganz genau:
Du, mein Gott, hast das getan!
«Gott, ich kann mit dir reden»

Wenn ich an einer Blume rieche
und über das weiche Fell des Hasen streiche,
wenn ich die Augen der Mutter sehe,
dann ist immer ein kleiner Funke von dir da, Gott.
Das macht mich froh.

«*Deine Welt ist schön und rund*»

12. MIT DEN KINDERN JESUS BEGEGNEN

12.1 Das Jesusbild der Kinder

Spielt Jesus im Alltag unserer Kinder eine Rolle? An sich müsste doch die Frage nach Jesus, auch unsere Beziehung zu ihm und seiner Lehre in einer christlichen Erziehung von großer Bedeutung sein. In der Regel aber stehen – mindestens im Horizont des Kindes – Fragen nach der Schöpfung, nach Ursprung und Ende der Welt, nach Leben und Tod, auch Fragen nach Gott und dem Gebet im Vordergrund. Wie bringt man das Reden von Jesus mit ins Spiel?

Im Zusammenhang mit den christlichen Festen wird relativ selbstverständlich nach Jesus gefragt. Das Jesuskind in der Krippe ist den Kindern früh bekannt; die Beziehung dieses Wickelkindes zum erwachsenen Mann Jesus bleibt für die meisten lange ein Rätsel. Im Zusammenhang mit Karfreitag, auch mit der Darstellung des Kreuzes – auf Gräbern, in der Kirche – erfährt das Kind vielleicht, dass Jesus nicht nur mit der Weihnachtsfreude, sondern mit Tod, Sterben und Leiden irgendwie zu tun hat oder haben kann.

Wie wird Jesus durch Erzählen und Gespräch zum Zentrum des kindlichen und unseres eigenen Glaubens? Es geht mir in diesem Zusammenhang um das Grundsätzliche einer Jesus-Beziehung, noch nicht um das Erklären der Jesus-Feste oder um die Technik des Erzählens, auf die wir in anderen Abschnitten (S. 189 ff. und S. 224 ff.) hinweisen werden.

Wenn ich mir überlege, wie ein heutiges Kind Jesus begegnet, scheinen mir folgende vier Episoden, so verschieden sie untereinander sind, alle typisch:

Ein Kind steht vor der Krippe, die unter dem Tannenbaum aufgebaut ist. Es nimmt das kleine Kindlein aus Ton in die Hand, streckt es andächtig der Mutter entgegen und sagt: «Das Christkindlein.» Die Mutter antwortet: «Es ist Jesus.» Der Vater erzählt die *Weihnachtsgeschichte*. Das Kind ist zu klein, um alles genau zu verstehen. Aber im Zusammenhang mit dem Christkind, mit dem Namen Jesus Christus bleibt in der Erinnerung ein Gefühl der Freude und der Wärme haften, das auch für ganz andere Situationen mit diesem Namen verbunden sein wird.

Das neunjährige, schwerkranke Mädchen, das wir aus dem Kapitel «Kind und Tod» schon kennen, erinnert sich an die Auferstehung Jesu: Im Bild von der «leeren Höhle» wird die Überzeugung, dass es auch nach dem Gefangensein im Dunkeln weitergeht, zum tröstlichen Symbol.

Der katholische Bischof Klaus Hemmerle (Bistum Aachen) forderte die Kinder auf, «Jesus in den Armen, in den unglücklichen und geschlagenen Menschen zu suchen und zu lieben». In seinem Buch «Wo finde ich Jesus?», 1981, wurden die Antwortbriefe der Kinder abgedruckt. Ein Mädchen schrieb: «Einmal war ich mit meiner Mutter im Krankenhaus. Da sah ich ein Kind auf einem Stuhl sitzen. Es zappelte mit den Beinen. Mit der Hand griff es immer an den Kopf, und die Frau musste es hinter sich herziehen. Es war ein Kind von der Aktion Sorgenkind. Und ich dachte, es ist Jesus. Ich habe noch immer an das arme Kind gedacht. Es tat mir Leid, und ich bin froh, dass ich gesund bin.» Obwohl dieses Mädchen in einem behinderten Kind nicht wirklich Jesus vor sich sehen kann, so erlebt es doch Jesu Nähe. Es freut sich nicht nur an seinem eigenen Gesundsein. Es spürt: Jesus hat mit Kranken und Behinderten zu tun. Er ist dann nahe bei uns. Er regt uns zum Wahrnehmen solcher Menschen und zur *Nächstenliebe* an.

Ein sensibler Junge bleibt im Museum vor einer mittelalterlichen Darstellung der Kreuzigung stehen; fasziniert und gleichzeitig voller Angst kehrt er mehrfach zu dem Bild zurück, ohne zu reden oder zu fragen. Auf der Heimfahrt – er sitzt hinten im Auto – entdeckt er über einem Kirchenportal ein Kreuz. Er zeigt darauf und sagt nur: «Das Jesus-Kreuz.» Das *Kreuz* ist für dieses Kind von jetzt an ein Zeichen, das mit Jesus zusammenhängt, ein Zeichen auch, das mit Leiden und Tod verbunden ist.

Ich versuche, diese vier Episoden – man könnte weitere anfügen – zu ergänzen durch allgemeinere Feststellungen, die man im Hinblick auf das Jesusbild der Kinder machen kann.

Menschen, Familien beten zu Jesus, zum Beispiel: «Komm, Herr Jesus, sei unser Gast ...» Sie spüren: Zu Jesus kann man beten. Er ist also Gott sehr ähnlich. Er ist vorhanden in einer Gebetsformel, die vielleicht heruntergeleiert wird. Gleichzeitig ist er, wenn ich dieses Gebet spreche, *fern* von mir, vielleicht oben im Himmel – ich aber bin hier unten bei meinem Essen, in meinem Bett, bei meinen Sorgen. Was hat dies miteinander zu tun: Jesus und *ich*, ein Kind das betet? Ist dieser Jesus lebendig für mich? Kommt er tatsächlich als Gast zu mir?

Von der Spannung, die in solchen Fragen liegt, gehen wichtige Überlegungen, Anregungen zum Glauben aus.

Kinder sehen mit uns Erwachsenen nicht nur Fernsehfilme über Jesus. Sie stöbern, wenn sich Gelegenheit bietet, z.B. die beliebten Bibelbilder von Schnorr von Carolsfeld auf; sie besitzen möglicherweise moderne Kinderbibeln und Comic-Hefte. Jesus ist äußerlich vielleicht ein Mann mit langen Locken, sanften Augen, eine Art «Oberheld», der nicht zu unserer Welt gehört; oft macht ein Kranz von Licht, der Heiligenschein dies auf den Bildern deutlich. Bilder von Jesus: Ein anderer Zugang also!

Otto Wullschleger hat mit Hilfe von Testbogen nach dem Jesusbild von Schulkindern gefragt und seine Auswertung 1977 unter dem Titel «Anschauliche Christologie» publiziert. Damals hielten erstaunlich viele Schulkinder den Satz «Jesus ist der Sohn Gottes» für richtig, während ihnen der Satz «Jesus lebte vor 2000 Jahren» fremd war. Sie kreuzten an, dass Jesus eher zum Krankenhaus als zu einem Geburtstag passe; er sei eher auf dem Friedhof zu finden als beim Fußballspiel, eher bei einem hungernden Kind als bei der Krippe! Kinder schienen zu wissen: Jesus hat mit Tod, Krankheit, Leiden zu tun – er ist gleichzeitig etwas eher Abstraktes: Helfer, Sohn Gottes, zu dem man beten könnte. Zu fröhlichen Anlässen – Geburtstag, Christkind – passte er weniger. Vor allem: Geschichten von Jesus kannte das normale Kind nicht. Es wurde also schon damals ein Mangel nachgewiesen, der in der heutigen Zeit noch wesentlich markanter ist.

Im *Alltag* des Kindes und in seinem Geschichtenschatz ist Jesus kaum vorhanden. Formeln, richtige Formeln leben vielleicht im Bewusstsein der Erwachsenen noch weiter – etwa in Form des Apostolischen Glaubensbekenntnisses. Aber wie werden diese Formeln lebendig? Reicht es, wenn momentweise, fast zufällig etwas von Jesus aufleuchtet, hinein in den Alltag? Oder möchten wir den Kindern mehr mitgeben, einen größeren Bogen spannen? Einerseits ist es wichtig, wertvolle Momente wie die geschilderten Episoden überhaupt wahrzunehmen, um ein Gespräch mit dem Kind anzuknüpfen und seine Gedanken dabei weiterführen zu können. Andererseits möchten wir dem Kind auch zu Momenten *verhelfen*, in denen es eine Begegnung mit Jesus erleben kann, sei es im Gebet, in einem kindgemäßen Abendmahlsgottesdienst, in einem Fest. Vor allem aber scheint mir ein «größerer Bogen», der momentanes Erleben vertieft oder zum

Ausgangspunkt macht, nur möglich durch das Erzählen und Erleben der Geschichten des Neuen Testaments; so können auch erinnerte kleine Episoden zu einem Jesusbild zusammengefügt werden.

12.2 Um einen Mittelpunkt kreisen

Für die christliche Urgemeinde war der Auferstandene, der lebt, Zentrum des Glaubens. Ostern war Ausgangspunkt für die Kirche: Der auferstandene Jesus ist der Herr der Kirche. Weil Jesus auferstanden ist, erhält alles, was seinem Tod vorangeht, eine große Bedeutung: seine Geburt, sein Leben und Sterben. Darüber wurde nachträglich von den Evangelisten alles aufgeschrieben, was sie in Erfahrung bringen konnten.

Diesen Ausgangspunkt der ersten Christen sollten wir umkreisen. Nicht, dass wir Kindern die Lehre von der Auferstehung Jesu stets neu als Lehrsatz eintrichtern müssten – aber wir selbst sollten diesen Anfang im Auge behalten und versuchen, diesem Kern der Botschaft immer näher zu kommen; wir sollten um diesen Kern herum erzählen.

Ich möchte nun diesem Kern von außen allmählich, in drei Stufen, näher kommen. Das abgebildete Schema will helfen, diese Gedanken-Schritte für uns selbst zu vollziehen, aber auch im Hinblick auf ein Gespräch und auf das Erzählen für Kinder.

12.3 Jesus, ein Mann, der vor 2000 Jahren lebte

Ich beginne beim äußersten Kreis und komme von da aus dem Kern, den zentralen Jesusgeschichten näher.

Auch wenn wir keine zuverlässige und zusammenhängende Biographie von Jesus haben, sie auch nicht rekonstruieren können und wollen, so ist es doch wichtig, dass in den Kindern ein gewisses Interesse für jene Zeit vor 2000 Jahren, ein Interesse für das Land, in dem Jesus lebte, geweckt wird. Durch entsprechende Kenntnisse kann das Verständnis vieler neutestamentlicher Geschichten erleichtert werden. Die Tatsache, dass es sich um alte und ferne Geschichten handelt, muss keine innere Distanz bewirken. Ja, das Ferne kann, richtig dargestellt, auch attraktiv werden, ganz nahe rücken. Jesus im modernen Straßenanzug oder in Jeans darzustellen – dies kommt in heutigen Kinderbibeln vor – kann dagegen als Anbiederung und Erschwerung des Verständnisses biblischer Geschichten wirken, wenn damit eine nur äußerliche Anpassung an unsere Zeit geschieht.

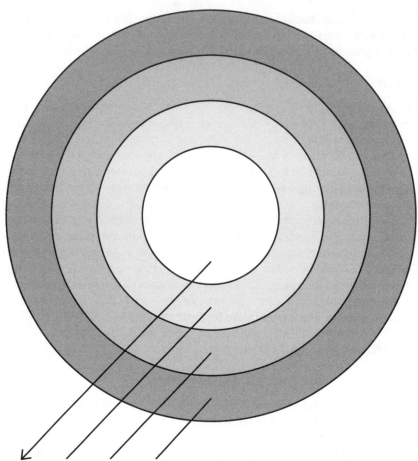

• Jesus Christus, der Auferstandene, an den wir glauben

• Jesus, der von Gott erzählt; Jesus, der «am meisten weiß» von Gott

• Jesus als Vorbild; Jesus, dem Menschen begegnen

• Jesus, ein Mann, der vor 2000 Jahren lebte

Jesus lebt in Palästina, einem Land, das politisch nicht frei ist. Herodes der Große, der zur Zeit von Jesu Geburt regiert, ist abhängig von Rom und wird als grausamer König vom jüdischen Volk verachtet. Im Zollwesen, das z.B. für das Verständnis der Levi- und der Zachäusgeschichte von großer Bedeutung ist, tritt diese Abhängigkeit von Rom zutage. – Ein System strenger religiöser Bräuche und Regeln bedrückt die Juden gleichermaßen. Der Tempel von Jerusalem bildet das Zentrum; an der Spitze steht der mächtige Hohepriester, der allein das Allerheiligste betreten darf und der den «Hohen Rat» leitet, auch er arrangiert sich mit den Römern. Die Gruppe der *Pharisäer*, eine Laienbewegung, setzt sich für ein besonders exaktes Einhalten dieser Gesetze ein. In den Evangelien sind die Pharisäer vor allem als Gegner Jesu dargestellt, da ihr starres Beachten religiöser Vorschriften sie für Jesu Botschaft weitgehend blind macht. Und da sind auch die *Schriftgelehrten*: Sie haben die Schrift, also unser Altes Testament, besonders studiert, sind aber keine Berufspfarrer. Sie predigen in der Synagoge; sie legen vor allem die Tora, die fünf Bücher Mose, aus und lehren das Gesetz. Ein solcher Schriftgelehrter oder Rabbi war auch Jesus; daneben war er vermutlich Handwerker – vielleicht Zimmermann wie sein Vater Josef. Er wuchs in Nazaret auf, hatte aber dort – der Prophet im eigenen Vaterland – als Lehrer in der Synagoge keinen Erfolg. Er lehrte vor allem in Galiläa und hielt sich längere Zeit in der Gegend von Kafarnaum auf. Dort, am See Gennesaret, sammelte er Freunde, Schüler, Jünger um sich, was ihn *nicht* wesentlich von andern umherziehenden Rabbis unterschied. Aufsehen erregend war Jesu Tod als politischer Rebell – wofür ihn Pilatus gehalten zu haben scheint. Von den römischen Schriftstellern jener und der darauffolgenden Zeit wird nichts oder nur andeutungsweise von diesem Mann Jesus berichtet.

Diese Dinge aus dem äußerlichen Leben Jesu können Kinder früher oder später erfahren. Den Kleinsten wird man nur erzählen, was für das Verständnis der biblischen Geschichten unentbehrlich ist. Kinder in der realistischen Phase, etwa 8–10-jährige also, sind an historischer oder geographischer Orientierung besonders interessiert. – Es gibt faszinierende Sachbücher, die Kindern dieser Stufe die *Umwelt* Jesu mit Photos, Zeichnungen und informativen Texten auf ausgezeichnete Weise nahe bringen. Damit bleiben wir weitestgehend in diesem äußersten Kreis.

Fragen wir, welche Art von Geschichten sich im Hinblick auf diesen äußersten Kreis naheliegt, so sind es die *Umweltgeschichten*, die man auch Hintergrunds- oder Informationsgeschichten nennen könnte. Dabei wird mit Vorteil eine Identifikationsfigur erfunden, mit der die Zuhörerin oder der Zuhörer in die fremde Umwelt eintreten kann. Eine solche Umweltgeschichte kann als Vorbereitung oder Hintergrund für eine andere Geschichte dienen; sie kann auch *Rahmengeschichte* für eine Erzählung von Jesus sein: Ein Beobachter wird zum «Mitspieler» und begegnet Jesus.

Solche Geschichten können durch Sachzeichnungen, gute Fotos oder Dias ersetzt und ergänzt werden, wobei sich ein eher *sparsames* Verwenden besonders *guter* Bilder empfiehlt, um eine Überflutung der Kinder durch optische Eindrücke zu vermeiden.

12.4 Jesus als Vorbild; Menschen begegnen Jesus

Zum zweiten Kreis: Jesus ist nicht ein ferner jüdischer Prophet – nicht «nur» ein Mann, der vor 2000 Jahren lebte. Sein Handeln geht uns direkt an; er ist *Vorbild* für uns. Er bekämpft Unrecht und Not. Er sieht das Elend der Armen und Kranken, auch die Not der Reichen, der «Ungerechten» und der Ausgestoßenen aller Art. Er übt Liebe – meist da, wo es sich eigentlich nicht gehört. Er ruft uns damit zur *Nachfolge* auf – Nachfolge, die auf jeden Fall mehr ist als Nachahmung.

Mir scheint, die Geschichten des Neuen Testaments seien aber noch in einem anderen Sinn Vorbildgeschichten. Nicht nur Jesus soll Vorbild sein, sondern auch die Menschen, denen Jesus begegnet, denen er hilft. Deutlich wird dies z.B. in der Geschichte vom Zöllner Zachäus (Lukas 19, 1–10): Jesus wendet sich hier einem Ausgestoßenen, einem nicht Akzeptierten, einem «Sünder» zu – wir sollen es Jesus gleichtun, uns um die am Rande Stehenden kümmern. Andererseits sind wir immer auch Zachäus; auch wir sind die Kranken, die des Arztes bedürfen, die Außenstehenden, die Unglücklichen. So sollen wir uns auch mit Zachäus identifizieren und dabei lernen: Jesus kommt auch zu mir als Gast, er nimmt auch mich an. Er nimmt mich mit auf seinem Weg.

So dürfen wir uns auch im blinden Bartimäus (Markus 10, 46–52) sehen: Wie er können wir am Wegrand auf Jesus warten, uns heilen lassen in unserer Not und ihm nachfolgen. In einer solchen Vorbildgeschichte steht darum nicht ein breit und anschaulich ausgeschmücktes

Wunder im Mittelpunkt, sondern die *Begegnung* mit Jesus: Jesus begegnet nicht nur der Krankheit eines Menschen und beseitigt sie; er nimmt den ganzen Menschen *mit* seiner Krankheit an; er verändert sein ganzes Leben. Wenn dies gut erzählt und nacherlebt wird, empfinden Erzählende und Hörende: Jesus sieht auch meine Schwächen; er tut etwas mit mir; mein Leben wird neu.

Im Hinblick auf einen solchen Menschen, der Jesus begegnet und dem Kind zum Vorbild wird, darf man die Erzählungen auch ausschmücken, z.B. über die Gefühle dieses Menschen sprechen, während mir im Hinblick auf das Erzählen von Jesus selbst ein derartiges «Erfinden» unbehaglich wäre. Jesus ist zwar ganz Mensch geworden; er hat menschlich gelitten; er ist seinen Zeitgenossen als Mensch begegnet. Weil er Mensch wurde, können wir ihn und seine Botschaft verstehen. Aber dass er der Immanuel, «Gott mit uns» ist, ist psychologisch nicht erklärbar. Sein «Reich ist nicht von dieser Welt», auch wenn er uns gerade für unser Leben in dieser Welt richtige Wege zeigt. Es ist in diesem Zusammenhang wichtig, den Kern unseres Schemas, auf den hin wir erzählen, nicht zu vergessen – diesen Kern, der von Jesus als Sohn Gottes spricht und sich menschlichen Erklärungen entzieht.

12.5 Jesus erzählt von Gott; Jesus, der «am meisten weiß» von Gott

In einer dritten Stufe versuchen wir, dem Kern der Jesus-Botschaft noch etwas näher zu kommen: Jesus ist der Mensch, der «am meisten weiß» von Gott. Er kennt Gott. Er erzählt Geschichten von ihm, Gleichnisse. Er gibt uns Bilder, die helfen, von Gott und vom Menschen zu reden: das Bild vom Hirten, der sich um seine Schafe kümmert (Lukas 15, 1–7); das Bild vom Vater, der seinen Sohn trotz allem wieder annimmt (Lukas 15, 11–32). Es sind Erzählungen, die in den Kindern innere Bilder für Gott wachsen lassen, Bilder, mit denen sie leben können.

Die Gleichnisse, die Jesus erzählt, erwachsen häufig aus einem Streitgespräch. Sie sind die Antwort auf eine ganz bestimmte Frage oder bilden ihrerseits eine Frage, die in eine bestimmte Situation hineingesprochen wird. Solche Streitgespräche, solche Situationen sind für kleine Kinder nur schwer verständlich, zu kompliziert. Dennoch bewährt sich das Erzählen von Gleichnissen – ohne die Streitgespräche – gerade bei kleineren Kindern besonders. Die Aufnahmefähigkeit der

Kinder, die eher gefühlsmäßig als intellektuell ist, darf dabei nicht unterschätzt werden. Symbolische Handlungen, so etwa die offenen Arme des Vaters, der den «verlorenen Sohn» wieder aufnimmt, bleiben schon kleinen Kindern gut in Erinnerung. Die «Lehre»: «So ist Gott auch mit dir und mit mir», ist für sie gut nachzuvollziehen.

Die Einlinigkeit der Gleichnisse und ihre Sparsamkeit regen auch zum Rollenspiel an. Alles wird in Taten und Reden ausgedrückt, nicht in trockenen Lehren. Wenn Kinder den Hirten spielen, der das verlorene Schaf sucht und findet, auch wenn sie das Schaf spielen, das gefunden wird und glücklich ist: Die kleinen Spieler verstehen mehr von der Geschichte, als dies alle Erklärungen bewirken könnten. – Größeren Kindern erzählt man die Gleichnisse sicher mit ihrem historischen Rahmen, in den sie gehören, oder mit einem modernen Rahmen, in dem sie eine heutige Frage beantworten.

Die wichtigste Erzählung von Jesus aber ist, so gewagt dies klingen mag, sein Leben selbst, das er uns vorlebt. Mit diesem Leben erzählt er uns von Gott. So wie Jesus lebt, sich hingibt, sich verhält, vergibt und liebt, so macht es Gott mit uns. Indem Jesus sich so verhält, geht er über alles menschliche Verhalten hinaus. Wir sind damit wieder beim Mittelpunkt unseres Schemas angelangt – beim Mittelpunkt, der auch Ausgangspunkt für allen christlichen Glauben ist.

12.6 Jesus Christus, der Auferstandene, an den wir glauben

Auf den innersten Kern zielt das Erzählen vom Auferstandenen, von seinem Sieg über den Tod. Dazu gehört auch, dass es in den Heilungsgeschichten nicht bei der Heilung und beim Jubel über das Gesundsein bleibt; es ist vom «Glauben» die Rede. «Dein Glaube hat dir geholfen» heißt es, oder der Glaube des Geheilten wird in die Tat umgesetzt: Er beginnt ein neues Leben in der Nachfolge. In solchen Erzählungen wird Jesus zu dem, der angebetet werden darf und gerade im Gebet des Kindes erlebt wird. Die Anrufung ist keine heruntergeleierte Formel mehr.

Wichtig scheint es mir, früh die Emmaus-Geschichte zu erzählen (Lukas 24, 13–35). Jesus begleitet unerkannt die verzweifelten Jünger, die meinen, mit Jesu Tod sei nun alles aus. Im Moment, da die Jünger Jesus beim Brotbrechen erkennen, ist er verschwunden. Er lässt sie und uns zurück mit der Gewissheit, dass er weiterlebt, und dass auch wir nach dem Tode weiterleben; wie dieses Weiterleben aussieht, wis-

sen wir allerdings nicht. Wir werden ermuntert, es «nur» zu glauben –
zu glauben, dass es gut ist.

Die Kreise unseres Schemas sind eine Hilfskonstruktion. In der Praxis
befinden wir uns beim Erzählen einer Geschichte oder im Gespräch
mit den Kindern vielleicht fast gleichzeitig in allen Kreisen. Wir versuchen, die Kreise zu verbinden, um ein ganzes, ein «rundes» Bild
von Jesus zu bekommen.

Damit Kinder mit der Zeit auch schwierige Wörter wie «Glauben»,
«Gnade» und «Auferstehung» verstehen lernen und mit Inhalt füllen,
ist es wichtig, immer wieder neu zum Zentrum unseres Schemas vor-
zudringen. In der Liturgie, in Liedern, überhaupt in der religiösen
Sprache mögen sie solche Begriffe mit dem lebendigen Jesus, von dem
wir behutsam – durch die Kreise hindurch – erzählt haben, in Verbindung bringen. Dass sich gleichzeitig oder zusätzlich die Festzeiten
zum Erzählen besonders eignen, ist wichtig. Darauf soll in anderen
Abschnitten dieses Buches hingewiesen werden.

13. ENGEL GOTTES

13.1 Engel – fromme Sprüche und Beunruhigung?

«Sei ein Engel und deck den Tisch!», hört unser Kind vielleicht. «Sie war schön wie ein Engel», hört ein anderes. Glitzernde Goldengel hängen am Weihnachtsbaum; geschnitzte Engelfiguren tragen die Adventskerzen. In alten Kirchen sind immer wieder Engelchen zu sehen: niedliche Figuren mit dem Körper eines Kindes und mit Flügeln versehen. Auch von den «himmlischen Heerscharen», die Gottes Thron umgeben, werden Kinder erfahren und sie dargestellt sehen. Mischwesen mit dem Körper eines Tieres, mit Flügeln, aber einem menschlichen Antlitz beschäftigen Kinder; sie fragen vielleicht nach solchen Cheruben und Serafen, die irgendwo abgebildet sind. Manche beten das Gebet von den vierzehn Englein, die am Bettchen stehen, und werden diese Vorstellung als mehr oder weniger angenehm empfinden; der Ausspruch eines Jungen, der zu diesem Gebet meint, das «Geflatter» so vieler Englein sei ihm eher lästig, ist bedenkenswert. Auch in alten Kinderreimen und Abendliedern kommen Engel – praktisch immer als «Englein» – vor. So lesen wir in der Sammlung «Allerleirauh»:

> *Fünf Engele haben gesungen*
> *fünf Engele kommen gesprungen.*
> *Das erste bläst's Feuerle an,*
> *das zweite stellts Pfännle dran,*
> *das dritte schütts Teigle drein,*
> *das vierte tut brav Zucker nein,*
> *das fünfte sagt, sist angericht.*
> *jetzt, mein Büble, brenn dich nicht!*

> *oder:*

> *Schlaf, Kindlein, feste!*
> *Wir kriegen fremde Gäste.*
> *Die Gäste, die da kommen drein,*
> *das sind die lieben Engelein.*
> *Schlaf, Kindlein, feste!*

Das Wort «Engel» ist tatsächlich ein gebräuchliches Wort unserer Sprache. Beim Fragen der Kinder wird uns bewusst, dass wir selbstverständlich von Engeln reden, aber kaum wissen, was sie eigentlich bedeuten. Wir spüren: Engel gehören irgendwie zur Religion, in einen uns noch heute lieben Fantasiebereich kindlicher Frömmigkeit; wir wollen die Engel darum nicht wie Märchenfiguren behandeln; wir wollen sie nicht als Hirngespinste abtun.

Immer wieder begegnen Engel den Kindern auch in bildlichen Darstellungen. Das geht von Raffaels pausbäckigen Engelchen – sie finden sich auf dem Bild der «Sixtinischen Madonna» und schmücken noch heute Gebetbücher für Kinder – bis hin zu modernen Engelbildern, wie sie, schwer verständlich, Ernst Barlach geschaffen hat, aber auch Marc Chagall in seinen Bibelillustrationen und Glasfenstern; besonders eindrücklich, auch beängstigend sind seine stürzenden Engel. Heiterer, gleichzeitig abstrakter und doch menschlicher wirken die Engel Paul Klees: Hier gibt es den «vergesslichen» Engel oder den «zweifelnden» Engel, moderne Figuren, die auch Kinder faszinieren. Bildliche Darstellungen von *geflügelten* Engeln gibt es erst seit dem Mittelalter; sie sind also nicht selbstverständlich, aber faszinierend.

Als Erwachsene kennen wir vielleicht Rilkes Engel aus den «Duineser Elegien». Wir entdecken heute neu die eindrücklichen Engel-Gedichte und -Geschichten von Rose Ausländer, Nelly Sachs, Else Lasker-Schüler, Ilse Aichinger und anderen; es handelt sich hier vor allem um weibliche Autorinnen, häufig jüdischer Abstammung. «Jeder Engel ist schrecklich» – bleibt als Satz Rilkes möglicherweise in uns hängen oder die Vorstellung jener mit dem grauenhaften jüdischen Schicksal verbundenen Engel; auch wenn sie trösten, gehören sie in einen «gefährlichen» Bereich. Auch Friedrich Dürrenmatts Stück «Ein Engel kommt nach Babylon» löst eher Beunruhigung, Beklemmung aus. In modernen Predigten aber kommen Engel – es ist nachgewiesen – kaum oder nur in negativem Sinn vor. In allerneuester Zeit mag sich dies inzwischen geändert haben!

13.2 Himmlische Heerscharen

Naturgemäß suchen wir Antworten auf die Fragen nach den Engeln in der Bibel. Doch eine eindeutige Engellehre gibt es hier nicht. Immer wieder treten Engel nur am Rande des Geschehens auf. Ihre Gestalt

147

ist unwichtig. Sie werden kaum beschrieben. Nur in späten Teilen des Alten Testaments, dann wieder in der Offenbarung des Johannes ist ausführlicher von ihnen die Rede. In der Offenbarung demonstrieren sie Gottes Macht; sie sind ein Zeichen seiner Majestät.

Engelhafte Wesen dieser Art, die den göttlichen Hofstaat ausmachen und Gott umgeben, finden sich auch in andern Religionen. Diese himmlischen Heerscharen sind für unseren christlichen Glauben nicht zentral, obwohl der Glaube an sie zu gewissen Zeiten – im Spätmittelalter etwa – sehr wichtig war und ein bedeutender Theologe, Thomas von Aquin (1225–1274), eine kunstvolle Engellehre entwarf. Zwar spielt sich in der Offenbarung des Johannes ein richtiges Engelschauspiel vor uns ab. Aber auch diese Engel sind nicht Gott gleich, sie sollen nicht angebetet werden. So gibt gegen Ende der Offenbarung des Johannes (Off. 22,9) der Engel, vor dem sich Johannes niederwerfen will, zur Antwort: «Siehe zu, tu es nicht! Ich bin dein und deiner Brüder, der Propheten, Mitknecht und derer, die die Worte dieses Buches festhalten. *Gott bete an!*» Selbst die mächtigen Engel sind also Diener, Knechte. Sie sollen hinführen zu Gott. Gott selbst soll angebetet werden.

Es ist schwierig, uns selbst und auch die Kinder wegzuführen von den sehr plastischen Engelerzählungen. Gerade für Kinder bilden diese Berichte eine willkommene Ergänzung zu realistischen Vorstellungen von Gott, der auf seinem Thron im Himmel sitzt. Die Himmelswelt wird mit den Engeln bunt und abwechslungsreich. Die Vorstellung aber, Gott sei oben, wir Menschen seien unten, wird verfestigt. Durch ihre himmlisch-glänzende Gestalt sind solche Engel als zu Gott gehörig gekennzeichnet; durch ihre Flügel zeigen sie, dass es zur Überbrückung der Distanz zwischen Gott und den Menschen überirdischer Kräfte bedarf – Kräfte, die dem Menschen fehlen. Die geflügelten Diener Gottes sind darum auch Ausdruck eines bedrückenden Abstandes zwischen Gott und den Menschen. Sie sind beladen mit schwer verständlichen Charakter-Zügen, Teil einer Welt, die uns verschlossen ist.

13.3 Engel – Boten Gottes

«Boten» – das gibt es heute kaum mehr. Wichtige Nachrichten erfahren wir durch die Zeitung, durch Telefon, Fax oder Internet. Ein Bote, der wichtige Kriegsmeldungen überbringt, eine Botin, die mit dem

Blumenstrauß in der Hand die Geburt eines Kindes in den Häusern verkündet – dies gehört der Vergangenheit an. Die Bezeichnung Postbote erinnert noch leise an die Funktion früherer Boten; aber seine Botschaft ist eine indirekte; er gibt sie nicht selbst weiter; er überreicht sie in verschlossenen Umschlägen. Sehr selten kann für einsame Menschen, für Liebespaare, für Unsichere, die auf wichtige berufliche Entscheidungen warten, der Briefträger, dessen Kommen sie hinter der geschlossenen Gardine erwarten, noch heute – in Zeiten von Fax und E-Mail – ein Bote sein, dessen Nachricht das Leben verändert. Hier scheint etwas durch von dem, was das Wort Bote sagen will: Überbringer einer entscheidenden Mitteilung.

Engel als Boten Gottes sind in der Bibel wichtiger als die Engel von Gottes Hofstaat. Vor allem in den frühen Teilen des Alten Testaments ist von solchen Boten die Rede. Diese Boten treten vor allem auf in der Zeit *vor* den Propheten; später übernehmen die Propheten Aufgaben, die in anderen biblischen Geschichten den Engel-Boten übertragen werden.

Immer wieder aber tritt der *Engel Gottes* auf. Der Engel Gottes hat keine besondere Gestalt. Sein Äußeres wird in der Bibel nicht beschrieben. Ja, man hält diesen Engel meist zuerst für einen Mann, so alltäglich ist sein Äußeres. Erst beim Verschwinden spüren die vom Engel Besuchten: Das war ein Bote Gottes! So begegnet denn der Engel Gottes den Menschen meist nicht bei religiösen Handlungen, etwa im Gebet. Er tritt unmerklich, mit einem alltäglichen Gruß oder einer alltäglichen Gebärde zu den Menschen. Er trägt Kleider wie die Menschen, die er besucht. Sein Äußeres ist unauffällig.

Der «Engel Gottes» ist zwar menschlich, aber oft nur schwer zu unterscheiden von Gott selbst. Es ist von Bedeutung, dass in einzelnen Erzählungen von den Engeln und von Gott abwechselnd die Rede ist, obwohl sie eindeutig die gleiche Botschaft übermitteln. In der Geschichte von «Abrahams Gastfreundschaft» (1 Mose 18) wird von den drei Männern, die Abraham die Geburt des Isaak verkünden, erzählt. Sie sind «normale» Wanderer; sie werden, wie es den Gebräuchen jener Zeit entspricht, bewirtet. Sie reden mit Abraham. Im Lauf der Erzählung aber heißt es dann: «Da sprach *der Herr* zu Abraham: Warum lacht denn Sara? ...» Plötzlich wird deutlich, dass die drei Boten «der Herr», also Gott selbst sind.

Jakob träumt in Bet-El von der Himmelsleiter (1 Mose 28, 12): «Und die Engel Gottes stiegen daran auf und nieder. Und siehe, der

Herr stand vor ihm und sprach: ...» Auch hier sind sich Engelserscheinung und Gottesbegegnung ganz nahe. – Als Mose die Stimme Gottes, die ihn beruft, im Dornbusch hört, lesen wir (2 Mose 3,2): «Und der Engel des Herrn erschien ihm in einer Feuerflamme», danach aber: «Und Gott rief ihm aus dem Dornbusch zu.»

In der Figur dieser Boten nimmt Gottes Reden und Handeln also menschliche Gestalt an und wird dadurch den Menschen sehr verständlich, ganz vertraut. Wichtig ist die *Botschaft*, die dieser Engel Gottes überbringt. Woher er kommt, wohin er geht, spielt keine Rolle. Nur im Moment der Übergabe seiner Botschaft ist er lebendig. So erzählt die Mutter des Simson (Richter 13) ihrem Mann vom Engel, der ihr die Geburt des Sohnes verheißen hat: «Ich fragte ihn nicht, woher er kam, und er sagte mir nicht, wie er heißt. Er sprach aber zu mir: ‹Siehe, du wirst schwanger werden ...›»

In einer menschlichen Begegnung erfahren diese Menschen: Gott kümmert sich um mich; er gibt mir neue Hoffnung durch das Wort eines andern Menschen, der dadurch, dass er Gottes Wort überbringt, zum Engel wird.

Wenn Kinder Engelgeschichten der Bibel in dieser Weise als Hoffnungsgeschichten hören, sind Engel möglicherweise nicht mehr fremd; die Frage, ob sie Flügel haben und wie sie aussehen, wird unwichtig. Möglicherweise lässt sich dann auch eine Brücke schlagen von biblischem zu heutigem Engelerleben, wie es das folgende Kindergebet spiegelt.

Gott, du schickst Engel in die Welt,
zu Abraham, auch zu den Hirten auf dem Feld.
Engel mit Flügeln, die den Menschen singen,
Männer auch, die deine Worte bringen.

Schickst du auch Boten jetzt und hier?
Kommt dein Engel auch zu mir?
Werde ich ihn gleich erkennen?
Sag, wie werde ich ihn nennen?

Ist der Engel auch ein Kind wie ich?
Brauchst du, lieber Gott, auch mich?
Kann ich als Engel helfen, trösten?
Schick Engel, Gott, den Kleinsten und den Größten!

R.S.

Der Engel Gottes begegnet in der Bibel meist Menschen, die sich in großer Not befinden. Häufig geht es um die Not des ganzen Volkes; es ist die Not der Unfreiheit, in der Gott durch seinen Engel den Weg zur Befreiung weist. Für die Frauen aber ist Kinderlosigkeit die Urnot. Ihr Leben hat – man muss sich in andere Zeiten versetzen – ohne Kinder im Grunde keinen Sinn; sie sind den anderen Frauen ihres Mannes unterlegen. Alle wünschen sich die Geburt eines Sohnes.

Abrahams Nebenfrau Hagar sieht auf Sara, ihre Herrin, herab, sobald sie spürt, dass sie ein Kind erwartet. Das erträgt die kinderlose Sara nicht. Sie behandelt Hagar so schlecht, dass diese verzweifelt in die Wüste flieht. Dort begegnet Hagar ein Engel, der ihr einen Sohn voraussagt. Sie soll ihn Ismael («Gott hört») nennen. Der Engel ist das Zeichen, dass Hagar von Gott und von ihrem irdischen Herrn, Abraham, angenommen ist. Erst später wird auch Sara durch die Verkündigung des Engels die große Verheißung zuteil. – Diese Geschichten, in denen der Engel die Geburt eines Kindes ankündet, eignen sich ganz besonders für Kinder. Wenn wir von der Not kinderloser Ehepaare erzählen, spüren die Kinder, wieviel Wert sie selbst uns sind. Die Freude über jedes kleine Kind ist nachvollziehbar und Inbegriff des Positiven.

Im Neuen Testament ist es ein Engel, der die Geburt des Johannes ankündigt (Lukas 1, 11ff). Vor allem die Geburt Jesu wird Maria durch einen Engel verkündet (Lukas 1, 26ff). Engel sind es, die den Hirten auf dem Felde von Jesu Geburt berichten. Bezeichnenderweise kommen dann in den größten Teilen des Neuen Testaments, die Jesu Leben und Wirken beschreiben, keine Engelsboten zu den Menschen. Jesus selbst ist da. Er ist selbst Bote von Gott, daneben aber ganz Mensch. Seine Anwesenheit auf der Erde macht Engel gewissermaßen «überflüssig». Nach seinem Tod aber stehen sie wieder da: Sie weisen die trauernden Frauen auf den Auferstandenen hin. Nach der Himmelfahrt Jesu trösten sie die verdutzten Jüngerinnen und Jünger mit dem Hinweis auf die Wiederkunft Jesu. Sie vermitteln Zukunftshoffnung schlechthin.

24 biblische Engelgeschichten finden sich, versehen mit Bildern von Reinhard Herrmann, in meinem Adventskalender «Engel sind nahe».

Wie lassen sich nun diese «Boten Gottes» vereinigen mit den Vorstellungen vom Schutzengel? Vielleicht lernen Kinder noch heute Luthers Abendsegen mit dem Schluss: «Dein heiliger Engel sei mit mir, dass der böse Feind keine Macht an mir finde! Amen! Und dann flugs und fröhlich geschlafen». Auch dieser Engel ist ein Zeichen für Gott selbst, der immer bei uns ist, der uns gerade in gefährlichen Situationen besonders beschützt. So verstanden scheint mir ein Reden vom Schutzengel durchaus möglich. In ähnlicher Weise versteht wohl der Dichter des 34. Psalms den Engel, wenn er in Vers 8 schreibt:

> *Der Engel des Herrn lagert sich rings um die,*
> *die ihn fürchten, und errettet sie.*

Die Vorstellung vom Schutzengel, der jeden von uns in dieser Art «umlagert» und beschützt – Kinder können ihn besonders gut brauchen! – hilft vielleicht, das Problem zu ertragen, dass Gott unsichtbar bleibt und wir uns kein Bildnis von ihm machen dürfen. Der Engel verkörpert das Zugewandtsein Gottes zu den Menschen. Im Schutzengel, der uns in Vertretung Gottes begleitet, mag diese Eigenschaft spürbar sein. Die Gestalt des Engels muss auch hier nicht beschrieben werden. Sein *Auftrag* ist wiederum von Bedeutung. Es ist keine Distanz da, die durch Flügelschlag überbrückt werden müsste!

Erstaunlich und tröstlich ist in diesem Zusammenhang der letzte Brief, den Dietrich Bonhoeffer kurz vor Weihnachten 1944 aus dem Gefängnis an seine Braut schreibt. Hier heißt es: «Es ist ein großes unsichtbares Reich, in dem man lebt und an dessen Realität man keinen Zweifel hat. Wenn es im alten Kinderlied von den Engeln heißt: ‹zweie, die mich decken, zweie, die mich wecken›, so ist diese Bewahrung am Abend und am Morgen durch gute unsichtbare Mächte etwas, was wir Erwachsenen heute nicht weniger brauchen als die Kinder.» Bonhoeffer bezieht sich hier auf das bekannte kindliche Abendgebet von den vierzehn Englein:

> *Abends, wenn ich schlafen geh,*
> *vierzehn Engel mit mir gehn,*
> *zwei zu meiner Rechten,*
> *zwei zu meiner Linken,*

zwei zu meinen Häupten,
zwei zu meinen Füßen,
zwei, die mich decken,
zwei, die mich wecken,
zwei, die mich weisen
zu des Himmels Paradeise.

Auch wenn heutige Kinder solches «Geflatter», wie eingangs erwähnt, möglicherweise ablehnen oder missverstehen, stellt Bonhoeffer hier eine hilfreiche Verbindung her. Das Kindergebet stammt aus dem Mittelalter, wurde später von Martin Luther gebraucht und erreichte durch die Vertonung in Engelbert Humperdincks erfolgreicher Oper «Hänsel und Gretel» (1893) auch als neueres Lied große Verbreitung. Bonhoeffer aber sieht darin mehr als einen frommen Gesang, mehr als eine Bitte an die vierzehn Nothelfer, die die katholische Tradition kennt. Das Zitat aus diesem Kinderlied steht im gleichen Brief, in dem Bonhoeffer sein berühmtes, später viele Male vertontes Gedicht von den «guten Mächten» an die Braut, an Eltern und Geschwister schickt – ein Gedicht, das in der gefährlichsten Situation, aber im Blick auf Weihnachten und ein neues Jahr von tragenden «Mächten» redet, in denen wir getrost *auch* kindliche Engelsvorstellungen mithören dürfen; hier seien die erste und letzte Strophe wiedergegeben:

Von guten Mächten treu und still umgeben
behütet und getröstet wunderbar, –
so will ich diese Tage mit euch leben
und mit euch gehen in ein neues Jahr;

Von guten Mächten wunderbar geborgen
erwarten wir getrost, was kommen mag.
Gott ist bei uns am Abend und am Morgen,
und ganz gewiss an jedem neuen Tag.

Es scheint mir gut, wenn Kinder – ohne Angst vor «altmodischen» Engelvorstellungen – etwas von solchen «guten Mächten», die ihnen tragend, auch «deckend» und «weckend» zur Seite stehen, spüren. Dagegen würde ich merkwürdig konkrete Engeldarstellungen, wie sie sich etwa in Elisabeth Kübler-Ross' Bilderbuch «Die unsichtbaren Freunde» finden, vermeiden. Diese «Engel», die in Bildern gemalt werden und die Betrachtenden – mit der Absicht, alle Todesangst zu überwinden – in eine nur für Kinder sichtbare Welt entführen, verleiten zu einer merkwürdigen Bewusstseinsspaltung: Da gibt es zwar ein Menschendasein und ein Himmelreich, daneben aber den überdeutlich gezeichneten Zwischenbereich der Engel, der die Gegenwart Gottes im kindlichen Bewusstsein ersetzt und zu einer Spaltung der Vorstellungen führt. In einer Art und Weise, die wir esoterisch nennen könnten, wird ein geheimes Sonderwissen aufgebaut.

13.5 Andern zum Engel werden

Dass sich auch heute Menschen gegenseitig zu Engeln werden können und dadurch das Wort «Engel» auch in den Alltag sinnvoll hineinklingt, darf nicht vergessen werden. Dies kann auf recht prosaische Weise geschehen, wie in meiner folgenden kleinen Geschichte, die erst nachträglich etwas vom Geheimnis, das allen Engelbegegnungen anhaftet, offenbart. Es kann sich poetisch verdichten wie in Rudolf Otto Wiemers Gedicht, das dieses Kapitel beschließen soll.

Es ist schwer, ein Engel zu sein

Gegenüber von Meyers wohnte die Frau mit dem merkwürdigen Namen – Maschlawek oder so ähnlich. Frau Matschi nannten sie die Kinder und lachten über sie.

«Sie hat gefärbte Haare! Sie ist stolz! Sie ist doch schon alt! Schaut, sie hat einen neuen Lippenstift!»

Wenn Frau Matschi vorbeiging, vorsichtig auf ihren Stöckelschuhen, lachten die Kinder hinter dem Küchenfenster, versteckt hinter der Gardine.

Am Freitag, als Thomi mit seinem neuen Rad auf der Straße kurvte, fuhr er – ganz zufällig – an der Wohnungstür von Frau Matschi vorbei. Sie stand vor ihrem Briefkasten und schüttelte den Kopf mit dem aufgetürmten, blonden Haar immer wieder. In der Hand hielt sie einen geöffneten Brief. Er war auf sehr dünnem Papier geschrieben. Luftpost, dachte Thomi. Er wurde neugierig und fuhr immer wieder an der Frau vorbei. Frau Matschi winkte. Nur ganz leicht. Aber es war eindeutig. Sie winkte Thomi. Und Thomi wusste nicht warum: Er stellte sein Rad ab und ging zu Frau Matschi. Sie redete schlechtes Deutsch, aber Thomi merkte bald, worum es ging. Der Luftpostbrief war mit merkwürdiger, ganz heller, fast durchsichtiger Tinte geschrieben. Es war, als ob die Farbe der Tinte von der Sonne gestohlen worden wäre.

«Schlechte Augen», sagte Frau Matschi und zeigte auf die dicken Brillengläser.

Als Thomi in Frau Matschis Wohnung die ganz hellen Buchstaben des Briefs mit Kugelschreiber nachzog, musste er den Briefbogen an die Fensterscheibe drücken, um genug zu sehen. Draußen aber sammelten sich die andern Kinder. Sie zeigten auf Thomi. Sie lachten.

Thomi wurde es heiß. Hinter sich spürte er Frau Matschi. Sie schaute auf die Buchstaben, die er schrieb. Es war eine fremde Sprache.

Thomi war froh, als er fertig war. Er gab Frau Matschi den Kugelschreiber zurück und wollte losrennen.

Frau Matschi aber hielt ihn am Arm zurück, und sie sagte: «Du bist ein Engel, Junge!» Und dann etwas unsicher: «Ein Engel – oder ist das kein richtiges deutsches Wort?» Sie lächelte. Thomi hätte nie gedacht, dass Frau Matschi so lächeln könnte.

Thomi raste auf seinem Rad davon. Es war schwer, den andern von Frau Matschi zu erzählen. Und er dachte: Ist es so schwer, ein Engel zu sein?

R.S.

Es müssen nicht Männer mit Flügeln sein,
die Engel.

Sie gehen leise, sie müssen nicht schrein,
oft sind sie alt und hässlich und klein,
die Engel.

Sie haben kein Schwert, kein weißes Gewand,
die Engel.

Vielleicht ist einer, der gibt dir die Hand,
oder er wohnt neben dir, Wand an Wand,
der Engel.

Dem Hungernden hat er das Brot gebracht,
der Engel.

Dem Kranken hat er das Bett gemacht,
er hört, wenn du ihn rufst, in der Nacht,
der Engel.

155

Er steht im Weg und er sagt: Nein,
der Engel.

Groß wie ein Pfahl und hart wie ein Stein –
es müssen nicht Männer mit Flügeln sein,
die Engel.

R.O. Wiemer

13.6 Und der Teufel?

Engel, Teufel, Osterhase, Christkind, Weihnachtsmann, Klapperstorch – es sind magische Wesen, die für Kinder vorerst zur selben «Kategorie» gehören. Während die Vorstellungen von Osterhase und Klapperstorch mit dem Größerwerden der Kinder von alleine verschwinden oder gezielt abgebaut werden, hört die Irritation durch den Teufel nicht auf – im Gegenteil: Kinder und Eltern fragen weiter oder sind ratlos. Weil Teufel und Dämonen in der Vergangenheit als «gefallene Engel» gedeutet wurden, liegt es nahe, am Ende unseres Engel-Kapitels nach ihnen zu fragen.

Einerseits ist der Teufel für Kinder eine sehr attraktive Figur des Kasperletheaters: Mit Hörnern oder Pferdefuß und mit den Farben Schwarz und Rot wird er deutlich gekennzeichnet, ist unheimlich und lächerlich zugleich, ist Verführer, lässt sich übertölpeln, kommt in der Nacht ... Er bringt Spannung und einen ausgesprochen dramatischen Zug in ein Theaterstück oder in eine Erzählung, macht den Kindern aber auch Angst. Ist er nicht der schlechterdings Böse, der mit der Hölle droht und für die Sünde, das Schlechte im Menschen verantwortlich ist?

Teufelsaustreibungen, «Exorzismen», eine gewisse Freude am Okkulten, «schwarze Messen» und ein unheimlicher Satanskult werden auch in unserer Zeit im Halb-Verborgenen praktiziert. Alte Teufelsdarstellungen der bildenden Kunst – vor allem im Zusammenhang mit der Darstellung des Jüngsten Gerichts – lassen Kinder erschauern. Wie gehen wir mit all diesen Dingen um?

Es ist sicher nötig, gegenüber Kindern die bedrohlichen Teufelsdarstellungen zuallererst zu verharmlosen – den Teufel also vorerst den Kasperlefiguren zuzuordnen, ihn in die Spielkiste zu verdammen und den Deckel zu schließen, damit er nachts gefangen ist – im äußerlichen, aber auch im übertragenen Sinn. Andererseits werden wir, vor allem größeren Kindern gegenüber und für uns selbst, den Teufel als Personifikation des Bösen schlechthin ernst nehmen müssen – als eine Gestalt, die eine schlechte Gegenwelt zu Jesus und Gott oder die ständige Bedrohung des Verhältnisses der Menschen zu Gott verkörpert. Die Beziehung Gott – Mensch wird in der Bibel bei der Vorstellung vom Teufel vorausgesetzt; die *Gefährdung* dieser Beziehung geschieht durch das Böse, aber auch durch die Sünde, die als Schlange zu Adam und Eva kommt. Mit dem Teufel wird diese Gefährdung zu einer Gestalt, in ein Bild gefasst. Eine solche bildliche Deutung, die den Teufel *nicht* als personales Wesen unserer Welt auffasst, scheint mir gerade im Hinblick auf Kinder die einzig mögliche – allerdings eine schwierige für Kinder, die es gerne konkret haben. Es ist eine Deutung, die den Teufel «entmythologisiert», von seiner konkreten Erscheinungsform befreit – und so die Angst vor einem gefährlichen magischen Wesen verhindert. Eine andere Auffassung wird freilich noch heute in den offiziellen katholischen Verlautbarungen vertreten, der aber auch katholische Theologen, etwa Herbert Haag in seinem vielbeachtetem Buch «Abschied vom Teufel», widersprechen.

Im Neuen Testament kommt der Teufel (als «diabolos» oder ebenso oft als «satanas» bezeichnet) im Ganzen ca. 70 Mal vor. Teufel und Dämonen werden als Gestalten des Bösen mit Selbstverständlichkeit – sie sind ein Bestandteil der Gedankenwelt jener Zeit – vorausgesetzt; ihr Wesen und Aussehen wird darum nirgends beschrieben.

In der «Versuchung Jesu», jener Geschichte, die fast am Anfang der drei ersten Evangelien steht, so bei Matthäus 4,1–11, wird der Teufel durch Jesu Wirken völlig entthront. Man sieht hier: Das Böse könnte Macht haben; es ist gefährlich. Dreifach führt der Teufel in Versuchung: Brot statt Steine, ein sensationeller Sprung von der Zinne des Tempels, Macht über die ganze Welt. Könnte Jesus damit nicht sein göttliches Wesen beweisen? Jesus lehnt ab. Er reagiert auf die Angebote des Teufels «nur» mit dem Gehorsam gegenüber Gottes Wort; er antwortet auf die Versuchungen mit Worten aus dem Alten Testament. «Fort mit dir, Satan», ist dann Jesu Befehl gegen Ende der Geschichte. Das Böse hat keine Macht mehr: «Da lässt der Teufel von ihm ab. Und siehe, Engel traten herzu und dienten ihm.»

Der Teufel tritt meist ohne Gesicht auf. Er verbirgt sich; er verkleidet sich auch in Sagen und Legenden – und ist dadurch das Gegenteil dessen, was nach unserem Verständnis zu einer Person gehört. Dem

Teufel fehlt in Sagen darum der Schatten; der Schatten fehlt auch Menschen, die mit dem Teufel im Bunde stehen. Bekannt ist in diesem Zusammenhang Adelbert von Chamissos «Peter Schlemihl», der dem Teufel seinen Schatten verkauft. Nicht nur schattenlos aber ist der Teufel. Er ist der Gegner jeder Ich-Du-Beziehung; er liebt die Geheimniskrämerei und hasst die offene Rede. Das Verborgene, Unfassbare macht ihn unheimlich, eben «satanisch». Er wird dadurch zur Un-Person. Ist es aus dieser Sicht nicht natürlich, dass er zwar als Verkörperung des Bösen, nicht aber als «der Böse», den man sich als Person vorstellen muss, gesehen wird?

Vielleicht sind im Rahmen einer christlichen Erziehung *heidnische Bräuche* wichtiger als ein möglichst «korrektes» Reden vom Teufel, weil Kinder dabei lernen: Das Böse ist nicht stärker als wir, wir können es besiegen. Vielleicht inszenieren Kinder im Kasperletheater den Sieg über den Teufel oder verstecken die furchterregende Figur selbst in der Spielzeugkiste. Im Umgang mit dem Teufel helfen seit alten Zeiten Volksfeste, bei denen Gestalten, die das Böse verkörpern, erscheinen – in den Mittwinterumzügen wurden struppige Begleitpersonen, teuflische Wesen also, von Nikolaus oder Christkind fortgejagt und verprügelt.

Es geht also nicht um ein Angst-Machen mit dem Teufel. Wir gelangen mit der Frage nach dem Teufel viel eher zur Vaterunser-Bitte: «Erlöse uns von dem Bösen». Gott, den wir anbeten, kann uns vor dem Bösen bewahren. Die Beziehung zu Gott, aber auch das Aufgehobensein in einem menschlichen Beziehungsnetz sind dabei hilfreich.

III

DIE KIRCHE UND IHRE FESTE

14. DIE KIRCHE: MIT DER TAUFE FÄNGT ES AN

14.1 Brauchen wir die Kirche?

Auch wenn es in diesem Buch vor allem um die *häusliche* Kindererziehung geht, dürfen wir den Bereich der Kirche nicht einfach außer Acht lassen. Christentum ist ohne Kirche nicht denkbar.

Man kann einwenden: Jesus selbst begründete keine Kirche. Man kann einwenden: Wir brauchen keinen frommen Verein, um christlich zu leben.

Jede Kirche, ob wir nun der einen oder andern Konfession angehören, hat ihre Tradition, ihre Bräuche, ihre Rollen. Vieles daran erscheint uns oft fremd, unverständlich oder gar unnötig. Stichwörter wie Gottesdienst, Orgel, Pfarrer, Kirchensteuer, Weihnachten, Konfirmation verbinden sich mit dem Begriff Kirche – aber was soll das alles? Begegnet uns Gott in dieser Institution? Zeigen nicht alle modernen Umfragen, dass das Bedürfnis nach Religion in einem weiteren Sinn zwar verbreitet, aber nicht an die Zugehörigkeit zu einer Kirche gebunden ist? Oder brauchen wir die Kirche lediglich, um wichtigen Momenten unseres Lebens durch eine entsprechende Zeremonie einen erhabenen Anstrich zu geben? Die Taufe feiert den Beginn neuen Lebens; die Konfirmation macht das Erwachsenwerden bewusst; die Trauung zeigt das Begründen einer eigenen Familie; mit der Bestattung wird auch unser Ende kirchlich eingebunden. Sind uns aber nicht Menschen zuwider, die meinen, Christen zu sein, weil sie regelmäßig zur Kirche gehen? Spielt sich wahres Christentum nicht im Verborgenen ab?

Ich möchte hier für ein Vertrauen in die Kirche – auch in unserer Zeit – werben und dazu anregen, das tragende Element in der kirchlichen Gemeinschaft neu zu entdecken. Eine Beherbergung kann dann erlebt, ein berechtigtes Bedürfnis nach Hilfe und nach sinnvollen Ritualen kann oft befriedigt werden. Antworten auf die Fragen nach Sinn und Ordnung der Welt werden in der Gemeinschaft und in den Feiern der Kirche immer wieder erfahrbar. Gerade durch unbequemes und offenes Fragen aber tragen wir alle – junge Eltern im Besonderen – zur Lebendigkeit, auch zur Veränderung der Kirche bei und sind am Aufbau einer sich erneuernden Gemeinde beteiligt.

Die erwähnten Bedenken gegenüber der Kirche, ganz gleich, welcher Konfession wir angehören, mögen teilweise berechtigt sein. Dennoch ist das Christentum ohne Gemeinde nicht möglich. In der Kirche ist diese Gemeinde organisiert. Die Kirche aber hat eine Geschichte. Sie ist von Traditionen geprägt. Sie ist in vielem geradezu der Inbegriff einer Einrichtung, die Altes weitergibt. Andererseits waren die Kirchen immer bemüht, der Lehre Christi neu Ausdruck zu verleihen und gleichzeitig der Lebens- und Denkweise ihrer eigenen Zeit entgegenzukommen: Sie änderten sich, sie wurden auf vielfältige Weise «reformiert».

Wenn uns die Gebundenheit der Kirche an Traditionen gelegentlich befremdet, so wirken die gleichen Traditionen auch verbindend. Sie bieten uns eine selbstverständliche Möglichkeit, christliche Gemeinschaft zu leben. Die Kirche ist ein Instrument wie die Sprache: Wir drücken uns in einer bestimmten Sprache aus; wir können diese Sprache fantasievoll gestalten; wir können aber ihre Grundstrukturen, die in Jahrhunderten gewachsen sind, nicht verändern. So ist es auch mit der Kirche, zu der wir als Gemeindeglieder gehören. Dies oder jenes an ihr mag zu Kritik, auch zu Änderungen herausfordern – wir können und wollen sie aber nicht von heute auf morgen völlig abschaffen oder ersetzen.

Wir sollten darum auch unsern Kindern bei der Auseinandersetzung mit der Kirche helfen. Wir werden dabei selbst neue Formen in unseren Gemeinden entdecken, diese Formen möglicherweise mitgestalten und damit zur Veränderung einer lebendigen Kirche beitragen.

14.2 Die Taufe

Durch die Taufe wird ein *Kind* in die christliche Gemeinde aufgenommen. Die Taufe ist ein Sakrament, eine «heilige Handlung» wie das Abendmahl. Es ist in unseren Landeskirchen üblich, dass diese Handlung nicht an einem Erwachsenen, auch nicht an einer Konfirmandin oder einem Konfirmanden geschieht, die schon selbst eine Meinung haben und zur Kirche «ja» oder «nein» sagen können. Im Gegensatz zur Kindertaufe, die bei uns die «Normaltaufe» ist, wird von vielen ernsten Menschen gefordert, dass kleine Kinder zwar in der Kirche «gesegnet», erst aber als Erwachsene getauft würden, wenn sie selbst sich für Christus entscheiden könnten. Mit der Säuglingstaufe dagegen wird die Kirche zu einer Volkskirche, in die jedes Kind durch seine Geburt und durch Tradition fast automatisch aufgenommen wird. Mit der Konfirmation kann es dann die Zugehörigkeit zu dieser Kirche bestätigen.

Im Neuen Testament finden sich viele Stellen, die vom Taufen handeln, aber kein Wort zur Kindertaufe. Heute dagegen sind es die Baptisten und einige evangelische Freikirchen, die grundsätzlich nur Erwachsene taufen. Häufig werden Kinder und Jugendliche auch erst vor dem Beginn des kirchlichen Unterrichts, vor der Konfirmation oder in der Konfirmationsfeier getauft. Möglicherweise steht hinter der «aufgeschobenen» Entscheidung zur Taufe, wie erwähnt, eine grundsätzliche Überlegung der Eltern; in andern Fällen wird – wegen mangelnder Beheimatung in einer Kirchgemeinde, wegen Auslandsaufenthalten oder schwer wiegenden Problemen in der Familie – die Taufe immer wieder verschoben.

Hinter der Taufe aber steht eine lange Geschichte. Für die allerersten Christen, die von der Obrigkeit nicht anerkannt, ja sogar verfolgt wurden, bedeutete es einen folgenreichen Entschluss, sich der christlichen Gemeinde anzuschließen und dies mit der Taufe zu bezeugen. Der Taufe ging eine Katechumenatszeit voraus, in der die Taufbewerber im Glauben unterrichtet wurden. Dies war eine Bewährungszeit, die oft Jahre dauerte. Der Taufgottesdienst fand häufig an Ostern statt. So wie an Ostern die Auferstehung Jesu gefeiert wurde, fand mit der Taufe eine Art Wiedergeburt statt.

In der heutigen Taufe werden hauptsächlich die Eltern des Kindes angesprochen. Indem ihr Kind getauft wird auf den Namen des dreieinigen Gottes, werden sie selbst an Gott erinnert. Die Begegnung mit Gott soll sie dazu führen, für ihr Kind zu danken, über Gott nachzudenken und ihm im Verhältnis zu ihrem Kind einen wichtigen Platz einzuräumen. In einigen Taufformeln, aber auch im «Abwaschen» oder Benetzen des Täuflings mit Wasser wird darauf hingewiesen, dass das Kind in der Taufe «gereinigt», von allem Schlechten befreit wird. Hinter der Vorstellung vom «Schlechten», das abgewaschen werden muss, stehen die schwierigen Begriffe von «Schuld» und «Erbsünde». Vielleicht ließe sich dafür der Ausdruck der «Gottesferne» besser gebrauchen und verstehen: Wir alle sind von allem Anfang an der Gottesferne, dem Gott-Vergessen ausgesetzt, erhalten aber die Zusicherung, dass Gott seinerseits uns nahe ist, unser Fernsein immer wieder überwindet. Der Begriff der «Vergebung», der mit diesem Abwaschen der Schuld gleichzusetzen wäre, fasst dies zusammen. Die Eltern erfahren dabei: Mein Kind hat teil an Gottes Gnade, an seiner Liebe, bevor es noch davon reden kann.

Eltern werden durch ihr Ja-Sagen bei der Taufe angeregt, ja verpflichtet, auch dem Kind später von diesem gnädigen Gott zu erzählen. Sie werden durch die Taufe veranlasst, ihr eigenes Gottesbild zu überdenken. Es ist ein Vorteil, wenn sie dabei vom Pfarrer oder der Pfarrerin ihrer Gemeinde beraten werden. In der Regel gehört zu jeder Taufe darum nicht nur ein Taufgottesdienst, sondern ein Taufgespräch, das der Tauffeier vorausgeht.

Dabei geht es nicht vor allem um komplizierte theologische Fragen und Erklärungen. Das Ja der Eltern zu ihrem Kind bildet den Ausgangspunkt. Es wird bei der Taufe aber nicht «nur» als natürliche Liebe zum Kind erlebt, sondern wird verknüpft mit dem Ja Gottes. Die Taufe wird dadurch zur Antwort auf Gottes Ja, auf Gottes Verheißung, die uns versprochen ist. Was Bibel und Theologie mit Vergebung der Sünden oder Befreiung von Schuld meinen, ist in diesem vorbehaltlosen Ja Gottes enthalten. Die Eltern ihrerseits wollen und sollen ihr Kind ohne Vorbehalte annehmen, selbst wenn es ihnen einmal großen Kummer oder Schwierigkeiten bereiten sollte. Auch dies wird in der Taufe bezeugt. Das Kind ist ein Geschenk Gottes – und damit von unermesslichem Wert.

So werden Eltern vorerst vielleicht zur Taufe veranlasst, weil sie für dies Geschenk, für das große Wunder der Geburt dankbar sind. In diesem Zusammenhang ist es wichtig, im Wasser, das bei der Taufe ja eine große Rolle spielt, neben dem Abwaschen von Schuld auch ein Symbol des Lebens schlechthin zu sehen; Wasser stillt Durst, Wasser lässt die Pflanzen wachsen, Wasser ist in Bewegung.

Meist beschäftigt die Eltern ganz besonders die Frage nach der Zukunft des Kindes. Zudem handelt es sich, vor allem beim ersten Kind, für die junge Familie um eine oft schwierige Zeit des Übergangs: Die äußeren Lebensumstände haben sich verändert, in besonderer Weise für die Mutter, die ihre Berufstätigkeit in der Regel unterbrechen oder reduzieren muss. In dieser auch von Problemen beladenen Situation ist es wichtig und entspricht einem tiefen Bedürfnis, die Taufe einerseits als bergendes Ritual, als Zeremonie und gemütliches Familienfest zu feiern, gleichzeitig aber zu neuer religiöser Besinnung zu finden. Vielleicht haben junge Eltern seit der eigenen Konfirmation keinen Kontakt zur Kirche mehr gehabt. Möglicherweise beginnt mit der Taufe des ersten Kindes ein neues Eingebundensein in die Gemeinde.

Die Taufe ist, so verstanden, nicht ein einmaliger, am Säugling durchgeführter, mit einem Familienfest abgeschlossener Akt, sondern der Anfang eines Prozesses, der sich über viele Jahre erstreckt. Dass dieser Prozess in der Kirche seinen Anfang nimmt, soll entlastend sein: Die Verantwortung für jedes einzelne Kind wird nicht nur von den Paten, sondern von der ganzen Gemeinde mitgetragen. Es scheint mir darum von großer Bedeutung, dass Taufen nicht – wie in früheren Zeiten – privat oder an den Gottesdienst «angehängt» durchgeführt werden, sondern *im* Gemeindegottesdienst, in Anwesenheit der ganzen Gemeinde.

Von besonderer Bedeutung ist die Taufe erst recht da, wo schon größere Geschwister vorhanden sind: Sie werden alles miterleben und den Eltern ihre wichtige Aufgabe durch Fragen und andere Äußerungen noch besser vor Augen führen als der Täufling selbst. Gelegentlich werden auch Kinder im Kindergarten- oder frühen Schulalter getauft, vielleicht zusammen mit Säuglingen. Die Gegenwart dieser Kinder, die schon selbst zuhören und «ihren» Gottesdienst bewusst erleben, auch fragen und staunen können, bildet in der Regel eine große Bereicherung für alle Beteiligten und führt nachher meist zu guten Gesprächen.

Mit der Taufe kann der Kontakt zu andern Taufeltern beginnen. Möglicherweise bietet die Gemeinde Kurse oder Austauschabende für Taufeltern an. Eine Taufkerze erinnert in manchen Gemeinden an den Tauftag und ermöglicht es, den Kindern später von ihrer eigenen Taufe zu erzählen. Vielleicht gibt ein Gebetbuch oder eine Kinderbibel – oft von der Pfarrerin oder dem Pfarrer überreicht – den Anstoß, dem Kind schon bald von Gott und seinem vorbehaltlosen Ja zu erzählen. Sicher gehört es auch zu einer dankbaren Aufgabe der Taufpaten, den ihnen anvertrauten Kindern bei der Taufe oder später gerade mit religiösen Kinderbüchern neue Anstöße zu geben.

Religiöse Erziehung fängt mit der Taufe an. Der Titel des Büchleins «Unser Kind ist getauft – ein Weg beginnt», das mein Mann und ich gemeinsam verfasst haben, bringt dies programmatisch zum Ausdruck.

14.3 Das Kirchengebäude

Schon ganz kleinen Kindern macht die Kirche als Gebäude Eindruck. Der Kirchturm ragt aus den andern Häusern hervor, das Läuten der Glocken macht Freude. «Bim-Bam» rufen schon die Allerkleinsten und meinen damit das Läuten, die Glocken, den Turm oder die Kirche als Ganzes. Erst später erwacht die neugierige Frage, wie es in diesem großen Gebäude aussehe und was darin gemacht werde. Es ist darum gut, wenn Kinder schon früh Gelegenheit haben, auf zwanglose Weise auch ins Innere einer Kirche zu kommen.

Vielleicht spazieren wir mit kleinen Kindern einmal an einer offenen Kirchentür vorbei. Wir treten ein, wir schauen mit ihnen alles an, wir sagen ihnen, wie der merkwürdige kleine Balkon – die Kanzel – heißt, wir benennen den Taufstein oder den Altar, wir zeigen die Orgel. Allein die Höhe des Raums, vor allem aber immer wieder das Kreuz wird Kinder beeindrucken. Sie werden staunen oder auch unbequem fragen, bis zu jener Frage, die kleine Kinder immer wieder stellen: Ob denn der liebe Gott in der Kirche wohne. Die Antwort auf diese Frage ist immer schwierig, für uns und die Kinder oft unbefriedigend. Dass Gott gar keinen Wohnort hat, weil er eben nicht wie der Mensch eine Behausung braucht, akzeptieren Kinder nicht gerne, da sie sich Gott nicht anders als menschenähnlich vorstellen können. Die Antwort, Gott sei überall, müssen wir behutsam anbringen, immer so, dass dieser allgegenwärtige Gott ein freundlicher Beschützer und kein unsichtbarer Polizist ist. – In der Kirche aber sind wir Gott nahe, weil wir hier zusammenkommen, um ganz besonders an ihn zu denken, von ihm zu erzählen, von ihm zu singen, Geschichten von ihm zu hören. Das ist wohl ein Gedanke, der schon für kleine Kinder gut verständlich ist.

Ein «normaler» Sonntagmorgengottesdienst aber, von dem Kinder nichts verstehen, scheint für ein erstes Kennenlernen der Kirche eher ungeeignet. Mit auf den Mund gehaltenem Zeigefinger werden die Kinder dann zum Schweigen und Stillsitzen ermahnt; missbilligende Blicke anderer Kirchenbesucher machen die Eltern unsicher und das Ganze für alle Beteiligten eher zu einer Plage oder einer Beunruhigung. An sich sollte aber der Gottesdienst nichts Todernstes sein; auch Kindergeplapper oder etwas Unruhe können darin Platz haben! Anderseits müssen wir auch jene Menschen verstehen, die in der

Kirche Stille, Konzentration und traditionelle Formen suchen und sie auch brauchen. Kinder, die früh am Orgelspiel und überhaupt an der feierlichen Stimmung in der Kirche Freude haben und andächtig eine Stunde stillsitzen können, sind selten – aber es gibt sie; auch ihre Bedürfnisse sind zu berücksichtigen.

Schöner natürlich als die Besichtigung einer menschenleeren Kirche ist die Teilnahme an festlichen Gottesdiensten, in denen Kinder wirklich Platz haben. In Familiengottesdiensten, in Weihnachtsfeiern, bei Trauungen, vor allem aber bei Tauffeiern, bei denen oft alle anwesenden Kinder nach vorne gerufen werden, gehören Kinder selbstverständlicher dazu und fühlen sich wohler. Erst recht aber seien hier die Angebote zu erwähnen, die ganz ausdrücklich für die Kinder bestimmt sind.

14.4 Kirchliche Angebote für Kinder

In Gegenden, wo noch immer ein großer Teil der Kinder einen *kirchlichen Kindergarten* besucht, lernt das Kind die Kirche relativ früh kennen: Meist werden traditionsgemäß die Drei- bis Fünfjährigen zum Schuljahresbeginn, zum Erntedankfest oder zur Weihnachtszeit zu eigentlichen Kleinkinderfeiern in die Kirche geführt. Dass die Eltern zu solchen Feiern miteingeladen werden, ist wichtig. Sie gehören unbedingt zu den ersten Begegnungen des Kindes mit der Kirche. Für unseren Jüngsten waren – ich erinnere mich gut daran – nach solchen Kindergartenfeiern scheinbar äußerliche Dinge ein Riesenproblem, aber ein guter Gesprächsanlass: Was ist hinter der Tür, aus der der Pfarrer kommt? Was soll das «schwarze Gewand mit dem weißen Zeug da oben»? Dann, nachdem die Pfarrvikarin, auch im Talar, die Weihnachtsfeier gestaltet hatte: «Heute war es nicht richtig in der Kirche. Kommt nächstes Mal der Mann wieder?» Es wäre schade, wenn wir als Eltern auf solche Fragen nicht ausführlich eingehen und sie als Chance sehen würden.

Allerdings: Heute gibt es zusätzliche, andere, neue Möglichkeiten. Eltern werden an sehr vielen Orten mit ihren Kleinkindern zu meist sehr erfolgreichen «Krabbelgottesdiensten», «Kirche für die Kleinen», «Feiern mit den Kleinen» oder «Gottesdienste für Eltern und Kind» eingeladen. Oft stehen dabei Bilderbücher, kleine Puppenspiele, aber auch Lieder im Vordergrund. Häufig ist es nicht die Pfarrerin oder der Pfarrer selbst, der solche Feiern leitet. Jugendarbeiter, die vielleicht

selbst kleine Kinder haben, auch junge Mütter, Katechetinnen oder
«Kirchenälteste» helfen, die festlichen und sehr kurzen Anlässe zu
gestalten. Meist steht ein gutes Team dahinter. Und wenn die Pfarrerin oder der Pfarrer mitwirkt – dann oft eher in Jeans und Pullover als
im Talar!

Solche Anlässe machen Kinder früh mit Kirche und Gemeinde vertraut, führen zur Begegnung mit andern Kindern und ihren Eltern
und werden zum freudigen, regelmäßigen Erlebnis. Fast überall sind
diese kleinen Feiern, die sich an Drei- bis Fünfjährige und ihre Eltern
richten, sehr beliebt und besser besucht als viele andere Veranstaltungen einer Kirchgemeinde. Häufig werden diese kleinen Gottesdienste
ökumenisch durchgeführt und auch von Elterngesprächsrunden begleitet.

Die Funktion solcher Feiern ist allerdings nicht ganz mit jener
des Kindergottesdienstes oder der schweizerischen «Sonntagsschule»
zu vergleichen. Obwohl die «Sonntagsschule» heute oft auch an
Werktagen durchgeführt und in der Regel abwechslungsreich und
modern gestaltet wird, nimmt wie vielerorts auch bei den Kinder-
gottesdiensten die Teilnehmerzahl ab. Vielleicht haftet diesen Einrichtungen etwas von veralteter Frömmigkeit, von kirchlichem Insider-
tum, von schulischen Elementen an, wie es der Ausdruck «Sonntagsschule», der am Ende des 18. Jahrhunderts in England geprägt
wurde, sagt. An sich wäre es der Sinn *solcher* Feiern, in einem sehr
guten Sinn auf die Teilnahme am eigentlichen Gemeindegottesdienst vorzubereiten, indem die wichtigsten Elemente des Gottes-
dienstes – eine Liturgie mit Singen und Beten, vor allem auch das
Erzählen einer biblischen Geschichte – dazugehören. Nicht nur die
sinkende Teilnehmerzahl bei diesen Veranstaltungen fällt heute auf;
grundsätzlich sinkt das Durchschnittsalter der teilnehmenden Kinder;
vielerorts befindet sich ein großer Teil von ihnen im Vorschulalter;
vielleicht sind es jene Kinder, die in den «Krabbelgottesdiensten» mo-
tiviert wurden? Oder halten die attraktiven neuartigen «Angebote»
der Kirche eher von der Sonntagsschule ab?

Gut besucht sind in zahlreichen Gemeinden schon seit vielen Jahren
regelmäßig durchgeführte Familiengottesdienste, heute häufiger, als
dies früher der Fall war: Gottesdienste, an denen sozusagen alle auf ihre
Rechnung kommen; sie werden auch als «Gottesdienste für Jung und
Alt» oder «Gottesdienste für Alt und Jung» bezeichnet und in der
Schweiz praktisch immer im Dialekt durchgeführt. In der Regel tritt

eine Erzählpredigt, eine Erzählung, oft auch die Mitwirkung von Kindern an die Stelle der traditionellen Predigt.

Auf andere Weise werden Kinder heute aber direkt ins kirchliche Leben eingeführt, damit die Zeit zwischen Taufe und Konfirmation nicht einfach zum völlig «unkirchlichen» Zeitraum wird. So wurde im Kanton Bern unter dem Titel «Neuaufbau des kirchlichen Unterrichts» ein neues, erfolgreiches «Modell» der reformierten Kirche geschaffen, das sich unter dem Namen KUW inzwischen durchgesetzt hat und kirchlichen (nicht schulischen) Unterricht in Blockkursen, verbunden auch mit gottesdienstlichen Erlebnissen, vermittelt – also eine teilweise Vorwegnahme oder eine Einübung in den späteren Konfirmandenunterricht. Im Kanton Zürich bewährt sich der «Drittklassunterricht», der Kinder im Laufe eines Jahres zu einer Auseinandersetzung mit den vier Themen *Taufe, Beten, Abendmahl* und *Pfingsten* führt. Damit ist ein Wunsch vieler evangelischer Eltern, die fast neidisch zu den Katholiken und ihrem Erstkommunionsunterricht hinüberblickten, erfüllt. Es ist eine außerordentlich günstige Altersstufe, in der die Kinder – noch ganz *vor* der Pubertät – unbefangen fragen, religiösen Themen gegenüber in der Regel aufgeschlossen sind und meist leidenschaftlich gerne auch an Gottesdiensten teilnehmen, bei Theaterstücken mitspielen oder in gut organisierte Kinderlager mitkommen.

Bei all diesen kirchlichen Aktivitäten, auch beim schulischen Religionsunterricht, darf aber die religiöse Erziehung der Kinder nicht einfach an die Institutionen delegiert werden, in der Meinung, die Kinder würden ja jetzt mit religiösen Inhalten zur Genüge von andern Personen «eingedeckt». Immer wieder scheint mir wichtig, dass wir als Eltern die Kinder zu Hause nach dem Erlebten fragen, mit den Kindern weiterdiskutieren, auch zu den Anlässen mitgehen und – sofern solche nicht ohnehin stattfinden – Elternabende fordern und auch die Themen vorschlagen, die uns dabei wichtig sind.

15. ABENDMAHL MIT KINDERN

15.1 Zulassung zum Abendmahl nach der Konfirmation – ein alter Zopf?

Durch die Kindertaufe, die heute noch von sehr vielen Mitgliedern christlicher Kirchen als richtig anerkannt und praktiziert wird, werden die Kinder ihrerseits Mitglieder der christlichen Gemeinde. Der Mittelpunkt allen christlichen Gemeindelebens aber war von allem Anfang an die Feier des Abendmahls, unabhängig von den sehr unterschiedlichen Formen, in denen es im Lauf der Jahrhunderte und in den verschiedenen Konfessionen gefeiert wurde.

Es besteht kein überzeugender theologischer Grund, weshalb Kinder zwar getauft, nicht aber zum Abendmahl zugelassen werden sollten. In der protestantischen Tradition fand über Jahrhunderte bei der Konfirmation ein Nachholen des Taufgelübdes der Eltern durch den Konfirmanden oder die Konfirmandin selbst statt; damit verbunden oder anschließend wurde über Jahrhunderte von den Neukonfirmierten das erste Abendmahl eingenommen. Mancherorts, so etwa im Kanton Bern, wurde darum die Konfirmation als Admission (Zulassung, Zulassung zum Abendmahl) bezeichnet.

Die Konfirmation fällt in die Zeit des Erwachsenwerdens. Sie hat damit etwas von einem Übergangsritus, wie er sich auch in nichtchristlichen Gesellschaften findet und wie er einem Bedürfnis der Jugendlichen selbst und der Familien um sie entspricht. Zum evangelischen Ritus gehörte, neben der Segnung der Konfirmanden und ihrer Entlassung aus dem kirchlichen Unterricht, wie gesagt, immer auch das Abendmahl. Dies hatte schwerwiegende Konsequenzen. Jugendliche, die den Unterricht ernst genommen hatten und zu erwachsenen Mitgliedern der Gemeinde werden wollten, erwarteten oft zu viel von ihrem ersten Abendmahl, das einen sehr hohen Stellenwert hatte. Meist fand es in einem dafür bestimmten Festtagsgottesdienst (häufig Karfreitag) statt oder aber im Anschluss an die Konfirmation selbst. Jugendliche – und dies entspricht meiner eigenen Erinnerung – erwarteten dabei eine direkte Begegnung mit Gott, mit Jesus. Sie hofften, wie dies auch erwachsene Gemeindeglieder immer wieder tun, während des Abendmahls, beim Kosten von Brot und Wein, geschehe in ihnen etwas Außergewöhnliches. Solches Empfinden blieb aber meist aus. Es trat eine Enttäuschung darüber ein, dass es «nicht mehr als das» oder nur Wörter und ein merkwürdiger Nachgeschmack auf der Zunge und im Gaumen war. Häufig waren damit auch Schuldgefühle verbunden: Gerade weil sie nichts empfanden und meinten, etwas empfinden zu *müssen*, fühlten sich die jungen Menschen schuldig. Das teilweise berechtigte Gefühl, «unwürdig» zu sein, wurde durch die Liturgie, besonders durch das Sündenbekenntnis verstärkt und verhinderte oft ein echtes Erleben des Abendmahls. Es wurde darum als steif, fremd und traurig empfunden. Nach meiner eigenen Karfreitagserinnerung war das Abendmahl fast ausschließlich verbunden mit dem Tod Jesu, was sich auch aus den Einsetzungsworten ergibt und nicht falsch, aber doch einseitig ist.

Gerade ernste Jugendliche erlebten also Enttäuschungen und konnten sich kaum zu weiteren Abendmahlsfeiern entschließen. Es kam dazu, dass man über diese Enttäuschungen in der Regel nicht sprach; das Thema war tabuisiert. Das Abendmahl schien etwas für die «Frommen» zu sein; wollte man denn zu diesen gehören?

Eine andersartige Reaktion von Konfirmanden aufs Abendmahl war möglich: Es bedeutete für sie Abschluss, Befreiung vom kirchlichen Unterricht und den definitiven Abschied von der Kirche. Gottfried Keller schildert dies ausführlich in seinem «Grünen Heinrich»:

Meine Stimmung wurde immer heiterer; endlich fand das Abendmahl statt; aufmerksam verfolgte ich die Zurüstung und beobachtete alles sehr genau, um es nicht zu vergessen; denn ich gedachte, nicht mehr dabei zu erscheinen ...

Als die Kirchentüren sich auftaten, drängte ich mich geschmeidig durch die vielen Leute, ohne die Freude meiner Freiheit sichtbar werden zu lassen und ohne jemanden anzustoßen, und war bei aller Gelassenheit doch der erste, der sich in einiger Entfernung von der Kirche befand. Dort erwartete ich meine Mutter, welche sich endlich in ihrem schwarzen Gewand demütig aus der Menge hervorspann, und ging mit ihr nach Hause, gänzlich unbekümmert um meine geistlichen Unterrichtsgenossen.

Ebenso eindrücklich, aber ohne eine Wende zur Heiterkeit, schreibt der berühmte Psychiater C. G. Jung über sein erstes Abendmahlserlebnis. Als Pfarrerssohn, dessen Vater das Abendmahl austeilte, empfand er seine negativen Gefühle als besonders belastend. In C.G. Jungs Erinnerungen heißt es:

Auf dem Altartisch befanden sich große Platten, auf denen kleine Brotstücke lagen. Das Brot stammte, wie ich sah, von dem Bäcker, der wenig gutes und fade schmeckendes Brot lieferte. Aus einer zinnernen Kanne wurde Wein in einen zinnernen Becher geschüttet. Mein Vater aß ein Stückchen Brot, trank einen Schluck Wein, von dem ich wusste, aus welchem Wirtshaus er vorher geholt worden war, und gab den Becher einem der alten Männer weiter. Alle waren steif, feierlich, teilnahmslos, wie mir schien. Ich schaute gespannt zu, konnte aber nicht sehen und erraten, ob etwas Besonderes in ihnen vorging. Es war wie bei allen kirchlichen Handlungen, bei Taufen, Begräbnissen usw. ... Es wurde nicht erwähnt, dass es nun 1860 Jahre her war, seit Jesus gestorben, was doch sonst bei allen Erinnerungsfeiern hervorgehoben wird.

Plötzlich kam die Reihe an mich. Ich aß das Brot; es schmeckte fad, wie erwartet. Der Wein, von dem ich nur den kleinsten Schluck nahm, war dünn und säuerlich, offenbar nicht vom bessern. Dann kam das Schlussgebet, und alle gingen hinaus, nicht bedrückt und nicht erfreut, sondern mit Gesichtern, die sagten: «So, das wär's jetzt.» ...

15.2 Neue Tendenzen

Die erwähnten Beobachtungen zeigen, dass gerade das Lebensalter des Erwachsenwerdens und der Loslösung für ein erstes Abendmahl eher ungünstig ist. Zwar können Jugendliche in diesem Alter eine Erklärung des Abendmahls gut verstehen. Sie sind aber zu sehr mit sich selbst beschäftigt, gleichzeitig intensiv auf moderne Gemeinschaftserlebnisse mit Gleichaltrigen ausgerichtet, sodass ein ganzheitliches Erleben, wie es das Abendmahl sein sollte, irgendwie gegen den Strich geht. Ein Zugang zu Symbolen, der durch zu ausführliche Erklärungen nicht zerstört werden darf, ist im Konfirmandenalter nicht sehr leicht möglich.

Immer wieder blickten viele evangelische Eltern fast neidisch zu den Katholiken «hinüber». Hier fand in der Regel ungefähr im achten Lebensjahr im kirchlichen Unterricht die Hinführung zur Erstkommunion statt. Kinder dieser Stufe sind für bildhaftes Denken und fürs Geschichten-Hören in einem idealen Alter. Sie fragen sehr direkt, vielleicht auch unbequem. Das mehr Atmosphärische der Kirche, das Erleben von Gemeinschaft und Gemeinde in einem – hoffentlich gut vorbereiteten – Gottesdienst macht ihnen in der Regel Freude. Und sie teilen solche Erfahrungen noch selbstverständlich mit ihren Eltern; so bleibt das Erleben der Eucharistie nicht auf Unterricht und Gottesdienst beschränkt, sondern findet im Alltag eine Fortsetzung.

Dies zeigte schon lange, dass ein echtes Aufnehmen von Kindern in die Gemeinde, wie es in der Teilnahme am Abendmahl seinen Ausdruck findet, nicht erst im Zeitpunkt der Ablösung vom Elternhaus und sonstigen Autoritäten, zu denen auch die Kirche gehört, stattfinden sollte. Durch ein früheres Erleben des Abendmahls können Kinder allmählich in die Gemeinde *hineinwachsen* und erleben, dass Religion also nicht nur Privatsache ist, wie dies etwa bei einer Beschränkung auf das intime Abendgebet von Mutter oder Vater und Kind der Fall wäre.

Darum ist es sehr erfreulich, dass heute in den meisten evangelischen Landeskirchen die Teilnahme von Kindern am Abendmahl grundsätzlich erlaubt ist. Gerade in der Schweiz wurden gezielt neue Gottesdienstformen entwickelt, die den Kindern ein Verstehen des Abendmahls erleichtern, gleichzeitig aber die ganze Gemeinde miteinschließen.

Die neuen Gottesdienstmodelle gehen davon aus, dass das Abendmahl fürs Kind ein *Erlebnis* sein soll. Im Mittelpunkt steht darum meist eine kindgemäß erzählte Geschichte, die sich wie ein roter Faden durch den Gottesdienst zieht und zum eigentlichen Abendmahlsteil hinführt. Daneben sind in diese Erzählgottesdienste auch auf evangelischer Seite die alten Stücke der Messe in kindgemäßer Form eingebaut: Introitus (Eingang), Kyrie (Klagestrophe), Gloria (Lobpreis), Sanctus (Anbetung), Benedictus (Loblied und Danklied), Agnus Dei (Bitte). Solche Gottesdienstmodelle sind Ende der Siebzigerjahre entwickelt worden und wurden in verschiedenen Varianten vielfach erprobt.

Natürlich ergab sich aus der Feier solcher Gottesdienste auch die Notwendigkeit, Kinder auf das Abendmahl vorzubereiten. Eine solche Vorbereitung konnte im Kindergottesdienst oder in der Sonntagsschule stattfinden. Hier allerdings wird immer nur ein kleiner Prozentsatz aller evangelischen Kinder erreicht. So wurde im Kanton Zürich die Hinführung zum Abendmahl zu einem der wichtigsten Lernziele des «kirchlichen Unterrichts im 3. Schuljahr». 1990 hat das Katechetische Institut der evangelisch-reformierten Landeskirche des Kantons Zürich in einem Handbuch wertvolle Anregungen dazu gegeben («Der kirchliche Unterricht im 3. Schuljahr») und gleichzeitig ein Ringbuch für Kinder, «Kinder leben Kirche», das die Kinder be kommen und in dem sie die leeren Seiten selbst gestalten können, hergestellt.

Im Kanton Bern wurde schon 1986 das «Grundkonzept für den Neuaufbau des kirchlichen Unterrichts» nach sorgfältiger Planung publiziert. Hier heißt es: «Ein wichtiger Grund für die Vorverlegung der Unterweisung (damit ist der Konfirmandenunterricht gemeint) liegt im Synodenbeschluss, auch Kinder zum Abendmahl einzuladen.» Mit diesem Vorschlag sollte verhindert werden, dass das Erleben des Abendmahls erst dann möglich, erlaubt und verständlich würde, wenn die Jugendlichen schon aus der Kirche «hinauskonfirmiert» werden. Dass dabei die Begleitung des Kindes durch seine Eltern nötig und wichtig ist, versteht sich fast von selbst. So hat denn auch im Zusammenhang mit dem erwähnten «Neuaufbau» im Kanton Bern die Betreuung und Beratung der Eltern einen großen Stellenwert. Aber auch in andern Kantonen und in Deutschland wird die Mitarbeit der Eltern im Hinblick auf eine Abendmahlsvorbereitung besonders ernst genommen.

Im Folgenden sei auf einige Punkte hingewiesen, die uns ein Nachdenken über das Abendmahl erleichtern und uns helfen, als Eltern oder Erziehende das Kind auch außerhalb des kirchlichen Unterrichts zu unterstützen. Dabei dürfen wir keine zu hohen Anforderungen an uns selbst stellen. Die wichtigste Erkenntnis oder Erfahrung schöpft das Kind nicht aus unseren Hilfsmaßnahmen, sondern aus dem ganzheitlichen und wiederholten Erleben des Abendmahls, bei dem es Freude empfindet und mit allen Sinnen angesprochen wird. Es wird dabei hoffentlich nicht nur schmecken und hören, sondern tanzen, singen, mitspielen und vielleicht sogar klatschen können.

15.3 Hinführung zum Abendmahl: Jesu Gegenwart und Glaubensbekenntnis

Es ist schön, wenn das Abendmahl, das wir mit dem Kind besucht haben oder besuchen werden, einen festlichen Charakter hat. Wir freuen uns auf das Fest und sind gespannt darauf. Wie vor jedem Mahl haben wir Hunger und Durst. Bei diesem Mahl ist es Hunger und Durst nach Jesus. Im Bilderbuch «Gute Nacht, Anna» habe ich versucht, fast selbstverständliche Begebenheiten in Eltern-Kind-Gesprächen, die jeweils mit einem Gebet enden, wiederzugeben. Das Gespräch der kleinen Anna und ihres Vaters über das Essen endet mit einem Gebet (siehe «Guter Gott ...» S. 73f.), das in einem weiteren Sinn eine Einstimmung aufs Abendmahl für sehr kleine Kinder sein könnte. Damit wird nur angedeutet, wie der privateste Bereich des Abendgebets und zentrale Inhalte des Abendmahls zusammenklingen könnten. Häusliche religiöse Erziehung und «Erlebnisse» in der Kirche sind auf diese Weise nahe beieinander.

Im Abendmahl möchten wir Jesus in einem kirchlichen Fest begegnen. Wir möchten ihn erfahren. Dabei können wir ihn nicht sehen. Aber er ist der Gastgeber. Wir spüren: Hier geschieht etwas, das nicht erklärbar ist, das nicht «aufgeht». Es bleibt ein Geheimnis. «Geheimnis des Glaubens» heißt es denn auch in alten Abendmahlsliturgien.

Ich vermute, dass das Kind, aber auch wir Erwachsene in der Abendmahlsfeier spüren, wie schwer Glauben ist, wie konkret spürbar – völlig anders als im familiären Bereich – Glauben gerade im Erleben des Abendmahls werden kann. Ich möchte hier darum den Versuch eines ganz einfachen Glaubensbekenntnisses für Kinder beifügen – in der Meinung, dies sei in einer einfachen Abendmahlsfeier mit Kindern zu brauchen oder als Vorbereitung dazu. Die letzte Zeile ließe sich dann je nach Situation abändern.

Wir haben alles bereit gemacht.
Aber wir brauchen dich, Jesus.
Du bist die Hauptsache.

Du hast uns eingeladen zu deinem Fest.
Wir kommen.
Wir haben Hunger und Durst nach dir!
Wir sehen dich nicht.
Wir hören dich nicht.
Aber wir möchten dich spüren.

Du bist unser Licht,
du bist unser Brot,
du bist unser Leben.
Du kommst zu uns.
Das ist ein Geheimnis.
Wir können es nicht verstehen.

175

Jesus, du hast zu deinen Freunden gesagt:
Ich möchte mit euch ein Fest feiern.
Du hast deinen Freunden die Füße gewaschen.
Du hast gesagt: Ich habe euch lieb.
Du sagst auch zu uns: Ich habe euch lieb.
Und wir möchten zu dir sagen:
Es ist gut, dass du da bist.
(oder: Es ist gut, dass du im Abendmahl zu uns
kommen willst.)

Amen

Es sind – gemäß den Empfehlungen des Ökumenischen Rats der Kirchen (in der «Lima-Liturgie») fünf scheinbar abstrakte, dogmatische Punkte, die zusammenfassen, was die getrennten Kirchen im Hinblick aufs Abendmahl verbindet. Es sind nicht einfach Programmpunkte für Abendmahlsfeiern; sie spiegeln die Geschichte des Abendmahls durch fast 2000 Jahre hindurch. Die fünf Punkte eignen sich auch ausgezeichnet, um zu sagen, was im Hinblick auf das Abendmahl mit Kindern wichtig ist; ich versuche, hier allen fünf Punkten eine im Hinblick auf Kinder brauchbare und verständliche Formulierung beizugeben.

– Eucharistie, Danksagung: «Wir danken dir, Gott».
– Anamnese, Gedächtnis Christi: «Wir reden von dir, Jesus».
– Epiklese, Bitte um Erfüllung der Gegenwart: «Wir brauchen deinen Geist, Gott».
– Communio, Gemeinschaft der Gläubigen: «Wir gehören vor dir zusammen».
– Mahl des Gottesreiches: «Wir haben keine Angst».

1. Wir danken dir, Gott

Das griechische Wort Eucharistie bedeutet Dank. Die Eucharistie, das ganze Abendmahl, ist ein Lobopfer als Dank für Gottes Behütung. Dazu gehört die Freude am Leben, die Freude an der Schöpfung und der Dank für die Schöpfung. Insofern ist jedes kleine, mit dem Kind gesprochene Dankgebet schon im weiteren Sinn Vorbereitung aufs Abendmahl. Dazu gehört auch, dass wir mit dem Kind das Schöne in der Natur und im Menschen überhaupt sehen lernen und es loben.

2. Wir reden von dir, Jesus

Als Vorbereitung aufs Abendmahl sollte von Jesus erzählt werden. An das letzte Abendmahl Jesu mit seinen Jüngern wird mit den Einsetzungsworten selbst erinnert. Das Erzählen von Tod und Auferstehung Jesu stellt das Abendmahlsgeschehen in einen größeren Zusammenhang. Außerdem werden in der Feier des Mahles an sich fremdartige Sätze plötzlich verständlich: «Jesus ist das Brot des Lebens» oder «Ich bin der Weinstock – ihr seid die Reben». Auch die erwähnten Erzählgottesdienste tragen dazu bei, dass das Abendmahl zu einem Erinnern an Jesu *ganzes* Leben, Reden und Handeln wird – nicht nur an sein letztes Mahl. So sind das Erzählen von Jesus und das Abendmahl aufs engste verbunden, gerade für Kinder, sei es im Gottesdienst selbst, vorher oder nachher.

3. Wir brauchen deinen Geist, Gott

Im Abendmahl bitten wir um den Segen über Brot und Wein. Wir bitten um die Gegenwart Jesu mit Brot und Wein. Wir bitten darum immer wieder neu und sagen damit, dass Jesus nicht selbstverständlich schon da ist. Erst durch das Kommen des Geistes werden die Gaben und unser Fest zum Sakrament. Jesu Gegenwart ist darum immer wieder neu ein Geheimnis; Jesus ist nicht verfügbar. – Einerseits ist dieses Geheimnis schwer verständlich, andererseits sind gerade Kinder zu einem Sich-Vertiefen in die Bitte um den Geist durchaus in der Lage. Ein Stillwerden und das Erleben einer Wirklichkeit, die über die äußerlich wahrnehmbare hinausgeht, ist ihnen oft besser möglich als uns Erwachsenen. Sie können auch Symbole oft auf eine sehr direkte Art verstehen.

4. Wir gehören vor dir zusammen

Communio – Kommunion, das bedeutet Gemeinschaft. Es bedeutet Teilen. Damit ist unsere Gemeinschaft mit Jesus, aber auch unsere Gemeinschaft als Gemeinde, als Leib Christi gemeint. Zu dieser von Gott gewollten Gemeinschaft gehört die ganze Welt. Es ist darum wichtig, stellvertretend für die Benachteiligten, auch stellvertretend für alle Menschen überhaupt, im Abendmahl zu Jesus zu kommen. Es gehört darum zum Abendmahl, in Solidarität der Benachteiligten zu gedenken, dann aber nicht beim Gedenken stehen zu bleiben: Die *Fürbitte* und das *Tun* für die andern sind eine Folge dieses Gedenkens. Von allem Anfang der Kirchengeschichte an war die Diakonie, der Dienst an Armen und Kranken, ein wichtiger Bestandteil des Abendmahls, sei es während der Feier durch Sammeln der Gaben oder nach der Feier durch Besuche. Die im folgenden Abschnitt dieses Buches (zum Thema Sonntag) angeführte kleine Erzählung von *Cornelia* bildet für Kinder eine gute Illustration für diesen Aspekt des Abendmahls. Fürbitte und Engagement sind Elemente der *ganzen* religiösen Erziehung und werden darum sicher auch außerhalb des Abendmahlsgottesdienstes erlebt.

Im Hinblick auf die Feier selbst können wir Kindern zu einem intensiveren Erleben von Gemeinschaft verhelfen, indem wir sie nicht allein lassen und sie etwa im Zusammenstehen in einem Kreis oder im Friedensgruß die «Communio» auch leiblich spüren lassen. So gesehen scheint mir denn weder die reformierte «sitzende» noch die «wandelnde» Kommunion für Kinder (aber auch für Erwachsene) sehr zu empfehlen: In beiden Fällen, ob das Abendmahl in den Bänken ausgeteilt wird oder ob es alle hintereinander vorne empfangen, ist der einzelne beim Empfang der Gaben *allein*. Die Austeilung des Mahles in einem Kreis, das Weitergeben des Brotes, das jeder für seinen Nachbarn bricht und ihm mit einem Segenswort reicht, scheint mir von großer Symbolkraft. Als Segenswort beim Weitergeben von Brot und Wein hat sich in Gottesdiensten mit Kindern bewährt: «Jesus kommt zu dir» oder «Jesus ist bei uns».

5. Wir haben keine Angst

Im Abendmahl wird das Reich Gottes, das mit Jesus schon da ist und das gleichzeitig Inbegriff unserer Hoffnung auf eine Zukunft mit dem wiedergekommenen Christus ist, gefeiert. Obwohl dieses Gottesreich ein Geschenk ist, braucht es unsere Augen und Ohren, es zu sehen und zu hören. Es braucht unsere Hände, daran mitzubauen. Vielleicht ist der Friedensgruß – dass man sich in der Abendmahlsfeier die Hände reicht und auf die eine oder andere Weise den Frieden wünscht und ihn weitergibt – ein Ausdruck für das schon vorhandene und im Wiederkommen Jesu strahlend erwartete Gottesreich. Davon geht Freude aus, gleichzeitig auch die Verpflichtung, an diesem Frieden selbst mitzubauen. Auch in diesem letzten Punkt geht es um ein

Element, das in der ganzen religiösen Erziehung verankert ist: Für ein Erziehen zur Hoffnung bildet gerade das Abendmahl Ausgangspunkt, Mittelpunkt oder Ziel, jedenfalls eine große Bereicherung.

Nachbemerkung: Wichtige Impulse für dieses Kapitel verdanke ich ursprünglich den Schwestern von Grandchamps auf dem «Sonnenhof», die nach der Liturgie von Taizé feiern; mit ihnen gemeinsam gestaltete Abendmahlsgottesdienste mit Kindern sind mir sehr wichtig geworden. In der Reihe «Religion für kleine Leute» entstand das Bilderbuch mit dem Titel «Jesus teilt das Brot» (1986). Anhand der Emmaus-Geschichte und anhand eines ganz frühen christlichen Abendmahls werden darin die hier erwähnten Punkte für Kinder und ihre Eltern erzählend verständlich gemacht.

In den letzten Jahren folgten dann mehrere anregende Feiern im «Haus der Stille und Besinnung», Kappel a.A. Wiederum waren es Tagungen für Eltern und Kinder; sie eignen sich für Abendmahlsfeiern, überhaupt für Gottesdienste, die für Kinder zum Erlebnis werden, ganz besonders. Im Hinblick auf diese Erfahrungen habe ich meiner Freundin Pfrn. Christa Gäbler-Kaindl (Basel) – sie gehört zur lutherischen Kirche und beschäftigt sich intensiv mit den Fragen kirchlicher Rituale für Kinder – viel zu verdanken. Wir haben die Tagungen in Kappel, im Auftrag der Zürcher Landeskirche, gemeinsam gestaltet.

16. Sonntag feiern

16.1 Zur Entstehung des Sonntags

Auf die Frage, warum wir denn Sonntag feiern, nennen Schulkinder der zweiten oder dritten Klasse vor allem drei Gründe: 1. Der Sonntag ist der letzte Tag der Schöpfung; Gott ruht aus. 2. Wir brauchen Ruhe. 3. Es ist Sonntag, weil wir keine Schule haben. – In die selbe Richtung weisen Aussagen wie «Der Sonntag ist kein Werktag» oder «Am Sonntag habe ich frei».

Das 6-Tage-Werk Gottes, das Erschaffen der Erde in sechs Tagen also und Gottes Ausruhen am siebten Tag scheint vielen Kindern mehr oder weniger bewusst, auch wenn sie sagen, die Sache mit den sechs Tagen sei ja «eigentlich nicht wahr» oder – dies sind Aussagen etwas älterer Kinder – diese Zahlen seien «nicht so genau zu nehmen».

Von diesen Kinderaussagen her liegt es nahe, vorerst nach dem Sabbat der Juden zu fragen, der mit dem Ruhegebot, das sich in den zehn Geboten findet, zu tun hat: «Gedenke des Sabbats, dass du ihn heilig haltest. Sechs Tage sollst du arbeiten und all dein Werk tun; aber der siebente Tag ist ein Ruhetag, dem Herrn, deinem Gott, geweiht. Da sollst du keine Arbeit tun, weder du noch dein Sohn, noch deine Tochter, noch dein Sklave noch deine Sklavin, noch dein Vieh, noch der Fremde, der innert deiner Tore ist. Denn in sechs Tagen hat der Herr Himmel und Erde gemacht und das Meer und alles, was in ihnen ist, und er ruhte am siebenten Tage; darum segnete der Herr den Sabbattag und heiligte ihn.» (2 Mose 20,8–11). So sagt es die heute etwas altertümlich klingende Zürcher Bibelübersetzung.

Obwohl bei unserem Sonntag eine völlig andere Tradition hinzukommt, können wir noch heute und auch im Hinblick auf das Feiern unseres Sonntags viel von der jüdischen Sabbattradition profitieren.

Es geht im *Judentum* nicht um heilige Gegenstände, sondern um heilige Zeiten. Dass der Sabbat nicht einfach ein freier, sondern ein heiliger Tag wird – dafür muss etwas getan werden:

Acht Minuten vor Sonnenuntergang am Vorabend, Freitagabend also, beginnt der Sabbat. Jetzt ist alle Arbeit verboten. Eine intensive Vorbereitungszeit ist vorausgegangen: Kochen, Aufräumen, Bereitmachen der Kleider – die *Frau* des Hauses spielt beim Sabbatfeiern eine besondere Rolle: Sie ist es, die am Freitagabend die Kerzen anzündet. Der Sabbat aber wird symbolisch als *Braut* begrüßt. Der Sabbat selbst hat also weibliche Eigenschaften.

Am Sabbatabend dann, an unserem Samstag also, findet beim Sichtbarwerden der ersten Sterne die Verabschiedung des Sabbat statt. «Und dieser Abschied tut weh.» «Wir verabschieden eine zusätzliche Seele, die wir für den Sabbat bekommen haben», erzählt eine Jüdin. Im Talmud heiße es, dass der Messias kommen werde, wenn alle Juden der Welt zwei Sabbate hintereinander richtig heiligen würden ...

Faszinierend ist die Beobachtung, dass sich in den zehn Geboten kein Arbeitsgebot findet, in der Art etwa «Du sollst immer fleißig sein», wohl aber das Gebot, die Arbeit zu unterbrechen, das Ruhegebot!

Wie verhält es sich dagegen mit dem christlichen Sonntag? Über die Zeit des sehr frühen Christentums ließe sich Kindern folgende kleine Geschichte erzählen:

Cornelia

Cornelia lebte in einer Zeit, in der man im römischen Reich den Sonntag noch nicht feiern durfte. Die Christen hielten ihren Gottesdienst morgens sehr früh. Manchmal trafen sie sich auch abends zu einem gemeinsamen Essen. Sonst war es ein gewöhnlicher Arbeitstag.

Cornelia öffnet die Augen. Es ist dunkel im Schlafraum. Ist es mitten in der Nacht? «Mutter, warum ziehst du deine Festkleider an?» Auch der Vater schlüpft in seine besten Kleider und bindet die Sandalen fest. «Wohin geht ihr?» Cornelia ist jetzt hellwach. Sie springt auf und ruft ganz laut: «Wohin geht ihr? Ich will mit.»

«Still, Cornelia, heute ist der Tag des Herrn. Wir feiern sein Mahl zusammen mit den anderen Christen.» Die Mutter fügt hinzu: «Kannst mitkommen, wenn du willst. Aber zieh dich schnell an, Cornelia!»

Cornelia hat schon von den Christen gehört. Sie weiß, dass es verboten ist, Christ zu sein. Der römische Kaiser will nichts von diesen Christen wissen. «Gehört ihr jetzt auch dazu?» Aber Cornelia hat keine Zeit weiterzufragen. Durch die dunklen Gassen folgt sie den Eltern in einen andern Stadtteil. Der Vater hat den großen Korb an den Arm gehängt; er ist schwer. Die Mutter trägt auf dem Kopf einen Weinkrug.

In einem Kellerraum treffen sie andere Männer und Frauen. Sie begrüßen sich. Sie umarmen sich. Alle setzen sich in einem Kreis auf Strohmatten. In der Mitte auf einem niedrigen Tisch stehen Öllampen, auch ein großes rundes Brot. Cornelias Mutter stellt den Weinkrug daneben. Jetzt zieht einer der Männer eine Schriftrolle auseinander und liest vor. Cornelias Vater hält ihm beim Vorlesen die Lampe. Der Mann liest eine Geschichte von Jesus Christus vor. Von Jesus, der den Armen geholfen hat. Von Jesus, den sie König der Juden genannt haben.

Cornelia versteht nicht alles. Zusammen mit allen andern streckt sie dann die Hände in die Höhe. «Komm, Jesus, komm!», sagen sie zusammen.

«Jetzt beten wir», flüstert die Mutter Cornelia zu. Dann brechen sie das Brot entzwei. Sie brechen es immer wieder, bis jeder ein Stückchen hat. Alle bekommen einen Schluck aus dem Weinkrug.

Ganz am Schluss werden die Dinge verteilt, die Cornelias Vater im Korb mitgebracht hat. Auch andere volle Körbe stehen beim Ausgang. «Für die Armen», sagt die Mutter. Und da sieht Cornelia, dass viele sehr arme Menschen zu den Christen gehören; sie tragen dünne Kleider; sie haben keine Sandalen. «Sie gehören auch zu uns. Wir teilen mit ihnen.»

Cornelia staunt. Doch der Vater zieht sie weg. «Wir müssen zu Hause sein, bevor die Arbeit in der Werkstatt beginnt.» Zwischen den Häuserzeilen sieht man ein Stück roten Himmel. Bald geht die Sonne auf!

Zu Hause ziehen sich die Eltern schnell um. «Vergiss es nicht, Cornelia, heute ist der Tag des Herrn, der Tag Jesu. Wir kommen an diesem Tag zusammen, um ganz besonders an Jesus Christus zu denken. Wenn wir das Brot und den Wein teilen, denken wir an das letzte Mahl, das er mit seinen Freunden gegessen hat.»

Schnell hört der Vater mit Erzählen auf. Die zwei Männer, die in Vaters Werkstatt arbeiten, kommen durchs Tor in den Hof.

R.S.

Wir sehen: Hier geht es nicht um Arbeitsruhe. Das Christentum ist noch nicht Staatsreligion. Der Sonntag der Christen ist ein normaler Arbeitstag. *Heimlich* wird Sonntag gefeiert. Je nachdem, wie gezählt wird, ist der Sonntag der erste oder der achte Tag der Woche, nicht der siebte wie der Sabbat. So schreibt der Kirchenvater Ambrosius: «Die Siebenzahl gehört zum Alten, die Achtzahl zum Neuen Testament, da Christus auferstanden ist und der Tag des neuen Heils für alle angebrochen ist, jener Tag, von dem der Prophet sagt: Das ist der Tag, den der Herr gemacht hat, lasst uns an ihm fröhlich sein und frohlocken.»

Dieser Tag zeigt das Ende der alten und den Beginn einer neuen Schöpfung an. Der erste oder achte Tag aber soll vor allem an Christi Auferstehung, an *Ostern* erinnern.

Die frühen Christen machten den Versuch, sich gegen die römischen Heiden *und* gegen die Juden abzusetzen. Wohl hatten die Römer einen «Sonnentag», einen «dies Solis», einen dem Sonnengott geweihten Feiertag also. Im Mittelpunkt des festlichen Tages der Christen aber stand die Mahlfeier, zur Erinnerung an Jesu letztes Mahl, verbunden mit einer Spendensammlung für die Bedürftigen, einer frühen Form der Kollekte. So heißt es am Anfang des 16. Kapitels des 1. Korintherbriefs: «Was aber die Sammlung für die Heiligen betrifft, sollt auch ihr es so machen, wie ich es für die Gemeinden in Galatien angeordnet habe. Je am ersten Tag der Woche lege jeder von euch beiseite und sammle, was ihm gut möglich ist, damit nicht erst dann, wenn ich komme, Sammlungen veranstaltet werden.»

Nach dem Jahre 312 dann, als unter Kaiser Konstantin das Christentum zugelassen und später zur Staatsreligion erklärt wurde, wurde auch der christliche Sonntag zum Ruhetag. Er war jetzt «Herrentag» (Domenica), Tag des Herrn, aber «Sonnentag» gleichzeitig. Und er erhielt jetzt auch Züge des jüdischen Sabbat. Wichtig war aber zuerst vor allem die Ruhe *zu* (zum Gottesdienst nämlich), nicht die Ruhe *von* (der Arbeit). Erst allmählich entstand eine Art christlicher Sabbat, an dem auch die Arbeitsruhe äußerst streng eingehalten werden musste. So sollen im Mittelalter immer wieder Strafwunder geschehen sein. Es erstarrte etwa die Hand eines am Sonntag arbeitenden Müllers am Griff der Mühle; die Hand eines Bauern am Pflug wurde zu Stein! Mit der Zeit wurde der Gottesdienst fest auf die «dritte Stunde morgens», also auf morgens 9 Uhr, festgelegt und musste strikt eingehalten werden.

Es gab im Mittelalter sehr viele Ruhetage; neben den 52 Sonntagen wurden in manchen Gegenden 38 Heiligen-Tage gefeiert. In der Reformationszeit dann verschwanden die meisten Heiligentage als offizielle Feiertage. Strenge Sittenmandate, die bis ins 18. Jahrhundert in Kraft standen, legten Kleidung, Gottesdienstformen und andere Sonntagsbräuche fest, deren Nichteinhalten hart bestraft wurde.

Es blieb bei der 7-Tage-Woche; ein Versuch, die 10-Tage-Woche einzuführen, scheiterte – zur Zeit der französischen Revolution – schon bald. Die vom Judentum her kommende «Erfindung» der 7-Tage-Woche entspricht offenbar einem natürlichen Rhythmus des Menschen.

Über Jahrhunderte machten die selbstverständliche Verbindung von Arbeitsruhe und «österlicher» Gottesdienstfeier den Sonntag aus. Wer nicht zum Gottesdienst kommen konnte, weil er alt oder krank war, nahm durch das Läuten der Glocken daran teil.

Im Zeitalter der Industrialisierung setzte sich eine grundlegende Änderung des Lebens- und Arbeitsgefühls durch. Vorerst wurde die Arbeitszeit erhöht; in der zweiten Hälfte des 19. Jahrhunderts fand dann eine Arbeitszeitverkürzung statt. Während im Jahr 1850 oft 85 Stunden pro Woche gearbeitet wurde, 1910 noch 59 Stunden, waren es 1945 48 Stunden, heute 40 oder weniger. In der Schweiz gab es erst von 1877 an ein Fabrikgesetz; 1931 wurde die Sonntagsruhe für angestellte Handwerker und Arbeiter in einem Bundesgesetz festgeschrieben; erst in den fünfziger Jahren wurde der Samstagnachmittag verbindlich zum arbeitsfreien Halbtag erklärt.

Mit der Verkürzung der Arbeitszeit stellten sich aber auch neue, unerwartete Probleme ein. Die Arbeit wurde konzentriert. An die länger gewordene Freizeit wurden jetzt veränderte, wesentlich höhere Ansprüche gestellt; die Freizeit sollte die Arbeitszeit kompensieren. Daraus erwuchs eine Freizeitindustrie. Es ging plötzlich nicht mehr nur um den Sonntag, sondern um ein ganzes Wochenende. Der Sonntag aber wurde zum Ende des Wochenendes; er soll heute oft die Erholung von der Erholung bringen, gleichzeitig ist er bei vielen Menschen gefährdet, indem er eine Übergangskrise, vor Beginn der neuen Woche, mit sich bringt.

Während es für die frühesten Christen schwierig war, den sonntäglichen Gottesdienst neben ihrer Arbeit unterzubringen, hat heute der Gottesdienst kaum noch neben den vielfältigen, oft besitzergreifenden Freizeitangeboten Platz.

Zwei alte Traditionen sind es, die uns heute nach wie vor bei der Gestaltung des Sonntags helfen könnten, an die wir uns erinnern müssten: Es geht um die beiden zentralen Begriffe von Freiheit und Frieden.

Wie der Sabbat könnte auch unser Sonntag das Gefühl von *Freiheit* mit sich bringen; er könnte uns die Befreiung von alltäglicher Last erfahren lassen, so wie die Israeliten die Befreiung aus der ägyptischen Knechtschaft erlebten. Das Gedenken an diese Befreiung gehört zu den zehn Geboten, auch zum Sabbatgebot; es geht den andern Geboten voraus! Auch das Vieh, auch die Sklaven sollten aufatmen am Sabbat und Befreiung von ihrem Joch erleben.

Der Sonntag könnte aber auch zum Tag des *Friedens* werden – wie in mittelalterlicher Zeit. Treuga dei, Gottesfrieden, nannte man dies im Zeitalter der Ritter: Über das Wochenende, ganz besonders aber am Sonntag selbst bestand Fehdeverbot. Die Waffen mussten ruhen. Der Sonntag wurde zum Tag, an dem der Friede bewusst gefeiert werden konnte – oder auch heute gefeiert werden kann.

Ein «sonntäglicher Lebensstil», durch Friede und Freiheit geprägt, könnte die Folge sein.

16.3 *Und mit Kindern?*

Wie gelingt uns aber – gerade mit Kindern – ein Umsetzen solcher Forderungen, solcher Wünsche? Ist nicht gerade auch für Kinder der «Sonntagsstress» von uns Erwachsenen, andererseits die «Sonntagslangeweile» eine Bedrohung? Bringt nicht für Kinder ein Tag, an dem alles anders ist als sonst, auch eine Verunsicherung?

Neben solcher Verunsicherung oder Langeweile bereitet uns auch die riesengroße Bedeutung, die – gemäß Kinderaussagen – das *Essen* am Sonntag hat, Probleme. Immer wieder wird von befragten Kindern das Restaurant erwähnt, die Tatsache, dass der Vater am Sonntag kocht, auch die Freude an bestimmten Gerichten (meist den geliebten «Pommes frites») oder die Erfindung neuer Mahlzeiten-Namen, ob sie nun «Brunch» oder in der Schweiz «Zmo-Zmi» (Zmorgen-Zmittag) heißen. Der alte «Sonntagsbraten», eine festliche Sonntagsmahlzeit also, zu der sich möglicherweise auch die Großeltern einfanden – ich denke an eine Zeit, die wohl nur eine knappe Generation zurückliegt –, hat in den meisten Familien ausgedient. Vielleicht ist damit eine tatsächlich veraltete Form der Sonntagsfeier, die vor allem der Hausfrau Mühe und Arbeit bereitete, verschwunden.

Umso wichtiger aber ist es, neue, zeitgemäße Traditionen zu schaffen, die den Sonntag gliedern, die Kindern und Erwachsenen dadurch Geborgenheit und vor allem: die Möglichkeit der Vorfreude auf etwas Erwartetes vermitteln. In wunderbarer Weise ist von solcher Vorfreude, die zu Ritualen und zu besonderen Tagen gehört, in einem kleinen Stück aus Antoine de Saint-Exupérys «Kleinem Prinzen» die Rede:

Auf seiner Reise über den Planeten Erde begegnet der kleine Prinz eines Tages dem Fuchs. Der Fuchs will vom kleinen Prinzen gezähmt werden; deshalb soll der kleine Prinz ihn jeden Tag zu einer vereinbarten Stunde besuchen ...

Am nächsten Morgen kam der kleine Prinz zurück.
«Es wäre besser gewesen, du wärst zur selben Stunde wiedergekommen», sagte der Fuchs. «Wenn du z.B. um vier Uhr nachmittags kommst, kann ich um drei Uhr anfangen, glücklich zu sein.
Je mehr die Zeit vergeht, umso glücklicher werde ich mich fühlen. Um vier Uhr werde ich mich schon aufregen und beunruhigen; ich werde erfahren, wie teuer das Glück ist. Wenn du aber irgendwann kommst, kann ich nie wissen, wann mein Herz da sein soll ... Es muss feste Bräuche geben.»
«Was heißt fester Brauch?», sagte der kleine Prinz.
«Auch etwas in Vergessenheit Geratenes», sagte der Fuchs. «Es ist das, was einen Tag vom anderen unterscheidet, eine Stunde von den anderen Stunden. Es gibt zum Beispiel einen Brauch bei meinen Jägern. Sie tanzen am Donnerstag mit den Mädchen des Dorfes. Daher ist der Donnerstag der wunderbare Tag. Ich gehe bis zum Weinberg spazieren. Wenn die Jäger irgendwann einmal zum Tanze gingen, wären die Tage alle gleich und ich hätte niemals Ferien.»
So machte denn der kleine Prinz den Fuchs mit sich vertraut ...

Bräuche oder *Rituale* könnten gerade für die Sonntage neu geschaffen, dann aber auch regelrecht gefeiert und schon in Vorfreude vorbereitet oder vorbesprochen werden. So könnte ich mir denken, dass auch – neben Betätigungen wie einem Besuch bei einem bestimmten Menschen, Spielen, Baden, Aufsuchen eines besonderen Ortes – das *Erzählen* oder *Vorlesen* einen rituellen Platz im Ablauf des Sonntags erhielte: An einem bestimmten Ort, zu einer bestimmten Zeit, vielleicht mit einer brennenden Kerze, vielleicht mit einem ganz besonderen Buch, das diesem Tag vorbehalten ist und worauf man sich freut. Es könnte eine Kinderbibel, aber auch ein Märchenbuch sein.

Das Schaffen von Ritualen, von Bräuchen kommt allerdings nicht von alleine – und bedarf vorerst vielleicht einiger Experimente. Ein Brauch muss sich bewähren, kann nicht erzwungen werden. So bewährte sich in unserer Familie, als die Kinder noch klein waren, der Brauch des «Vorfrühstücks» in ungeahnter Weise und verschaffte uns Eltern sonntags auch die Möglichkeit auszuschlafen. Allerdings erforderte die Vorbereitung jeweils samstags einige Fantasie – und einige lustvolle Geheimniskrämerei. Wir bereiteten, wenn die Kinder eingeschlafen waren, nicht nur etwas Besonderes zum Trinken oder Essen vor (vielleicht ausnahmsweise sogar einmal Cola), sondern vielleicht neue Malstifte, buntes Zeichenpapier oder gar ein neues Bilderbuch oder eine selbst erfundene Geschichte, die die Großen den Kleinen vorlesen konnten und mit der sie den frühen Sonntagmorgen verbrachten. Verwöhnung? Mag sein! Aber gehört sie nicht auch zum Sonntag?

Wenn ich an meine eigene Kindheit, aber auch an jene meiner heute erwachsenen Kinder denke, so gehörte immer auch das samstägliche Aufräumen des Kinderzimmers und das Bereitlegen sauberer Kleider für den Sonntagmorgen dazu – zugegeben: ein *alter* Brauch, wenn man heute von Kindern hört, die den ganzen Sonntag im Schlafanzug verbringen. Versteckt sich hinter diesem alten Brauch aber nicht ein noch heute wertvoller, symbolischer Gehalt?

Dass auch in unserer Zeit, haben wir eine christliche Erziehung im Auge, der Gottesdienst – im engeren und weiteren Sinn – zum Sonntag gehört, *noch* oder *wieder*, vielleicht auf andere, weniger traditionelle Weise als früher, ist mir ein zentrales Anliegen. Ich denke hier einerseits an den Besuch neuartiger, abwechslungsreicher Familien- oder Kindergottesdienste, die Kinder in ganzheitlicher Weise ansprechen. Falls solche Gottesdienste für die Familien in der eigenen Gemeinde fehlen, scheint es mir völlig erlaubt, wenn Eltern sich «einschalten», Wünsche äußern – und mitmachen können oder «dürfen».

Daneben sind aber auch kleine gottesdienstliche Elemente im häuslichen Alltag bedeutsam: Beten, Geschichtenerzählen – oder alleine schon das Erklären des Sonntags, als Tag, der an Jesu Auferstehung, an Ostern erinnert.

Vielleicht hilft uns dabei auch die folgende kleine Legende:

Sonntag der Tiere

Die Tiere waren neidisch und voller Ärger: Die Menschen hatten Sonntage, nur sie nicht! Das sollte anders werden! Sie trafen sich in einer Lichtung und überlegten, wie sie auch zu Sonntagen kommen könnten. Der Löwe sagte: «Ganz einfach! Das liegt vor allem am guten und vielen Essen!» Di

187

wünschte sich an jedem Sonntag eine Antilope. Der Pfau meinte: «Ach was! Ein herrliches Festgewand ist das Wichtigste!» Er wünschte sich eine neue Garnitur schillernder Federn. Das Faultier protestierte: «Man muss vor allem sehr viel Ruhe haben und sich ausschlafen können!» So hatte jedes Tier seine Wünsche. Und der liebe Gott gewährte sie alle. Aber bei den Tieren wurde es nicht Sonntag. Die Menschen lachten und sagten: «Die Tiere wissen nicht, dass es am Sonntag nur dann Sonntag wird, wenn man Gott einlädt und mit ihm wie mit einem Freund spricht!»

«Mein Büchlein vom Beten»

17. DAS FESTJAHR: ALTE UND NEUE RITUALE

17.1 Das Rad der Zeit: Mit Kindern über die Zeit philosophieren

Als Kind glaubte ich – vielleicht war dies vor allem im Sommer –, die Zeit summen zu hören, sehr leise, als stehe sie über der Wiese, den Hausdächern oder dem See still. Ich wünschte mir, sie möge stillstehen, denn ich liebte die Wärme, die Sonne, die Gerüche der Erde. Aber ich liebte auch die Bewegung – und wusste: Die Zeit steht nie still.

Das Jahr als Ganzes war in meiner Vorstellung wie jenes Riesenrad, das ich von den jährlichen Kirchweihsonntagen kannte: Es drehte sich und wir alle mit ihm; oben wehten die Haare im Wind, unheimlich und schön; die Welt unter uns war kleiner geworden, bevor wir lachend und jauchzend wieder absanken, eintauchten in das bunte Leben, in die Drehorgelmusik; da standen die Menschen dicht gedrängt; unter ihnen war die Mutter zu erkennen. Dieses Riesenrad fiel mir vor allem beim Nachdenken über Weihnachten auch mitten im Winter ein. Es drückte das Abtauchen in ein geballtes festliches Leben von höchster Intensität aus – gleichzeitig Ziel und Mittelpunkt und doch nur eine Etappe des ganzen Kreises, verbunden mit der Vorfreude auf die luftige sommerliche Oberseite des Rads.

Den Kreislauf von Tag und Nacht stellte ich mir als Kind eher horizontal vor: Das Hell- und Dunkelwerden waren dabei geheimnisvolle Übergänge, welche die gleitende Zeit sichtbar machten und die ich, auch heute, nicht gerne verpassen möchte. Wenn die Dunkelheit neben den «Geschäften der Welt» plötzlich einfach da ist, unbemerkt eingetreten, oder wenn die stechende Helle des neuen Tages schon beim Erwachen vor dem Fenster steht, entsteht das Gefühl eines zu schnell eingetretenen Zeitensprungs – ohne Übergang. Die Zeit: Sie ist tatsächlich «ein sonderbar Ding», wie es die Marschallin im ersten Aufzug des «Rosenkavaliers» von Richard Strauss singt. Hugo von Hofmannsthal lässt in seinem Text die Marschallin noch weiter über die Zeit nachdenken: «Wenn man so hinlebt, ist sie rein gar nichts. Aber dann auf einmal, da spürt man nichts als sie ... Allein man muss sich auch vor ihr nicht fürchten. Auch sie ist ein Geschöpf des Vaters, der uns alle erschaffen hat.»

Es lohnt sich für uns und für die Kinder, diese von Gott geschaffene Zeit vorerst zu spüren, dann zu strukturieren und auch mit den Kindern über sie zu philosophieren. Strukturierte Zeit mit besonderen oder auch alltäglichen Merkmalen vermittelt ein Gefühl des Getragenseins: Vielleicht hören wir noch heute beim «Einnachten» die Abendglocke unserer Kirche; das Schreien der Wasservögel oder früher Vogelgesang verheißen den Morgen; scheppernde Müllautos, die um Mitternacht – mit hartnäckiger Regelmäßigkeit – die Straßen südlicher Städte mit ihrem Lärm füllen: Dies alles sind auch für uns als Erwachsene elementare Signale, Marken im Ablauf der unendlichen Zeit, die dadurch erlebbar und zu einer Art Gefäß unseres Lebens wird. Auch Kinder spüren sehr bald schon etwas von solchen «Zeitmarken», möglicherweise nur *zu* früh, wenn sich der kindliche Rhythmus der elterlichen Hektik und ihrem Verplantsein anpassen muss, auch anpassen will.

Objektive Messgeräte dieser Zeit sind die Uhr und der Kalender: Den Zeiten, die durch Licht und Dunkel, aber auch durch die Jahreszeiten vorgegeben sind, werden Zahlen, Monatsnamen, Wochentage zugeordnet, die auch Kinder ganz allmählich nachsprechen und erfassen können.

Das Jahr, durch Sonne und Mond, durch die Jahreszeiten kosmisch bedingt, bietet der sich wandelnden und sich doch wiederholenden Vegetation einen Rhythmus an, der zu Ritualen einlädt. Der Kalender aber zeigt Daten an, die – teilweise unabhängig von Sonne und Mond, von Sommer oder Winter – besondere Tage auszeichnen und damit unseren Jahresablauf bestimmen: Da sind nicht nur Ostern und Weihnachten; da sind Geburtstagsfeste; da ist der Jahreswechsel und das Erntedankfest; da sind Muttertag und der 1. Mai; da gibt es Nationalfeiertage, die jede Volksgemeinschaft anders begeht: Ich denke daran, dass meine Mutter – ihre eigene früheste Kindheit erinnernd – schmunzelnd von «Kaisers Geburtstag» erzählte, dann mit Schaudern von demjenigen Hitlers; da gibt es aber auch Jubiläen und regelmäßige Familientreffen; da ist nach den Sommerferien immer wieder neu Schuljahresbeginn oder der Festtag einer Ortsheiligen: In unserem Wohnort ist es die Heilige Verena; da feiern Menschen das Fortdauern einer glücklichen Ehe: einen silbernen, gar einen goldenen Hochzeitstag.

An einem Abend zu Winterbeginn, am Martinstag (11. November), wird vielerorts ein Lichterzug, oft mit selbst gebastelten Laternen, durchgeführt, während Kinder in andern Städten oder Dörfern am Dreikönigstag singend hinter dem Stern durch die Straßen ziehen und um Gaben bitten; in ausgesprochen katholischen Gegenden zeigten mir Schulkinder den ganzen Weg «ihrer» Fronleichnamsprozession, weit über die Felder außerhalb des Städtchens; Monstranz, Blumen und Fahnen dieses Umzugs durfte ich in der Kirche bestaunen und hatte den Eindruck, dass *Umzüge*, sei es nun am 11. November, am 6. Januar, im Rahmen eines Frühlingsfestes, an Fronleichnam oder in Form des alljährlichen Lampion-Umzugs des 1. August, des schweizerischen Nationalfeiertags, den Kindern immer große Freude bereiten: Es ist das gemeinsame Zurücklegen eines Wegs, der das Durchwandern der Zeit symbolisiert.

17.2 Das «bürgerliche Jahr» und «Civil Religion»

Wir haben gesehen: Der Jahresrhythmus, das Festjahr unserer Zeit ist vielfältig; es wird nicht vor allem durch die klassischen christlichen Feste bestimmt. Neben allen aufgezählten Terminen spielen natürlich die Wochenenden und der lange geplante Urlaub eine entscheidende Rolle; dies sind nicht in erster Linie erfüllte Fest-Zeiten, sondern Frei-Zeiten, letztlich leere Zeiten, die durch die Regelung von Arbeitszeit und Ferienansprüchen staatlich oder gewerkschaftlich geregelt sind und – ich denke an die Samstage, die heute für zahlreiche Menschen keine Arbeitstage mehr sind – fast «heilig» gehalten werden. Die beinahe vollständig eingeführte Fünftagewoche der Schulen bezieht auch die Kinder ein in diesen «modernen» Rhythmus, bei dem möglicherweise viel Fantasie und Kraft für Ausflugsziele, Familienbesuche, Einkäufe «verbraucht» wird, was früher weit eher einer sorgfältigen Vorbereitung und Durchführung kirchlicher Feste vorbehalten war. Das «bürgerliche Jahr», das voller neuer Rituale ist, überdeckt das inzwischen «alte» kirchliche Jahr.

Die Menschen unserer Zeit seien geprägt von einem «Sortiment von Überzeugungen, Symbolen und Ritualen hinsichtlich ‹heiliger Dinge›, die in ihrer Gesamtheit institutionalisiert sind». So wird der moderne Begriff der *Civil Religion* vom amerikanischen Religionssoziologen Robert N. Bellah umschrieben, wobei das Stichwort «Religion» hier meint, dass eine grundsätzliche, in einem sehr weiten Sinn «religiöse» (keineswegs biblische oder kirchliche) Einigkeit für den Zusammenhalt von Bedeutung sei: Einigkeit in der Verantwortung für

191

Staat und Zusammenleben, für die Umwelt, für die Gestaltung des Gemeinwesens. Es ist möglich, dass im Rahmen dieser Religiosität «durch die Hintertür» auch christliche Anliegen wieder mehr in die Gestaltung unseres Lebens hineinspielen: An Nationalfeiertagen oder bei anderen politischen Anlässen ist – im Sinne einer Art Weihe – doch (noch oder wieder) von Gott die Rede; Gott wird auch in Liedern angerufen. In der an sich sozialen und politischen Verantwortung für Flüchtlinge oder für das Elend der «Dritten Welt» wird das christliche Evangelium als erwünschte Vertiefung oder Begründung solcher Verantwortung entdeckt, auch von Menschen, die der Kirche fernstehen.

Man muss fragen: Darf, ja sollten von der Kirche politisch bedeutsame Tage – ich denke etwa an die Befreiung der Überlebenden von Auschwitz, auf andere Weise an das «Kriegsende» am 8. Mai 1945 – auch zu religiöser Besinnung «genutzt» werden? Erinnerung und Buße gleichzeitig? Warum eigentlich sind noch heute die uralten Heiligentage wichtig, werden aber keine Erinnerungstage an «moderne Märtyrer» eingeführt und ihr Leben zu christlichem Nachdenken genutzt? Für Kinder sind solche Gedanken nur schwer fassbar und für einen Einstieg in das Festjahr wenig geeignet.

Die Tatsache aber, dass jedes Fest mit *Erinnern*, mit *Gedächtnis* zu tun hat – sei es familiäre Erinnerung, biblische Erinnerung, politische Erinnerung – kann uns wieder auf die Ebene der Kinder zurückführen; denn Erinnern macht nicht nur das freudige Gestalten eines Tages, der dadurch zum Festtag wird, möglich, sondern ruft nach dem *Erzählen*, das die Erinnerung beim Namen nennt und die dahinterstehende Geschichte lebendig werden lässt. Im Rahmen der religiösen Erziehung haben hier gerade die «alten» Feste des Kirchenjahrs – neben familiären Festen – eine besondere Chance: erinnerndes Erzählen in festlichem Rahmen.

17.3 Das Kirchenjahr: Überblick

Die Feste des «Kirchenjahrs», jene Feste also, die in der Kirche gefeiert oder durch die Kirche als Institution organisiert werden, werden nach alter Tradition in drei Festkreise eingeteilt, die grundsätzlich der evangelischen und der katholischen Kirche gemeinsam sind: Der *Weihnachtskreis*, der Kreis des *Osterfests* und die *Trinitätszeit*, die eine Woche nach Pfingsten beginnt und bis zum Ende des Kirchenjahrs dauert. Für die Hauptfeste steht eine Geschichte von Jesus im Mittelpunkt, die erzählt, immer neu erinnert wird. Die Gestaltung der Feste ist – je nach Region und Konfession – höchst unterschiedlich.

In den reformierten Kirchen der Schweiz etwa ist das Bewusstsein einer Struktur des Kirchenjahrs weit weniger ausgeprägt als in den deutschen, vor allem den lutherischen Kirchen, die auch im Hinblick auf ihre Liturgie aus der Sicht der reformierten Schweiz fast «katholisch» wirken. Auch die *Farben* des Kirchenjahrs sind für die äußerlich kargere reformierte Kirche ohne Bedeutung: Zu Weihnachten und «Epiphanias», aber auch zu Ostern und Himmelfahrt gehört die *weiße* Farbe: Zeichen von Licht und Freude, Zeichen der Gegenwart Jesu. *Violett* werden Zeiten der Vorbereitung, des Wartens und Nachdenkens gekennzeichnet: Advent, Palmsonntag, Karfreitag. *Rot* ist die Farbe von Gottes Kraft, von Gottes Geist, der an Pfingsten zu den Menschen kommt. *Grün* gehört als liturgische Farbe zur Sommerzeit – zu den Sonntagen «nach Trinitatis».

Zu den erwähnten Festen treten auf katholischer Seite *Fronleichnam* (10 Tage nach Pfingsten), *Allerheiligen* (1. November) und *Allerseelen* (2. November) hinzu, aber auch die Marienfeste, von denen vor allem der 15. August, *Mariä Himmelfahrt*, von Bedeutung ist. Auf evangelischer Seite wird der *Reformationstag* (31. Oktober) oder der darauffolgende Sonntag als Reformations-Sonntag gefeiert, dann auch der Buß- und Bettag; es ist in Deutschland der Mittwoch vor dem letzten Sonntag des Kirchenjahrs, also 10 Tage vor dem 1. Advent. In der Schweiz dagegen ist der *Eidgenössische Dank-, Buß- und Bettag* ein ökumenischer Feiertag: der dritte Sonntag im September.

17.4 Advent und Weihnachten

Das Kirchenjahr beginnt, entgegen unserem Kalenderjahr, mit dem ersten Advent. Die *erste* der drei Festzeiten ist grundsätzlich der «Weihnachtskreis», der Advent, Weihnachten und «Dreikönigstag» umfasst, eine knappe, konzentrierte Zeit von nur fünf bis sechs Wochen, die «Hoch-Zeit» des Kirchenjahrs, die im Brauchtum, auch familiär und geschäftlich, vor allem aber in der Kirche selbst bei weitem am wichtigsten ist und als Festzeit schlechthin auch nichtchristliche, ja außereuropäische Kreise erreicht. Ich denke an den auch in Japan verbreiteten «Weihnachtstrubel».

Das Weihnachtsdatum orientiert sich am solaren Kalender, an unserem normalen Kalender also, der durch das Sonnenjahr bestimmt ist. Weihnachten hat dadurch ein festes Datum, den 25. Dezember, eine Woche vor dem ersten Tag des Neuen Jahres. Der Weihnachtstag findet somit an wechselnden Wochentagen statt und bestimmt rückwirkend die Kalenderdaten der vier vorangehenden Adventssonntage, von denen der erste in der letzten Novemberwoche liegen kann. Allein schon durch die eindeutige Fixierung im Kalender, aber auch durch die festliche Gestaltung dieser Zeit, die alle Lebensbereiche umfasst, erhält Weihnachten einen besonderen Akzent.

Kindern werden wir in dieser Zeit immer wieder neu die Weihnachtsgeschichte erzählen, mit ihnen aber auch altes und neues Brauchtum erleben. Davon wird im nachfolgenden Kapitel dieses Buches die Rede sein. Dankbar sind wir, dass der Advent als Vorbereitungs- und Ankunftszeit vorausgeht: eine Zeit der Adventskalender, der Geschichten, des Bastelns und Singens; eine Zeit, die uns mit den Kindern vergessen lässt, dass die Tage unangenehm kurz sind und das Spielen im Freien fast unmöglich wird.

Wir sind aber auch dankbar, dass die erfüllte Zeit, für die der *Heilige Abend* am 24. Dezember besonders wichtig ist, mit dem 25. Dezember nicht abrupt aufhört. Es folgt der Stephanstag am 26. Dezember (heute der zweite Weihnachtsfeiertag), der Tag des Apostels *und* des Evangelisten Johannes am 27. Dezember, der «Tag der unschuldigen Kinder» am 28. Dezember. Die Festzeit hört bis zu Silvester und Neujahr nicht eigentlich auf. Es ist möglich, dass wir die Kinder auch vor einem «Zuviel» an Betriebsamkeit, an Feierlichkeit, an Besuchen und Geschenken verschonen möchten.

Der *Epiphaniastag* am 6. Januar bringt eine willkommene Gelegenheit, nochmals zum Erzählen, auch zum Stillwerden zurückzukehren und den Weihnachtskreis in Ruhe zu beschließen.

«Epiphanias» bedeutet Erscheinung oder Offenbarwerden des Sohnes Gottes. Solches Erscheinen wurde schon zu Beginn des 4. Jahrhunderts am 6. Januar gefeiert. Es war das erste christliche Festdatum, das nicht aus einem jüdischen Fest herausgewachsen ist. Vor allem in der Ost-Kirche hat es seine Bedeutung behalten; erst allmählich wurde es auf den 25. Dezember, diesen Tag in der Nähe der Wintersonnenwende, verlegt.

An Epiphanias erzählte man sich in vier verschiedenen biblischen Geschichten vom Offenbarwerden: in der Geschichte von Jesu *Geburt*, der Menschwerdung Gottes; in der Geschichte von den *Sterndeutern*, denen der Stern den Weg zeigt; in Jesu *Taufe* durch Johannes, die Gottes Stimme aus dem Himmel bekräftigt; in der Erzählung von der *Hochzeit zu Kana*, dem ersten von Jesus vollbrachten Wunder, von dem der Evangelist Johannes berichtet.

Das Fest machte mancherlei Wandlungen durch. Nur die Geschichte von den Sterndeutern ist ihm geblieben. Der Tag ist nicht mehr überall ein offizieller Feiertag, aber durch Umzüge oder wenigstens durch einen geheimnisvollen Kuchen, in dem eine Münze oder ein kleiner König verborgen ist, ein besonderer Tag, an dem jenes Offenbarwerden im Brauchtum oder mit dem Erzählen von den Sterndeutern, aus denen später Könige wurden, gefeiert wird.

Von der Taufe Jesu aber wird auf katholischer Seite ganz offiziell (seit 1969) am Sonntag *nach* Epiphanias erzählt.

17.5 Der Osterfestkreis

Frühchristliche Osterfeiern bilden den Anfang aller christlichen Feste. Indem anstelle des jüdischen Passafests der Jahrestag der Auferstehung gefeiert wird, tritt das *Bekenntnis* zum auferstandenen Jesus in den Vordergrund. Ostern ist darum vor allem ein Fest des Bekennens; weniger als an Weihnachten steht das Immer-Neu-Erzählen eines vergangenen Geschehens im Vordergrund.

Der Ostertag ist nicht durch ein festes Datum im Kalender fixiert; es ist der Sonntag nach dem ersten Frühlingsvollmond. 40 Fastentage gehen dem Ostertag voraus; sie beginnen mit dem *Aschermittwoch* und bildeten ursprünglich die Vorbereitungszeit auf die österliche Taufe. Aschermittwoch: Nach altem katholischem Brauch streuen Menschen Asche auf ihr Haupt; parallel zu Jesu Weg legen sie einen Bußweg zurück. *Fasten*: Durch den Verzicht auf üppiges Essen, Trinken oder andere Vergnügungen soll die vorösterliche Zeit zu einer Zeit der Besinnung, zum Mitbedenken von Jesu Leidensweg werden. *Passionszeit* heißt darum die Fastenzeit in der evangelischen Kirche.

Dabei erhält der Sonntag vor Ostern, der *Palmsonntag*, der an Jesu königlichen Einzug in Jerusalem erinnert, einen ausgesprochen festlichen Charakter. Er war oder ist vielerorts darum als Konfirmationstag besonders geeignet. Er lädt zum Erzählen von Jesusgeschichten in besonderer Weise ein. Tägliches behutsames Erzählen oder Vorlesen aus einer Kinderbibel, einem «Osterkalender» oder aus Bilderbüchern könnte die auf den Palmsonntag folgende «Karwoche», die Woche vor Ostern also, bereichern (siehe Kap. 19.1).

Der *Gründonnerstag*, an dem auch Abendgottesdienste an Jesu letztes Mahl mit seinen Jüngern und an den Verrat des Judas erinnern («Grün» kommt vom alten Wort «gronan» und bedeutet weinen), auch der *Karfreitag* («Kara» – ein altes Wort für Klage oder Trauer), an dem wir über Jesu Kreuzigung und Tod nachdenken, sind für Kinder wohl oft eher «bedrohliche» Feiertage. Mit dem Erleben eines Osternachtgottesdienstes dagegen – vermehrt werden heute solche Feiern wieder durchgeführt – können auch schon für kleinere Kinder ein Osterfeuer oder eine Taufe mitten in dunkler Osternacht neues Leben offenbar machen und auf den eigentlichen Ostertag vorbereiten, an dem vielleicht ein Familienfest mit Eiersuchen im Vordergrund steht – und eher das Neuerwachen der Natur, der Frühling, gefeiert wird.

40 Tage nach Ostern feiern wir *Christi Himmelfahrt* oder *Auffahrt* – ein Donnerstag, der längst nicht in allen Ländern ein Feiertag ist, an dem wir aber gut von der letzten Begegnung Jesu mit seinen Jüngern erzählen können. 50 Tage nach Ostern schließt *Pfingsten* (griechisch «Pentekosté» bedeutet 50) den Osterkreis ab: Gottes Wind, Gottes «Heiliger Geist» überrascht die Menschen und verbindet sie; das Pfingstfest wird auch «Geburtsfest der Kirche» genannt. Zum Erzählen der Himmelfahrts- und der Pfingstgeschichte möchte ein späteres Kapitel dieses Buches anregen, auch Kinderbibeln können helfen. Dennoch sind diese Feste beim Erzählen für Kinder schwerer fassbar als der ganze Kranz biblischer Weihnachtsgeschichten.

17.6 Die Trinitätszeit

Trinitatis wird der Sonntag nach Pfingsten in der evangelischen Kirche genannt, *Dreifaltigkeitssonntag* in der katholischen: Nach Pfingsten, nach dem Kommen des Heiligen Geistes wird immer neu an Gott den Vater, den Sohn und den Heiligen Geist, die «Dreieinigkeit Gottes» also, erinnert.

In der katholischen Kirche wird am Donnerstag nach dem «Dreifaltigkeitssonntag» *Fronleichnam* – es ist vielerorts ein staatlich anerkannter und schulfreier Tag –, meist mit einer Prozession, gefeiert; «Fronleichnam» bedeutet «Leib des Herrn»: Hostie (das Abendmahlsbrot) und Weinkelch sollen nochmals in besonderer Weise an Jesu letztes Abendmahl und seine stets neue Gegenwart in der Messe erinnern.

Die folgenden Sonntage werden dann als «erster, zweiter, dritter, vierter ... Sonntag nach Trinitatis» (katholisch: «Sonntage im Jahreskreis») bezeichnet; es ist eine Einteilung, die für Kinder kaum von Bedeutung ist. Wichtiger für die Gestaltung der Sommerzeit im Hinblick auf Kinder sind die Sommerferien; der Beginn des Schuljahrs wird vielleicht mit einem Gottesdienst gefeiert. Nicht selten organisieren dann einzelne Kirchgemeinden in den Herbstferien Sing- oder Spiel-Lager. Das *Erntedankfest* spielt eine Rolle – es regt vor allem zum Nachdenken über Gottes Schöpfung, aber auch zum Sammeln für die Benachteiligten der «Dritten Welt» an. Es ist ein «undogmatisches» Fest, das oft am ersten Oktobersonntag gefeiert wird, und sich gut für Familiengottesdienste eignet, für eine eher ungezwungene Begegnung der Kinder mit der Kirche; oft werden Kinder selbst in die Vorbereitung solcher Gottesdienste einbezogen; in ländlichen Gegenden werden die «Früchte des Feldes» gesammelt, wieder verteilt und damit der Reichtum von Gottes Welt, aber auch die Möglichkeit des Teilens erlebt.

Gegen Ende des Kirchenjahrs werden, wie oben erwähnt, Buß- und Bettag und Reformationsfest gefeiert – Tage, die gerade für kleinere Kinder kaum zu erklären sind. Wichtiger sind *Allerheiligen* und *Allerseelen*: An «Allerheiligen» wird der Heiligen gedacht; das Fest wird als «nur-katholisch» empfunden, während «Allerseelen» zur Erinnerung an die Verstorbenen anregt und heute, auch über die Konfessionsgrenzen hinweg, als alt-neuer Brauch gepflegt wird: Gräber werden geschmückt, Kerzen auf die Friedhöfe getragen, «Seelenlichter» in einem feierlichen Umzug von den Gräbern zur Kirche, zu einer ökumenischen Feier gebracht. Möglicherweise wachsen solche neuen Bräuche vor allem in Gegenden – so in der Schweiz –, in denen die Bevölkerung konfessionell gemischt ist und man ein tief greifendes Erlebnis wie die Erinnerung an die Verstorbenen gemeinsam feiern möchte. Die zahlreichen Mischehen tragen das Ihre dazu bei. Problematisch kann es werden, wenn «Allerseelen» und Reformationssonntag zusammenfallen; ein Feiern des Reformationstages wird dadurch fast unmöglich; die konfessionelle Beheimatung, die neben allem Bedürfnis nach Ökumene wichtig bleibt, scheint gefährdet. Der evangelische «Ewigkeitssonntag» oder «Totensonntag», der allerletzte Sonntag des Kirchenjahrs vor dem 1. Advent, an dem meist die Namen aller Verstorbenen vorgelesen werden, verliert mit den Feiern von «Allerseelen» an Bedeutung.

Für Kinder aber ist viel eher der *Martinstag*, der 11. November, von Interesse. Vielerorts wird er zum eigentlichen Kinderfest mit Umzügen, einem «Heiligen Martin» zu Pferd und einer Beschenkung der Kinder; in andern Gegenden – weitgehend unabhängig von der Konfession – ist er praktisch unbekannt. Martin ist wie Nikolaus Inbegriff des Gabenbringers, Inbegriff des großzügig teilenden Heiligen. Er weist voraus auf die Adventszeit, ja ist beinahe Teil von ihr. Wir werden von ihm in einem anderen Kapitel erzählen. Mein Bilderbuch «Martinus teilt den Mantel» hat sich zur Vorbereitung auf diesen Tag, wiederum als Hilfe zum Erinnern, bewährt.

18. VON WEIHNACHTEN ERZÄHLEN

18.1 Weihnachtszeit – Kinderzeit

Schon Wochen vor Weihnachten, spätestens vom 1. Adventssonntag an, ist vielerorts vom «Christkind» die Rede, werden Straßen und Häuser festlich geschmückt, werden geheimnisvoll, auch geschäftig Vorbereitungen getroffen. In besonderer Weise stehen die Kinder in dieser Zeit im Mittelpunkt; gleichzeitig erzählt man ihnen von einem hilflosen *Kind* auf Stroh, von Hirten, Schafen, Engeln, Sternen und Königen: von rührenden oder prächtigen Gestalten, die lebendig werden. Es kann aber sein, dass es bei einer sehr unbestimmten Vorstellung vom Kind in der Krippe bleibt und dass dieses Kind und jenes Engelwesen, das «Christkind» genannt wird und den Tannenbaum, auch Geschenke bringt, in eins verschmelzen (siehe Kapitel 22.3).

Sicher sollten wir, um dabei Verwirrungen zu verhindern, die Weihnachtsgeschichte jedes Jahr neu erzählen und lebendig werden lassen. Bilderbücher und Adventskalender, Weihnachtslieder, die zum Erzählen anregen, auch zahlreiche heutige Geschichten, die auf verschiedene Weise das «alte» Weihnachtsgeschehen spiegeln, helfen dabei. Das Ziel wäre, eine lebendige Beziehung der Kinder zur Weihnachtsbotschaft zu schaffen, sodass sie spüren: Dieses Ereignis betrifft uns selbst. So werden die Kinder nachdenklich, auch liebevoll und voll von einer Vorfreude, die nicht nur die ersehnten Geschenke im Auge hat.

Drei Regeln scheinen mir beim Erzählen der *Weihnachtsgeschichte* von besonderer Bedeutung:

1. Ich möchte so erzählen, dass die Botschaft nicht verniedlicht, gar verkitscht wird. Dazu gehört, dass Kinder schon früh erfahren, dass mit dem Kind in Betlehem, mit dem Stern, der den Weg zeigt, mit der Flucht nach Ägypten nur der Beginn der *ganzen Geschichte* von Jesu Leben und Wirken erzählt wird. Die Weihnachtsgeschichte sollte darum nicht ein zwar harmonisches, aber in sich geschlossenes Gebilde sein, um das wir in einem festlichen Kreis tanzen – sondern eine «offene» Geschichte, die einerseits weiterführt ins ganze Leben Jesu, andererseits weiterwirkt in *unser* ganzes Jahr.

2. Es scheint mir gut, «heidnisches» *Brauchtum* und biblische Botschaft – Kinder erleben ohnehin beides vorerst ungetrennt – miteinander in Verbindung zu bringen. Schönes Brauchtum abzuschaffen, ist bedauerlich; prunkvolles Brauchtum zu übertreiben, ist sinnlos; Brauchtum ohne Erzählen wird zum leeren Ritual.

3. Ich meine, Kinder sollten allmählich die *verschiedenen* biblischen Weihnachtsgeschichten kennen lernen, nicht als Gegensätze, die sich widersprechen, sondern als Zeichen: Von Jesu Geburt kann immer wieder neu erzählt werden, sei es von den Propheten, vom Evangelisten Lukas, der sich zu den Hirten gesellt, sei es vom Evangelisten Matthäus, der vor allem den großen Stern und die Sterndeuter aus dem fernen Osten im Auge hat. So werden Kinder mit der Zeit mehrere Weihnachtsgeschichten der Bibel kennen und sich für die Bibel in ihrer Vielfalt und Einheit zugleich interessieren.

Dennoch: Ich habe selbst vor vielen Jahren für meine eigene älteste Tochter, als sie ungefähr fünf Jahre alt war, die Weihnachtsgeschichte in allereinfachster Form aufgeschrieben, in der Hoffnung, vorerst jene «Szenen» zusammenzufügen, die kleinen Kindern durch Lieder und Bilder schon vertraut sind. Innerhalb weniger Tage konnte sie den einfachen Text auswendig und trug ihn im Kindergarten vor, wo die Erzieherin «eigentlich» von jedem Kind ein kleines Gedicht oder einen Liedvers erwartet hatte. Das Mit-sich-Tragen der Geschichte beglückte das Kind: eine Art von Glück, das sicher auch Verse oder Lieder, die *im* Kind weitersummen, vermitteln. Eine solche Geschichte regt möglicherweise noch mehr zum Weiterspinnen und Weitererzählen an. Diese elementare Weihnachtserzählung sei hier beigefügt:

«Vor fast zweitausend Jahren schickte der liebe Gott das Jesuskind auf die Erde. Bald feiern wir wieder seinen Geburtstag. Es war ein kleines Baby wie alle andern kleinen Kinder. Seine Eltern, Maria und Josef, waren arme Leute. Sie hatten kein Haus und mussten in einem Stall wohnen. Der kleine Jesus hatte nichts zum Anziehen, nicht einmal ein Körbchen und Bettwäsche. Er lag in der Futterkrippe der Kuh und seine Mutter hatte ihn in ihr Kopftuch gewickelt. Trotzdem war dieses Kind ein besonderes Kind. Damit die Menschen dies merkten, schickte Gott einen Engel auf die Erde. Der Engel sprach mit den Hirten, die ihre Schafe hüteten. Zuerst fürchteten sich die Hirten. Aber dann sagte der Engel zu ihnen: Etwas Wunderbares ist geschehen. Gott will den Menschen eine große Freude machen. Der liebe Gott schickt Jesus

auf die Erde. Jesus kann den Menschen von Gott erzählen. – Am Himmel waren auf einmal viele Engel. Die Engel sangen und machten die Nacht hell. Da steckten alle Hirten etwas unter ihren Mantel: Einer ein Brot, einer ein paar Äpfel und einer sogar ein kleines Schäfchen. Mit diesen Geschenken wollten die Hirten das Jesuskind besuchen. Weil ein riesiger Stern über dem Stall stand, fanden sie ihn bald. Sie knieten neben der Krippe nieder und hatten große Freude. Sie beteten und dankten dem lieben Gott für das Jesuskind. Maria konnte die Geschenke gut brauchen. Dann gingen die Hirten wieder zu ihren Schafen zurück. Aber allen Leuten erzählten sie: ‹Wir haben das Jesuskind gesehen. Jesus macht die Menschen glücklich.›»

18.2 Die Geschichte vom großen Licht

Weihnachten ist ein Lichterfest. Die Lichtgirlanden in den Einkaufs-straßen stören uns vielleicht. Mit Lichtern in unseren Wohnungen a-ber, mit Kerzen, mit dem Adventskranz machen wir die düsteren Winterabende gemütlich. Lichterumzüge im Herbst und in der Vor-weihnachtszeit bringen helle Punkte in fast finstere Spätnachmittage. Die Nächte sind lang. Das Warten auf hellere, wärmere Zeiten wäre kaum zu ertragen, wenn nicht Weihnachten den Winter unterbrechen würde. Wichtigstes Symbol des Weihnachtsfestes aber ist heute für die meisten Menschen der Tannenbaum mit seinen Lichtern, seinem Glitzern, seinem Duft.

Seit ungefähr 500 Jahren werden in der dunklen Jahreszeit Weih-nachtskerzen aufgestellt. Der Brauch, im Winter Lichter vor Fenster und Türen zu stellen, ist noch viel älter. Man wollte Dämonen abhal-ten, die man in der Mittwinterzeit fürchtete.

Als Glücksbringer und Fruchtbarkeitsträger galten schon in der Antike grüne Zweige und Bäume. Geschenke wurden an Äste gebun-den – kleine Tannenzweige wurden an Geschenke gesteckt. Grüne Zweige oder gar Bäumchen im Stall sollten das Vieh gesund erhalten und wurden beim Jahreswechsel aufgestellt.

Erst seit 1708 ist das Zusammenspiel von symbolischer grüner Farbe und Lichtern bezeugt. Liselotte von der Pfalz (1652–1722) schreibt an ihre Tochter: «Auf die Tische stellt man Buchsbäume und befestigt auf jeden Zweig ein Kerzchen.» Damit werden der glück-bringende Baum und der weihnachtliche Kerzenbrauch verbunden, zunächst nur an den Fürstenhöfen und in reichen protestantischen Bürgerhäusern. Später hielt er Einzug in den Schulen, Wirtshäusern, dann auch in der Kirche, die sich vorerst gegen diese «heidnische» Einrichtung wehrte.

Im Hinblick auf die Kinder fragen wir uns, was dieser schöne «heidnische» Brauch des Lichterbaumes mit dem Sinn des Weihnachtsfestes zu tun habe. Möglicherweise sprechen wir an diesem Tag vom «Geburtstag» Jesu. Wie bei jedem Geburtstag zünden wir Kerzen an: viele Kerzen – für Kinder sind es fast unendlich viele Kerzen. Ihre Zahl, ihr Glanz zeigt, wie wichtig das gefeierte Geburtstagskind ist – ein Kind, das für die ganze Welt von Bedeutung ist. So könnten wir dem Tannenbaum einen christlichen Sinn geben – eine gewagte Deutung.

Wir könnten damit eine Brücke schlagen zu jenen Lichtern, von denen in der Bibel im Zusammenhang mit dem Kommen Jesu immer wieder die Rede ist: Herrliches Licht ist um die Engel, die den Hirten die Geburt Jesu verkünden. Ein Stern, ein großes Licht zeigt den Weisen aus dem Morgenland den Weg nach Betlehem. Im Evangelium des Johannes sagt Jesus: «Ich bin das Licht der Welt.» Und vielleicht hören auch die Kinder in der Weihnachtszeit den Text des Propheten Jesaja (Kap. 9,2):

> *Das Volk, das in der Finsternis wandelt,*
> *sieht ein großes Licht,*
> *und über denen, die da wohnen*
> *im finsteren Lande, scheint es hell.*

Diese Worte betreffen Menschen, die geknechtet sind und auf Erlösung warten. Auch wenn für uns Finsternis und Knechtschaft nicht in babylonischer Gefangenschaft und eigener politischer Unfreiheit bestehen, erleben wir «finstere» Zeiten: einerseits die schweren Probleme unserer Lebenswelt, andererseits das Dunkel der Jahreszeit, das zum Symbol für menschliches Dunkel an sich werden kann.

Das *Licht* in der Finsternis, das schon Menschen vor weit mehr als 2000 Jahren erwarteten und das in Betlehem tatsächlich zu den Menschen gekommen ist, möchten wir mit den Kindern feiern. Es wird möglicherweise zu einem Licht, das nicht nur an den Tannenbäumen oder elektrischen Lichtgirlanden strahlt, sondern vor allem im Innern der Menschen.

Hirten, die in der Gegend von Betlehem ihre Schafe hüteten und bei den Tieren wachten, waren die ersten Menschen, die von Jesu Geburt erfuhren.

Sie lebten in einer gebirgigen Wüste. Schafe müssen zu den Wasserplätzen geführt werden, um nicht zu verhungern. Dies ist die harte und verantwortungsvolle Aufgabe des Hirten. Er schützt seine Herde vor wilden Tieren und Räubern; er schätzt die Marschzeiten, um seine Tiere nicht zu überanstrengen; er verhindert an den Tränkrinnen Streit mit anderen Hirten; er pflegt und verbindet seine Schafe, wenn sie krank werden oder verletzt sind; er treibt sie nachts in einen Pferch oder eine Höhle, damit sie sicher sind und warm haben. Das Hirtenleben ist voller Entbehrungen und kriegerisch; der Hirte ist meist auf der Wanderschaft; sein spärlicher Besitz besteht in einer Hirtentasche und einem Stock oder einer Steinschleuder; gegen die Sonne, die in der gebirgigen Wüste brennt, schützt er sich durch ein Tuch, das er um seinen Kopf wickelt; nachts hüllt er sich in seinen gewebten Mantel. Häufig ist er nur ein Mietling – er ist dem Besitzer der Schafe Rechenschaft schuldig und wird schlecht bezahlt.

Weil diese Hirten lange unterwegs sind und wenig verdienen, ist die Versuchung für sie groß, junge Schafe oder Wolle heimlich zu verkaufen oder unerlaubten Handel zu betreiben. So gelten Hirten zur Zeit Jesu oft als Betrüger; es sind Menschen ohne Rechte.

Die idyllischen Züge, die dem Hirten in neuerer Zeit angedichtet werden, sollte man vergessen, wenn man an einen Hirten in der biblischen Welt denkt.

Daneben ist der Hirte aber auch Inbegriff eines sorgenden, liebevollen Menschen. «Der Herr ist mein Hirte», steht im 23. Psalm. Der Hirte ist hier Bild für Gott selbst. Auch der Hirte, der sein verlorenes Schaf sucht, ist uns allen bekannt. Auch er ist ein Symbol für Gott.

Zu Hirten – Naturverbundenen, Rechtlosen, Armen –, nicht zu König Herodes, nicht zu den römischen Besatzungstruppen, nicht zu den Schriftgelehrten kommt der Engel mit der Botschaft: «Fürchtet euch nicht. Denn siehe, ich verkündige euch große Freude». Kein Zweifel: Zuerst erschrecken die Hirten. Gewöhnt daran, am Rande der Gesellschaft und in Armut zu leben, machen sie sich verwirrt auf den Weg, auch ängstlich, aber voller Erwartung: Vielleicht ist es ein richtiger König, ein mächtiger Herrscher, der uns von unserer Armut befreit, der die Römer aus dem Lande vertreiben wird? «Und sie gingen eilends und fanden Maria und Josef, und das Kind in der Krippe liegend.» So sagt es der Evangelist Lukas. Viel mehr wird über die Begegnung mit Jesus nicht gesagt. Das «Sehen» genügt – es genügt zum Weitersagen, zum Loben, zum Preisen. Offensichtlich sind die Hirten erfüllt, glücklich, verändert.

Die Hirten sind die ersten Menschen in einer langen Reihe von Benachteiligten, Unglücklichen, am Rande Stehenden, deren Leben sich nach der Begegnung mit Jesus verändert: Gelähmte, Blinde, Kranke aller Art werden von ihm geheilt. Sie sind nachher nicht nur gesund, sie folgen Jesus nach. Da ist ein Zöllner; mit ihm setzt sich Jesus an den gleichen Tisch: Der Zöllner wird ein anderer Mensch. Da sind kleine, vermutlich schmutzige Kinder; Jesu Jünger wollen sie wegschicken – die stören doch! Aber Jesus drückt sie an sich, sie werden froh und wissen: Wir gehören auch zu ihm. Der auferstandene Jesus erscheint zuerst den Frauen, auch sie Benachteiligte, die nun plötzlich im Mittelpunkt einer Männerwelt stehen.

So beginnt bei Jesu Geburt eine wichtige Bewegung. Die Kleinen und Nichtigen werden hineingezogen, berührt vom Kommen Jesu, leise, allmählich.

Versteht man Weihnachten so, als Anfang einer großen weiterführenden Bewegung, so können wir in der Weihnachtszeit mit den Kindern eine neue Entdeckung machen: Die Veränderung, die Menschen erfahren, die Jesus begegnen, kann ansteckend wirken.

Dieser Jesus aber, der bei den Armen ist, sich Armen zuwendet, kann gleichzeitig Vorbild für uns sein: Wir können die Sorge um die Benachteiligten mit ihm teilen. Wir stellen uns damit in eine Jahrhunderte alte Tradition. Schon immer war das Weihnachtsfest Anlass, notleidende Menschen einzuladen, sie zu bewirten und zu beschenken.

Wer allerdings in *unserer* Welt notleidend ist und *wie* wir ihn beschenken können, darüber sollten wir alle, auch jedes Kind, nachdenken und selbst eine Antwort finden. Es wäre gut, wenn an Weihnachten möglichst viele glücklich werden könnten: Alte, Einsame, Behinderte, Kranke, die Hungernden in der Ferne, vielleicht auch Stumpfe, Übersatte, vielleicht sogar – wie bei Franz von Assisi – die Tiere, die ganze schützenswerte Kreatur.

In diesem Sinn, könnte man, halb erzählend, halb betend, mit dem folgenden knappen Text schon den Allerkleinsten Weihnachten nahe bringen:

Die Hirten auf dem Feld hüten ihre Schafe. Sie sind arm. Sie frieren. Aber zu ihnen kommt Gottes Engel. «Geht zum Stall», sagt er. Die Hirten dürfen als allererste das Christkind sehen. Das Christkind mit Maria und Josef. Und die Hirten werden sehr froh.

> *Jesus, beschütze auch heute die armen Menschen.*
> *Du hast sie besonders gern.*
> *Lass sie zu dir kommen.*
> *Mach sie froh.*   Amen
>
>   *«Deine Welt ist schön und rund»*

18.4 Die Geschichte vom König

Im Adventslied «Macht hoch die Tür, die Tor macht weit» singen wir vom König, dessen Kommen wir an Weihnachten feiern:

> *Es kommt der Herr der Herrlichkeit,*
> *ein König aller Königreich!*

Wer ist dieser König? Der 72. Psalm singt von einem herrlichen *König*:

> *Er wird leben,*
> *solange die Sonne scheint*
> *und der Mond,*
> *Geschlecht um Geschlecht.*
> *Er ist wie Regen,*
> *der herabströmt auf die Au,*
> *wie Tropfen, die die Erde netzen ...*
>
> *Alle Könige müssen ihm huldigen,*
> *alle Völker müssen ihm dienen.*

Der Psalmsänger sieht einen Idealzustand voraus. Das kleine Volk im Nahen Osten wartet auf einen König, der es von Armut und von allen Unruhen befreien wird. Und es steht für diese Menschen fest, dass der Herrscher ein Nachkomme Davids sein wird.

700 Jahre vor der Geburt Jesu hat der Prophet Jesaja das Volk des Reiches Juda, das unter der Oberherrschaft der Assyrer leidet, getröstet (Jes. 9,6f):

«Denn ein Kind ist uns geboren, ein Sohn ist uns gegeben, und die Herrschaft kommt auf seine Schulter, und er wird genannt: Wunderrat, starker Gott, Ewigvater, Friedefürst. Groß wird die Herrschaft sein und des Friedens kein Ende auf dem Throne Davids und über seinem Königreiche.»

Jesaja spricht von einem *König*, der dem verzweifelten Volk *Frieden* bringen wird. Auf diesen Friedenskönig wartet das Volk Israel immer noch, während Herodes als bedrohlicher König herrscht, nachdem die Römer das Volk unterdrückt und das Land zu ihrer Provinz gemacht haben. Kommt endlich der Retter, König und Heiland?

Matthäus beginnt sein Evangelium, das den Anfang des Neuen Testaments bildet, mit einem ausführlichen Stammbaum Jesu: Jesus als direkter Nachkomme von Abraham, von David – rechtmäßiger Erbe des Königtums. Sein Beiname Christus, den Matthäus gleich zu Anfang gebraucht, unterstreicht dies: Christus bedeutet auf Deutsch der Gesalbte, auf Hebräisch der Messias – der erwartete *König* also?

Weise, fremdländische Gelehrte ziehen mit ihrem Gefolge aus dem Osten in die Stadt Jerusalem. «Wo ist der neugeborene *König* der Juden?», fragen sie. Diese Männer verstehen sich auf die Sterndeuterkunst. Ein ungewöhnlicher, heller Stern hat ihnen die Geburt eines mächtigen Herrschers angezeigt. Sie finden ihn nicht im Königspalast des Herodes. Doch Schriftgelehrte, Spezialisten jüdischen Glaubens, kennen die alten Worte des Propheten Micha: «Und du, Betlehem im Lande Juda, bist keineswegs die kleinste unter den Fürstenstädten Judas; denn aus dir wird ein Herrscher hervorgehen, der mein Volk Israel weiden wird.»

Über einem kleinen Haus in Betlehem bleibt der große Stern stehen. Die Gelehrten finden dort ein Kind, «sie waren hoch erfreut», sie beschenken das Kind. Auf einem anderen Weg kehren sie heimlich in ihr Land zurück. Und das Kind muss mit seinen Eltern vor dem bösen König Herodes nach Ägypten fliehen.

Wie steht es nun mit dem verheißenen König Israels? War es eine Täuschung? Ein Märchen vielleicht, an dem nur einige Sterndeuter aus dem fernen Osten Freude hatten?

Der Evangelist Lukas berichtet von Maria, einem jungen Mädchen in Nazaret. Maria erschrickt: Der Engel Gabriel besucht sie; ein Sohn wird ihr verheißen: «Gott der Herr wird ihm den Thron seines Vaters David geben, und er wird König sein über das Haus Jakob in Ewigkeit, und seines Königtums wird kein Ende sein.» – Mit Josef, ihrem Mann, zieht die junge Frau nach Betlehem. Eine von den Römern angeordnete Volkszählung zwingt die beiden zu einer beschwerlichen Reise, obwohl Maria ein Kind erwartet. Es wird in der Nähe von Betlehem geboren – vielleicht in einer Höhle, die sonst als Stall dient. Ist dies nun der verheißene König – der Sohn des Höchsten, der Heiland und Friedefürst? – Lukas erzählt weiter – von den Hirten, die sich auf den Weg machen zu «Christus, dem Herrn», dem Gesalbten also.

Dann berichtet der Evangelist von Simeon, einem alten Mann in Jerusalem. Simeon und die hochbetagte Hanna – auch sie warten auf den König. «Du wirst nicht sterben, ohne den Gesalbten des Herrn gesehen zu haben», so hat der alte Simeon eine Zusage des Heiligen Geistes gehört. Darum geht er voller Freude in den Tempel. Eltern bringen ein kleines Kind herein. Es ist acht Tage alt und soll beschnitten werden, wie es nach jüdischer Sitte verlangt wird. Das kleine Kind heißt Jesus. Simeon nimmt den Säugling in die Arme, er preist Gott in einem Danklied. Er weiß: Jetzt kann ich in Frieden sterben, denn meine Augen haben Gottes Heil gesehen. Die alte Prophetin Hanna «preist die Erlösung Israels». Wie wird aus dem jüdischen Jungen, der hier zum Tempel gebracht wird, ein König?

Über 30 Jahre später fragt der römische Statthalter Pontius Pilatus den gleichen Jesus: «Bist du der König der Juden?» – «Mein Reich ist nicht von dieser Welt», antwortet Jesus dem Pilatus. König nennt er sich nicht, wohl aber Gottes Sohn. Ist er dennoch Messias, Gesalbter, Christus? Jesus verteidigt sich nicht. Er wird am Kreuz hingerichtet. Über seinem Kopf aber steht: «Der König der Juden.» Ein Spottname! Spott auch die Dornenkrone auf seinem Kopf!

Ist dies das Ende einer Illusion? Besteht überhaupt ein Grund, an Weihnachten vom «König aller Königreich» zu singen?

Für die Freunde Jesu, die die Stätte seiner Hinrichtung voller Angst und Enttäuschung verlassen, scheint wirklich alles zu Ende. Doch da begegnet ihnen Jesus erneut: als Auferstandener. Sie sehen: Er ist stärker als der Tod. Er ist kein irdischer König – aber König des Lebens. Mit ihm geht es weiter, auch nach Leiden und Tod.

Und die Freunde Jesu feiern den Tag der Auferstehung: Ostern. Jesus ist ihr Herr. Erst jetzt fragen sie auch nach seiner Geburt. Sie lassen sich alles über sein Leben erzählen. Sie schreiben es auf. Viel später wird auch die Geburt Jesu als Fest gefeiert – der Anfang eines Lebens, dessen Ende vor allem entscheidend ist.

Es ist offensichtlich: Wenn wir Weihnachten als *Geschichte des Königs* ernst nehmen, ist es die ideale Zeit, um von Jesu *ganzem* Leben und Wirken zu erzählen. Die Erzählungen vom Stall, von Betlehem stehen nicht mehr isoliert da. Die Geschichte des Bartimäus etwa (Markus 10, 46–52) gehört plötzlich ganz nahe zu Weihnachten: «Sohn Davids, Jesus, erbarme dich meiner!», ruft der Blinde am Wegrand; auch ohne Augenlicht hat er in Jesus den heilenden König erkannt. Es folgt in den Evangelien die Geschichte von Jesu Einzug in Jerusalem, die Palmsonntagsgeschichte: Wie ein König wird Jesus begrüßt; Kleider und Palmzweige werden ihm zu Füßen gelegt; begeisterte Hosianna-Rufe erschallen.

Die Frage nach dem König, auch das Erwarten des Königs kann wie ein Leitmotiv unser ganzes Erzählen der Jesus-Geschichte begleiten!

Bist du wirklich König?

Sag mir, bist du wirklich König,
im alten Stall, des Hirten Gast?
Warum hast du denn so wenig?
Sag mir, wo steht dein Palast?

Sag mir doch, wer bist denn du?
Du heilst Lahme, machst sie froh.
Du hörst auch den Kindern zu.
König, du liegst nur auf Stroh.

Sag mir, hast du Schwert und Geld?
König, brauchst du keine Krone?
Du kommst arm in diese Welt.
Weißt du, König, wo ich wohne?

König, komm in unser Haus!
Komm, wir brauchen keine Pracht!
Du siehst wie ein Bettler aus.
Doch du hast uns reich gemacht.

«Gott, ich kann mit dir reden»

18.5 Sterndeuter – Könige – Fremde

Die Legende von den drei Königen beruht auf der Weihnachtsgeschichte, wie sie im Matthäus-Evangelium (2. Kapitel) erzählt wird.

Während bei Lukas die Hirten als erste von Jesu Geburt erfahren, sind es bei Matthäus «Magier» (griechisch magoi), die durch einen Stern zum Kind Jesus geführt werden: Sternkundige, die eine Kunst beherrschen, die vor allem im Osten von Israel, in Babylon, beheimatet war. Diese Magier, also «Heiden», finden den Weg zum «neuen König», dessen Geburt – wie auch die Geburt römischer Kaiser – durch einen Stern angekündigt wird.

Nirgends wird in der Bibel über die *Anzahl* dieser Magier etwas ausgesagt – in den orientalischen Kirchen spricht man später von 12 Königen –, nirgends werden ihre *Namen* genannt; in der Bibel werden sie nicht als *Könige* bezeichnet. Die gekrönten Könige, wie sie auch die Kinder mit Freude und Fantasie darstellen, sind also Gestalten der Legende.

Schon ums Jahr 200, beim Kirchenvater Tertullian, sind aus den Sterndeutern Könige geworden – vermutlich unter dem Einfluss mehrerer Texte des Alten Testaments, sei es beim Propheten Jesaja, sei es in den Psalmen. So steht im 72. Psalm, Vers 11:

Die Könige von Tharsis und den Inseln
müssen Geschenke geben,
die Könige von Saba und Seba
müssen Gaben darbringen.

Die «Dreizahl» dieser Könige wird seit dem 5. Jahrhundert zur Tradition; ein Grund dafür liegt sicher darin, dass nach der Erzählung des Matthäus dreierlei Gaben dargebracht werden: Gold, Weihrauch und Myrrhe. Vom 8. Jahrhundert an werden diesen drei Königen auch Namen gegeben: Kaspar – ein Jüngling; Balthasar – ein erwachsener

Mann; Melchior – ein Greis. Erst im 15. Jahrhundert wird Kaspar zum «Mohr», einem schwarzen Afrikaner also. Jedenfalls stehen diese Könige, aus verschiedenen Erdteilen kommend, jung und alt, hell und dunkel, stellvertretend für die Menschheit schlechthin.

Erst im 12. Jahrhundert werden diese Könige dann zu *Heiligen*. Das Fest am 6. Januar wird ganz allmählich auch zu einem Heiligen-Fest; andererseits herrschen auch an diesem Tag, wie an allen Festtagen um die Weihnachtszeit, vielerorts urtümliche, wilde Volksbräuche.

Kirchliche Dreikönigsspiele, die im 11. Jahrhundert aufkommen, spielen für den Volksglauben eine große Rolle. Das Sternsingen, bei dem die Könige verkleidet durch ein Dorf ziehen, ist aus den alten Spielen herausgewachsen, hat aber auch uralte Umzugsbräuche in sich aufgenommen: Unheimliche Gestalten vertreiben böse Mächte; *gute* Dämonen werden beschworen. Indem man sie beschenkt, sollen sie gut gestimmt werden. So werden die Könige, die als Sternsinger auftreten, zu Heischenden, ja zu Bettlern – zu den Vorgängern jener Kinder, die noch heute am 6. Januar an Umzügen teilnehmen, singen und Gaben erwarten.

Wenn die Buchstaben C, M und B für Kaspar, Melchior und Balthasar, zusammen mit der Jahreszahl, zusammen mit symbolischen Kreuzen, an die Kopfbalken von Haustüren geschrieben werden, so wird ein uralter vorchristlicher Brauch, die Abwehr von Dämonen, christlich gedeutet: Die verkleideten «Heiligen Drei Könige» setzen mit geweihter Kreide Kreuzeszeichen und besprengen die Häuser mit Weihwasser. Feuergefahr und anderes Unglück sollen abgewendet werden.

Bei allem bunten Brauchtum aber darf wohl eine ganz zentrale Aussage der «Dreikönigsgeschichte» nicht verloren gehen: Es sind die *Fremden*, die *Allerfernsten*, Menschen aus verschiedenen Himmelsrichtungen, Menschen mit verschiedener Hautfarbe, Menschen mit einer fremden Sprache und fremdartiger Kleidung, die nach der Erzählung des Matthäus als Erste von der Geburt des «neugeborenen Königs der Juden» hören und sich auf einen langen, mühseligen Weg machen.

Für uns heutige Christen könnte dies bedeuten: Gerade die Geschichte von den Sterndeutern hat nicht vor allem christliche «Insider» im Auge. Sowohl die Fremden unter uns als auch Menschen in fernen Ländern gehören dazu.

Wir haben gesehen, wie *paradox* die Weihnachtsgeschichte ist. Wenn wir sie in dieser Art – also nicht selbstverständlich und idyllisch – in kleinen Schritten immer besser entdecken, kann sie in unserer absurden Welt auf neue Weise aktuell und tröstlich werden:

– «Das Licht der Welt» beginnt über einem armseligen Stall, auf einem einsamen Feld.
– Arme, verachtete Hirten erfahren als erste von der Botschaft.
– Der König wohnt nicht im Palast: Er ist ein kleines Kind in ärmlicher Umgebung.
– Gelehrte Männer kommen aus weiter Ferne; der von ihnen verehrte König ist so klein, dass sie nicht einmal mit ihm reden können.

19.1 Erzählen und Erklären als Stationenweg

Die Passions- und Osterzeit fällt in eine schöne Jahreszeit. Die Tage werden länger, die Natur wird neu lebendig; das Spiel im Freien lockt die Kinder hinaus. Rollschuhe, Fahrräder und Bälle sind jetzt eher gefragt als Bücher oder gemütliche Erzählstunden.

Was in dieser Festzeit erzählt werden sollte, erscheint uns oft als sehr schwierig. Leiden und Sterben Jesu haben etwas Erschreckendes. Auch wenn wir vor allem von Jesu großer Liebe für uns reden wollen, bleiben Verurteilung, Kreuzigung und Tod rätselhaft, ja ein Ärgernis. Eine Aussage wie «Jesus ist für mich gestorben» wirkt als Lehrsatz, der gerade für Kinder unverständlich ist und möglicherweise zum Leersatz verkommt. Das Erzählen vom auferstandenen Jesus dagegen, die eigentliche Osterbotschaft, lässt sich gut mit der natürlichen Frühlingsfreude verbinden; allerdings besteht dabei die Gefahr, dass wir die biblische Geschichte zu einer Zauber- oder Wunder-Story machen oder sie – mit umgekehrter Tendenz – so verharmlosen und modernisieren, als wäre das Ostergeschehen einem fast alltäglichen heutigen Neubeginn gleichzusetzen. Und doch: Das Wiedererwachen der Frühlingsnatur lässt sich als Wunder jedes Jahr neu entdecken und mit Ostern in Verbindung bringen. Darüber aber, dass Ostern das allererste Fest der Christen und der Ursprung des Sonntags war, können wir größeren Kindern erzählen. Jesu Gegenwart heute – und dies gehört zur Osterbotschaft – werden wir auch im Abendmahl mit Kindern erleben.

Es wird deutlich: An Ostern geht es um ein ganzes Paket von Fragen und Problemen, um einen vielfältigen Geschichtenkranz, von Jesu Wirken über seinen Einzug in Jerusalem, über Tod, Auferstehung und Himmelfahrt – bis Pfingsten: Geschichten, die Fragen auslösen und auch auslösen sollen. Kinder haben das Recht, Gespräche mit Erwachsenen zu führen – immer wieder neu; sie spüren bald, dass es keine «Patent-Antworten» gibt und dass jede Antwort zum Weiterdenken und Weiterfragen anregt. Dankbar, dass Kinder überhaupt Fragen stellen, müssten erwachsene Gesprächspartner wohl versuchen, die Geschichten für sich selbst neu zu verstehen, sie zu lesen und auch vorzulesen. Ich möchte Erziehende ermuntern, dabei auf den Wortlaut der Evangelien selbst zurückzugreifen und gerade in der Vielfalt der vier Evangelien eine Chance zu sehen, auch wenn daneben Kinderbibeln und Kinderbücher als gute Hilfe Dienste leisten.

Die Tatsache, dass das Brauchtum der Osterzeit – ich denke an Ostereier oder Osterhase – sich weniger direkt mit den biblischen Erzählungen verbinden lässt, als es in der Weihnachtszeit möglich ist, darf nicht Angst vor der Bibel machen. Als Eltern und Erziehende können wir in der Bibel neu-alte Entdeckungen machen, die wir dann nur in kleinen Portionen weitergeben werden: «Stückwerk» im besten Sinn. Es ist wie mit dem alten «Stationenweg»: Bei den einzelnen Bildern, die Jesu Leiden – auf dem Weg zu einer Kapelle – darstellen, halten wir inne, wobei wir möglicherweise an jenen Stationen, mit denen Kinder noch überfordert wären, vorbeigehen, bei andern lange stehen bleiben, zu einzelnen zurückkehren.

Als «Stationen» des Erzählens in der Osterzeit möchte ich eine bewährte Reihe biblischer Texte vorschlagen:

– Die Geschichte von der *Heilung des Blinden*: Der Blinde erkennt in Jesus den Messias; Jesus ist bereits unterwegs nach Jerusalem, wo er das Passafest feiern wird; Lukas 18, 35–43.
– *Palmsonntag*: Jesus schickt die Jünger voraus, um einen Esel zu besorgen, auf dem er nach Jerusalem reiten wird; Lukas 19, 28–35 oder Matthäus 21, 1–7; vor Jerusalem streuen die Menschen Palmzweige auf den Weg und breiten Kleider aus, um Jesus als König zu begrüßen; Matthäus 21, 8–11.
– *Tempelreinigung*: Nachdem er in Jerusalem eingezogen ist, vertreibt Jesus Händler und Geldwechsler: «Mein Haus soll ein Bethaus sein.» Er erweckt Furcht und Verwunderung und verlässt die Stadt wieder; Markus 11, 15–19.
– *Die Salbung in Betanien*: Im Haus des Simon wird Jesus von einer Frau mit wertvollem Öl «gesalbt» – Vorbereitung auf den Tod oder Salbung des Messias? Markus 14, 3–9; Matthäus 26, 6–13.
– *Judas*: Ein Jünger verrät Jesus gegen Geld und wird während des letzten Mahls von Jesus als Verräter bezeichnet; Matthäus 26, 14–16 und 20–25.
– Das letzte *Abendmahl*: Matthäus 26, 17–30; Markus 14, 12–26; Lukas 22, 7–23; 1 Kor 11, 23–25.

- *Getsemani:* Im dunklen Garten betet Jesus; er bittet drei Jünger, mit ihm zu wachen; sie schlafen ein; Matthäus 26, 36–46.
- *Gefangennahme* Jesu: Die Knechte des Hohenpriesters nehmen Jesus gefangen; der Kuss des Judas kennzeichnet Jesus; Matthäus 26, 47–56.
- Vor dem *Hohen Rat:* Der Hohepriester Kajafas bezichtigt Jesus der Gotteslästerung; Jesus wird bespien und geschlagen; Matthäus 26, 57–68.
- *Der Hahn kräht:* Dreimal verleugnet der Jünger Petrus seinen Herrn; Matthäus 26, 69–75.
- *Pontius Pilatus:* Jesus wird vor den römischen Statthalter geführt und in Gegenwart einer großen Volksmenge zum Tode verurteilt; Matthäus 27, 11–26.
- *Kreuzigung* und Tod: Jesus wird nach Golgota geführt; Simon von Zyrene trägt sein Kreuz; Jesus wird ans Kreuz geschlagen und stirbt; Matthäus 27, 32–56.
- *Soldaten würfeln:* Damit der Mantel Jesu, der als ganzes Stück gewoben ist, nicht zerschnitten werden muss, würfeln sie darum; Markus 15, 24.
- Das *Begräbnis:* Josef von Arimatäa nimmt Jesus vom Kreuz und setzt ihn in einem Felsengrab bei; Markus 15, 42–47.
- Der *Auferstandene:* Er erscheint Maria aus Magdala; Johannes 20, 1 und 11–18; oder: Er erscheint den drei Frauen; Markus 16, 1–8.
- Die *Emmaus*-Jünger: Unterwegs gehen die Jünger neben dem auferstandenen Jesus her und erkennen ihn erst beim Brot-Brechen; Lukas 24, 13–35.
- *Der ungläubige Thomas:* Thomas will die Wunden des Auferstandenen sehen, um an ihn glauben zu können; Johannes 20, 24–29.
- *Himmelfahrt* und «Missionsbefehl»: Vor seinem Entschwinden in den Himmel gibt Jesus den Jüngern den «Befehl», zu verkündigen und Menschen zu taufen; Lukas 24, 50–53 und Apostelgeschichte 1, 4–14.
- *Pfingsten:* «Ausgießung» des Heiligen Geistes und Pfingstpredigt des Petrus; Apostelgeschichte 2, 1–47.

In dieser Aufstellung ist in der Regel nur *eine* Bibelstelle für die betreffende Geschichte, jene, die mir als Erzählgrundlage am geeignetsten scheint, angeführt; fast alle Geschichten finden sich aber in mehreren Evangelien – ein Vergleichen lohnt sich; es ist sinnvoll, nach jener «Variante», die jeder und jedem persönlich am nächsten ist, zu erzählen. – Vielfach finden sich in Büchern, in Kirchen oder Museen bildliche Darstellungen dieser Geschichten, die man zusammen mit Kindern entdecken kann. Statt des oft schwierigen Erzählens betrachten wir gemeinsam ein Bild, entdecken darauf Einzelheiten, erzählen uns gegenseitig oder sind gemeinsam stumm. Zur Getsemani- oder zur Kreuzigungs-Geschichte scheint mir solches Stillwerden besonders gut zu passen. – Auf andere Weise können sich die Kinder die ganze Geschichtenreihe anhand des Osterkalenders «Mit Jesus nach Jerusalem» vorstellen: Ein Poster von Reinhard Herrmann zeigt die Stadt Jerusalem zu jener Zeit; in 22 Geschichten wird hier je aus der Perspektive einer beteiligten Person erzählt. – Schon früh könnten Kinder die Passionsgeschichte auch nacherleben, wenn sie Johann Sebastian Bachs Matthäus-Passion oder Johannes-Passion, aber auch andere geistliche Musik hören. Es lohnt sich, solche Werke mit Kindern gemeinsam zu hören, die Kinder auf das, was sie verstehen können, aufmerksam zu machen und später der Musik ein weiteres Mal zu lauschen.

19.2 Schuldzuweisung, Kreuz, «Neues Leben» – Probleme der Passions- und Ostergeschichte

Die Frage, wer die Schuld trage an Jesu Tod, ist nicht leicht zu beantworten. Sein Leben, seine Verurteilung und seine Kreuzigung spielen sich vor einem außerordentlich vielschichtigen Hintergrund ab und werden von den vier Evangelisten in unterschiedlicher Weise erzählt.

Jesus selbst ist Jude. Er hat sich um Kranke und Ausgestoßene des eigenen Volkes gekümmert; er hat Heilungen vollbracht, Menschen um sich geschart, gepredigt und die Hoffnung auf das kommende Gottesreich verkündet. Viele sehen in ihm den lange erwarteten Messias; er wird Sohn Gottes und König der Juden genannt. Er wandert als Rabbi, als Lehrer durch Galiläa und ist selbst eine Art Schriftgelehrter, wird aber von einzelnen Gruppen der Pharisäer, die peinlich genau über das Einhalten ganz bestimmter Gesetze wachen, kontrolliert und besonders wegen seines Nicht-Einhaltens der Sabbatregeln kritisiert. Dass er am Sabbat heilt, erregt Neid und großen Ärger.

Die Priester, denen Jesus ausgeliefert wird, bilden den «Hohen Rat». «Sie suchten falsches Zeugnis wider Jesus, dass sie ihn töteten, und fanden keins.» (Matthäus 26, 59) Jesus wird der Gotteslästerung bezichtigt; er wird geschlagen und bespuckt – und er wird Pilatus ü berliefert. Israel steht unter römischer Herrschaft; nur der römische Statthalter Pontius Pilatus, der gerade in Jerusalem weilt, darf Todesurteile fällen. Auf seine Frage «Bist du der König der Juden?», antwortet Jesus: «Du sagst es.» Pilatus zögert. Hat dieser «König» nicht großen Erfolg gehabt, als er als Prediger und Heiler durchs Land zog? Kann er, Pilatus, nicht heute einen Gefangenen freilassen? Jesus oder Barabbas? «Das Volk» – die Priester – die Volksmenge – alle verlangen nun Freiheit für Barabbas. «Lass ihn kreuzigen», sagen sie, ja schreien sie in einem großen Volksgetümmel und meinen Jesus. Pilatus fällt das Todesurteil, nachdem er seine Hände gewaschen hat, um Unschuld zu demonstrieren. Römische Soldaten töten Jesus. Wer war nun schuld?

Immer wieder, während Jahrhunderten, wurde – ausgehend von der aufgebrachten Menge vor der Burg des Pilatus – «den Juden» ganz allgemein die Verantwortung für den Tod Jesu zugesprochen und dabei auf verhängnisvolle Weise Antijudaismus oder Antisemitismus geschürt.

Die Schuld an Jesu Tod lag bei den Behörden, der Volksmenge, den Machthabern, schlicht bei *allen*, auch bei Jesu besten Freunden, die ihn verlassen hatten und nicht mehr wagten, zu ihm zu stehen. Der Tod Jesu hat mit allen Menschen zu tun, auch mit uns. Auch wir, die wir auf die eine oder andere Art zu den «Massen» gehören, die sich mitreißen lassen, haben – auf der Seite der Mächtigen oder der Untergebenen – nicht den Mut, uns gegen Ungerechtigkeit aufzulehnen, falls wir uns selbst dabei einer Gefahr aussetzen. Von allergrößter Bedeutung ist es darum, schon Kindern gegenüber niemals von «den Juden» als den Schuldigen an Jesu Tod zu reden, viel eher aber – als Ehrentitel! – zu betonen, dass Jesus selbst *Jude* war. Wir möchten damit von Beginn an die Gefahr eines im Kinde wachsenden Antijudaismus bannen.

Das Kreuz: Auch für Kinder sind damit immer wieder Fragen verbunden. Sie entdecken das Kreuz, wo Erwachsene es kaum noch beachten – in Kirchen, auf Friedhöfen, in Form silberner oder goldener Anhänger, nicht zuletzt im Wappen des Roten Kreuzes, bei einer Samariterstation oder im Schweizerkreuz. Einerseits ist es Zeichen des Leidens – nicht eines heroischen Leidens, sondern eines Leidens voller echter Qualen: der Qualen Jesu, der Qualen der ganzen Menschheit. So etwa will sich das Rote Kreuz für die Leidenden einsetzen – und beruft sich mit dem Kreuzeszeichen auf Jesus.

Für die Römer war das Kreuz eine unehrenhafte Todesstrafe; es war den elendesten Übeltätern vorbehalten, nicht den Helden. Selbst die Jünger flohen vor diesem Kreuz, an dem Jesus hing. Anbetung eines Gekreuzigten – das musste auf Menschen jener Zeit als Gotteslästerung wirken. Das Kreuz führt darum weg von der Neigung, einen erhabenen Gott, einen golden glitzernden Götzen zu verehren und sich vor ihm zu verbeugen. Es lädt zu religiösem Umdenken ein: Statt eine «übliche» religiöse Sehnsucht zu befriedigen, macht es nicht nur auf Jesu Leiden, sondern auf die Gemeinschaft mit allen Verdrängten und Verlorenen aufmerksam. Das Kreuz gehört zu all jenen Geschichten, die von Jesu Sorge um die Elenden reden. Gerade mit dieser Sorge, die mit einer unkonventionellen Lehre verbunden war, hat Jesus die Umwelt so gegen sich aufgebracht, dass er getötet wurde.

Wir sind als heutige Menschen nicht eingeladen, Jesus «passiv» nachzuleiden, sondern seine Lehre weiterzugeben und ihm im Wahrnehmen der Benachteiligten nachzufolgen. – Solche Gedanken können gegenüber Kindern, die sich in erstaunlicher Weise fürs Kreuz interessieren, nur bruchstückhaft formuliert werden. Wir müssen ihnen dabei immer wieder Mut machen, ihre Fragen in Worte zu fassen.

Im Zusammenhang mit dem Kreuz ist auch die besondere Beziehung von Kindern zum Tod von Bedeutung: Sie nehmen den Tod natürlicher, sie sind ihm aber auch ferner als Erwachsene. Andererseits liegt ein Auferstehen nach dem Tode von der Märchenwelt her – es sei hier an das Wieder-Lebendigwerden der jungen Mutter im Märchen von «Brüderchen und Schwesterchen» erinnert – eher im Rahmen des Möglichen. Kinder empfinden Kreuz *und* Auferstehung Jesu nicht als so absurd wie Erwachsene. Dies kann das Erzählen erleichtern, darf aber nicht dazu verführen, anschauliche Details zu erfinden oder märchenhaft zu erweitern. Das Erzählen soll karg bleiben. Kinder spüren: Jesu Tod und Auferstehung bleiben auch für Erwachsene ein Geheimnis, nicht eine Art Rechnung, die schon mit der Formel aufgeht: «Jesus ist für uns gestorben.»

Um von Jesu Tod und Auferstehung nicht nur zu erzählen oder zu diskutieren, sei auch hier das Einbeziehen des Jesus-Geschehens ins Gebet vorgeschlagen: Gebete, die jeweils ohne die beiden Schlusszeilen eher Gedichte sind, anhand derer sich meditieren ließe, ein Meditieren, in dessen Mittelpunkt das neue *Leben*, nicht der Tod stehen.

Ostern

Die Jünger sind traurig, sie sind in Not.
Sie weinen, sie sagen: Jesus ist tot.
Da tritt er ein – sie erschrecken sehr.
Doch dann rufen sie: «Es ist unser Herr.
Sein Grab ist leer. Er ist am Leben.
Er will auch uns das Leben geben.»

Oh Gott, Jesus lebt, er ist bei dir!
Jesus lebt! Gib diese Freude auch mir!
«Gott, ich kann mit dir reden»

Das neue Leben

Jesus, du gehst vom Tod in ein neues Leben.

Jesus, der Stein deines Grabes ist fort!
Jesus, du gehst an einen neuen Ort.
Du winkst uns zu, du rufst nicht laut.
Eine neue Straße hast du gebaut.
Uns alle nimmst du auf der Straße mit.
Wir haben Angst.
Wir gehen langsam Schritt für Schritt.
Die Angst ist dumm.
Wir könnten fröhlich gehen.
Wir sagen dann: Wir möchten diesen Jesus sehen.
Reicht es nicht, wenn wir dich spüren?
Die Straße zu Gott wirst du uns führen!

Jesus, du gehst vom Tod in ein neues Leben.
Nimm mich auch mit auf deiner Straße!
«Gott, ich kann mit dir reden»

19.3 Himmelfahrt: Erinnerung, Wiederkunft, die Zeugen und Gottes Himmel

Sehr knapp wird Jesu Himmelfahrt in den Evangelien beschrieben: entschwunden, emporgehoben ist er. In der Apostelgeschichte ist es eine Wolke, die Jesus aufnimmt. Die Geschichte wirkt fast nüchtern in ihrer Kürze. Jesus setzt sich (Markus 16, 19) «zur Rechten Gottes»; er ist nicht mehr bei den Menschen, sondern bei Gott. Es handelt sich dabei nicht um eine dramatische «Reise» zu Gott. Schon als Auferstandener ist Jesus für die Menschen nicht mehr ganz greifbar. Es ist eine fast selbstverständliche Folge, dass er ganz verschwindet.

In den vierzig Tagen, die Jesus nach seiner Auferstehung nochmals auf der Erde zubringt, hat er Züge, die sonst zu den biblischen *Engeln* gehören: Alltäglich, nicht besonders gekennzeichnet, begegnet er den Jüngern auf der Straße. Zuerst erkennen sie ihn nicht. «Aber dann wurden ihnen ihre Augen geöffnet.» (Lukas 24, 31) Nach dem Verschwinden Jesu sagen sie: «Brannte nicht unser Herz in uns, wie er auf dem Wege mit uns redete?» Im Moment des Verschwindens aber machen sich die Jünger, sei es in der Emmaus- oder der Himmelfahrtsgeschichte, nicht vor allem über die Art seines Verschwindens Gedanken; sie erinnern sich an sein Tun auf der Erde und an das, was er ihnen gesagt hat. Die *Erinnerung* an Jesus ist das Entscheidende, das weiterlebt.

Die beiden weißen Männer, Engel, die zu den Jüngern treten, nachdem Christus entschwunden ist, haben eine Aufgabe, die in dieselbe Richtung weist. Sie wollen die Jünger, die immer noch Jesus nachstarren, in die Wirklichkeit zurückrufen und ihnen sagen: «Mehr als ihr gesehen habt, können auch wir euch nicht erzählen. Mehr kann man über diese Sache nicht wissen.» Doch die Engel verheißen den Jüngern, dass Jesus wiederkommen werde. Der Zeitpunkt dieser *Wiederkunft* aber ist unbestimmt. Der Verfasser der Apostelgeschichte weist damit die Meinung mancher seiner Zeitgenossen zurück, Jesus müsse sehr bald wiederkommen und in unmittelbarer Zukunft sein Reich herstellen.

Die Wiederkunft Christi interessiert Kinder, sobald sie etwas älter werden. Vielleicht zeigt man ihnen alte Darstellungen vom Jüngsten Gericht, wo Gute und Böse auf die Waage gelegt oder die «Schafe» von den «Böcken» getrennt werden (Matthäus 25, 31–46), ja wo sogar die Schrecklichkeiten der Hölle gezeigt werden. So stellten sich die

Maler früher die Wiederkunft Christi und das Jüngste Gericht vor. Wie es wirklich sein könnte oder wann es kommt, wissen wir nicht. Auch Kinder sollen mit diesen offenen Fragen leben.

Das Leben der Jünger geht nach der Himmelfahrt weiter. Bevor Jesus emporgehoben wird, fordert er sie auf: Ihr sollt *Zeugen* sein. Man wird Kindern erklären, was ein Augenzeuge ist und welche Aufgabe dieser etwa in einer Gerichtsverhandlung hat. Die Jünger sind Augenzeugen von Jesu Tun und Reden und bezeugen das, was geschehen ist. So sollen auch die Christen nach ihnen weitergeben und in ihrem Tun bezeugen, was sie gehört und gelesen haben.

Größeren Kindern können wir erklären, dass das griechische Wort für «Zeuge», das in der Apostelgeschichte gebraucht wird, unserm Wort «Märtyrer» entspricht. Märtyrer haben besonders deutlich für Jesus gezeugt; sie sind für ihre Überzeugung gestorben. In diesem Zusammenhang ist es sinnvoll, die Geschichte des ersten Märtyrers, Stephanus (Apostelgeschichte, Kap. 6 und 7), zu erzählen: Stephanus sieht, unmittelbar bevor er gesteinigt wird, Gott im Himmel vor sich und neben ihm Christus. Durch die Vision des in den Himmel aufgefahrenen Christus wird er zuversichtlich genug, um für diesen Christus zu sterben.

Darüber, dass Jesus bei Gott im *Himmel* ist, werden Kinder möglicherweise Fragen stellen. Dass der Himmel, den die Weltraumfahrer erkunden, und jener Himmel, zu dem Jesus auffährt, vielleicht nichts miteinander zu tun haben, ist vor allem für kleine Kinder schwer verständlich. So wie sie Gott eine bestimmte Gestalt zuschreiben möchten, wünschen sie sich einen eindeutigen Wohnort Gottes. Vor vielen Jahren habe ich zu dieser Fragestellung ein Bilderbüchlein für meine eigenen Kinder gebastelt, mit dem Titel «Auf der Suche nach dem lieben Gott». Ich fasse es hier kurz zusammen:

Der kleine Junge der Bilderbuchfamilie wacht mitten in der Nacht auf. Zum ersten Mal in seinem Leben sieht er den schwarzen, mit Sternen übersäten Nachthimmel. Er hält diesen Himmel für das prachtvolle Kleid Gottes. Schnell weckt er seine Schwestern. Die Kinder verlassen leise das Haus und steigen auf einen hohen Baum, um Gott näher zu kommen – aber ohne Erfolg. Am Tag darauf fahren sie mit der Seilbahn auf einen hohen Berg; aber auch hier oben sehen sie nichts von Gott. Ein Gewitter naht. Ein heftiger Sturm trägt die Kinder in die Welt der Wolken empor. Sie fragen nun alle

Naturgewalten, ob sie Gott oder seine Wohnung gesehen hätten. Aber in Wind und Regen, Blitz und Donner, auch in den Strahlen der Sonne ist Gott nicht zu finden. Die Kinder, die nach ihrem Himmelsflug auf einer Blumenwiese landen, spüren in den herrlichen Blumen, die zur Schöpfung gehören, in der freudigen Begegnung mit ihren Eltern, vor allem aber im Abendgebet etwas von Gottes Nähe. Der Sternenhimmel, den die Geschwister in der folgenden Nacht gemeinsam neu bewundern, ist jetzt nicht mehr Gottes Kleid – aber ein Hinweis auf seine Herrlichkeit.

Später wurde aus dieser fantastischen Geschichte – nur mit *einem* Kind, nicht mit vier Geschwistern – das Bilderbuch «Benjamin sucht den lieben Gott» (Verlag E. Kaufmann 1979), das die Reihe «Religion für kleine Leute» eröffnete. Das Buch erweist sich noch heute als hilfreich, möchte aber Eltern und Erzieherinnen auch dazu anregen, *eigene* Geschichten zu erfinden, die «Himmel-Fragen» der Kinder aufnehmen und beantworten.

19.4 Pfingsten: «Was will das werden?»

«Sie wurden irre und sprachen einer zu dem andern: ‹Was will das werden?›». So übersetzt Luther in Apostelgeschichte 2, 12. Was die Menschen am Ende der Pfingstgeschichte empfinden, was sie vorher erlebt haben, ist rätselhaft: Es geht um den «Heiligen Geist», gleichzeitig um das merkwürdige Verstehen fremder Sprachen. Es ist eine Geschichte, in der es viel zu erzählen gibt: Der «Heilige Geist», der beim Reden von der «Trinität», der Dreieinigkeit – Vater, Sohn und Heiliger Geist –, recht theoretisch bleibt, ist plötzlich gegenwärtig; auch die Hintergründe der allerersten christlichen Gemeinde und der Taufe werden lebendig.

Die Pfingst-Geschichte eignet sich gut für Gesprächsgruppen über religiöse Erziehung, auch nach Familiengottesdiensten oder beim Austausch unter Taufeltern – möglicherweise im Anschluss an einen frühsommerlichen Gottesdienst oder eingebunden in eine kleine Abschlussfeier im Rahmen eines Kurses zur religiösen Erziehung.

Als «Gegengeschichte» zur Pfingstgeschichte lässt sich die Geschichte vom «Turmbau zu Babel» (1. Mose 11) erzählen, die Geschichte von jener Verwirrung der Sprachen, die ausgelöst wird durch den Bau eines Turmes, der bis in den Himmel reichen soll: Ausdruck des übergroßen Machtstrebens der Menschen. Es wird dabei tröstlich klar: Die Menschen, die nach Jesu Tod verunsichert und einsam in Jerusalem zurückbleiben, sind sich gegenseitig, aber auch Gottes Geist näher als die Bewohner der nach Macht strebenden und hochentwickelten Stadt Babylon.

Im folgenden Text möchte ich die Pfingstgeschichte, wie sie sich in meiner Nacherzählung der Bibel «Mit Gott unterwegs» (S. 248f.) findet, wiedergeben.

Fünfzig Tage nach dem Passafest wird in Jerusalem das Fest der Weizenernte, das Pfingstfest, gefeiert. Wie alle anderen Juden haben sich Jesu Freunde auf das Fest vorbereitet; sie sind beieinander, um zu essen, zu trinken, zu beten. Sie haben das Haus, in dem sie sich treffen, geschmückt. Auch sie haben frische Weizenbrote in den Tempel gebracht. «Zehn Tage ist es her. Ja, vor zehn Tagen haben wir Jesus zum letzten Mal gesehen. Jetzt ist er bei seinem Vater im Himmel», sagen sie zueinander. Immer wieder reden sie von Jesus.

Doch plötzlich wird das Haus von einem Rauschen und Brausen erfüllt. Es ist, als ob ein Sturmwind vom Himmel fallen würde, wie bei einem gewaltigen Gewitter. Hell beginnt es zu leuchten. Das helle Licht verteilt sich. Auf jede Frau, auf jeden Mann setzt sich eine Flamme. Doch sie haben keine Angst. «Die Flammen verbrennen uns nicht», sagen sie. «Durch die Flammen dringt eine neue Kraft in uns – eine Kraft, die niemand von uns gekannt hat.» Und sie spüren: Das ist der heilige Geist, den Jesus uns versprochen hat.

Die Straßen sind an diesem Festtag voller Menschen. Aus dem ganzen Land, aber auch aus fremden Ländern sind die Juden nach Jerusalem gekommen; denn hier, in der heiligen Stadt, möchten sie das Pfingstfest feiern.

Vor dem Haus von Jesu Freunden bleiben immer mehr Menschen stehen und staunen. «Habt ihr das Brausen gehört?», fragen sie. «Was soll eigentlich dieser Lärm?» Neugierig schauen sie durchs Hoftor und sagen: «Das sind doch die Freunde dieses Jesus, die hier zusammenkommen und beten. Wir möchten wissen, was sie reden.»

Eine Frau, die ganz vorne steht, fragt: «Merkwürdig, diese Jesus-Leute kommen doch aus Galiläa – warum reden sie in fremden Sprachen?» Ein ägyptischer Jude, der die weite Reise nach Jerusalem auf sich genommen hat, wundert sich: «Ich höre meine eigene Sprache – wo haben sie das gelernt?» Und ein Römer ruft erstaunt: «Woher können sie plötzlich Latein? Ja, in meiner Sprache loben sie Gott. Aber ich weiß: Die haben nie Latein gelernt.» «Es ist ein Wunder, ja ein Wunder», rufen die Menschen, im Hoftor. Andere haben nur ein Sprachengewirr gehört und kein Wort verstanden. Darum spotten sie: «Die Leute da drin reden wild durcheinander. Die sind wohl vom Festwein betrunken!»

Aus dem Innern des Hofs erklingt plötzlich eine kräftige Stimme. «Das ist Petrus», sagt eine Frau, die ganz vorn steht. Und draußen hören sie Petrus sagen: «Versteht ihr mich, all ihr Juden, drinnen und draußen auf der Straße? Ich will euch erklären, was geschehen ist. Wir haben zwar in fremden Sprachen geredet. Aber niemand von uns ist betrunken. Es ist ja erst neun Uhr morgens. Nein, Gottes heiliger Geist ist zu uns gekommen.»

Der heilige Geist? Es wird still. Alle hören zu und Petrus fährt fort: «Wir alle sind Freunde des Jesus aus Nazaret. Haben ihn nicht viele von euch gekannt? Habt ihr nicht von ihm gehört? Er machte Kranke gesund. Er hat den Armen geholfen. Jesus von Nazaret – er war der Messias, auf den wir alle gewartet haben, unser Helfer und König. Vor dem Passafest wurde er ans Kreuz geschlagen. Doch er ist auferstanden. Wir haben ihn gesehen. Und jetzt ist er bei Gott im Himmel. Er, dieser Jesus, hat uns den heiligen Geist geschickt.»

Einige Zuhörer sind erschrocken. Sie erinnern sich an den Gekreuzigten. Hätten sie seinen Tod verhindern können? War er wirklich der König der Juden?

Viele fragen Petrus und die anderen Jünger: «Was sollen wir tun?» «Auch ihr könnt zu Jesus gehören. Ihr könnt ein neues Leben beginnen. Bittet Gott, dass er euch alles Schlechte, das ihr getan habt, vergibt. Lasst euch taufen. Mit der Taufe wird auch euch der heilige Geist geschenkt. Mit dem Wasser der Taufe wird alles Böse von euch abgewaschen.»

Taufen? Einige schütteln den Kopf. Was soll das? Andere erzählen von Johannes dem Täufer, der im Jordan getauft hat. Das ist schon lange her. Viele wollen sich taufen lassen. «Mit der Taufe bekommen wir den heiligen Geist. Mit der Taufe gehören auch wir zu den Jesus-Leuten», sagen sie.

Dreitausend Menschen lassen sich an diesem Tag taufen. Sie wollen zu den Jüngern Jesu gehören.

Alle, die getauft sind, treffen sich abwechselnd in ihren Häusern. Sie erzählen von Jesus. Immer wieder sagen sie: «Jesus ist auferstanden, er lebt, er ist bei uns – das ist die Hauptsache.» Sie beten, sie essen miteinander. Auch im Tempel treffen sie sich jeden Tag. Sie leben wie Brüder und Schwestern und sorgen auch für die Armen und die Witwen. Sie teilen ihr Geld und ihr Essen.

20. VOM ERZÄHLEN BIBLISCHER GESCHICHTEN

20.1 Erzählen: Der Weg in eine wunderbare Welt

Geschichten erzählen: Ein uralter Brauch, zu dem nicht nur die Geschichte, sondern gute Ohren und die richtige Atmosphäre gehören. Geschichten erzählen: Passt es in eine Zeit, die Geschichten mit technischen Hilfsmitteln lebendig werden lässt oder Kinder viel eher zum bewegten Nachspielen und Nacherleben als zum Zuhören anregen möchte? Wird heute das Erzählen nicht als «Frontalunterricht» – eine Erzählerin steht vorn, die Kinderschar sitzt mit großen Augen vor ihr – abgelehnt? Nicht nur ein alter, auch ein veralteter Brauch? Ich möchte auf den folgenden Seiten das Gegenteil beweisen und zu einem nicht veraltenden und ganz heutigen Erzählen anregen.

Beim Erzählen entsteht Bewegung. Diese Bewegung hat einerseits mit der lebendigen Beziehung des erzählenden Erwachsenen zum zuhörenden Kind zu tun. Ein Funke springt hin und her. Andererseits ist die Bewegung in den Geschichten begründet: Jede Geschichte beschreibt einen Weg; sie nimmt das Kind hinein in die Spannung, die zwischen Anfang und Ende besteht.

Der berühmte italienische Erzähler Gianni Rodari schreibt in seinem Buch «Grammatik der Fantasie» (deutsch 1992) mit dem Untertitel «Die Kunst, Geschichten zu erfinden»: «Während der ruhige Strom des Märchens zwischen beiden dahinfließt, kann das Kind endlich die Mutter mit Muße genießen, ihr Gesicht in allen Einzelheiten betrachten, sich die Augen, den Mund, die Haut genau ansehen ... Die Stille der Mutter erzählt ihm nicht nur von Rotkäppchen oder vom Kleinen Däumling, sie spricht auch von sich selbst. ...» Rodari will sagen: Die Mutter oder der Vater gibt immer etwas von sich selbst weiter – und natürlich auch von ihrer meist kostbaren Zeit. Jeder Erwachsene erzählt auch von sich; das Kind genießt darum nicht nur die Geschichte, es genießt die Erzählerin, den Erzähler – und hat sie, ihn ganz für sich. Stille, Zugewandtheit, Zärtlichkeit, die Sprache der erzählenden Mutter sind dabei ebenso wichtig wie der Inhalt der Geschichte: Es geht um eine Haltung, eine Sprache, einen Rhythmus, die etwas Besonderes sind und sich vom Verhalten der Eltern bei den

«notwendigen» Verrichtungen des Alltags wie An- und Ausziehen o-
der Essenbereiten unterscheiden. Ähnliches gilt für die Erzählsituation in der Kindergruppe.

Die attraktive *Situation* des Erzählens paart sich mit dem faszinierenden Inhalt: Die Gestalten einer Geschichte erleben Angst oder
Freude; das horchende Kind beginnt in seiner Fantasie zuzuschauen
oder eine Rolle zu spielen; es entdeckt in der Geschichte eine neue
Welt – eine Wirklichkeit neben der alltäglichen, eine Wirklichkeit, die
bedrohlich oder unverständlich sein könnte, wenn sie nicht in der be-
ruhigenden Beziehung zwischen Erzählendem und Kind aufgehoben
wäre. Der Akt des Erzählens und die Geschichte finden sich also in
einem wunderbaren Zusammenspiel.

Erzählen ist fast immer wirkungsvoller als Vorlesen. Statt ins Buch
schauen wir beim Erzählen aufs zuhörende Kind. Wir sehen in seinem Gesicht, wenn ihm etwas unklar ist, wenn wir zu schnell oder zu
langsam vorangehen, wenn wir Angst machen. Wir können auf Freude, Entsetzen oder Fragen des Kindes eingehen. Beim Erzählen *muss* –
und das ist für die biblischen Erzählungen besonders wichtig – die
Erzählerin selbst mitdenken, mitschwingen. Indem sie die Sätze nicht
abliest, sondern stets neu bildet, ist sie innerlich beteiligt; sie ist wie
das hörende Kind betroffen – sie freut sich mit dem Helden, sie trau-
ert mit ihm. Das Erzählen wirkt darum lebendiger als das Vorlesen,
auch wenn die Sätze dabei weniger kunstvoll werden und Sto-
ckungen eintreten.

Diese individuelle Erzählweise, wie ich sie mir innerhalb der Familie, ja gegenüber einem einzelnen Kind oder wenigen Geschwistern
vorstelle, erweitert nicht nur die Gedankenwelt, sondern auch den
Wortschatz des Kindes; sie weckt Neugier und verfestigt die Verbindung zwischen Eltern und Kind oder zwischen Großeltern und Kind
und beruhigt das Kind. Es ist kein Zufall, dass seit Generationen auch
Großmütter oder kinderlose Tanten eine wichtige Erzählfunktion und
damit ein Vermitteln religiöser Inhalte übernehmen; sie sind von den
oft zermürbenden alltäglichen Erziehungsaufgaben und Haus-
haltspflichten im Gegensatz zu den gelegentlich «verbrauchten» Eltern
eher entlastet.

Grundsätzlich möchte ich hier zu spontanem Erzählen ausdrücklich ermuntern; solches Erzählen hat seine Berechtigung – ohne Konkurrenz – neben gut vorbereitetem Erzählen biblischer Geschichten,
wie es in größerem Kreis oder auch bei einem wiederholten, bewusst

gestalteten Abendritual der Eltern stattfindet. Es muss nicht perfekt sein und muss sich auch nicht grundsätzlich vom «harmlosen» Märchen-Erzählen unterscheiden. Doch auch beim Vorlesen – viele Eltern oder Erzieherinnen fühlen sich sicherer mit einem Buch auf den Knien – ist ein ähnliches Verhalten wünschenswert: Die Auseinandersetzung mit dem hilfreichen Buch darf den Kontakt mit den Kindern, aber auch mit der Geschichte und ihrer Eigendynamik nicht beeinträchtigen.

Wie sehr der Zauber einer Geschichte selbst auf eine erzählende Mutter, auf ein Kind und seine ganze Umgebung wirken kann, bringt Werner Laubi in seiner faszinierenden kleinen «Bahngeschichte» zum Ausdruck. Sie findet sich in seinem Buch «Die Himmel erzählen, Narrative Theologie und Erzählpraxis».

Die Bahngeschichte

Ich fahre am frühen Morgen mit der Bahn von Aarau nach Genf. Im Wagenabteil sind die Reisenden, von denen wohl die meisten in Geschäften unterwegs sind, in die Lektüre von Tageszeitungen vertieft. Zwei studieren Akten. Einer holt, das Kinn auf der Brust, leise schnarchend den zu früh unterbrochenen Schlaf nach.

In Olten steigt ein Ehepaar mit einem etwa vierjährigen Knaben in den Wagen. Im Gegensatz zum Leiseschnarcher ist der Bub hellwach. Seine laute Stimme erfüllt augenblicklich den Wagen. Er inspiziert die Bänke und den Boden, öffnet und schließt die Glastür zum Raucherabteil, fragt den Vater: «Wozu ist der rote Hebel über der Tür? Was macht man mit dem schwarzen Schalter dort? Warum sind die Gepäcknetze so hoch oben angebracht? Warum hat der Mann dort eine rote Nase?» Er findet andauernd neue fragwürdige Gegenstände, springt umher, setzt sich dahin und dorthin. Das leise Schnarchen des Leiseschnarchers verstummt. Unwillig blickt er nach dem Störenfried; aber was kümmert's den Bub! Er muss auf die Toilette, kommt zurück, setzt sich auf den Boden – die Langeweile manifestiert sich sicht- und hörbar.

Da kramt der Vater in der Reisetasche und reicht dem Bub ein elektronisches Spielzeug. Ruhe kehrt ein. Man hört nur noch das Sausen der Räder, das leise Summen der Klimaanlage, das Piepsen des Spielzeugcomputers und das Wieder-Einsetzen des leisen Schnarchens des Leiseschnarchers.

Nach genau fünf Minuten ist dem Kind das Spiel verleidet; das Umherspringen fängt von vorne an. Da erzählt die Mutter dem Kind Geschichten.

Zuerst Schneewittchen. Dann Rotkäppchen. Dann – ich staune – die Geschichte vom großen Goliat und vom kleinen David. Sie erzählt spontan. Ohne Buch. Manchmal bezieht sie die Umwelt mit ein: «In einem Wald wie dort draußen, nur war er viel, viel größer, irrten Hänsel und Gretel umher. Auf einem Feld wie dem dort drüben standen David und Goliat einander gegenüber.»

Vom Moment an, da die Mutter mit Erzählen anfängt, ist der Bub still. Die nervöse Stimmung ist weg. Die Spannung und der Zauber der alten Geschichten erfüllt den Wagen. Das geht so von Bern bis Lausanne. Über eine Stunde. Alle hören zu. Auch die Männer in den dunklen Anzügen, auch die Frauen in den eleganten Kostümen. Selbst der Leiseschnarcher bleibt wach.

In Lausanne verlässt das Ehepaar mit dem Knaben den Zug. Aus dem Gespräch beim Aussteigen schließe ich, dass die Familie hier eine Tante besuchen will. Der Zug rollt weiter. Vorbei am Genfersee. Es ist still im Wagen. Frauen und Männer lesen, und das Sausen der Räder begleitet ein leises Schnarchen.

Ich denke: Würde doch die Tante, statt in Lausanne, in Genf wohnen!

20.2 Von Gott erzählen: Ferne «Story» in einer modernen Welt?

Immer wieder werden wir bei den Fragen der Kinder nach Gott oder Jesus auf die Geschichten der Bibel hinweisen und sagen: Beschreiben oder darstellen lässt sich Gott nicht, aber die Bibel erzählt Geschichten von ihm. Es geht uns dabei wie mit Menschen, die wir Freunden bekannt machen möchten: Wir erzählen ihre Geschichte, statt sie lange zu beschreiben.

Der erzählende Charakter der Theologie, der Lehre von Gott, ist in den letzten Jahrzehnten betont worden. Man hat den Ausdruck «narrative Theologie», erzählende Theologie, geprägt. Man spricht vom «Story-Charakter» (Dietrich Ritschl) als «Rohmaterial der Theologie». Es geht dabei nicht um ein theoretisches Sprechen von Gott, nicht zuerst um Lehrsätze oder Bekenntnisse, die vielleicht in einem Katechismus zusammengefasst sind.

Eine «Story», eine in sich überzeugende Geschichte vermittelt Erfahrungen, die andere vor uns gemacht haben; in der Bibel geht es um Erfahrungen mit Gott. Von Anfang an war das Christentum eine Erzählgemeinschaft. Zum Feiern, Teilen und Beten gehörte wesentlich das

Erzählen: Die Geschichten aus dem Alten Testament und die damals jungen Geschichten von Jesus sollten immer wieder neu aufleben. Indem – auch heute – eine Geschichte von Gott oder Jesus erzählt wird, wird eine Erfahrung weitergegeben, die man in der Realität nicht machen kann, eine Erfahrung, die dennoch für den Erzählenden *und* den Hörenden so weit heraufbeschworen werden sollte, dass sie für unser Leben und unsere heutige Existenz Bedeutung hat. Wir erfahren in der Erzählung Gott selbst. Allerdings: Einfach ist dies nicht. Wie bringen wir eine uralte Geschichte und unser Leben ums Jahr 2000 zusammen? Meine eigenen Erfahrungen mit dem Erzählen und Neu-Umsetzen biblischer Geschichten für Kinder möchte ich darum mit einemVergleich beschreiben:

Ich stelle mir als Bild für eine Geschichte der Bibel ein glitzerndes Flugzeug hoch oben am Himmel vor. Auf der großen Wiese vor mir beobachte ich seinen Schatten, eher klein und unscharf. Ich kann diesen Schatten auf der Wiese sehen, ihm mit den Augen folgen und in Gedanken einen weiten Weg zurücklegen. Aber ich kann in dieses Flugzeug nicht einsteigen; es ist fast unendlich weit weg. Ich möchte selbst im Flugzeug sitzen – in der Geschichte! Ich ärgere mich und empfinde den «garstigen Graben» zwischen mir und der Geschichte wie die große Distanz des Flugzeuges, das sich langsam entfernt. Wecken mein Interesse und mein Ärger in dieser Situation Erzähl-Fantasie und Kreativität? Bin ich einfach frustriert? – Ich kann Bücher über Flugzeuge studieren und dabei Funktionsweise und Ausstattung des Flugzeugs kennenlernen, bis hin zu den geblümten oder gestreiften Polstern. Übertragen auf die Bibel hieße dies, dass ich mir Bücher und Sachinformationen jeder Art über die biblische Umwelt verschaffe. Im Hinblick auf das Flugzeug kann ich auf einer Landkarte seinen Weg verfolgen; ich kann von diesem Flug erzählen, als ob ich dabei wäre. Will ich das? Ist der kleine Schatten auf der Wiese nicht wirklicher und erfreulicher als alles, was ich über das Flugzeug wissen könnte?

Der Vergleich von Flugzeug und biblischer Geschichte hinkt. Mein Weg, die Bewegung, wie sie auch durch das Hören einer Geschichte von Gott ausgelöst wird, ist wichtiger als das Erforschen historischer Details. Und doch: Wenn ich anschaulich von früher erzählen will, bin ich auch an Äußerlichkeiten interessiert, damit alles vorstellbar wird. Wie gehen wir damit um, dass die Lebensumstände der biblischen Welt uns heute fremd sind, der Verlauf der Geschichten aber teilweise von solchen Details abhängt? Bleiben Gotteserfahrungen in alter Zeit nicht oft unverständlich?

Losgelöst vom Vergleich mit dem Flugzeug sind wir bei zentralen Fragen angelangt: Für ein Neu-Erzählen biblischer Geschichten ist das Einbeziehen einer «historisch-kritischen» Bibeldeutung, das Befragen von Kommentaren und Nachschlagewerken hilfreich und bis zu einem gewissen Grade notwendig. Wir fragen dabei nicht nur nach den Menschen in biblischer Zeit, sondern auch nach dem Verfasser der betreffenden Geschichte, nach der Situation, in der die Geschichte ursprünglich erzählt wurde, nach ihrer literarischen Struktur. Plötzlich sind wir bei diesen Nachforschungen aber überfordert. Sollen Eltern, Erziehende und Religionslehrer Gedanken solcher Art nicht den höchst spezialisierten Bibelwissenschaftlern überlassen?

Solche Fragen können nicht mit einfachen Antworten aus dem Weg geräumt werden. Mein ärgerliches Flugzeugbild möchte zeigen: Unser *Weg* mit der Geschichte ist die Hauptsache, aber nicht alles. Wir suchen gleichzeitig nach einer überzeugenden Deutung des Bibeltextes. Wir möchten allzu einfache Umsetzungen in Kinderbibeln hinterfragen und sind doch auf sie angewiesen. Es wird klar: Ein *nur* andeutendes Erzählen wie in der «Bahngeschichte» (Seite 226) kann «richtig» sein; aber auch ein Hinterfragen hat für uns und die größeren Kinder einen Sinn. Wir suchen mehr als den kleinen Flugzeugschatten auf der Wiese.

20.3 Die Auswahl der Geschichten: Akzente setzen – Frauengestalten

Altes und Neues Testament gehören in gleicher Weise zur Bibel. Alttestamentliche Geschichten sind vor allem länger, sie haben Fortsetzungen, sie sind in der Regel spannender, auch komplizierter. Neutestamentliche Geschichten sind häufig kurz, sie haben Verkündigungscharakter und werden oft im Zusammenhang mit kirchlichen Festen erzählt.

Bei allen Geschichten scheint mir wichtig: Ein *positives* Gottesbild soll im Kind entstehen. Besonderes Gewicht haben Geschichten, in denen Gottes unumschränkte *Barmherzigkeit* gezeigt wird; Geschichten, die von der Erfüllung von Gottes *Verheißungen* erzählen – auch bei Menschen, die Gott immer wieder vergessen; Geschichten, in denen auch «Böse» oder «Außenseiter» von Gott *angenommen* sind; Geschichten, in denen die Hörer aufgefordert werden, diese Haltung Gottes *nachzuahmen*, wie Christus es uns vorgelebt hat. Wenn wir so auswählen, wählen wir gemäß den Hauptaussagen des Neuen Testamentes aus. Alle Geschichten dieser Art sind wohl besonders wirkungsvoll, wenn eine Haupt-Figur da ist, mit der das Kind die Zuwendung Gottes nacherleben kann: Abraham, der bei allem Zweifel aus Gottes Gnade nicht entlassen wird; die Frau, die Jesu Rocksaum im Gedränge berührt und von ihm geheilt wird. Das Wissen um Gottes oder Jesu Hilfsbereitschaft, aber auch der vorübergehende Verlust dieses Wissens, der Zweifel, leben dabei immer wieder auf. Solches Wissen ist ein zerbrechlicher Teil unseres Innern – etwas, das wir zu verlieren drohen, worum wir kämpfen müssen wie Jakob, der am Jabbok (1 Mose 32, 22–32) mit Gott ringt. Erst durch dieses Ringen spürt Jakob: Es ist Gott.

Wenn wir in dieser Art auswählen, werden wir vorerst – ich denke an Vorschulkinder – nur relativ wenige Geschichten aus der Bibel erzählen. Es werden möglicherweise immer wieder, gemäß dem kindlichen Bedürfnis nach Wiederholung, die gleichen Geschichten sein. Vor allem aber werden wir kleineren Kindern die Bibel nicht, auch nicht in bearbeiteter Form wie in den Kinderbibeln, von vorn bis hinten erzählen, weil wir die kleine Erfahrungswelt und die Sprachfähigkeit des Kindes kennen. Aus dem Neuen Testament würde ich von Leben und Wirken Jesu – Berufung der Jünger, Begegnung mit Außenseitern: Zöllnern, Kranken, «Sündern» – früh erzählen. Krankenheilungen, in denen das Hauptgewicht auf Jesu Barmherzigkeit, nicht auf dem Wunder liegt, sind geeigneter als solche Wundergeschichten – Vermehrung des Weins, Seesturm –, in denen Kinder leicht einen Zauberer-Jesus sehen.

Ein Motiv, das bei vielen biblischen Geschichten eine besondere Rolle spielt, ist das Ausziehen des Helden, der «Exodus», der in Unbekanntes, aber von Gott Verheißenes führt. Es ist ein Ausziehen, das oft von Angst und Zweifel begleitet wird oder gar zwangsweise geschieht. Ich denke an Abraham, an Jakob, an Josef, an Moses, an die Sendung Jesu selbst. Jedes Kind zieht aus; es zieht aus ins Leben; es erfährt durch die Bibel, dass Gott uns gerade beim Ausziehen begleitet, auch durch schlechte Zeiten hindurch.

Für etwas ältere Kinder kann auch in großen Zusammenhängen, in Fortsetzungen erzählt werden. Historische Begebenheiten interessieren Neun- bis Zwölfjährige sehr, während kleine Kinder, dann auch wieder Pubertierende viel eher eine ganz direkte Antwort auf die Frage nach ihrem Glauben suchen.

Früh lassen sich einzelne *Gleichnisse* erzählen. Auch wenn es für Kinder schwierig ist, zu verstehen, was es heißt: «Gott ist wie ...», wachsen sie in die Gleichnisse langsam hinein; die Geschichten vom verlorenen Sohn oder vom verlorenen Schaf etwa werden schon früh unmittelbar erfasst und können das Kind durchs ganze Leben begleiten und in verschiedensten Situationen neu aufgeschlüsselt werden.

Bei der Auswahl und beim Erzählen biblischer Geschichten wirkt es für heutige Menschen störend, dass die männlichen «Helden» so viel zahlreicher sind als weibliche Personen, die im Mittelpunkt einer Geschichte stehen. Es ist darum nötig, *Frauengeschichten*, die sich in der Bibel finden, für die Kinder gezielt aufzuspüren und ihnen ein besonderes Gewicht zu geben: die wunderbare Geschichte von Rut und Noemi, die Geschichte der mutigen Königin Ester, die Geschichte von Mirjam, der Schwester des Mose: Sie ist älter als ihr Bruder, ist von Anfang an dabei, schon bei der Geburt des kleinen Mose; sie könnte beim Erzählen im Mittelpunkt stehen und zeigt, wie man durch den Wechsel der Erzähl-Perspektive, des Blickwinkels Akzente neu setzen kann, ohne die Geschichte in ihrem Kern zu verändern. Gut lässt sich aus der Sicht der Frauen Sara, Lea und Rahel, die sonst im Schatten von Abraham und Jakob stehen, erzählen. Die Frauen erhalten dadurch mehr Gewicht, ohne dass wir Frauengestalten erfinden.

Wichtig sind die *Frauen im Umkreis von Jesus*, allen voran Maria, aber auch Elisabet, die Mutter des Johannes. Frauen gehörten eindeutig zu Jesu Freundeskreis; sie bewirteten ihn nicht nur, sondern reagierten spontan und intensiv auf seine Botschaft (Lukas 8, 1–3). Von großer Bedeutung sind die Frauen an Jesu Grab, in ganz besonderer Weise Maria Magdalena, aber auch jene namenlose Frau, die Jesus in Betanien salbte und seinen Tod ahnte (Matthäus 26, 6–13). Wenn die zwölf Jünger, die als Jesu Schüler mit ihm durchs Land ziehen (Griechisch: die «Mathätai»), als männliche Gefolgsleute gedacht sind, so sagt dies nichts über eine negative Einschätzung der Frau aus, sondern über andere Sitten jener Zeit. Nur ein einziges Mal erscheint der Name «Jüngerin» – in der Apostelgeschichte, für Tabea (Apostelgeschichte 9, 36). Die Jünger, so heißt es in den Evangelien, sollen Va-

231

ter, Mutter, Brüder, Schwestern, Weib, Kinder und Äcker verlassen, um Jesus nachzufolgen (Matthäus 19, 27–30). Von Frauen, die ihren Mann verlassen sollen, um Jesu Jüngerinnen zu werden, ist nicht die Rede. Die eher «häusliche» Rolle der Frau, die für Kinder und Alte sorgte, wird dabei vorausgesetzt. – Dass Sara ihrem Mann durch die Wüste ins ferne Land folgte – nicht umgekehrt! – lag beim damaligen Frauen- und Männerbild nahe. Umso erstaunlicher wirken darum die ganz eigenständigen großen Frauen der Bibel – oder auch Frauen am Rande wie die Samaritanerin (Johannes 4, 1–42), die für Jesus Wasser schöpft und für die Jesus Liebe und Zeit hat.

Alle diese Frauen-Situationen müssten beim Erzählen nicht an die heutige Zeit angepasst werden, können aber eine gute Gelegenheit sein, um über die ganz andere Rolle der heutigen Frau zu reden, auch über unsere Überzeugung, dass in einer Zeit wie der unsrigen die Jünger sicherlich «Jüngerinnen und Jünger» wären. Ein in dieser Art zur Diskussion anregendes Erzählen von Frauen scheint mir moderner, für ein Nachdenken über veraltete Rollen von Mann und Frau anregender als ein verwischend-anpassendes Erzählen, das heutiges Denken in die Bibelwelt zurückprojiziert.

Geschichten, die Kindern Angst machen – ich denke hier an die Geschichte von Abraham, der von Gott dazu aufgefordert wird, seinen Sohn Isaak zu opfern – würde ich kleinen Kindern nicht erzählen, obwohl das «gute Ende» beruhigen könnte; die dahinterstehenden Opferrituale, archaische Bräuche, sind kaum mehr verständlich. Andere «schwierige» Geschichten, so jene von Hiob mit seinem unerklärlichen, schweren Leiden, würde ich Kindern nicht vorenthalten, um damit die oft gestellte Frage nach unverschuldeter Not aufnehmen zu können. Die Psalmen, die im Hinblick auf den darin häufig geäußerten Gedanken der Rache ungeeignet scheinen, müssten sorgfältig und auszugsweise vermittelt werden: Sie enthalten wunderbare Bilder oder Vergleiche, gelegentlich nur wenige Zeilen, die sich in ihrer Anschaulichkeit ausgesprochen für Kinder eignen. Es lohnt sich, nach ihnen zu suchen – und als Erwachsene diese poetischen Texte selbst neu zu entdecken und in kindliche Sprache umzusetzen.

Gerade im Hinblick auf «schwierige» Auswahl-Punkte ist es sicher eine große Hilfe, bewährte Kinderbibeln heranzuziehen. Aber auch dabei soll die Auswahl der Geschichten von einer bewussten Entscheidung der Erzählenden und vom Bedürfnis der Kinder abhängig sein. Zum Glück sind wir im Hinblick auf kleine Kinder nicht von Lehrplanentscheiden abhängig.

20.4 Die Erzählsituation: Eine Inszenierung?

Wann sollen wir erzählen? In welchem Alter? Bei welcher Gelegenheit?

Mit ungefähr drei Jahren beginnen Kinder, zusammenhängende Geschichten zu verstehen. Sie sind bald im «Bilderbuchalter» und hören begierig Märchen, andere Fantasiegeschichten, vor allem Tiergeschichten oder kleine Erzählungen zum kindlichen Alltag. Wenn wenige biblische Geschichten dazukommen, eignen sich neben den Geschichten zu den Festen – wie gesagt – Jesus-Begegnungen gut; wir sollten uns nicht auf die Flut der unzählig vielen verlockenden Bilderbücher zur Arche Noach, zur Schöpfung oder zur Jona-Geschichte beschränken. Vermutlich ist der Erfolg dieser Stoffe in der Tierliebe der Illustratoren und der Kinder begründet.

Bei kleinen Kindern, deren Tagesrhythmus noch weitgehend durch die Eltern bestimmt wird, ist eine wiederkehrende «Erzählzeit» – vermutlich abends – sinnvoll, wobei sich Erzählungen verschiedenster Art, fantastische, realistische, biblische durchaus abwechseln können. Im Gegensatz zu vielen Geschichten, die meist mit einer kindlichen Wirklichkeitserfahrung zu tun haben, nehmen die biblischen Geschichten, als Geschichten von einem unsichtbaren Gott, eine Sonderstellung ein.

Die Erzählsituation – auf dem Schoß oder an der Seite eines sehr nahestehenden Erwachsenen, vielleicht nach einer bewusst oder unbewusst inszenierten Zeit der Stille – kann etwas von der Geborgenheit beim unsichtbaren Gott, von dem erzählt wird, ahnen lassen. Ein Wiederholen der gleichen Erzählsituation an einem bestimmten Ort, mit bestimmten Gegenständen – einem Bild, einer brennenden Kerze, einem kleinen Holztor, das wir symbolisch aufstellen und sagen: «Jetzt gehen wir hinein durchs Erzähltor» – macht das Erzählen zum kostbaren Ritual und wird als sich wiederholender Akt zu einem kleinen Abbild der Geborgenheit bei Gott. Ein eingespieltes Ritual, eine Art Erzähl-Inszenierung ist im Hinblick auf eine ganze Kindergruppe noch wesentlich wichtiger. Bei Kindern, die – wie Geschwister – nicht alle gleich alt sind, empfiehlt es sich, Gespräch, Erzählen, Bilderanschauen und Vorlesen miteinander zu verbinden. Sonntagsrituale eignen sich besonders für solche «Geschichtenmomente» und machen es möglich, Familientraditionen zu schaffen.

Bei größeren Kindern, die biblische Geschichten in Kindergottesdienst, Sonntagsschule, kirchlichem Unterricht oder in der Schule hören, oder – eine wunderbare Möglichkeit mit Gruppen oder in Kinderlagern – spielerisch darstellen, auch mit Verkleidung zur Aufführung bringen, ist es gut, wenn auch Eltern zu Hause weiterfragen, die Kinder erzählen lassen und mit den Kindern diskutieren. Wertvoll ist es, wenn Jugendleiter, Pfarrerinnen und Pfarrer die Eltern über «ihr» Erzählen informieren und Brücken schlagen. Biblische Geschichten dürfen nicht an die Institutionen Kirche und Schule delegiert werden, sondern sollten ein gemeinsames Thema von Eltern und Kindern bleiben.

20.5 Erzählende bereiten sich vor: Gewinn und Zweifel

In jeder biblischen Geschichte erlebt das Kind Situationen, die ihm selbst noch unbekannt sind. Es wird aber zur Überlegung angeregt: Was würde *ich* jetzt tun? Es wird durch Erzählungen ein Stück Lebenserfahrung «im Voraus» vermittelt. Mit jeder Geschichte werden dem Kind Rollen, in die es hineinschlüpfen oder in denen ein anderer Mensch stecken könnte, gezeigt. Indem es sich in neue Rollen versetzt, wächst es über seinen eigenen Lebensbereich hinaus: Es wird nicht nur ideenreicher und fantasievoller, sondern aufgeschlossener für die Verarbeitung eigener, für die Wahrnehmung fremder Probleme.

Um in diesem Sinn vorbereitend erzählen zu können, müssen die Erwachsenen selbst zuerst eine gewisse Vorarbeit leisten. Der erste Schritt ist eine Versenkung in den Bibeltext, welcher der Erzählung zugrunde liegen soll: Wir lesen den Text, leben mit ihm, versuchen, das Wichtige herauszuhören und für uns selbst die Geschichte mit andern Worten zu erzählen. Wir fragen: Welche Sätze der Bibel sind mir die wichtigsten? Von welcher der beteiligten Personen möchte ich in der Ich-Form sprechen? Anregend ist es, verschiedene Übersetzungen eines Bibeltextes zu vergleichen: Luther neben einer Übersetzung in heutigem Deutsch, die «Einheitsübersetzung» neben der «Guten Nachricht». Auch Dialekt-Übersetzungen – ich denke an die berndeutsche Übersetzung von Ruth und Hans Bietenhard, an Zürichdeutsche Teile des Neuen Testaments von Emil Weber oder Josua

Boesch, an «Der guet Bricht» in Baselbieter Mundart – können gleichzeitig Verfremdung und Annäherung bewirken. In jedem Fall findet eine Aneignung des Textes durch den Erwachsenen statt. Das Kind wird spüren: Mutter, Vater oder Erziehende erzählen, weil ihnen diese Geschichte selbst wichtig ist und weil sie sie gut kennen.

Viel weiter geht die «Vorarbeit», die der anregende Erzähltheoretiker Walter Neidhart empfiehlt: Er spricht von «Fantasiearbeit» und meint damit ein Weiterspinnen der biblischen Geschichte in unserer Fantasie. Dazu gehört auch ein «Psychologisieren»: Was spielte sich in der Psyche, der Seele jener Menschen ab? Was redeten sie miteinander? Bei der Fantasiearbeit findet unmerklich auch Parteinahme statt; eine Auswahl aus dem vielleicht allzu reichen Material, das sich in unserer Fantasie gebildet hat, ist nötig. Mit der Parteinahme einher aber geht die Identifikation: eine Ich-Erweiterung der Erzählenden und der Hörenden, eine Ich-Stärkung: «Was kann ich alles!»; soziales Lernen ist die Folge. – Diese Art der Vorbereitung ist im Hinblick auf eine Kindergruppe notwendiger und anspruchsvoller als «nur» für den familiären Rahmen.

Im Zusammenhang mit der Vorbereitung aufs Erzählen dürfen wir nicht vergessen: Die einzelnen Bücher der Bibel stammen von verschiedenen Autoren, aus verschiedenen Zeiten, haben verschiedene Stile. Dies kann Vereinfachung und Erschwerung gleichzeitig bedeuten: Wir müssen und sollen nicht vereinheitlichen, dürfen die Geschichten in ihren sehr unterschiedlichen Wesensarten auch mit gewissen Widersprüchen nebeneinander leben lassen. Es sei ausdrücklich ermuntert, die vier unterschiedlich erzählenden Evangelien nicht von vornherein zu «verschmelzen» und damit eine «Evangelienharmonie» herzustellen. Auf jeden Fall dürfen wir den biblischen Geschichten keine fromme Einheitssprache aufzwingen, wie man sie früher in Kinderbibeln und im betulichen Tonfall des Erzählens brauchte. Das Verniedlichen ist dabei genau so gefährlich wie die Verwendung unverständlicher abstrakter Begriffe. Die unterschiedliche Herkunft der Bibelteile, auch den wechselnden historischen und geographischen Hintergrund der einzelnen Geschichten dürfen Kinder spüren und dabei neugierig werden. Für die Erzählenden sind historische und geographische Werke, verschiedenartige Sachbücher (auch für Kinder!) oder kommentierte Bibelausgaben hilfreich. Dabei müsste ein allzu großer Perfektionismus vermieden werden; die Unmittelbarkeit darf nicht verloren gehen. In diesem Zusammenhang sei nochmals an die «Bahngeschichte» von Werner Laubi, die am Anfang dieses Kapitels abgedruckt ist, erinnert.

Beim Vorbereiten einer Erzählung, beim Nachdenken über einen Text werden uns Erwachsene immer wieder große (oder kleine) *Zweifel* quälen: Glaube ich selbst an diese Geschichte? Geht das heute noch? Vermittle ich nicht ungewollt mit der Verkündigung ein Menschen- oder Weltbild, das für mich selbst eigentlich nicht mehr stimmt? War nicht in biblischer Zeit die Struktur der Staaten eine ganz andere, die Arbeitswelt, auch die Landschaft von anderer Natur – und die Stellung der Frau von der unsrigen völlig verschieden? Ich möchte hier nochmals ausdrücklich raten, solche Differenzen sorgfältig zu bedenken und entsprechende Probleme unbedingt im *Gespräch* mit den Kindern einzubringen und zu diskutieren, die biblischen Geschichten aber nicht so zu ändern, dass sie heutigen Vorstellungen angepasst werden, also nicht alle vorkommenden Grausamkeiten zu tilgen, die patriarchalische Männerwelt zu verändern, emanzipierte Frauen zu erfinden ... Ich halte ein *kritisches* und vielschichtiges Gespräch mit den Kindern zu solchen Problemen, so früh es geht, für richtig und nötig.

20.6 Eine Erzählsprache für Kinder?

Auch biblische Geschichten müssen – neben durchaus meditativen Elementen – unterhaltend, spannend sein. Langeweile als ein Kennzeichen *biblischer* Geschichten wäre verhängnisvoll.

Spannung entsteht, wenn am Anfang offene Fragen vorhanden sind. Wie werden die Menschen, von denen wir hören, mit ihren Problemen fertig? Setzen sie sich durch oder unterliegen sie? Die Fragen erzeugen Neugierde und Spannung. Lange Erklärungen, die den Gang der Handlung unterbrechen, aber auch poetische Schilderungen der Umgebung, des Aussehens der Personen stören diese Spannung, sofern sie für den Fortgang der Handlung nicht bedeutsam sind. Auch ein Vorausnehmen der Pointe im Titel oder in einer kurzen Einleitung scheint mir falsch, etwa so: «Wir kommen jetzt zu der Geschichte von Josef, der von seinen Brüdern verkauft wurde.» Vom Verkauf des Josef darf erst die Rede sein, nachdem er bereits in den

Brunnen geworfen wurde, und wenn das zuhörende Kind angstvoll fragt: «Kommt er wohl mit dem Leben davon?»

Bei der «Heilung eines Gelähmten» (Lukas 5, 17–26) scheint mir schon der Titel, der alles vorwegnimmt, als Einleitung der Erzählung ungeeignet; am Schluss der Geschichte aber würde ich keinesfalls zusammenfassend sagen: «Jesus *heilte* den Mann» – sondern es mit Vers 25 so ausdrücken: «Und sofort stand er vor ihren Augen auf, hob das Bett auf, worauf er gelegen hatte, ging hinweg in sein Haus und pries Gott.» Eine Aussage, die sich in einem *Handlungsablauf* spiegelt – und mag er noch so kurz sein – ist immer lebendiger und anschaulicher als ein einfach scheinender Begriff oder eine Definition.

Selbstverständlich wird die Sprache, in der wir erzählen, geprägt durch die Sprache der Kinder, denen wir erzählen. So wird das Erzählen stufengemäß: Die gleiche Geschichte klingt für Zehnjährige anders als für Fünfjährige. Vor allem unsere Wortwahl ist von der Altersstufe abhängig. Wir verwenden Wörter, die in den Fragen der Kinder vorkommen, wiederholen sie, entwickeln sie weiter. So empfinden die Kinder die Erzählungen als zu ihnen gehörig.

Solch persönliches Erzählen ist im Elternhaus leichter möglich als bei einer Gruppe von Kindern, die wir kaum kennen. Im Kindergottesdienst, im Kindergarten oder in der Schule aber ist es wichtig, durch Gespräche den «Sprachstand» der Kinder zu ermitteln. Wenn wir unserem eigenen kleinen Kind erzählen von einem Bettler – sei es im Märchen oder etwa in der Geschichte von Bartimäus – so ist uns vermutlich bekannt, ob das Kind weiß, was ein Bettler ist. Vielleicht verdeutlichen wir das Erzählen durch die ausgestreckte hohle Hand. Bei unbekannten Kindern aber sprechen wir vielleicht zuerst «von einem Mann, der für sich Geld sammelte, weil er ganz arm war», darauf erst vom «Bettler». So hat man das Wort erklärt und den Wortschatz der Kinder unmerklich erweitert.

Das Wiederholen, das sich auch im Vers, im Reim, in allen Ritualen ausdrückt, hilft dem Kind, sich zu Hause zu fühlen in einer Geschichte. Beim kleinen Kind werden wir darum wenige Geschichten auf seinen Wunsch wiederholen und einzelne Bilderbücher zeitweise täglich anschauen *müssen*. Wir dürfen uns solchen Wünschen nicht verschließen, auch wenn wir uns selbst dabei langweilen. – Wiederholen aber hat auch für uns als Erzählende einen fast banalen Vorteil:

Während wir Durchdachtes zum zweiten Mal sagen, ist es uns möglich, im Innern die Fortsetzung der Erzählung schon zu bedenken und zu formulieren.

Dass Erzähl-Sätze einfach gebaut sind, ist wichtig. Komplizierte Satzgefüge mit eingeschobenen Nebensätzen müssen vermieden werden. So können viele einfache Hauptsätze, die meist mit dem Subjekt beginnen, wie kleine Blöcke nebeneinanderstehen. Vielleicht sind diese Sätze durch «und», durch «aber», durch «dann» oder «da» verbunden. Auf den ersten Blick mag dies wenig raffiniert, ja monoton erscheinen; wir wollen vielleicht Abhilfe schaffen, indem wir «bunte» Adjektive einfügen, uns um einen blumigen Stil bemühen, den wir in der eigenen Schulzeit noch mitbekommen haben. Eigenschaftswörter aber können wie Etiketten sein, die Menschen oder Gegenstände schubladisieren. Besonders gefährlich sind wertende Adjektive wie «gut», «lieb», «schlecht», «böse» etc. Das Kind wird durch den Verlauf der Geschichte, nicht durch solche Etiketten erfahren, wer gut und wer schlecht ist.

Lebendigkeit wird also durch den Handlungsablauf selbst erreicht, wobei die Verben, die vom Tun der Menschen reden, den wichtigsten Bestandteil des Satzes bilden. Zu vermeiden ist sicher die indirekte Rede, die nicht nur schwierige Nebensätze mit sich bringt, sondern immer auch die Form des Konjunktivs. Viel *direkte Rede* aber ist wünschenswert. Indem wir die Personen in unserer Erzählung miteinander reden lassen, verändert sich die Stimme und lässt besonders aufhorchen: Ein dramatisches Element stellt sich ein; die Spannung wird erhöht. Die Kinder werden durch Dialoge selbst zum Nachspielen von Geschichten angeregt.

20.7 Erklärungen und Moral: nötig, gefährlich?

Die biblischen Geschichten sind in ferner Zeit geschrieben. Oft sind Worterklärungen nötig, auch eine historische oder geographische Orientierung, vielleicht auch das Erklären gefühlsmäßiger Reaktionen. Solche Erklärungen können den Fluss der Erzählung unangenehm unterbrechen. Man wird sie möglicherweise der Geschichte voranstellen und anschließend «in einem Zug» erzählen. Man wird vieles offen lassen.

Bei sehr kurzen biblischen Geschichten aber – sie sind ja im Neuen Testament zahlreich – können geschickt eingeflochtene oder «verpackte» Erklärungen ein willkommenes Mittel zur Erweiterung oder Konkretisierung der Erzählung sein. Denken wir an die Geschichte von der «Berufung des Levi» (Markus 2, 13–17): Es sind nur knappe fünf Verse der Bibel. Einiges in diesen Versen ist für Kinder kaum verständlich. Richtig erklärt aber ist die Geschichte schon für Sechsjährige – sie ist in manchen Lehrplänen fürs erste Schuljahr vorgesehen – wertvoll. Nur schon die Frage «Was ist ein Zöllner?» macht Erweiterungen nötig. Man könnte darum ein Gespräch über das Leben in jener Zeit, über die Unbeliebtheit der Zöllner und ihre eigenartige Stellung vorausschicken und dabei an die Kenntnis des Kindes über heutige Grenz-Zöllner, die es vielleicht auf einer Reise ins Ausland gesehen hat, anknüpfen. Man könnte auch eine Person erfinden: Ein Mann kommt mit seiner Ware zum Stadttor; seine Unterredung mit dem Zöllner wird wiedergegeben – vielleicht ein spannender Dialog, in dem der Mann verzweifelt über die hohen Abgaben klagt, weil sein letztes Geld, das er für anderes aufbewahrt hatte, hergeben muss. Vielleicht mischen sich andere, die herumstehen, ein und bezeichnen den Zöllner als einen Gauner, der die Hälfte des Eingenommenen in die eigene Tasche steckt. – Eine andere Möglichkeit wäre es, die Geschichte aus der Perspektive des Zöllners selbst, von dessen Isoliertheit wir erfahren, darzustellen.

Erklärungen und Erweiterungen dieser Art sind «Ausschmückungen», bei denen wir uns vielleicht besorgt fragen: Ist es erlaubt, den Bibeltext so zu verändern? Die Grenze zwischen Erlaubtem, ja Nötigem einerseits und schwatzhaftem Erweitern der Bibel anderseits ist fließend. Hat man aber den Kern des Textes für sich bedacht, wird man wohl instinktiv den richtigen Ton finden. Die Angst, Fehler zu machen, soll das Erzählen, auch das Improvisieren nicht lähmen.

Nach der Geschichte von Kain und Abel lesen wir in einer Kinderbibel: «Von nun an gab es immer zwei Klassen auf Erden: die Guten und die Bösen. Wollen wir uns nicht am besten zum lieben Gott halten, ihm gehorchen und ihm vertrauen? Wer das tut, wird am Ende der Zeit einmal ins verlorene Paradies eintreten und immer dort bleiben dürfen.»

Wir sehen: Es folgt hier nach der eigentlichen Geschichte ‹die Moral von der Geschicht›, in aufdringlicher Schwarz-Weiß-Malerei vorgetragen, damit dem Kind recht früh klar werde: Es gibt die Bösen; sie werden bestraft; sie glauben nicht an Gott. Und es gibt die

Gläubigen, Guten, Lieben, die in den Himmel kommen. Es ist eine vereinfachende «Anwendung», die dem Kind, das – vom Märchen-denken herkommend – auf solche Schwarz-Weiß- oder Böse-Gut-Ma-lerei gern eingeht, zu sehr entgegenkommt. Solche gefährliche Moral stärkt die Selbstgerechten; sie fördert die Angst im Kind, es gehöre selbst zu den «Bösen»; sie lässt das Kind im Märchen-Denken verhar-ren.

Auf jeden Fall taucht die Frage nach Gut und Böse, auch die Frage nach der Gerechtigkeit immer wieder im Zusammenhang mit den biblischen Geschichten auf. Tatsächlich wollen wir solche Fragen als Denkanstöße provozieren. Aber die Bibel bietet selten eine patente Moral an und bleibt rätselhaft. Die biblischen Beziehungen der Men-schen zu Gott, Gottes zu den Menschen, der Menschen untereinander regen immer neu zum Fragen nach Gut und Böse, nach unserem «richtigen» Verhalten, nach den *Werten* an. Eine schlüssige Antwort ist weniger dringend als der Wunsch, dass das Fragen der Kinder nie aufhöre. Wenn sie mit den Gestalten der Bibel Glück und Unglück, Entbehrungen und Gnade, Enttäuschung und Staunen, Verlassenheit und vor allem das Angenommensein bei Gott erleben, ist eine ‹Moral von der Geschicht› überflüssig, ja störend. Die Geschichte selbst mit ihrer Bewegung wirkt im Kind weiter und wird zur lebendigen Ant-wort auf die Frage nach den Werten. Indem mit der Bibel die Gottes-erfahrung *anderer* Menschen zur eigenen Welterfahrung des Kindes hinzutritt, werden seine Entscheidungen – möglicherweise – erleich-tert, aber nicht vor-programmiert.

Biblische Geschichten erzählen von Menschen, die mit Gott zu tun haben; sie erzählen von Jesus. Auch unbeholfen, auch fragmentarisch vorgetragen sind sie von größtem Wert. Dass auch Bilder – als Stütze, als Ausgangspunkt oder als Erinnerung – dabei von hervorragender Bedeutung sind, soll im Zusammenhang mit biblischen Bilderbüchern und Kinderbibeln bedacht werden.

IV

MÄRCHEN, BRÄUCHE UND KINDERBÜCHER

21. MÄRCHEN UND RELIGIÖSE ERZIEHUNG

21.1 Sind Märchen christlich?

Es mag befremden, dass im Zusammenhang mit der religiösen Erziehung von Märchen die Rede ist. Liegt das nicht sehr weit ab? Haben die Märchen mit ihren magischen Figuren nicht etwas ausgesprochen Heidnisches? Jedenfalls hat ihre Herkunft, ob man nun an Lagerfeuer denkt, an denen sich ursprünglich Männer mit Märchen unterhielten, oder an Kinderstuben, in denen Ammen erzählten, nichts mit christlicher Religion zu tun.

Betrachtet man die Märchen genauer, so sieht man: Von Gott ist wenig die Rede. Andere magische Kräfte werden für Wundertaten oder für Hilfeleistungen verantwortlich gemacht.

Wir alle kennen und lieben Luthers Weihnachtslied «Vom Himmel hoch, da komm ich her». Hier wird von der Engelsbotschaft an die Hirten auf dem Feld erzählt: «Ich bring euch gute neue *Mär*.» Es ist hier die Rede vom Inbegriff einer *frohen* Botschaft. Sie richtet sich an Menschen, die arm sind, nicht sesshaft – oder wie die Weisen aus dem Morgenlande: fremd, von weit her kommend; vielleicht fallen sie unangenehm auf durch ihre exotische Kleidung, ihre merkwürdige Sprache. Ihnen – den Armen und den Fremden – wird diese «gute Mär» zuteil; ihnen widerfährt Gerechtigkeit.

Und nun die Verkleinerungsform von Mär: Märlein, wie sie bis ins 18. Jahrhundert genannt wurden, dann Märchen. Passen sie zur «guten neuen Mär» – oder sind sie nur von Volksdichtern erfundene kleine Erzählungen, die zur Unterhaltung vorgetragen werden? Aus der Wortgeschichte wissen wir: Mär bedeutet ursprünglich das gleiche wie die Steigerungsform von «viel»: «mehr», mehr als das Gewöhnliche. Die Wirklichkeit wird also durch Wundersames, Magisches vermehrt, so wird sie zum Märchen. Auf Glaubwürdigkeit wird dabei verzichtet; Ort und Zeit sind unbestimmt – im Gegensatz etwa zur Sage, die in einer bestimmten Umgebung angesiedelt wird. Hat aber in einer zeit- und ortlosen Welt, in der Zaubermächte das Menschenwerk durchkreuzen, Gott Platz? Ist die Fragestellung nach Religion im Märchen nicht völlig falsch?

Unsere Volksmärchen wurden von den jungen Bibliothekaren Jacob und Wilhelm Grimm am Anfang des letzten Jahrhunderts gesammelt und für den deutschsprachigen Raum mit einer gewissen Endgültigkeit formuliert. Diese «Kinder- und Hausmärchen» erschienen 1812 – 1815. Sie gelten noch heute als Normalform des Märchens, obwohl gerade das Märchen immer neu *erzählt* werden soll und seiner Natur nach nicht an starre Formulierungen gebunden ist. Die Brüder Grimm überarbeiteten, veränderten ihre Märchen denn auch selbst für die verschiedenen Auflagen, die sie erlebten. Während sich Jacob Grimm in der Folge der Wissenschaft zuwandte, bearbeitete Wilhelm Grimm die Volksmärchen noch und noch. Er wurde nicht zu Unrecht seiner poetischen Sprache wegen gelobt. Dabei passte er die Märchen vor allem der bürgerlichen Kinderwelt, in der die Kinder- und Hausmärchen gebraucht wurden, an. Das weitgehende Fehlen eines eindeutig religiösen Elementes war den Brüdern Grimm selbst aufgefallen, weil die christliche Frömmigkeit im sonstigen Kinder- und Jugendbuch des 19. Jahrhunderts große Bedeutung hatte: Immer wieder war von Gotteserlebnissen, von Gotteshilfe, auch von «erfolgreichem» Beten die Rede. In diesem Sinn hat Wilhelm Grimm denn in der Märchen-Ausgabe von 1857 z.B. eine wichtige Stelle in «Brüderchen und Schwesterchen» entscheidend geändert. Die Königin, von ihrer Stiefmutter im Bad getötet, erscheint nachts, um ihr Kind und das Reh (ihren verwandelten Bruder) zu besuchen. Ihre Erlösung wird in der ersten Märchenfassung von 1812 so beschrieben:

«Da konnte sich der König nicht länger halten, sprang auf, umarmte sie, und wie er sie anrührte, ward sie wieder lebendig, frisch und rot.»

1857 aber heißt es an dieser Stelle: «Da konnte sich der König nicht zurückhalten, sprang zu ihr und sprach: ‹Du kannst niemand anderes sein als meine liebe Frau.› Da antwortete sie: ‹Ja, ich bin deine liebe Frau› und hatte in dem Augenblick durch Gottes Gnade das Leben wieder erhalten, war frisch, rot und gesund.» – Die magische Kraft der Umarmung ist hier durch göttliches Handeln, durch Gottes Gnade ersetzt worden; das Märchen ist damit dem Zeitstil angepasst und in gewisser Weise christianisiert worden!

Man könnte, auf der Suche nach religiöser Märchendeutung, ganz bestimmte Märchen, die tatsächlich und ursprünglich einen religiösen Bezug nahelegen, heranziehen. Spontan fällt uns die Geschichte «Vom Fischer und seiner Frau» ein. Die Überheblichkeit, die Unmöglichkeit des Wunsches, zu werden wie der liebe Gott, legt ein Reden über Gott bei diesem Märchen nahe; die Kenntnis von Gott, als dem höchsten aller Werte, wird vorausgesetzt. Dennoch geht es auch hier nicht eigentlich um eine Geschichte von Gott; sein Vorkommen ist fast zufällig – er ist nötig, um die Überheblichkeit des Fischers und seiner Frau zu zeigen, tritt aber selbst nicht in Aktion.

Etwas anders verhält es sich mit dem Märchen von den «Sterntalern», an dem sich die Beziehung der Märchen zu Religion wohl besonders deutlich zeigen lässt:

21.2 Das arme Mädchen

Das Märchen von den «Sterntalern» trägt in der Urfassung den Titel «Das arme Mädchen». Es ist die kurze Geschichte von dem armen Kind, das selbst das wenige, das es auf dem Leibe trägt, verschenkt. In der ersten Fassung «ging es hinaus». Später geht es «im Vertrauen auf den lieben Gott hinaus aufs Feld». Diese kleine Änderung des Anfangs legt eine religiöse Deutung nahe, obwohl gerade mit der Änderung des *Titels* in «Die Sterntaler» ein zentrales Anliegen der Volksmärchen zunichte gemacht wird: Es geht dort um den *armen* Menschen, der *allein* ist – nicht vor allem um goldene Sterntaler.

Das arme Mädchen

Es war einmal ein armes, kleines Mädchen, dem war Vater und Mutter gestorben, es hatte kein Haus mehr, in dem es wohnen, und kein Bett mehr, in dem es schlafen konnte, und nichts mehr auf der Welt, als die Kleider, die es auf dem Leib trug, und ein Stückchen Brod in der Hand, das ihm ein Mitleidiger geschenkt hatte; es war aber gar fromm und gut. Da ging es hinaus, und unterwegs begegnete ihm ein armer Mann, der bat es so sehr um etwas zu essen, da gab es ihm das Stück Brod; dann ging es weiter, da kam ein Kind, und sagte: «es friert mich so an meinem Kopf, schenk mir doch etwas, das ich darum binde», da thät es seine Mütze ab und gab sie dem Kind. Und als es noch ein bisschen gegangen war, da kam wieder ein Kind, und hatte kein Leibchen an, da gab es ihm seins; und noch weiter, da bat eins um ein Röcklein, das gab es auch von sich hin, endlich kam es in den Wald, und es war schon dunkel geworden, da kam noch eins und bat um ein Hemdlein, und das fromme Mädchen dachte: es ist dunkle Nacht, da kannst du wohl dein Hemd weggeben, und gab es hin. Da fielen auf einmal die Sterne vom

Himmel und waren lauter harte, blanke Thaler, und ob es gleich sein Hemd-
lein weggegeben, hatte es doch eins an, aber vom allerfeinsten Linnen, da
sammelte es sich die Thaler hinein und ward reich für sein Lebtag.

Ein Kind zieht also aus: Ausziehen, allein, ja isoliert einen Weg unter
die Füße nehmen – meist ein Grundmotiv der Märchenheldin, des
Märchenhelden; wir kennen es als Exodus-Motiv auch aus biblischen
Geschichten. Solches Ausziehen bedeutet auch Emanzipation vom
Gewohnten, Emanzipation von der Familie. Die Heldin oder der Held
aber, der auszieht, ist in aller Regel ein Mensch, dem etwas fehlt, ein
«Mangelwesen», das aber so einsichtig ist, dass es seine eigenen Män-
gel erkennt und etwas dagegen tut. Sind es mehrere Brüder, so ist jener, der erfolgreich auszieht, oft der Dummling, der jüngste, der
schwächste. Obwohl er ein «Mangelwesen» ist, setzt er sich als Einziger durch und findet den Weg zur Erlösung. Häufiger sind es Mädchen als junge Männer. Sie zeigen: Heldentum hängt nicht von
männlicher Muskelkraft ab.

Die Erlösung, die «das arme Mädchen» herbeiführt, ist die Erlösung von der Armut: Dabei ist es wichtig, dass es im Märchen beim
Erwerb von Gold niemals um den Reichtum um seiner selbst willen
geht. Einerseits wird wirtschaftliche Abhängigkeit durch die Goldta-
ler, die regnen, beseitigt. Gold aber und Königtum stehen im Märchen
nicht vor allem für Geld und Macht, sondern Gold ist Sinnbild für
Erlösung schlechthin; der König oder Prinz protzt als guter König
nicht mit seiner Macht; Krone und Kleid lassen *inneren* Glanz durchschimmern; möglicherweise ist das Gold durch Verzauberung auch
hinter einem Bärenfell oder in einem glitschigen Frosch versteckt.
Ausdruck monarchischer, asozialer Verhältnisse sind Gold und König
nicht. So kommt denn auch das Gold für das «Arme Mädchen» aus
dem «Himmel» – wie der Goldregen für die «Goldmarie» in «Frau Holle»: Gold als Ausdruck der Zugehörigkeit zu einer besseren Welt.

«Das arme Mädchen» zieht aus – und wie die Goldmarie in «Frau
Holle», die die Brote im Ofen rufen hört, kann dieses Kind gut hören
und sehen. Es ist kontaktfähig, geht an den andern Menschen, die etwas brauchen, nicht vorbei, genau wie der «Dummling» im Märchen
«Die goldene Gans». Als Dritter und Einziger gibt er dem kleinen
grauen Männlein, das bettelt, ein Stückchen Kuchen; sein Lohn ist
nicht nur die goldene Gans – am Schluss bekommt er sogar die Kö-

nigstochter; Sehen und Hören: Damit sind die ersten Schritte zu Gerechtigkeit und Glücksfindung getan.

Märchenheldinnen und -helden sind in ganz besonderer Weise hellhörig und kontaktfähig: Sie hören auch leise Stimmen, Stimmen aus dem magischen Bereich, so das Schwesterchen in «Brüderchen und Schwesterchen». «Wer aus mir trinkt, wird ein Tiger; wer aus mir trinkt, wird ein Tiger», sagt das Brünnlein. «Wer aus mir trinkt, wird ein Reh», sagt später die Quelle. Das Schwesterchen, das die stärkere Figur ist als das Brüderchen, hört gut auf die Stimme. Es besitzt jene Allverbundenheit, auch jene Verbundenheit mit dem magischen Bereich *und* mit der Schöpfung, die so leicht zugedeckt und überspielt wird. Es kann aber seinen Bruder nicht am Trinken hindern; das Brüderchen wird zum Reh. Doch Schwesterchen selbst hält, stellvertretend sozusagen, durch, sodass die Erlösung zwar auf sich warten lässt, nicht aber verspielt ist. Aus dem Reh wird wieder der Bruder.

Emanzipation, Kampf gegen die Armut, Kontaktfähigkeit, Sehen- und Hören-Können, Verbundenheit mit der Schöpfung: Solche Elemente unterstützen eine in einem weiteren Sinn religiöse Erziehung. Es lassen sich anhand des Märchens vom armen Mädchen aber auch im engeren Sinn «religiöse» Gespräche führen. Wir könnten zum Verständnis eines Bibelverses wie Lukas 17, 33 hinführen: «Wer sein Leben zu erhalten sucht, der wird es verlieren, und wer es verliert, der wird es neu gewinnen.» Man könnte die Bibel dabei verbinden mit der Bildhaftigkeit des Märchens und damit das Verständnis für das Hergeben-Können wecken – ein Motiv, das in vielen Märchen wiederkehrt. Dass am Schluss die «Sterne vom Himmel fallen», dass also ein direkter Bezug hergestellt wird zu «Gott im Himmel», der die Guten belohnt und die Bösen bestraft, entspricht – leider – traditionellem religiösem Sprachgebrauch im Umgang mit Kindern. Eine allzu betonte Schwarz-Weiß-Malerei, zu der das Märchen in gewissem Maße einlädt, würde ich möglichst vermeiden. Ein Nachsinnen mit den Kindern über «Hergeben», «Schenken» anhand dieses bildhaften Märchens ist dagegen wertvoll und wichtig. Ich stelle mir vor, dass Kinder dieses Hergeben anhand eines Spieles (man muss z.B. etwas Lebensnotwendiges als Pfand geben) noch intensiver nacherleben könnten. Man könnte damit eine positive menschliche Grundhaltung einüben, die auch ganz zentral zum Christentum gehört. Zu einem im engeren Sinn religiösen Gespräch aber eignen sich biblische Geschich ten besser als Märchen, in denen die Aufmerksamkeit des Kindes durch magische Ereignisse abgelenkt wird.

21.3 Kritik am Märchen

Wir sehen: Für eine christliche Erziehung sind Märchen nicht unbedingt nötig. Ja, betrachten wir Veröffentlichungen der siebziger Jahre, so mag uns auf den ersten Blick scheinen, Märchen seien – mindestens für kleine Kinder – überhaupt abzuschaffen. Einerseits wird die Grausamkeit der Märchen kritisiert; Kindern werde damit auf unverantwortliche Weise Angst gemacht. Andererseits wird die Gesellschaftsordnung, die sich in den meisten Märchen spiegelt, für pädagogisch ungeeignet, für unmodern befunden: Es handle sich um eine Welt von Königen und Schlössern auf der einen, von armen Waldbewohnern und Dienstboten auf der andern Seite. Da an einer solchen Welt in den Märchen prinzipiell nichts geändert werde, gewöhne sich das Kind daran, sich in veraltete Gesellschaftsordnungen zu ergeben. Statt – wie im Märchen – gegen das magische Böse zu kämpfen, müssten Kinder heute angeregt werden, reale üble Zustände in unserer Welt kreativ zu verändern.

Sehr verschiedenartige «Gegenmärchen» sind darum damals entstanden. Bei Janosch («Janosch erzählt Grimms Märchen», 1972) sind im Märchen vom Wolf und den sieben Geißlein die Geißlein die Schlauen und Starken: Sie sperren den Wolf in den Uhrenkasten. Mutter und Vater Geiß werden nachher vom Wolf – endgültig – gefressen. Das Bedrohliche, das abgeschafft wird, ist hier nicht der Wolf, die Personifikation des Bösen, sondern die Eltern dieser recht emanzipierten und aktiven Geißlein: Es ist eine «antiautoritäre» Umdichtung des Grimmschen Märchens.

Otto F. Gmelin hat damals in seinem Buch «Böses kommt aus Kinderbüchern» fast der gesamten Kinderliteratur, vor allem aber dem Märchen, einen schlechten Einfluss auf Kinder vorgeworfen. In seinem Gegenmärchen zu «Hänsel und Gretel», veröffentlicht in der Zeitschrift «Eltern», hat er damals seine prinzipielle Kritik deutlich veranschaulicht. Es geht ihm darum, Angstgefühle der Kinder zu verhindern: Eltern, die ihre Kinder aussetzen, sind für ihn «falsch». Hänsel und Gretel ziehen bei ihm, nachdem sie von der materiellen Not der Eltern erfahren haben, aus eigenem Antrieb aus, um Nahrung zu suchen. Die Hexe aber ist hier nicht Inbegriff des Bösen, sondern eine steinalte Frau, die aus dem Dorf vertrieben und in ihrer Einsamkeit böse geworden ist, «weil sie nicht mehr arbeiten konnte und zu nichts nütze war für die Leute im Dorf.» Die Gesellschaft wird für das schlechte Verhalten der Hexe verantwortlich gemacht; so wird die Hexe am Schluss – im Sinne eines Happy-Ends – nicht getötet, sondern neu in die Gesellschaft eingegliedert, resozialisiert.

Allen diesen Märchenumdichtungen – und es gab noch viel mehr als die erwähnten! – ging es um das Verhältnis des Einzelnen zur Gesellschaft: Das Kind sollte sich emanzipieren, unabhängig werden gegenüber Zwängen der Gesellschaft und der Tradition; das Böse war dabei nicht mehr etwas elementar Bedrohliches, sondern etwas, das man abschaffen oder entlarven kann. Die Tendenz dieser Märchen-Umdichtungen beruhte damit auf einem Missverständnis des Märchens und seiner Gesetzmäßigkeiten.

Mit einer Kritik an Märchen-Umdichtungen allerdings würde ich noch weiter zurückgehen, nämlich zu den Brüdern Grimm selbst. Sie selbst haben viele Märchen, die ursprünglich in einem ausgesprochenen Arme-Leute-Milieu spielten, zwischen 1812 und 1857 in ihren zahlreichen Bearbeitungen geglättet! Das kurze Märchen vom armen Mädchen hat dies aufs deutlichste gezeigt.

21.4 Märchenheld und das Märchenalter

Beim Volksmärchen geht es letztlich immer um den sehr individuellen Weg des Märchenhelden oder der Heldin oder auch eines Geschwisterpaares. Was mit dem Schicksal dieses Helden nichts zu tun hat, wird nicht differenziert erzählt. Von den anderen Figuren, seien es Gegner, Helfer oder Partner, erfährt man meist nur *einen* Wesenszug oder *eine* Tat, jene nämlich, die für die Entwicklung des Helden von Bedeutung ist. Der Held ist isoliert; er hat oft eine Sonderstellung in seiner Familie; häufig ist er scheinbar unfähig, Abenteuer zu bestehen. Der Held zieht in die Welt hinaus; er sucht für sich selbst Hilfe oder versucht, einem anderen Erlösung zu bringen. Da der Held meist kontaktfähig und begabt ist, kommt er auf seinem Weg voran; er besteht Proben und entwickelt sich. Er begegnet der Gefahr; er wird massiv dem Bösen ausgesetzt. Aber am Schluss wird er erlöst, oder er kann einen andern erlösen, oft mit Hilfe eines magischen Wesens, das ihm, weil er sich als freundlich erwiesen hat, beisteht. Am Ende ist für den Helden die Welt in Ordnung.

Es legt sich nahe, diese Märchenheldin oder den Märchenhelden dem Kind im «Märchenalter» gegenüberzustellen: Das Kind wird in dieser Phase vom Kleinkind zum Kindergartenkind, evtl. zum Schulkind. Es ist etwa 4–8 Jahre alt. Es wird zur Auseinandersetzung mit der oft bedrohlichen Außenwelt, in der es tatsächlich auch Böses gibt, gezwungen; es hat, mehr als die Kinder aller anderen Altersstufen, oft Angst. Von diesem Hinaustreten in die Welt und von dieser Angst redet das Märchen, es redet beharrlich davon. Durch jene verpönten Grausamkeiten wird diese Angst gesteigert. Doch das Angsterregende, das Böse, wird im Märchen besiegt. Das Kind erhält gewissermaßen den Beweis, dass die Welt ‹schon damals›, trotz allem Bedrohlichen, immer wieder in Ordnung kam. Wichtig ist dabei immer die Heldin oder der Held, auf die sich das Kind, egoistisch, wie es dieser Altersstufe entspricht, konzentrieren darf.

Dem Kind dieser Altersstufe kommen noch andere Charakterzüge des Märchens entgegen: Das Märchen wiederholt. Oft kehrt dreimal eine ähnliche Episode wieder, ein gleicher Vers wird gesprochen, das Kind kann mitmachen; Wiederholungen, Formeln beruhigen. Sie bilden eine natürliche Fortsetzung der ersten Kinderlieder und -verse. Sie sind eine Art Ritual. Und natürlich wird auch das wiederholende Erzählen ganzer Märchen zum Ritual: Kinder wollen dieselben Märchen stets neu hören.

Der Denkweise des Kindes entspricht es außerdem, dass die Eigenschaften der Märchenfiguren sich in Handlungen ausdrücken. Sie reagieren alles vor unsern Augen ab und werden dadurch anschaulicher, als wenn man sie mit Eigenschaftswörtern beschreiben würde. Sie regen das in diesem Alter gefühlsbetonte Kind zum Rollenspiel an und ermöglichen ihm, eigene Konflikte durchzuspielen.

Das Kind kann in diesem Alter noch nicht völlig zwischen Vorgestelltem und wirklich Erlebtem unterscheiden. Das Märchen, in dem der Übergang von Realistischem zu Fantastischem oft unmerklich geschieht, entspricht der Denkweise des Kindes. Vielleicht ist dies der nächstliegende Zusammenhang zwischen «Märchenalter» und Märchen.

21.5 Vorerfahrung für religiöses Erleben: Gefühle und das Unbewusste

Wir haben gesehen: Kinder können sich im Märchen spiegeln. Sie fühlen sich mit dem Märchenhelden vereint. Mit der Heldin kommen sie im Märchen ein Stück weiter auf dem Wege, sich selbst zu finden. In seinem Fühlen, in seiner Eifersucht, in seiner Not, in ganz elementarer Angst setzt sich das Kind der Heldin oder dem Helden gleich. Es lernt dabei ein Stück weit, überhaupt mit Gefühlen umzugehen. Es spürt: Solche Gefühle gehören zur Welt, genau wie Möbelstücke, wie Zahlen, wie Menschen. Wie die Wörter der Sprache, die das Kind in den ersten Lebensjahren erlernt, helfen, die Wirklichkeit zu erfassen, so helfen die Abläufe der Märchen, allmählich eigene Gefühle zu erfassen oder sie zu spiegeln.

Gefühlserziehung, die eine Voraussetzung für religiöses Erleben ist, geht aber – mit dem Märchen – in eine ganz bestimmte Richtung: Der Held ist Erlöser oder er ist erlösungsbedürftig. Die Angst vor dem Bösen befällt den Helden – und mit ihm das miterlebende Kind. Immer wieder aber wird dieses Böse besiegt. Zwar ist das Glück in der Regel ein diesseitiges Glück: das Leben als König in einem herrlichen Schloss, die Hochzeit mit einer wunderschönen Prinzessin. Dieses Gute und Schöne aber verkörpert eine sehr grundsätzliche Hoffnung. Wenn ein Kind weiß und immer wieder in neuen Märchen erlebt, dass diese Hoffnung nicht enttäuscht wird, so wird die Fähigkeit zu hoffen geweckt. Es ist vorerst keine *christliche* Hoffnung. Es ist eine Vorübung dafür. Es ist Offenheit für eine Zukunft, die man nicht zu fürchten braucht.

Dass auf dem Weg zu dieser schönen Zukunft auch etwas Magisches, das jenseits unserer Wirklichkeit liegt, helfen kann, bleibt im *Unbewussten* des Kindes irgendwie haften. Mit den Märchen steigt das Kind hinab ins Unbewusste und holt ein unbekanntes Stück seiner selbst herauf. Dieses Unbewusste, das uns Erwachsenen vor allem in Träumen, aber auch uns noch in Märchen begegnet, gehört mit zum Menschen. Es darf nicht vernachlässigt werden; es darf den Menschen aber auch nicht bedrohlich überfluten. Zu unserem Glauben, unserer Religion gehört der ganze Mensch. Auch die Beziehung zu einem Gott, den wir nicht sehen können, wird uns selbst und den Kindern durch das Anerkennen des Unbewussten, Undefinierbaren in uns selbst verständlicher.

Mir scheint, im ersten der drei «Märchen von der Unke» werde – für uns Erwachsene – besonders deutlich gesagt, wie nötig das Kind die Auseinandersetzung mit dem Unbewussten habe. Die Unke, so stelle ich mir vor, verkörpert hier das Unbewusste: Mit ihm muss das Kind leben lernen, es aber – im Märchen mit dem Löffelchen im

Zaum halten, dann kommt es *mit* diesem Unbewussten in seiner Entwicklung weiter, es wird «schön und groß». Dem Kind einen solchen Umgang mit Gefühlen zu rauben, wäre gefährlich. In der Urfassung heißt dieses Märchen:

Märchen von der Unke

Ein Kind sass vor der Hausthüre auf der Erde und hatte sein Schüsselchen mit Milch und Weckbrocken neben sich und aß. Da kam eine Unke gekrochen und senkte ihr Köpfchen in die Schüssel und aß mit. Am andern Tag kam sie wieder und so eine Zeitlang jeden Tag. Das Kind ließ sich das gefallen, wie es aber sah, dass die Unke immer fort bloß die Milch trank und die Brocken liegen ließ, nahm es sein Löffelchen, schlug ihr ein bisschen auf den Kopf und sagte: «Ding, iss auch Brocken!» Das Kind war seit der Zeit schön und groß geworden, seine Mutter aber stand gerade hinter ihm, und sah die Unke, da lief sie herbei und schlug sie todt, von dem Augenblick ward das Kind mager und ist endlich gestorben.

21.6 Ein Weg zur Gerechtigkeit

Ich möchte hier die Gedanken nochmals zurücklenken zum Weg der Heldin, wie wir ihm beim «armen Mädchen» begegnet sind. Es geht immer wieder um die Verwandlungsfähigkeit und das Reifwerden der Hauptperson. In ganz besonderer Weise aber ist es im Märchen die *Hilfsbereitschaft*, die nicht nur hellhörig, sondern auch *aktiv* macht – und die Handlung auf völlig andere Weise vorantreibt, als es die Provokation durch das böse Element und seine magische Verkörperung in Form von Wolf oder Hexe, Stiefmutter oder Giftzwerg tun. Nicht nur für den Märchenhelden, auch für die Zuhörerin oder den Zuhörer, der sich mit ihm identifiziert, ist diese Hilfsbereitschaft ein diskretes und doch dominierendes Element; es sensibilisiert für eine Wahrnehmung, die auch in der Realität, ja politisch sensibilisiert und Gerechtigkeit erkennbar macht – eine Gerechtigkeit, die sich auch ohne die Bestrafung einer bösen Macht und ohne Zauberwerk durchsetzen kann. Dies soll das hier folgende jüdische Märchen zeigen:

Das Feld der Bruderliebe

Ein Vater ließ seinen zwei Söhnen ein Getreidefeld als Erbstück zurück. Sie teilten das Feld ehrlich unter sich. Der eine Sohn war reich und unverheiratet, der andere arm und mit Kindern gesegnet.

Einmal, zur Zeit der Getreideernte, lag der Reiche in der Nacht auf seinem Lager und sagte zu sich: «Ich bin reich, wozu brauche ich die Garben? Mein Bruder ist arm, und das Einzige, was er für seine Familie braucht, sind die Garben.»

Er stand vom Bette auf, ging auf seinen Feldanteil, nahm eine ganze Menge von Garben und brachte sie auf das Feld seines Bruders.

In derselben Nacht dachte sein Bruder: «Mein Bruder hat keine Frau und keine Kinder. Das Einzige, woran er Freude hat, ist sein Reichtum. Ich will ihn vermehren.»

Er stand von seinem Lager auf, ging auf seinen Feldanteil und brachte seine Garben auf das Feld seines Bruders.

Als beide in der Frühe ihr Feld besuchten, staunten sie darüber, dass das Getreide nicht weniger geworden war. Ihr Staunen nahm kein Ende.

Auch in den folgenden Nächten taten sie dasselbe. Jeder brachte seine Garben auf das Feld des anderen. Und da sie an jedem Morgen merkten, dass nichts weniger geworden war, waren sie davon überzeugt, dass der Himmel sie für ihre Güte beschenkt hatte.

Aber in einer Nacht geschah es, dass beide Brüder, die Hände voller Garben, sich auf ihrem Wege begegneten. Da erkannten sie, was geschehen war, sie fielen einander um den Hals und küssten sich.

Da hörten sie eine Stimme vom Himmel: «Dieser Platz, auf dem sich so viel Bruderliebe offenbart hat, soll würdig sein, dass auf ihm mein Tempel errichtet werden soll – der Tempel der Bruderliebe.»

Und tatsächlich wählte König Salomon diesen Platz für den Tempelbau.

«Jüdische Märchen»

22. Osterhase, Christkind, Nikolaus ...

22.1 Der Osterhase

In den Bäckereien schauen in vorösterlichen Zeiten die Schokolade-Hasen in langen Reihen auf uns herab. In alten und neuen Bilderbüchern, aber auch in Kinderliedern und auf Postkarten begegnen wir dem Osterhasen, diesem Wesen, das nur in einer bestimmten Jahreszeit vorhanden ist und nur in unserer Fantasie lebt. Vielleicht spielen wir selbst mit großer Freude den Osterhasen für unsere Kinder. Wie bei allen Versteckspielen hat dabei gleichzeitig der Verstecker und das suchende Kind seinen Spaß. Zugleich aber freut sich das Kind über die Gaben, die es auf wundersame Weise erreichen. Der Gabenbringer kommt aus einer märchenhaften Welt, die die Kinder erfreut, auch wenn sie längst wissen, dass der Vater oder die Mutter die Eier versteckt.

In unsere Freude an diesem Osterhasenspiel mag sich gelegentlich ein seltsames Gefühl mischen. Ist es richtig, den Kindern gegenüber von Fabelwesen zu reden und zu spielen, als ob sie in der Wirklichkeit existieren würden? Wird nicht durch das ganze «Theater» mit dem Osterhasen der christliche Sinn des Osterfestes, des ältesten aller christlichen Feste, überdeckt? Hindert uns das Osterhasenspielen vielleicht sogar am Kirchgang und macht damit die Osterfeier zu einem märchenhaft-humoristischen Kinderfest? Sind Eiersuchen und Osterhase nicht heidnische Bräuche, auf die man eher verzichten sollte?

Die Eier und der Hase sind tatsächlich uralte Symbole der Fruchtbarkeit. Aus einem Ei kann ein neues Lebewesen werden. Die Hühner legen zur Osterzeit besonders viele Eier – ihre Fruchtbarkeit tritt jetzt besonders deutlich zutage. Eier sind Sinnbild des Neuerwachens der Natur und allen Werdens überhaupt. In ähnlicher Weise ist der Hase, der sich vermehrt wie kaum ein anderes Tier (Hasen werfen fast das ganze Jahr Junge) Symbol der Zeugungskraft. Dem Hasenfleisch, das man isst, wird eine verjüngende Wirkung zugeschrieben. Es ist also nahe liegend, dass die Eier und der Hase zur Frühlingszeit, in der alles in der Natur zu neuem Leben erwacht, eine Rolle spielen. Aber was hat dies mit Religion, mit der Auferstehung Christi zu tun?

Auch das *Osterei* scheint nichts mit spezifisch *christlichem* Brauchtum zu tun zu haben. Eier wurden an Ostern verteilt wie an Neujahr die Trinkgelder: Hirten und Gemeindediener etwa hatten in alten Zeiten das Recht, sich in jedem Haus ein Ei zu holen, oder jedes Schulkind brachte dem Schulmeister zu Ostern zehn Eier. Früh schon werden zu Ostern Spiele mit Eiern – vor allem das verbreitete «Eierlaufen» – durchgeführt.

Direkter mit kirchlichem Brauchtum haben wir es zu tun, wenn von Ministranten berichtet wird, die an Ostern von den Kirchgängern Eier einsammeln dürfen. Die Tatsache, dass früher ein festlicher Eier-Schmaus an Ostern das Ende der Fastenzeit deutlich kennzeichnete, zeigt, dass die Eier schon früh als ein tiefsinniger, nicht nur zufällig frühlingshafter Bestandteil des Osterfestes empfunden wurden. Wie das Fasten die Menschen durch Entbehrungen zum Verständnis der Passion hinführen soll, soll das fröhliche Eier-Essen die Freude an der Auferstehung ausdrücken. So heißt es in einem verbreiteten alten Osterspruch:

> *Eia! Eia!*
> *Ostern ist da!*
> *Fasten ist vorüber,*
> *das ist mir lieber.*
> *Eier und Wecken*
> *viel besser schmecken.*
> *Fasten ist vorüber,*
> *das ist mir lieber.*
>
> *Eia! Eia!*
> *Ostern ist da!*

Wichtig ist, dass diese Ostereier, die nach langer Fastenzeit am Ostermorgen (so schon im 12. Jahrhundert) festlich gegessen werden, *gesegnete*, gleichzeitig aber *gefärbte* Eier sind. Während man sich unter den Zinseiern, die als Abgabe oder Trinkgeld verwendet werden, ungefärbte Eier vorzustellen hat, so sind die gesegneten Eier gerade durch ihre – meist rote – Färbung etwas Besonderes. Vielerorts finden seit dem 12. Jahrhundert in den Kirchen Speisensegnungen am Ostermorgen statt. Hier werden die bunten Eier geweiht.

Wie bei den Eiern kann man auch beim *Hasen* leicht Eigenschaften nachweisen, die ihn zu mehr als einem heidnischen Fruchtbarkeitssymbol machen. Schon in der Alten Welt, so bei dem griechischen Schriftsteller Plutarch (50 – 125 n.Chr.), war der Hase Sinnbild der immer wachen Gottheit. Osterbroten wurde immer wieder die Form eines Hasen gegeben; der Hase wurde als religiöses Symbol empfunden. In mittelalterlichen Kirchen gibt es Darstellungen von drei Hasen, die durch gemeinsame Ohren in eins verschlungen sind, zum Zeichen für die Dreieinigkeit Gottes. Auf Bildern wie etwa Dürers «Heiliger Familie mit den drei Hasen» sollen diese Tiere Gottes Anwesenheit versinnbildlichen. Alle diese Hinweise mögen einigermaßen überzeugend klingen. Eine Erklärung für den Brauch des Osterhasen, der bunte Eier legt, bieten sie aber nicht. Denn könnte man nicht auch für die andern Eierbringer, die ursprünglich Konkurrenten des Osterhasen waren, Eigenschaften aufspüren, die sie zu göttlichen Tieren machen?

In einigen Gebieten der Schweiz – ganz besonders im Emmental und im Kanton Luzern – war es lange der *Kuckuck*, der «Gugger», der die Eier brachte. So heißt es in einem Schweizer Volkslied von diesem Vogel:

> *Und z'Ostre, vor 'em erste G'lüt,*
> *wenn als no in de Fedre lit,*
> *so flügst du still zu jedem Hus*
> *und chramist schöni Eier us.*

> *(Und an Ostern, vor dem ersten Geläute,*
> *wenn alles noch in den Federn liegt,*
> *dann fliegst du still zu jedem Haus*
> *und packst schöne Eier aus.)*

In den gleichen Gebieten aber ist der Spruch bekannt:

> *Der Samiklaus und der Gugger*
> *händ beidsame eis Dutter.*
> *(Der Nikolaus und der Kuckuck*
> *haben beide ein gemeinsames Dotter.)*

Der Kuckuck wird in die gleiche Kategorie wie der «Samiklaus» (St. Nikolaus) verwiesen: Beide sind Figuren des Kinderglaubens, beide bringen Geschenke, beide gaukeln dem Kind etwas vor: In dieser Beziehung haben sie «ein Dotter», also den gleichen Kern.

Vielerorts existiert im Volksglauben eine *Osterhenne*; in Thüringen bringt der *Storch* die Eier, in andern Gebieten der *Hahn*. Der größte «Konkurrent» des Osterhasen war lange Zeit der *Fuchs*, der aber bei all seiner Schlauheit fast überall vom Hasen verdrängt wurde – vom Hasen, der ja, wie wir es in den Ausdrücken «Angsthase» und «Hasenfuß» sehen, nicht *nur* als Symbol des Göttlichen gilt, sondern auch als scheues Tier. Daneben hält man ihn für fröhlich und großzügig und traut ihm das Eierlegen eher zu als dem raffinierten Fuchs.

Der Versuch, den Osterhasen erschöpfend zu erklären, muss scheitern. In jedem Fall aber spielt dieses Wesen seit über 200 Jahren in Kinderliedern eine Rolle; es wurde spätestens im 19. Jahrhundert im ganzen deutschen Sprachgebiet eine beliebte Figur und ist seit Beginn unseres Jahrhunderts ein verbreitetes Bilderbuchthema. Fragen, wie sich der Osterhase – beladen mit zerbrechlicher Last – bewege, ob er die Eier selbst lege oder bei Hühnern kaufe, werden dabei variiert und für Kinder vergnüglich dargestellt. Immer ist dabei der Osterhase eine lustige Gestalt des Familienbereichs, der Familienfeier. Eine gewisse Unsicherheit, die sonst beim Feiern kirchlicher Feste für Eltern besteht, wird durch das Hasen-Spiel überbrückt. Eine *Verbindung* von Osterhasen-Spiel und Erzählen der Ostergeschichte ist allerdings kaum denkbar. – Sollen wir uns mit diesem Nebeneinander abfinden, oder müssten wir diesen merkwürdigen Osterhasen für unsere Kinder abschaffen?

Wichtig scheint mir, dass die Sache mit dem Osterhasen ausgesprochen Spaß macht. Freudige Überraschung wird auf elementare Weise vom Kind erlebt, von uns Eltern ausgeheckt und vorbereitet. Der Humor gehört selbstverständlich dazu. Das Suchen der versteckten bunten Eier aber zeigt zweierlei: Einerseits muss Heilbringendes immer wieder gesucht werden; wir sollen selbst etwas dazu tun, um es zu finden. Andererseits ist die märchenhafte Herkunft der Eier ein Sinnbild: Ist es nicht ein Wunder, dass ein Säugetier Eier legt und dass es *bunte* Eier legt und sie in unsern Gärten versteckt? Anhand des humoristisch-absurden Osterhasenbrauches dürfen Kinder das Wunderbare also ganz direkt erleben. Dass dabei der Hase nicht zu einer Gott-ähnlichen, religiösen Gestalt wird, scheint mir klar. Er bleibt das für die Kleinsten bestimmte Fabelwesen, an das auch etwas größere Kinder noch gerne «glauben», von dem sie aber gleichzeitig wissen, dass es nur zu ihrer Freude existiert, zu einer Freude, die ihnen Eltern oder Großeltern bereiten wollen.

22.2 Die alten Gabenbringer der Weihnachtszeit: Martin und Nikolaus

Das Schenken an Weihnachten ist gerade für Kinder von großer Bedeutung. Nicht nur das Empfangen von Geschenken und das Wünschen sind wichtig. Das Besorgen und Basteln eigener Geschenke, auch eine gewisse Geheimniskrämerei, gehören dazu. Die Bescherung bildet für viele, wollen wir ehrlich sein, den Höhepunkt des Weihnachtsfestes überhaupt. Ist das richtig so? Möchten wir nicht vom Nachsinnen über Geschenke und Wünsche ablenken, um besser über die Weihnachtsbotschaft nachdenken zu können? Man könnte in diesem Sinn zu ganz alten Bräuchen zurückkehren: In der Zeit vor der Reformation nämlich wurde zu Weihnachten nicht geschenkt. Weihnachten war zwar ein kirchlicher Feiertag. Die Bescherung aber, die seit eh und je den Winteranfang erhellen sollte, hatte schon Wochen zuvor stattgefunden. So war es einfacher, die Weihnachtsbotschaft ohne die «Belastung» des Schenktrubels zu verkünden. Aber war auf diese Weise nicht die Bescherung am Martins- oder Nikolaustag das eigentliche Freudenfest? An Weihnachten selbst spürten nur wenige etwas von jener Freude, die für die Kinder an Weihnachten so wichtig ist.

Die kirchlichen Bemühungen des 16. und 17. Jahrhunderts sind darum verständlich: Indem Geschenke am Weihnachtstag geradezu durch die Kirchen organisiert wurden, wurde Weihnachten auch zum Kinderfest, zum Volksfest. Es sollte die alten Winteranfangsfeiern verdrängen. Die Gefahr, dass Schenken ausartet, indem ein übler Schenk*zwang* sich einschleicht, war – wie bei allem Schenken – von Anfang an mit dabei, betraf aber die Kinder am wenigsten. Von den Kindern wurde ein direktes Erwidern der Geschenke nicht erwartet, lag es doch in der Natur der Bescherung, dass ein höheres Wesen, das keine Gegengabe erwartete, dahinter stand.

Der Heilige Martin

Ein alter winterlicher Gabenbringer ist der «Pelzmärtel», ein struppiges Wesen mit dem Aussehen eines Fruchtbarkeitsdämons, der bis in unsere Zeiten an gewissen Orten das Christkind oder den Nikolaus in

Umzügen begleitet. Meist ist nicht bewusst, dass «Märtel» so viel wie Martin bedeutet. Man spricht im 19. Jahrhundert häufig vom «Niklaus, auch genannt Pelzmärtel». Die verschiedenen männlichen Gabenbringer sind zu einer einzigen Person verschmolzen.

Jener mit Erbsenstroh umflochtene Dämon erschien schon in vorchristlicher Zeit um den 11. November herum. Der Winteranfang wurde gefeiert, der Hirte brachte die Herden in den Stall, das Gesinde wurde bezahlt. Es war Jahreswechsel: Zu diesem Fest gehörten Umzüge mit Segen bringenden Gestalten, die vor allem in die Ställe Glück für den Winter bringen sollten. Auch eine Gestalt, die vor allem die Kinder beschenkte, zog mit. In späteren Zeiten wurde am selben Tag der Heilige Martin gefeiert. Lange noch wurde er als buschiges Wesen mit dem Segenszweig in einem Umzug dargestellt, gleichzeitig aber als Heiliger verehrt. Die Geschichte dieses Heiligen, der als junger Ritter seinen halben Mantel dem frierenden Bettler schenkt, passte gut zu dem alten Brauchtum: Leicht wurde aus dem bescherenden Naturdämon jener großzügige Heilige. Seine Geschenke blieben die alten Fruchtbarkeitssymbole: Nüsse, Äpfel und Gebäck. Auch weniger vergängliche Dinge gehörten dazu, in der für das «Bündelein» der Bescherung über Jahrhunderte üblichen Kombination: Ein Geldstück, oft in einen Apfel gesteckt; «Puppen und mancherlei Kinderwerk»; «zur Zier des Lebens dienliche Dinge», also Kleider; außerdem Bibeln und «schöne Bücherlein».

Als im 16. Jahrhundert in den Gegenden der Reformation die alten Umzüge um den 11. November herum verboten, auch die Verehrung der Heiligengestalten weitgehend abgelehnt wurde, blieb die Martinsbescherung vorerst noch in manchen Gegenden erhalten, bis die noch größere Weihnachtsbescherung sie überflüssig erscheinen ließ.

Der Nikolaus

Ähnlich wie um die Zeit des Martinstages fanden sich auch Anfang Dezember schon in vorchristlicher Zeit feierliche Umzüge mit vermummten Gestalten, die Geschenke und einen Segenszweig brachten. Die ursprüngliche Hauptfigur nahm mit der Zeit christliche Züge an: Sie wurde zum Sankt Nikolaus und an seinem Heiligentag, dem 6. Dezember, gefeiert. Trotzdem hatte sie naturhafte, wilde Eigenschaften; die Ähnlichkeit mit Ruprecht, dem Naturgeist der germanischen Mittwinterfeiern, blieb vielerorts erhalten. Oft wurde der Nikolaus auch «zivilisiert» dargestellt, versehen mit der Bischofsmütze. Dann aber trat der struppige Ruprecht oder eine ähnliche grimmige Gestalt gerne als sein Begleiter auf. – Da die Freigebigkeit und die Kinderfreundlichkeit besondere Merkmale des Heiligen Nikolaus von Myra waren, wurde auch das Fest dieses «Kinderbischofs» leicht zu einem Bescherungstag.

Der Nikolaus, der in Umzügen am 6. Dezember, gelegentlich auch am Vorabend von Weihnachten erschien, brachte bis zur Reformation fast im ganzen deutschen Sprachgebiet die Bescherung. Im Jahre 1535 ließ Luther die Kinder noch durch den Nikolaus bescheren, zehn Jahre später durch den «Heiligen Christ». Die Figur des Nikolaus wurde jetzt als katholisch oder auch heidnisch empfunden und abgelehnt.

Im Gegensatz zu dieser Entwicklung in weiten Teilen Deutschlands wurde der schenkende Nikolaus im reformierten Zürich nicht abgeschafft. Er blieb bis im 19. Jahrhundert populär, er überbrachte die Hauptgeschenke und behielt als Zierde sogar seine Bischofsmütze, auch wenn er nicht als Heiliger verehrt wurde und jetzt am Vorabend von Weihnachten, nicht an «seinem Tag» auftrat. Er war es, der das – damals noch junge – Tannenbäumchen brachte. In einem Neujahrsblatt für die Zürcherische Jugend aus dem Jahre 1799 sagt dieser zürcherische Nikolaus, der das Tannenbäumchen trägt, in der 21. Strophe seiner langen Rede:

> *Ein Bäumchen schön*
> *Bekränzt mit Weihnachts-Gaben,*
> *Kann jedes brafe Schweizer-Kind*
> *– So viel auch sind, –*
> *Ganz gratis von mir haben.*

Wichtig ist, dass der Nikolaus immer nicht nur die Rolle des Schenkenden, sondern auch jene des Strafenden übernahm. Er fragte, ob die Kinder artig waren. Er wollte auch hören, wie sie beten konnten.

> *Bösen Kindern, das ist wahr,*
> *ist er schrecklich immerdar;*
> *aber guten Kinderlein*
> *wird er hold und freundlich sein,*
> *dass sie, trotz dem rauen Wesen,*
> *ihn doch bald zum Freund erlesen.*

Heute ist diese richterliche Funktion des Nikolaus seine hauptsäch-
lichste. Der «Samichlaus» ist der scherzhaft polternde Vorbote des
Christkindes, das dann die «richtigen» Geschenke bringt. Er selbst
bringt noch die in der Adventszeit üblichen Leckerbissen: Äpfel, Bir-
nen, Nüsse und Lebkuchen. Zum Glück hat seine Rute mehr nur
Symbolcharakter, während er vor 200 oder 300 Jahren als wahrer
Züchtiger auftrat und die Kinder häufig fast zu Tode erschreckte und
sie in seinem Sack mitzunehmen drohte.

22.3 Christkind und Weihnachtsmann

Indem Luther sagt, der «Heilige Christ» bringe die Weihnachtsge-
schenke, will er darauf hinweisen, dass es Jesus selbst ist, der uns *alles*
schenkt. An Weihnachten, dem Geburtstag Jesu, sollen wir daran besonders denken. Schon wenige Jahrzehnte nach Luther tauchte dann
die Bezeichnung «Christkind» auf. Dieses «Christkind» war zwar – in
den Christkindspielen – noch ein Mann. Dieser Mann aber wurde
gleichzeitig als *Kind* in der Krippe gefeiert, was sicher mit ein Anlass
zu Verwirrungen war. – Der «Heilige Christ» trat auch in Umzügen
auf, mit ähnlichen Begleitern wie früher Martin oder Nikolaus. Er
kam zugleich «um zu richten und zu belohnen» und trug eine Rute in
der Hand. Sein Begleiter, oft der Engel Gabriel, verteilte die Geschenke, die auf einem Wagen mitgeführt wurden.

Lange blieb dieses Angst einflößende «Christkind» in Deutschland
wichtig. Ein französischer Reisender, der im 17. Jahrhundert nach
Frankfurt am Main kam, empfand die Christkindspiele als «Narren-
possen». Im «Buch vom Aberglauben» (1791) aber lesen wir, dass man
mit dem bedrohlichen Auftreten des Engels, der das Beten von den
Kindern forderte, den Kindern entsetzliche Angst eingejagt habe.
Viele hätten geglaubt, «es sei der Herr Christus selbst», der hier rich-
tend auftritt – und manche seien darob vor Angst gestorben. So war
das Edikt des Herzogs von Mecklenburg von 1682, in dem solch
«skandalöses Spiel» verboten wird, nicht der einzige Versuch, dies
teils sehr überbordende Christkindspiel abzustellen.

Gute Schulleistungen wurden immer wieder – gewissermaßen als
Vorleistung des Kindes – im Zusammenhang mit der Weihnachtsbescherung und dem Christkind genannt. So ist aus dem Nürnberg des
17. Jahrhunderts, als sich dort auch der große «Christkindelsmarkt»
entwickelte, überliefert, dass die Kinder in der Schule im Dezember

immer «besonderen Lerneifer» zeigten. Mit der Zeit verschwand aber das richtende, Angst einflößende Christkind. Doch es schien weiterhin vor allem für «fromme» Kinder geeignet:

Christkindlein

Das Christkindlein bin ich genannt,
den frommen Kindern wohlbekannt,
die ihren Eltern gehorsam sein,
die früh aufsteh'n und bitten gern,
denen will ich was bescher'n.
Die aber solche Holzblöck' sein,
die schlagen ihre Schwesterlein
und necken ihre Brüderlein,
steckt Ruprecht in den Sack hinein.

«Des Knaben Wunderhorn»

Nur ganz langsam entwickelte sich das Christkind zum «lieben Christ-kindlein», das die Geschenke auf dem Weihnachtsmarkt auslas und die Wunschzettel vom Fenstersims holte. Es fanden in der bürgerli-chen Welt des 19. Jahrhunderts auch keine großen Umzüge oder öf-fentlichen Bescherungen mehr statt. Das Fest spielte sich in der Familie ab. In diese städtische Welt passte das Christkind als märchenhafter Helfer der Eltern gut – es gab der Weihnachtsfeier etwas Geheimnis-volles; es will nur bescheren, nicht mehr mit Strafen drohen. Es steht, in den Augen der Kinder, in einer undefinierbaren, aber direkten Be-ziehung zum Himmel. So heißt es etwa im bekannten Kinderlied von Wilhelm Hey:

Alle Jahre wieder kommt das Christuskind
auf die Erde nieder, wo wir Menschen sind.

Die Beziehung zu Christus, zum erwachsenen Jesus ist in dieser Christkindlein-Vorstellung verloren gegangen.

Das verniedlichte, engelhafte Christkindlein verschwand in den lutherischen Gebieten Deutschlands aber mehr und mehr (es wurde als katholisch empfunden!), während es im protestantischen Süden volkstümlich blieb. Vielerorts – so etwa in der Schweiz – kommen die Geschenke noch heute vom Christkind. In den Weihnachtszimmern steht dann gelegentlich ein Fensterspalt neben dem brennenden Tannenbaum offen: Das Christkind sei eben erst davongeflogen.

Zwei Probleme tauchen bei solchem Brauchtum auf: Einerseits wird von vielen Kindern das «Christkind» mit dem «Jesuskind» in der Krippe verwechselt; das Kind in der Krippe ist dann gleichzeitig Jesus und jenes Geschenke bringende, geflügelte Wesen. Das Erzählen von der Geburt Jesu wird dadurch erschwert. Familien, die so mit dem Christkind feiern, geraten aber noch in einen anderen Konflikt: Es gibt «Christkind-Geschenke», die das Kind ohne Dank und ohne Gegengabe hinnehmen darf, daneben aber Geschenke von Paten oder andern Verwandten, für die ein mühsam geschriebener Dankbrief oder als Gegengeschenk eine Bastelei erwartet wird. Im Normalfall merkt das Kind, wenn es größer wird: Die Sache mit dem Christkind war ein Theaterspielen mir zuliebe; es ist Ausdruck einer fantasievollen Zuwendung der Eltern zu uns Kindern. Wir erinnern uns hier an das Gedicht Johann Peter Hebels (1802), das den Titel «Eine Frage» trägt. Die Frage lautet: «Was das Weihnachtskindli ist, hast du das schon bedacht?» Die Antwort, die von J. P. Hebel wortreich vorbereitet wird, lautet am Schluss: «Mutterliebe heißt sein schöner Name.» Natürlich wäre zu fragen, ob es heute nicht andere, «modernere» Formen gibt, solche Elternliebe zu zeigen. Unser doppeltes Ziel müsste dabei das gleiche bleiben: Die Freude der Kinder und die Botschaft von der Geburt Christi.

Da das Christkind gerade dort, wo Luther die Bescherung mit Christus selbst hatte in Zusammenhang bringen wollen, mit der Zeit als katholisch empfunden wurde, trat um 1850 nochmals ein neuer, zugleich aber altertümlicher «Ersatz» an seine Stelle: der Nikolausähnliche Weihnachtsmann.

> *Morgen kommt der Weihnachtsmann,*
> *kommt mit seinen Gaben.*
> *Puppen, Pferdchen, Sang und Spiel*
> *und auch sonst der Freude viel,*
> *ja, o welch ein Glücksgefühl,*
> *könnt ich alles haben.*

Dieses Lied, gesungen zu einer damals schon populären Melodie, geschrieben 1837 von August Hoffmann von Fallersleben, machte den

Weihnachtsmann in wenigen Jahren bekannt. Dieser Weihnachtsmann ist und war ein wesentlich neutraleres Wesen als die alten heidnischen oder christlichen Gabenbringer, obwohl er mit seinem wallenden weißen Bart etwa den Gott-Vater-Vorstellungen jener Zeit entsprach.

Der Greis, den der Maler Moritz von Schwind schon 1825 gezeichnet und mit der Bezeichnung «König Winter» versehen hatte, wurde 1847 durch die «Münchner Bilderbogen» als Weihnachtsmann plötzlich allgemein verbreitet – und bildete die notwendige Ergänzung zu den Weihnachtsmann-Liedern.

Damit war eine durch Traditionen nicht belastete Figur, die gütig Geschenke verteilte, vorhanden. Allerdings konnte niemand verhindern, dass auch dieser Weihnachtsmann bald Nikolaus- oder Ruprechteigenschaften hatte, dass er sogar mit dem Nikolaus verwechselt wurde, oder dass der Nikolaus trotz des Weihnachtsmanns weiterhin am 6. Dezember kam. Für Kinder sind die Figuren nur schwer zu unterscheiden. Von den Schokoladefabriken werden die gleichen bärtigen Kapuzenmänner im Norden um die Weihnachtszeit als Weihnachtsmänner, im Süden Deutschlands und in der Schweiz als Nikoläuse verkauft.

Von alters her gibt es also um die Weihnachtszeit eine Kinderbescherung. Was wir heute in einer Zeit, da es immer weniger eindeutige und überzeugende Volksbräuche gibt, mit den alten Gabenbringern machen wollen, können wir weitgehend selbst entscheiden. Es gibt dabei nicht falsche oder richtige Varianten. Wichtig ist: Die Freude entscheidet darüber, ob wir eine alte Tradition weiter pflegen wollen oder nicht. Diese Freude ist eine wichtige Hilfe für das Verständnis der eigentlichen Weihnachtsbotschaft. Sie ist auch Voraussetzung für ein sinnvolles Schenken, das den Beschenkten und den Schenkenden gleichermaßen beglückt, wenn es nicht überbordet. Die Schenk-Freude schlägt auch eine Brücke zum Erzählen: von den schenkenden Sterndeutern, den schenkenden Hirten, dem großzügigen Nikolaus und dem teilenden Martin.

23. KINDERBÜCHER ALS LEBENS- UND GLAUBENSHILFE

23.1 Wir brauchen Kinderbücher

Die wohl berühmteste Kinderbuchautorin unseres Jahrhunderts, die Schwedin Astrid Lindgren (geb. 1907), weist in ihrem Buch «Das entschwundene Land» (1977), ihren eigenen Kindheitserinnerungen, mit Nachdruck auf die Bedeutung der Bücher für Kinder hin, in besonderer Weise auf die Bedeutung, die Bücher für Eltern und Kinder gemeinsam haben. Es geht um das Buch, das dem Kind neue Welten öffnet, das Kind für neue unsichtbare Welten überhaupt sensibel macht. Es geht um das Buch, das es den Eltern erleichtert, zusammen mit dem Kind Geschichten zu erleben, Worte zu finden und Wege zu gehen. Es geht um das Buch, das erst recht bei religiösen, höchst persönlichen Themen ermutigt, überhaupt mit dem Kind zu reden und dabei eigene Hemmungen, aber auch Unwissenheit zu überwinden. Astrid Lindgren schreibt:

Habt ihr guten Kontakt zu eurem Kind? Oder kapselt es sich in einer eigenen Welt ab, zu der ihr keinen Zutritt habt? Wünscht ihr mitunter, ihr wüsstet ein wenig mehr darüber, was in ihm vorgeht? Ja, aber dann müsst ihr ihm den Weg zum Buch weisen! Zusammen mit eurem Kind müsst ihr lustige oder auch traurige Bücher lesen, egal welche. Eins weiß ich, ihr werdet bald entdecken, dass diese Bücher das beste Verbindungsglied sind, das es gibt. Vertrautheit stellt sich ein, wenn ihr zusammen über ein Buch lacht oder weint. Und vieles von dem, was euer Kind innerlich beschäftigt hat, kommt zur Sprache, wenn ihr euch über das Gelesene unterhaltet. ...

Einen Duft aber gibt es, der lieblicher ist als der von Walderdbeeren und frisch gebackenem Brot, möchtest du den nicht mal riechen, Albin? Mach es wie ich, nimm dein neues Märchenbuch, schlage es auf und bohre die Nase zwischen die Seiten, rieche daran, ja rieche, sage ich ... denn in dem Duft der Druckerschwärze wohnt das grenzenloseste aller Abenteuer. ...

Ja, das grenzenloseste aller Abenteuer der Kindheit, das war das Leseabenteuer. Für mich begann es, als ich zum erstenmal ein eigenes Buch bekam und mich da hineinschnupperte. In diesem Augenblick erwachte mein Lesehunger, und ein besseres Geschenk hat das Leben mir nicht beschert.

Bücher können also Vorübung für das reale Leben sein; sie können beim Verarbeiten von konkreten Erlebnissen helfen; sie sind nicht «indirektes» Leben, sondern üben das Leben mit dem Kind und mit uns. Im Buch können wir verweilen, aber auch zurückblättern. Wir können Lebensbezüge herstellen. Lieblingsbücher können immer neu hervorgeholt werden. Jeder Mensch, jedes Kind darf zu seinen Lieblingsbüchern stehen und sich damit selbst charakterisieren. Jeder Mensch hat seine eigene Leserbiographie. Wenn ich frage: «Was liest du?», «Welches Bild in diesem Buch gefällt dir am besten?», «Welches Buch liegt auf deinem Nachttisch?», «Welche Bücher verschenkst du am liebsten?», lerne ich einen Menschen kennen; ich erfahre dabei vielleicht Wichtigeres über ihn, als wenn er biographische Daten auflisten würde. Bücher bauen auch Brücken – zu andern Menschen, zu andern Welten, zur Erinnerung.

Das heimwehkranke Heidi wird sich seines Heimwehs eigentlich erst anhand eines *Buches* bewusst: Auf einem Bild, das die biblische Geschichte vom verlorenen Schaf darstellt, entdeckt Heidi eine Weide – sie wird zur heimatlichen Alp. Anhand des gleichen Buches findet Heidi den Kontakt zur an sich fremden Frankfurter Großmama. Mit dem gleichen Buch lernt Heidi endlich lesen: Jetzt gehört das Buch dem Kind! Später, als Heidi wieder beim Großvater lebt, hilft das gleiche Buch dem Kind, seinen Großvater in die Dorfgemeinschaft zurückzuführen, indem es ihm die Geschichte vom verlorenen Sohn erzählen kann. Hier wird fast beispielhaft erfüllt – und etwas Ähnliches geschieht wohl auch mit jedem Kind, das das Buch «Heidi» liest –, was Bruno Bettelheim in seinen Büchern «Kinder brauchen Märchen» und «Kinder brauchen Bücher» fordert: Bücher müssen dem Kind helfen, «Emotionen zu klären»; sie müssen «auf seine Ängste und Sehnsüchte abgestimmt sein», «seine Schwierigkeiten aufgreifen», «Lösungen für Probleme anbieten». So sind Bücher ins Leben des Kindes verwoben und stehen keineswegs am Rand; so können sie Lebenshilfe sein.

Es ist nicht so, dass der Nutzen des Kinderbuchs immer selbstverständlich anerkannt wurde. Während die Bücher heute eher mit anderen Medien in Konkurrenz stehen, wurde vor 200 Jahren ausdrücklich vor dem Lesen gewarnt. Noch in einem «Universal-Lexikon der Erziehungs- und Unterrichtslehre» aus dem Jahre 1844 lesen wir: «Die Lesesucht ist eine unmäßige Begierde, seinen eigenen untätigen Geist mit den Einbildungen und Vorstellungen anderer aus den Schriften vorübergehend zu vergnügen.» Die 1774 in Zürich gegründete «Töchterschule» wollte dem Hang zum Lesen ganz ausdrücklich Schranken setzen; die Begierde zu lesen wurde als Krankheit bezeichnet, vor Lesewut gewarnt. Mädchen sollten vor allem auf die spätere Erziehung ihrer Kinder vorbereitet werden; sie sollten nicht galante Frauenzimmer, die sich vor allem mit Büchern beschäftigen, sein. Ein Andachtsbuch, ein Liederbuch und biblische Geschichten mussten die Mädchen in die Schule mitbringen. Zu Hause aber durften sie nicht «mit einem noch so guten Buche gerne im Winkel sitzen und die Pflicht, dem Vater oder der Mutter in häuslichen Verrichtungen an die Hand zu gehen, darüber versäumen.»

Es gab allerdings früh schon empfohlene und lehrreiche Schriften, so den alten «Orbis pictus» (1658) des J.A. Comenius, der die Welt aufschlüsseln sollte und die Kinder bildete, dann Gebetbücher, die Kinder vor allem «fromm» machen sollten. Auch Rousseau (1712 – 1778) hielt Kinderbücher – der Robinson von Defoe, ein Erwachsenenbuch, bildete für ihn eine Ausnahme – für unnötig, ja schädlich. Erst im Laufe des 19. Jahrhunderts entstanden Bücher, die in ihrer Zielsetzung der heutigen Kinderliteratur entsprachen. Allmählich wurden auch die 1812 erstmals von den Brüdern Grimm herausgegebenen Volksmärchen zur Kinderliteratur; Urprobleme des Menschen kommen darin zur Sprache. «Robinson» wurde 1780 mit «Robinson dem Jüngeren», 1812 mit dem «Schweizer Robinson» zum erfolgreichen Jugendbuch; Auseinandersetzung mit der Umwelt und Konfliktbewältigung wurden damit wichtig. Märchen und «Robinsonaden» regten zum Benennen von Gefühlen, zur Horizonterweiterung und zum Meistern von Lebenskonflikten an. Mit Büchern wie «Alice im Wunderland» entstand zusätzlich eine Tradition «fantastischer» Kinderbücher; auch sie wurden vorerst von kritischeren Leuten abgelehnt, trugen aber zur Ausbildung einer eigentlichen Kinderliteratur bei, die Welt, Fantasie, Gefühle – und Leben erschließt.

Aufgrund solcher Möglichkeiten können Bücher, gerade im Hinblick auf die religiöse Erziehung, eine wichtige Funktion erfüllen. Es geht dabei nicht nur um die im engeren Sinn *religiöse* Kinderliteratur, also etwa Gebetbücher und Kinderbibeln, sondern auch um Bücher, die im weiteren Sinn religiöse Fragen wecken und auf verschiedenste Weise Lebenshilfe oder Glaubenshilfe anbieten. Ich würde in diesem Zusammenhang von der *seelsorglichen Funktion* der Kinderbücher reden. Ich möchte hier keine Bücherliste erstellen – der Buchmarkt ändert sich ständig! –, sondern im Folgenden einige sich durchaus überschneidende Kriterien, die bei einer Auswahl helfen mögen, anführen.

23.2 Das Buch als Gesprächspartner

Vorerst ist das Buch ein herrlicher Gesprächspartner, der dem Kind erlaubt – oder *uns* mit dem Kind –, über Probleme nachzudenken, von denen man, vielleicht gerade im religiösen Bereich, im Beisein anderer nicht sprechen möchte. Das Buch tröstet, auch wenn die Erwachsenen nicht anwesend sind oder das Kind Verunsicherung oder Hemmung der Erwachsenen spürt. Man kann zum Buch jederzeit zurückkehren als zu einem treuen Freund. Dazu gehört, dass ein Buch schön zum Anschauen und Anfassen, vielleicht sogar zum Riechen ist; seine Gestaltung, seine Farbe sollte in der Regel gefallen. Die Frage, wer einem Kind das Buch geschenkt, wer es ihm vielleicht zuallererst vorgelesen hat, spielt eine Rolle. Weil dieser Gesprächspartner Buch *warten kann*, ist er etwa dem Medium Fernsehen weit überlegen. Anhalten und Zurückblättern, aber auch fast heimliches Voraus-Spionieren sind möglich. – Wie ein lebendiger Gesprächspartner hilft das Buch, Worte zu finden für Gefühle oder Lebenssituationen, für die das Kind – oder auch der Erwachsene – selbst sprachlos, unfähig wäre. Dabei werden die betreffenden eigenen Gefühle – sie werden vielleicht «nur» dem Buchhelden, der Buchheldin zugeschrieben – nicht öffentlich preisgegeben oder diskutiert, aber innerlich vom Kind durchgespielt.

«Was lese ich, wenn ich traurig bin», überschrieben Udo Kittler und Friedhelm Munzel 1984 ihr Buch über «Bibliotherapie». Über die Heilkraft des Buches wurde damals intensiv nachgedacht. «Lebenshilfe» oder Begleitung erwarten wir von guten Kinderbüchern: Sie sollten zu therapeutischen oder hilfreichen Gesprächen des Kindes mit dem Buch, aber auch mit andern Menschen führen. Sie machen dem Kind gewisse Probleme erst bewusst oder halbbewusst – und schenken ihm dabei ein Vokabular, die nötige *Sprache* zum Nachdenken und Reden.

Man kann in diesem Zusammenhang an Bücher zu schwierigen Themen denken, die in der modernen Kinder- und Jugendliteratur teilweise hervorragend verarbeitet werden: Behinderung, Alter, Tod, Scheidung, aber auch sehr viel allgemeinere Probleme wie Angst oder Einsamkeit kommen zur Sprache. Eine ähnliche Hilfe leisten Bilderbücher, in denen ein Kind immer wieder auf ein einziges geliebtes Bild zurückkommt, um darin für seine eigene Situation Trost zu finden, aber auch Gebetbücher oder andere religiöse Kinderbücher, in denen wir selbst als helfende Erwachsene jene Auswahl und jene

Formulierung für die Kinder finden, zu der uns Sachkenntnis oder Sprachvermögen im Moment fehlen.

23.3 Das Buch weckt Neugierde und Fantasie

Die Lust und die Notwendigkeit, über die Grenzen des Sichtbaren und Möglichen hinauszudenken, wird durch Bücher geweckt: Was ich weiß, was wir wissen, ist nicht die *ganze* Realität. Solche Erkenntnis ist letztlich auch die Voraussetzung für alles religiöse Fragen. Das Kind «lernt» bei der Lektüre entsprechender Bücher träumen, fantasieren; es entdeckt neue Wege, eine eigene Freiheit und macht «Erfindungen» – man denke nur an die in unserer Zeit so dringend nötige Suche nach Frieden, Gerechtigkeit und Bewahrung der Schöpfung. Ohne Neugierde und Fantasie werden weder realistisches Suchen noch das Handeln des Kindes angeregt. Die Fantasie, die das Kind beflügelt, kann vorerst in einem sehr privaten, familiären Bereich angesiedelt sein; sie darf aber nicht einer weltfremden Kinderbuchromantik, die vielleicht in einem Reich von Zwergen und Engelchen gründet, verhaftet bleiben, sondern muss – auch im Hinblick auf eine künstlerische Gestaltung – hohen Ansprüchen genügen und muss *auch* für Erwachsene «stimmen». Vielleicht wäre hier an ein schon klassisches Bilderbuch wie «*Frederick*» (1967) von Leo Lionni zu erinnern: Sprache und Sonnenstrahlen werden als Zeichen einer unsichtbaren Welt wichtiger als die greifbaren Wintervorräte, die von den andern Mäusen emsig gesammelt werden; die Maus, die träumend aus der Reihe tanzt, verweigert sich zwar der geforderten Sammeltätigkeit, macht aber Erfahrungen, die eine neue Welt erschließen und in einem weiten Sinn religiös sind. Zwei ganz andere Bilderbücher – beide sind 1985 erschienen und haben eindrückliche, großzügige Illustrationen – ermuntern Eltern und sehr kleine Kinder zu Neugierde und Fantasie und zeigen eine eindeutig religiöse Dimension auf: «Und was ist hinter dem Hügel?» von Hilde Heyduck-Huth und «Hinter dem Hügel» von Ursula Wölfel, versehen mit japanischen Illustrationen. In beiden Büchern wird das Weiterfragen über Hügel und Berge hinweg bis ans Ende der Welt, ja ans Ende des Kosmos angeregt. Das offene Ende führt dann zu einem Gespräch über Gott. Neugierde und Fantasie werden geweckt. Das Ausschauen nach Gott wird angeregt.

Märchenhelden oder Märchenheldinnen sind vielleicht der Inbegriff von Mutmachern: Sie ziehen aus, bestehen Gefahren und Mutproben, erleben Schwächen und deren Überwindung. Kinder identifizieren sich mit den Hauptfiguren, die oft Charakterzüge von Schwächlingen haben; unterwegs mit solchen Figuren entdecken Kinder neue Fähigkeiten; eine Ich-Erweiterung findet statt und die freudige Erkenntnis: «Was kann ich doch alles!» Ohne dass darüber mit diesem Wort gesprochen werden muss, wird Angst abgebaut, das Selbstvertrauen aber gestärkt.

Im Hinblick auf größere Kinder hat in diesem Zusammenhang das Buch «Die Brüder Löwenherz» von Astrid Lindgren gute Diskussionen ausgelöst; es regt zur Auseinandersetzung mit der Urangst vor dem Tod an und lässt den kleinen schwachen Jungen, Krümel, zusammen mit seinem Bruder Jonathan einen abenteuerlichen Weg – in einem Reich zwischen Leben und Tod – zurücklegen, einen Weg, der voller Mutproben steckt und am Ende mit einem endgültigen Sprung in den Abgrund – in ein neues Leben? – endet. Es ist nicht verwunderlich, dass dieses außerordentlich differenzierte Buch auch umstritten ist, gerade bei sterbenden Kindern zum Mutmachbuch wurde, von andern aber als bedrohlich empfunden wird. Mut zu machen, ohne auch Angst und Gefahr als Gegenpole zu zeigen, ist kaum möglich.

Natürlich gibt es, gerade im Bilderbuchbereich, sehr viel einfachere Bücher, die einerseits Angst und Schwäche, dann aber deren Überwindung zeigen. Für die Schweiz ist der «Schellenursli» von Alois Carigiet mit den Versen von Selina Chönz ein Kinderbuch, das wohl auch heute noch fast jedes Kind kennt: Der Junge mit der kleinsten Glocke (alle brauchen eine Glocke für den Frühlingsumzug!) zieht verzweifelt aus, den Naturgewalten der Bergwelt, den Ängsten der Einsamkeit ausgesetzt. Das glückliche Ende – Wiedervereinigung mit den Eltern, Erfolg in der Dorfgemeinschaft, ein märchenhaftes Essen – mag banal klingen, stärkt aber das Selbstvertrauen schon kleiner Kinder aufs Elementarste.

Symbolischer, in die Tierwelt gespiegelt, lässt sich «Das schwarze Schaf» im Bilderbuch von Eleonore Schmid von seiner Not, ein missglückter Sonderfall zu sein, befreien. Der Schritt vom «Schwarzen Schaf» zur biblischen Geschichte vom «Verlorenen Schaf» liegt nahe und zeigt, wie – im religiösen Bereich – gerade auch zahlreiche biblische Geschichten und biblische Bilderbücher Mutmach-Bücher sein können: Neben Schicksalen wie jenen von Jakob, Josef, David, Esther und vielen andern des Alten Testaments, in denen Nöte, Gefahren, aber vor allem Bewährung durchgestanden werden, müsste – gerade im Zusammenhang mit dem Tod – die Auferstehungsgeschichte, Ostern also, im Mittelpunkt stehen. Das leere Grab und die freudig bewegten Frauen, die es weitererzählen, werden zum Symbol für Mut und Zukunftshoffnung. Es ist bedeutsam, dass in der bewährten, inzwischen «alten» Reihe «Was uns die Bibel erzählt» von Kees de Kort das Bändchen, das in einfachster Form die Passionsgeschichte enthält, den Titel trägt: «Jesus ist auferstanden», nicht etwa «Die Kreuzigung».

Auch Heiligenlegenden, heute teilweise in Bilderbuchform oder in Vorlesebüchern – jenem von Max Bolliger etwa – greifbar, gehören zu den Mutmachern. Die Heiligengestalten haben Vorbildcharakter, oft als Leidende, ja Märtyrer, dann vor allem aber als Menschen, die trotz ihres Leidens das Vertrauen zu Gott nicht verlieren und ihm besonders nahe sind. In der Regel sind sie – man denke an Franz von Assisi oder auch an Elisabeth von Thüringen – in ein soziales und menschliches Gefüge eingebunden und zeigen, dass Glauben in einer ganz konkreten, der unseren vergleichbaren Umwelt gelebt und behauptet werden muss. Auch Schicksale berühmter Menschen, Biographien also, wären hier zu erwähnen, vor allem im Hinblick auf größere Kinder; man denke an Albert Schweitzer, Martin Luther King, Dietrich Bonhoeffer, Mutter Theresa und andere. Eine Ermunterung, den Mut auch in politisch und sozial extrem schwierigen und lebensbedrohlichen Situationen nicht zu verlieren, gehört unbedingt auch mit zum religiösen Kinderbuch.

23.5 Das Buch antwortet und informiert

Es ist erstaunlich, wie attraktiv schon für jüngere Kinder Kinderlexika, Nachschlagewerke aller Art sind. Nicht nur, wenn es um heikle Fragen geht – man denke an die sexuelle Neugierde –, ist der Wissensdurst groß. Das Beantworten von Fragen ist in sehr großem Maße ein Stück Lebenshilfe. Jugendliche sind sehr befriedigt, wenn sie sich solche Hilfe durchs Buch selbst verschaffen können; im Hinblick auf jüngere Kinder sind wir darauf angewiesen, Hilfsliteratur greifbar zu haben, um nachzuschlagen, zu antworten und den Kindern auch Bilder zu zeigen. Wissensvermittlung führt zu besserer Weltkenntnis, zu besserer Beobachtung, zu neuen Fragen, die je nach Veranlagung von Eltern und Kindern auf verschiedenen Gebieten gestellt werden. Ermuntert sei hier – ich denke wiederum an die Bedrohung der Schöpfung und die Bewahrung unserer Umwelt –, Kinder ganz gezielt für ein sinnvolles Sachwissen zu begeistern, um dann zu entdecken, dass die Beziehung zu Glaube und Religion viel näher bei solchem Sachwissen liegt, als man ahnte. Dass Information auf naturwissenschaftlichen oder technischen Gebieten, ja ein Lexikon-Wissen überhaupt, heute schon bei Kindern teilweise über ein Computer-Lexikon erworben wird, ist normal. Hier kann – wohl eher als auf den andern Gebieten – das traditionelle Buch ersetzt werden; Fakten werden ständig dem modernen Forschungsstand angepasst.

Auf andere Weise vermitteln die eigentlichen Jugendbücher wichtiges Sachwissen anhand von Erzählungen: Gesellschaftliche, politische oder auch technische Informationen, etwa im Hinblick auf soziale Ungerechtigkeit, «Dritte Welt» oder kriegerische Ereignisse werden durch das Nacherleben eines menschlichen Schicksals unmerklich im lesenden Kind gespeichert und bleiben noch besser in Erinnerung als ein Lexikon-Wissen. Den Büchern von Gudrun Pausewang kommt hier eine besondere Bedeutung zu; «Die letzten Kinder von Schewenborn» (1983) erschüttert junge Leserinnen und Leser durch Informationen über die Wirkung der Atombombe; «Die Not der Familie Caldera» (1977) unterrichtete schon früh, erzählend, über soziale Zustände in Südamerika. Es sind Kenntnisse, die heute bruchstückhaft und schonender auch in Bilderbüchern für Kleinere vermittelt werden.

Sachbücher und Photobücher zur Bibel ermöglichen es, auch auf dem Gebiet der religiösen Erziehung nicht nur recht unbequeme Fragen zu beantworten, sondern gerade scheinbar äußerliche geographische oder historische Beobachtungen als Erzählanlass zu nehmen. Gute Sachbilderbücher wirken dabei äußerst anregend; das zweibändige Werk «Ich entdecke die Welt der Bibel» (Abb. 8 im Anhang) hat sich in diesem Zusammenhang bewährt; es vermittelt in Bildern, Karten, Tabellen und Texten nicht nur Wissen, sondern erzählt einzelne biblische Geschichten, obschon das Buch grundsätzlich über Sachfragen informiert, dabei aber in überzeugender Weise seine eigenen Grenzen überschreitet.

Bücher, die auf verständliche Weise die Feste der Kirche und den Ablauf des Kirchenjahrs erklären, entsprechen heute, wo ein Zu-Hause-Sein in der Kirche auch bei religiösen Menschen keineswegs selbstverständlich ist, einem Bedürfnis. Das Erklären des Abendmahls etwa kann, wie es Werner Tiki Küstenmacher tut, mit Hilfe eines «frechen» Comic-Buches geschehen, völlig anders in meiner Bilderbuch-Erzählung «Jesus teilt das Brot», die schon kleine Kinder auf die Feier des Abendmahls vorbereitet. In keinem Fall aber darf bei religiösen Fragen das Bedürfnis der Kinder nach sachlicher Information unterschätzt werden. Auch Teile aus der Kirchengeschichte – etwa eine Orientierung über die Entstehung der Feiertage, Hinweise auf historische Gestalten, Informationen über Kirchenspaltungen und Glaubenskriege – werden mit zunehmendem Alter der Kinder und Jugendlichen bedeutsam.

23.6 Das Buch als Vorrat

Wenn ein Kind nicht mehr mit seinen Eltern beten will, es möglicherweise nie getan hat, so kann sich – ich habe verschiedentlich davon gehört und meine, dies sei ein kleines Wunder – plötzlich und völlig unerwartet für den Erwachsenen, der darauf stößt, ein Gebetbuch oder ein religiöses Kinderbuch unter dem Kopfkissen des Kindes finden. Das Buch ist offensichtlich zum Vorrat geworden; ein früher gelesenes oder mit den Eltern gesprochenes Gebet, das man kennt, kann wiedergelesen und mit dem Buch erinnert werden.

Auf jeden Fall kann ein Vorrat verfügbarer Texte und Bilder für die religiöse Erziehung von ganz besonderer Bedeutung sein. Schon die Tatsache, dass es letztlich immer um die gleiche *Bibel* geht, macht diese Bibel – in welcher Buch-Form auch immer – zum Vorrat, einzelne ihrer tröstlichen Illustrationen zu einer Art «Landeplatz», zu dem Kinder beim Blättern gerne zurückkommen.

Neben Gebetbüchern und Kinderbibeln vermitteln Versbücher und Liederbücher einen Vorrat, der möglicherweise fürs ganze Leben bleibt. Es geht dabei um Texte und Melodien, die, ob sie nun überliefert oder in unserer Zeit neu gedichtet und komponiert sind, wiederholt werden; sie gehören zu Ritualen und sind abrufbar. Bücher, die in diesem Sinn als Vorrat dienen, sollen durchaus von den Kindern selbst benutzt und geliebt werden; heute werden solche Bücher illustriert und sind nicht, wie dies früher oft der Fall war, nur ein

Hilfsmittel in der Hand des Erwachsenen. Durch eine ansprechende Gestaltung werden Kinder animiert, ihren Vorrat auch zu gebrauchen. Oft zeigen die Allerkleinsten auf eine Illustration in ihrem Vers- oder Liederbuch und beginnen, längst bevor sie lesen können, den entsprechenden Reim zu sagen oder bitten die Eltern: «Lies doch.» Wenn das Kind allein ist, kann ein Lied in seinem Innern ohne fremde Hilfe erklingen. Die Möglichkeit, auf diese Weise – mit einer Kinderbibel oder einem Versbuch – allmählich auch zu einem Umgang mit der Bibel selbst oder dem «richtigen» Gesangbuch zu finden, ist im Hinblick auf das Erwachsenwerden eine große Chance.

Durch Wort und Bild prägt ein Vorrat-Buch neben den Texten Kindern bei wiederholtem Vorlesen und Betrachten auch innere und äußere *Bilder* ein: Ich denke hier nochmals an unser Kapitel «Kind und Tod» und dabei an den Schmetterling, das Samenkorn und die geöffnete Sonnenblume als Symbol für das neue Leben nach dem Tod. Ich denke auch an die dort erwähnten inneren Bilder aus der Bibel, die in Notsituationen zu tragenden Symbolen werden: die Himmelsleiter, die leere Höhle an Ostern. Sie sind oft durch ein Bilderbuch im Kind zum Vorrat geworden.

Die Stichworte, unter welchen sich die seelsorgliche Funktion von Kinderbüchern noch weiter umschreiben und bedenken ließe, könnte man vermehren. «Einkehr», «Besinnung», «Bücher zum Stillwerden» wären Kategorien, die es zu bedenken gäbe. Es soll hier aber nicht vor allem um Kategorien oder Kriterien gehen, sondern ganz grundsätzlich um die Chance des Buches als Lebens- und Glaubenshilfe. Eltern *und* Kinder werden stets neue Entdeckungen machen und erkennen: Bücher sind Weggefährten, die gelegentlich Qualitäten lebender Wesen haben – im Gegensatz zu jenen aber *immer* geduldig und nie in Zeitnot sind.

24. KINDERBIBELN

24.1 Warum überhaupt Kinderbibeln?

Brauchen Kinder überhaupt eine Kinderbibel oder biblische Bilderbücher? Die Antwort: «Ja, doch!» ist nicht selbstverständlich. Es ist offensichtlich: Die Bibel wurde nicht für Kinder geschrieben; sehr große Teile können auch nicht für Kinder umgesetzt werden, ja bleiben für die erzählenden Erwachsenen selbst teilweise rätselhaft. Und wenn überhaupt biblische Geschichten für Kinder: Wäre es nicht richtiger, dass die Eltern sie selbst weitererzählen, individuell, mündlich, von Generation zu Generation, als persönliches Glaubenszeugnis, nicht als unterhaltsame oder fremdländische Geschichtensammlung?

Bei allen Bedenken: Eltern möchten auch heute die biblische Botschaft weitergeben, als Geschichtenschatz, als Glaubensbuch, auch als Bildungsgut; es ist dabei nicht möglich, ihre Motivation voll zu ergründen. Bei vielen Menschen gehören biblische Geschichten noch selbstverständlich zu jenen Traditionen, in denen sie sich geborgen fühlen. Biblische Geschichten begegnen auch in Kunst, Literatur und in Redewendungen: Eltern fühlen sich fast verpflichtet, in entsprechenden Situationen Auskunft geben zu können, ohne selbst «aus dem Vollen» zu schöpfen, ohne damit ein Bekenntnis abzulegen, ohne sich mit großem Zeitaufwand auf das Erzählen vorbereiten zu können. Sie fühlen sich allein schon mit der Aufgabe, in der Bibel die passenden Stellen auszusuchen und für sich selbst zu verstehen, überfordert. Möglicherweise haben sie auch Hemmungen: Ist die «normale» Bibel, die vielleicht als Ehebibel oder Erbstück der Großeltern im Regal steht, nicht ein Fremdkörper in einer modernen Welt? Sicher möchten wir, indem wir «zur Hoffnung erziehen» auch die Bibel enger in den Erziehungsalltag einbeziehen, sie als Teil eines modernen Familienlebens griffbereit haben. Wir möchten sie mit einer gewissen Selbstverständlichkeit brauchen.

Damit signalisiere ich, dass die Bibel, die im häuslichen Rahmen zu «Lebenshilfe» wird, als Kinderbuch oder Familienbuch einen selbstverständlichen Platz finden müsste, integriert in den Alltag, bunt wie andere Kinderbücher, unbelastet von einer veralteten Ausstattung oder einem isolierten Standort. Dass an Büchei zu einem so außergewöhnlichen wie auch verbrauchten Inhalt, wie ihn die Bibel darstellt, besonders hohe Anforderungen gestellt werden müssen, ist selbstverständlich. Wir sollten darum überlegen: Wie wählen wir unter den unzähligen Kinderbibeln aus, wie gehen wir mit diesen Werken um? Im Folgenden ist an Bücher gedacht, die sich vor allem für den häuslichen Bereich eignen; die zahlreichen Hilfsmittel für den kirchlichen Unterricht oder die Schule können nicht berücksichtigt werden.

Entscheidend ist, dass eine Kinderbibel nicht nur kindgemäß ist, sondern auch den Erwachsenen selbst gefällt. Beim Kauf einer Kinderbibel sollen Eltern, Erzieherinnen, Paten oder Großeltern ihrem persönlichen Geschmack vertrauen und sich bei der Auswahl Zeit nehmen. Der künstlerische Stil, aber auch Farbe, Format, graphische Gestaltung sollten den erzählenden Erwachsenen sympathisch sein – ein Buch, das man als gemeinsame Lektüre von Großen und Kleinen gerne zur Hand nimmt.

Es lässt sich denken, ja wünschen, dass in einer Familie mehr als eine Kinderbibel vorhanden ist. Möglicherweise haben Geschwister verschiedene Kinderbibeln als Paten- oder Großelterngeschenke erhalten. Möglicherweise wissen die Kinder: Die Mutter hat ihre Lieblingsbibel, darin ihre Lieblingsbilder; beim Vater sind es andere; bei den Großeltern steht vielleicht ein Buch mit viel bewegteren oder bunteren Illustrationen, die dann auf völlig andere Weise auch als schön oder interessant empfunden werden. Es ist kein Nachteil – im Gegenteil –, wenn Kinder mit unterschiedlichen Bibelillustrationen aufwachsen. Die starke Fixierung auf ausgeprägte Darstellungen, auf bestimmte Jesus-Bilder etwa, kann gefährlich sein. Alle Kinderbibeln im Umkreis des Kindes aber sollten bestimmten künstlerischen und inhaltlichen Anforderungen genügen.

Dass eine Kinderbibel im Hinblick auf ihren Text, auf dessen sprachliche, theologische und pädagogische Ausrichtung sehr schwer zu beurteilen ist, macht den schnellen Kauf zum Problem. Zuverlässige Empfehlungen, ein sorgfältiges Durchsehen sind nötig. Aus diesem Grund hat das Schweizerische Jugendbuchinstitut in immer neuen Auflagen eine Broschüre erarbeitet: «Neuere Kinderbibeln – Beschreibung – Kritik – Empfehlungen». In der Einleitung zu dieser Publikation werden vier zentrale Punkte aufgeführt, die bei der Beurteilung und Charakterisierung von Kinderbibeln wegleitend schienen; sie sind nicht ganz leicht zu handhaben, sollen hier aber aufgeführt werden und es erleichtern, sich beim Beurteilen oder Kaufen einer Kinderbibel zu orientieren:

1. *Moralisierende Tendenzen, die im Kind Selbstgerechtigkeit oder aber Angst und Schuldgefühle wecken, sind abzulehnen. Auf das durch die Kinderbibel vermittelte Gottesbild ist in diesem Zusammenhang besonders zu achten.*
2. *Ein Verwenden oder Hineinarbeiten von theologischen und historischen Erkenntnissen zeigt sich in der Regel von großem Vorteil und dient einer Hinführung des Kindes zur biblischen Botschaft.*
3. *Eine Kinderbibel soll spannend und verständlich sein, darf aber dabei die Geschichten der Bibel nicht durchlaufend als Tatsachenberichte darstellen oder sie auf falsche Weise ausschmücken.*
4. *Der Stil – in Text und Bildern – ist entscheidend wichtig, da das Wecken ästhetischer und religiöser Gefühle sich sehr nahe stehen. Der Kitsch ist eine besondere Gefahr des religiösen Kinderbuches. Gerade für die Bilderbücher ist die künstlerische Qualität ein wichtiges, aber schwer fassbares Kriterium.*

Erst nachdem ich selbst beim Untersuchen und Beurteilen vieler Kinderbibeln mit diesen Kriterien über Jahre gearbeitet hatte, schrieb ich – beauftragt vom Verlag bohem press, dessen Bücher sich durch höchste künstlerische Qualität auszeichnen – selbst den Text einer Kinderbibel, in der Erwartung starker, gekonnter Bilder des tschechischen Künstlers Stepan Zavrel; in der Hoffnung, auf diesem Weg neue, weitere Kreise zu erreichen. Ich hatte die besten Kriterien, Hilfsmittel, Berater zur Hand, setzte mich auch mit den «neuen» Fragen unserer Zeit, der Frage nach der Stellung der Frau, der Frage nach einem versteckten oder offensichtlichen Antisemitismus, der sich in älteren Kinderbibeln findet, auseinander. Das Schreiben des Textes beanspruchte ein Mehrfaches der vorausgesehenen Zeit, und mir wurde klar: Nicht oder nicht nur das Erfüllen der erwähnten Kriterien ist die Voraussetzung für ein gutes Buch. Es war die *Sprache*, um die und mit der ich leidenschaftlich kämpfte: Sie sollte melodisch und kindgemäß, aber doch dem biblischen Ton nahe sein, gleichzeitig meine eigene Sprache, jene der Bibel und jene des Kindes – lässt sich dies vereinen? Beim Vorlesen vor Kindern und Erwachsenen testete ich diese Sprache immer wieder neu im Hinblick auf ihre Verständlichkeit, ihre Dichte, ihre Poesie. Ich würde darum heute allen Erzie henden empfehlen, beim Beurteilen eines Kinderbibel-Textes nicht nur inhaltliche Kriterien und die Verständlichkeit zu berücksichtigen, sondern in besonderer Weise auf die dichterische Qualität zu achten, wie man dies bei andern Kinderbüchern, erst recht bei anspruchsvoller Literatur für Erwachsene tut. Nicht nur der «Stil» der Bilder also, sondern auch der «Sprachduktus» muss den Eltern entsprechen, sodass das Vorlesen in einem tieferen Sinn «stimmt».

24.2 Vom Katechismus zur modernen Kinderbibel

Mit der Erfindung der Buchdruckerkunst im 15. Jahrhundert konnte – als wichtigstes Werk – die Bibel gedruckt werden. Schon vor der berühmten Bibelübersetzung Luthers existierten 14 deutsche Übersetzungen. Mit der Übersetzung Luthers (ab 1522) aber nahm die Verbreitung der deutschsprachigen Bibel gewaltig zu. Prachtbibeln wurden mit Holzschnitten und Kupferstichen der berühmtesten Künstler geschmückt. Als wertvolle Hausbibeln befanden sie sich im Besitz wohlhabender Bürgerfamilien. Sie bildeten auch die Grundlage für den ersten Bibelunterricht der Kinder. So erzählte möglicherweise der «Hausvater», dem die Verantwortung für das religiöse Wohl von Kindern und Gesinde oblag, zu einem Holzschnitt von Cranach, Holbein oder Merian eine biblische Geschichte, unterhielt sich mit den Kindern über ein Bild, las möglicherweise einzelne Textstellen vor.

Für die Kinder selbst wurden schon früh Katechismen gedruckt, anhand derer sie über die wichtigsten Glaubensinhalte abgefragt werden konnten; Kinder, vor allem Knaben, die eine gute Schulbildung genossen, sollten selbst aus diesen Büchlein lernen. Mit der Zeit wurden diesen Katechismen auch kleine Holzschnitte beigegeben, die biblische Szenen darstellten; so wurde den zehn Geboten, die zum Katechismus gehörten, gelegentlich eine Darstellung der Geschichte von Kain und Abel beigesellt, als Illustration zu «Du sollst nicht töten». Nur die Leidensgeschichte Jesu, die im Mittelpunkt der christlichen Erziehung stand, wurde schon früh ausführlich erklärt und auch als Bilderfolge für Kinder dargestellt. Luthers berühmtes Passionalbüchlein für Kinder (1529) machte hier den Anfang, spannte den Bogen aber weiter: von der Schöpfung bis zur Auferstehung Jesu; es kann als eine allererste kleine Kinderbibel bezeichnet werden; 50 Holzschnitte von Lucas Cranach d.Ä. wurden beigefügt.

Erst 1714 erschienen Johann Hübners «Zweymal zweyundfünfzig auserlesene Biblische Historien»; dieses Werk, das in fast unendlich vielen Bearbeitungen immer wieder neu gedruckt wurde, gehört zu den verbreitetsten Jugendbüchern deutscher Sprache schlechthin. Es war ein vorerst nicht illustriertes, sehr schulmeisterliches Buch, dessen knappe Erzählungen durch katechetische Fragen und «nützliche Lehren» ergänzt wurden; es sollte der Aneignung biblischen Wissens, der Repetition und der moralischen Anwendung des Stoffes dienen. Ein ähnliches Werk verfasste kurze Zeit später Pfarrer Abraham Kyburz in Bern; hier standen die Repetierfragen für die Kinder in kleinerer Schrift am Rand. Grundsätzlich war jetzt die Gattung der «Katechetischen Kinderbibel» geschaffen. Diese Bücher wurden ursprünglich nicht regelrecht bebildert; von den Druckern wurden aber kleine Holzschnitte, die ursprünglich in anderem Zusammenhang entstanden waren, miteingebunden. Die Verfasser dieser Bücher waren in der Regel Theologen, die keine Pfarrstelle hatten und zum Beispiel als Leiter von Waisenhäusern oder als Hauslehrer wirkten.

Verschiedene andere Bibeltypen bildeten sich daneben heraus: freiere, gefühlsbetontere Nacherzählungen, kunstvolle Rätselbücher zur Bibel oder Bücher, die neben der Bibel Sachwissen zur biblischen Zeit oder Umwelt vermittelten. Grundsätzlich war das 18. Jahrhundert, das Zeitalter der Aufklärung, an einer Vermittlung des Bibelstoffes, eingebaut in eine möglichst umfassende Bildung des Kindes, interessiert.

Es würde zu weit führen, die Entwicklung der Kinderbibel hier für die folgende Zeit bis in die Gegenwart zu verfolgen und zu beschreiben. Im Hinblick auf das 19. Jahrhundert sind vor allem die prägenden *Bilder* des berühmten Malers Julius Schnorr von Carolsfeld (Abb. 1) zu erwähnen, biblische Holzschnitte, die in der Mitte des letzten Jahrhunderts entstanden: Die dramatischen Szenen, ursprünglich für Erwachsene bestimmt, wurden später auch für Kinderbibeln verwendet und noch in der Mitte unseres Jahrhunderts in biblischen Bilderbüchern abgedruckt. Auch die eindrücklichen, oft bedrohlichen Bilder des Franzosen Gustave Doré wurden immer wieder neu, auch in kleinen Formaten verwendet. Daneben entstanden süßliche, verniedlichende Illustrationen. Mit der Entwicklung der Lithographie wurden auch bunte Bilderbücher zur Bibel möglich. Ein großes Spektrum von Möglichkeiten hatte sich aufgetan. Allerdings entstanden in diesem Zusammenhang und in der Folge kaum überzeugende Werke, die sich auf dem Markt gehalten hätten, sodass in der Zeit um den Zweiten Weltkrieg keine erfolgreiche und bewährte Kinderbibel existierte. Wohl wurde etwa das Neue Testament von Charles Dickens übersetzt, Johann Peter Hebels «Biblische Geschichten» weitertradiert und daneben anthroposophische Erzählversuche gestartet; es war eine Zeit der Versuche.

Als im Jahre 1955 die Kinderbibel des holländischen Lehrers Anne de Vries (ein Mann!) erschien, atmeten viele Eltern, Großeltern, aber auch Buchhändler auf: Endlich war eine kindgemäße Nacherzählung der Bibel da. Kurze Kapitel, eine leicht verständliche lebendige Sprache, schlichte Bilder: Eine Alternative zu den noch immer in verschiedenen kleinen und großen Bilderbüchern verbreiteten und prägenden Bildern des berühmten Schnorr von Carolsfeld mit seinem bärtigen Großvater-Gott war gegeben; die Möglichkeit, in heutiger Kindersprache aus der Bibel zu erzählen, wurde dankbar entdeckt. Zuerst wurde weitestgehend übersehen, dass dieses Buch, vor allem durch die Kapitelschlüsse mit ihrer Nutzanwendung, moralisierend wirkt; eine gewisse Schwarzweißmalerei von de Vries (Gott bestraft die Bösen, belohnt die Guten) wurde erst später als gefährlich erkannt. In der neuesten Auflage – das Werk wurde in Millionen verkauft! – wurde der «de Vries» bearbeitet, letztlich aber nicht grundsätzlich verändert.

In den sechziger Jahren dann erschienen andere, höchst unterschiedliche Bilderbücher und Vorlesebücher, die teilweise zu Longsellern wurden. So wird noch heute die fast textlose Bilderbibel des Schweizers Felix Hoffmann (1961, Abb. 2) vor allem für Bildbetrachtungen intensiv gebraucht; die biblischen Nacherzählungen von Max Bolliger, ab 1965 als Ravensburger Taschenbücher erschienen, sind heute als Sammelband erhältlich; die «Große Patmos-Bibel» (1967/68) wurde für viele Jahre zur meistgeliebten Gesamtbibel für jüngere Kinder; die Bändchen von Kees de Kort «Was uns die Bibel erzählt» (Abb. 3) wurden ab 1967 publiziert und sind heute auch in Sammelbänden greifbar; die «Taizé-Bibel», umstritten und geliebt, wurde immer wieder neu aufgelegt.

Andere Bücher jenes Aufbruchs in den sechziger Jahren sind vom Buchmarkt verschwunden, so «Das große Versprechen», eine bahnbrechende umfangreiche Nacherzählung der Bibel für größere Kinder durch die holländische Theologin Johanna Klink (1969), und die

«Atlantis Kinderbibel» mit ihren modernen, gewagten Bildern des englischen Bilderbuchkünstlers Brian Wildsmith (1969).

Auch die siebziger Jahre brachten grundsätzlich Neues: Es entstanden Dietrich Steinwedes «Sachbilderbücher zur Bibel»; sie zeigten sprachlich elementare und künstlerisch durchdachte Möglichkeiten der Sachinformation zur Bibel, sind aber inzwischen vergriffen. Von 1973 an erschien in Einzelbändchen die erst 1998 als sehr überzeugendes Buch vollendete «Elementarbibel» (Abb. 4); sie enthält die kleinen, exakten Bilder von Reinhard Herrmann, der durch seine Illustration nicht nur viele Informationen vermittelt, sondern in sehr besonderer Weise zum Hinsehen und Verweilen anregt. – Auch japanische Bibelillustrationen kamen, vorerst mit Masahiro Kasuya, auf den Markt, bestechend in ihrer Fremdartigkeit. Aufsehen erregte das Buch von Karel Eykman und Bert Bouman «Die Bibel erzählt» (Abb. 6) – ein griffiges, modernes Buch, herausgewachsen aus einer Fernsehreihe, biblische Szenen in eine heutige Welt versetzend. Protest weckten die Bibel-Comics, die damals in mehreren Versionen auftauchten, wobei sich vor allem die gelbe Reihe «Die Bibel im Bild» (Abb. 5) auf dem Markt hält, die Comic-Fans unter den Kindern plötzlich zu hervorragenden Bibelkennern macht, aber an ältere amerikanische Filme erinnert und viele Klischees vermittelt.

Es würde zu weit führen, die Produktion der achtziger Jahre im Einzelnen zu analysieren: Akzente setzten zwei Bücher von bekannten Schriftstellern, die sonst für Erwachsene schreiben: «Eine kleine Bibel» der Benediktiner Lyrikerin Silja Walter (1980), poetisch, ganz in katholischer Spiritualität verwurzelt. Jörg Zinks «Der Morgen weiß mehr als der Abend» (1981) dagegen ist ein Jugendbuch, das auf mehreren Ebenen spielt: Altes und Neues Testament, eine Esel-Geschichte und die Geschichte von Menschen am See Gennesaret sind auf raffinierte Weise ineinander verwoben, aber nicht ganz leicht verständlich.

24.3 Neueste Kinderbibeln

Höchst erfreulich ist, dass – nach rund 30 Jahren – die erfolgreiche Kinderbibel von Anne de Vries ihren Platz an zwei Bücher abgetreten hat, die heute sehr verbreitet sind und im Hinblick auf Umfang, Textauswahl und Schwierigkeitsgrad der Bibel von de Vries gleichen, aber jener störenden Moral entbehren: Zum ersten die *Neukirchener Kinder-Bibel* (1988), deren Text sich nahe an den der Bibel hält, durch einfache, gelegentlich fast trockene Sprache besticht und, im Detail untersucht, die sorgfältige theologische Vorarbeit der Autorin Irmgard Weth ahnen lässt. Ein gut verständlicher theologischer Kommentar im Anhang ist Vorlesenden hilfreich; die kurzen Kapitel, aber auch die kurzen Zeilen – das Buch ist zweispaltig gesetzt – regen früh zum Selberlesen an. Natürlich tragen auch die neu gemalten Illustrationen von Kees de Kort das Ihre bei. Besonders beeindrucken stimmungsvolle doppelseitige Bilder; sie bilden an wichtigen Übergangsstellen Ruhepunkte. Viele Kinder kennen de Kort aus ihrer Klein-Kinder-Zeit und freuen sich am vertrauten Stil; andere möchten, gerade weil sie von diesen expressiven, aber nur wenig informativen Bildern «genug» haben, im Alter ab ca. 7 Jahren nicht nur anspruchsvollere Texte, sondern auch ganz neue Bilder.

In dieser Hinsicht ist es darum begrüßenswert, dass mit der Kinderbibel des Verlags E. Kaufmann 1992 ein zweites Buch erschienen ist, das im Hinblick auf die Qualität und Länge des Textes – er stammt von dem Schweizer Pfarrer Werner Laubi –, auch im Hinblick auf die Auswahl der Geschichten, der Neukirchener Bibel nahe verwandt ist, aber völlig andersartige Illustrationen anbietet: die dramatischen Bilder der bekannten Bilderbuchkünstlerin Annegert Fuchshuber (Abb. 11). Es sind Bilder, die auf zweifache Weise den bibelnahen Text ergänzen: Bilddetails, aber auch zusätzliche kleine Vignetten am Rand vermitteln Sachinformationen über die biblische Welt; andere Bilder *deuten* den Text der Bibel ganz bewusst hinein in unsere Zeit. So finden sich bei den Seligpreisungen Porträts von Janusz Korczak, Martin Luther King, Sophie Scholl und Mahatma Gandhi; sie regen an, sind aber unkommentiert und darum nur für eine gebildete Leserschaft verständlich.

In jeder Beziehung «gewichtig» ist «Die neue Patmos Bibel» (Abb. 9): Großformatig, 325 Seiten dick, mit 187 farbigen Bildern ist sie eine «Prachtbibel», empfohlen für die ganze Familie oder als Geschenk zur Firmung oder Erstkommunion. Die Bilder, die zum größten Teil in delikaten gelb-orange-violetten Farben gehalten sind, hat die spanische Künstlerin Carme Solé Vendrell gemalt. Sie bestechen in ihrer atmosphärischen Dichte. Die «Massenszenen» allerdings sind sich zu ähnlich, teilweise problematisch; so wird in der Noach-Geschichte fast sadistisch das Ertrinken zweier Menschen in den großen Fluten dargestellt, das Gewicht zu wenig auf die wunderbare Rettung Noachs und einen gütigen Gott gelegt. Anspruchsvoll in jeder Beziehung ist der Text dieses Buches: In klein gedruckten zu langen Zeilen finden sich informative Dialoge in heutiger Sprache; die eigentlichen Erzählungen wirken aber karg und abgehackt, wenig erzählerisch. Interessant ist die außergewöhnliche Reihenfolge der Geschichten; die Bibel beginnt mit der Mose-Geschichte. Solches Umstellen ist heute verbreitet, wird theologisch begründet, ist aber für Kinder rätselhaft. Im Neuen Testament wirken Abendmahl, Leiden, Tod und Auferstehung, also jene Teile, die «Glaubensaussagen» machen, wesentlich stärker als die eher erzählende Darstellung von Jesu Leben und Wirken.

Eine ähnliche Tendenz findet sich in «Die neue Bilderbibel» (Abb. 10) des Patmos-Verlags, auch sie großformatig, aber weniger umfangreich: Ein «Glaubensbuch», mit der erklärten Grundtendenz, dem Kind Gott immer wieder als den «Ich-bin-da-für-euch» nahe zu bringen. Hier hat die Opferung Isaaks – sie kann mit Jesu Opfertod in Zusammenhang gebracht werden – mit drei eindrücklichen Bildern sehr viel Gewicht, während die Geschichten von Jakob und Josef, aber auch wichtige Geschichten aus dem Leben Jesu völlig fehlen. Die stark stilisierten und symbolhaften Bilder des Italo-Amerikaners Tomie dePaola stehen jeweils in einem Rahmen; sie weisen durch die wiederholte bildliche Darstellung von Gottes wirkender Hand, auch durch Lamm, Kreuz und Taube auf zentrale Glaubenssätze hin. «Die neue Bilderbibel», gedacht für die Kleinsten, ist ein sorgfältig gestaltetes, letztlich aber steifes und theoretisches Buch. Überzeugender wirkt der Stil von Tomie dePaola in seinen schmaleren Bänden zu einzelnen biblischen Geschichten, vor allem in jenen zu den Gleichnissen Jesu.

Die Reihe der hier kurz beschriebenen Kinderbibeln ließe sich fast unendlich verlängern. Ausdrücklich zu erwähnen wäre einerseits noch die ausführlich erzählende «Kinderbibel» von Eckart zur Nieden (1993, 1994) mit den unspektakulären, teilweise faszinierenden und neuartigen Bildern von Ingrid und Dieter Schubert (Abb. 14); es handelt sich um ein zweibändiges Werk, das zum Vorlesen oder für größere Kinder oder Jugendliche geeignet ist. Andererseits sei auf die neuartigen, nicht leicht verständlichen Bilder des malenden (katholischen) Theologen Sieger Köder hingewiesen; seine symbolischen Darstellungen, die sich in seiner «Kinderbibel» (1995, Abb. 15), aber auch in mehreren kleineren Werken finden, vereinen auf einem einzlgen Bild den Hinweis auf mehrere biblische Szenen, sind sehr bunt, ja fast aufdringlich und müssten mit Kindern gemeinsam «aufgeschlüsselt» werden. Vielleicht zeigen gerade die Illustrationen zu den zuletzt erwähnten Werken nochmals: Erziehende können überzeugend nur anhand von Bildern, die ihnen selbst gefallen, erzählen.

Der Bilderbogen am Ende dieses Kapitels zeigt als letztes ein Bild des tschechischen Künstlers Stepan Zavrel, der mit Postern schon vor vielen Jahren auf seine stimmungsvollen, starken Bibelillustrationen, die eine orientalisch-fremdländische Atmosphäre vermitteln, aufmerksam machte. Zu der von ihm bebilderten Bibel «Mit Gott unterwegs» (1996, Abb. 16) habe ich den Text verfasst. Es handelt sich um eine große Familienbibel, die auch Erwachsene zum Neu-Entdecken alter Geschichten anregt. Im Text werden durch das Mittel des «Perspektivenwechsels» neue Zugänge gesucht, ohne dabei die biblische Botschaft zu verfälschen; Frauengestalten sind besonders wichtig; poetische Texte der Bibel werden berücksichtigt. Eine literarische und doch kindgemäße Sprache macht das Werk, zusammen mit den großflächigen Bildern, zu einem ausgesprochenen Vorlesebuch.

In diesem – unvollständigen – Überblick wurden etwas «speziellere» Werke weggelassen, so die Bücher mit Rahmenerzählungen oder Bände, die den Bibeltext in Auszügen wörtlich abdrucken und ihn mit Bildern berühmter Künstler versehen. Nur erwähnt werden kann die riesige Zahl von Übersetzungen, die sich zusätzlich auf dem Buchmarkt finden. Während vor 20 oder 30 Jahren – angefangen mit Anne de Vries – ein großer Teil der Kinderbibeln aus Holland stammte, nehmen heute Bücher anglo-amerikanischer Provenienz einen sehr großen Platz ein; äußerlich erkennbar sind diese Bücher oft am Stil ihrer Illustrationen, die an veraltete Comics erinnern, während die Texte häufig von frommen Floskeln geprägt sind. In der Regel halten diese Bücher den Kriterien, die man an ein künstlerisch wertvolles und theologisch zuverlässiges Bibel-Buch legt, nicht stand.

Während alle erwähnten Kinderbibeln auf die eine oder andere Weise den Anspruch erheben, die ganze Bibel zu vermitteln, ein Kind aber in der Regel nur eine einzelne oder zwei Kinderbibeln besitzt und ihrer Autorität traut, sind Bücher zu *einzelnen* biblischen Geschichten einem geringeren Erwartungsdruck ausgesetzt. Sie geraten, zum Glück, eher auch einmal unter die «normalen» Kinderbücher einer Buchhandlung – Kinderbibeln stehen in der «frommen» Ecke – und erreichen Kinder, die nicht von vornherein christlich erzogen werden. Sie wecken punktuell Interesse für die Bibel; sie machen neugierig, mehr zu erfahren und weiter zu fragen. Es kann in diesem Rahmen unmöglich ein umfassender Überblick über die Werke dieses Typus gegeben werden.

Auffallend ist, dass bei den *biblischen Bilderbüchern* einzelne Geschichten auf verschiedenste Weise immer wieder zur Darstellung gelangen. Neben der Schöpfungsgeschichte ist es die Geschichte von Noach: Die Darstellung der Tiere, der Arche, des Sturms scheint Illustratoren besonders zu locken und kommt der ausgeprägten Tierliebe der meisten Kinder besonders entgegen. Wichtig bei der Beurteilung der Arche-Noach-Bücher ist die Frage, ob den Kindern das Ertrinken von Menschen und Tieren auf grausame Weise zugemutet wird, auch die Frage, ob vom Regenbogen als krönendem Schluss der Geschichte erzählt und damit für die Kinder Hoffnung geweckt wird. – Auch die Jona-Geschichte gehört zu den beliebten Bilderbuch-Themen; gelegentlich wird sie allerdings allzu originell-karikaturistisch dargestellt und dadurch verfälscht.

Auf ganz andere Wiese prägt die (alte) Reihe von Kees de Kort «Was uns die Bibel erzählt» heute bereits eine zweite Generation. Es zeigt sich, dass kleinere Kinder nur einzelne Erzählungen verlangen, sie immer wieder von vorne betrachten, sie endlos wiederhören wollen. An Bilderbüchern dieser Art bilden wir hier auch «Das verlorene Schaf» (1980, Abb. 7) von Hilde Heyduck-Huth ab – ein ruhiges, seelsorgerliches Buch, gemalt in einem Stil, der zu langem Hinschauen einlädt; das Buch hat sich in besonderer Weise bewährt. In völlig anderer Weise regen die Bilder von Eleonore Schmid in «Wohnt Gott im Wind?» (1992, Abb. 13) zur Meditation an: Jedes der zarten Bilder stellt gewissermaßen den Kristallisationspunkt einer biblischen Geschichte dar und führt zu Konzentration und Gebet.

So soll zum Schluss ein Bogen geschlagen werden: Kinderbibeln, Gebetbücher, Bilderbücher spielen im Bewusstsein des Kindes zusammen und sind gemeinsam behilflich, zur Hoffnung zu erziehen.

Bilder aus Kinderbibeln

Die folgenden 16 Bildseiten stellen im Buchhandel erhältliche Kinderbibeln und biblische Bilderbücher in chronologischer Reihenfolge vor.
Sie zeigen vielfältige Typen der Illustration und der Buchgestaltung
und führen damit in die heutige «Kinderbibellandschaft» ein. Durch
vergleichendes Betrachten können unterschiedliche künstlerische
Möglichkeiten entdeckt werden. Dies kann die Entscheidung für eine
bestimmte Kinderbibel erleichtern.

1. Julius Schnorr von Carolsfeld, «Die Bibel in Bildern», entstanden 1852–
   1860. Holzschnitte. Die bewegten, teilweise auch grauenvollen Bilder, vor allem auch die Darstellung Gottes als bärtigem Mann, haben Generationen
   von Erwachsenen und Kindern geprägt. (Nachdruck Theologischer Verlag
   Zürich, 2. Aufl., 1988) – Kain und Abel, 1 Mose 4, 4

2. Felix Hoffmann, «Bilderbibel», Texte von Paul Erismann, 1961, 100
   schwarz-weiße Lithographien des Schweizer Künstlers, die vor allem auf
   der Gefühlsebene ansprechen; in besonderer Weise wirken die ausdruck-
   starken Gesichter. (Theologischer Verlag Zürich, 5. Aufl., 1994) – Noach
   und die Arche, 1 Mose 6, 13 – 22

3. Kees de Kort, die Reihe «Was uns die Bibel erzählt», 24 Bilderbücher zum
   Alten und Neuen Testament, ab 1967. Elementare Bilder für die Kleinsten
   mit wenig Details, kräftigen Farben und leuchtenden Augen in großen
   Köpfen. Vom gleichen Maler wurde die «Neukirchener Kinder-Bibel» illustriert. De Kort-Bilder wurden in verschiedensten Ausgaben zum Inbegriff moderner Bibelillustration für Kinder. (Deutsche Bibelgesellschaft,
   Stuttgart) – «Bartimäus» (1970) Lukas 10, 46–52

4. Reinhard Herrmann. Seine «Elementar-Bibel» mit Texten von Anneliese
   Pokrandt erschien in 8 Einzelbändchen von 1973 bis 1989, als *ganzes* Buch
   1998. Die Bilder R. Herrmanns, auch jene in Religionsbüchern, Advents-
   und Osterkalendern regen in hervorragender Weise zum Beobachten an
   und vermitteln viele Informationen. (Verlag Ernst Kaufmann, Lahr)

5. «Die Bibel im Bild», 15 Comic-Hefte aus dem Amerikanischen, ab 1976.
   Die biblischen Geschichten werden dramatisiert, die Handlungsträger zu
   Heroen, die Filmstars gleichen. Der Comic-Stil wird nicht konsequent
   durchgehalten (Zwischentexte!). Die Hefte bewirken oft eine erstaunliche
   Bibelkenntnis, hinterlassen aber schlechte Clichés. (Heft 4, Deutsche Bi-
   belgesellschaft, Stuttgart)

6. Bert Bouman illustrierte 1976 die Texte von Karel Eykman für das Buch «Die Bibel erzählt». Unbeschwert in Sprache und Bild werden die biblischen Geschichten ganz neu erzählt, mit der Absicht «so weltlich wie möglich» von Gott zu reden. Es sind 143 biblische «Gutenachtgeschichten», aus einer Fernsehreihe entstanden. Jesus – mit Schürze – hilft hier Maria und Marta beim Geschirrspülen. (Verlag Herder, Freiburg und Gütersloher Verlagshaus Gerd Mohn) – Lukas 10, 38 – 42

7. Hilde Heyduck-Huth illustrierte zahlreiche biblische Geschichten in einprägsamen Bildern mit warmen Farben. «Das verlorene Schaf», Text von Regine Schindler, war der zweite Band der Reihe «Religion für kleine Leute» (1980) und erfreut sich besonderer Beliebtheit. (Verlag Ernst Kaufmann, Lahr) – Lukas 15, 1–7

8. «Ich entdecke die Welt der Bibel», zusammengestellt von Jacques Musset, Altes und Neues Testament, 1988 und 1987. Sachbücher, die sich «Reisebücher in die Welt der Bibel» nennen. Auf kleinem Raum ist eine Fülle von Informationen zu biblischen Sachthemen und zu einzelnen Geschichten enthalten. Künstlerisch von verschiedenen Illustratoren gestaltet. Geeignet für größere Kinder und als anregende Erzählgrundlage für Erwachsene. (Otto Maier Verlag, Ravensburg) – «Das Haus», AT, Illustr.: René Mettler

9. Die Spanierin Carme Solé Vendrell illustrierte «Die neue Patmos Bibel» (1990), erzählt von J. M. Belloso, ein großformatiges umfangreiches Werk mit Bildern, die unter sich sehr ähnlich sind. Sie bestechen durch atmosphärische Dichte und eine delikate Farbpalette (gelb – orange – violett). Das Betonen der Diagonale macht die Bilder trotz der etwas starren Figuren immer wieder bewegt. (Patmos Verlag, Düsseldorf) – David und Goliat, 1 Samuel 17, 49

10. Der Italo-Amerikaner Tomie dePaola hat «Die neue Bilderbibel» (1990), erzählt von Josef Quadflieg, nebst zahlreichen biblischen Bilderbüchern illustriert. Die Bilder sind stilisiert, symbolhaft und stehen in einem Rahmen; sie wollen nicht erzählen, sondern katechetisch zentrale Punkte ins Bild bringen – die Bibel also als «Glaubens-Buch», nicht als Geschichten-Sammlung weitergeben. (Patmos Verlag, Düsseldorf) – Noach, 1 Mose 9, 8–17

11. Annegert Fuchshuber, erfolgreiche Illustratorin zahlreicher Bilderbücher, hat die «Kinderbibel» (1992) von Werner Laubi illustriert: Ganzseitige dramatische Szenen, Sach-Illustrationen am Rand und sehr moderne deutende Bilder gehen weit über den kindgemäßen Text hinaus und regen

zu Diskussionen an. (Verlag Ernst Kaufmann, Lahr) – Elija bei der Witwe von Sarepta, 1 Kön 17, 17–21

12. Rüdiger Pfeffer, «Comicbibel» in Einzelbänden, 1992 ff. Illustration aus «Jesus der Galiläer /1». Sehr gekonnter, künstlerisch überzeugender Comic-Stil, der die biblischen Geschichten in die heutige Welt «übersetzt». Als provokative Verfremdung anregend für Erwachsene; für Kinder eher verwirrend. (Deutsche Bibelgesellschaft, Stuttgart) – Lukas 2

13. Eleonore Schmid, die mit unterschiedlicher malerischer Technik zahlreiche Bibelillustrationen geschaffen hat, legt in «Wohnt Gott im Wind?» (1992) zarte Tafeln vor, die mit Hilfe sehr kurzer poetischer Texte zu einer ausgesprochen meditativen Betrachtung der Bibel anregen. (Reihe «Religion für kleine Leute», Texte R. Schindler, Verlag Ernst Kaufmann, Lahr) – Gott im Wind: Zur Pfingstgeschichte, Apg 2, 1–13 oder zu 1 Kön 19, 11

14. Ingrid und Dieter Schubert haben die Kinderbibel von Eckart zur Nieden (Neues Testament: «Kommt, wir sind eingeladen», 1993; Altes Testament: «Was der Regenbogen verspricht», 1994) bebildert: neben farblich diskreten, aber sehr ausdrucksstarken, teilweise realistisch, teilweise symbolisch wirkenden ganzseitigen Bildern faszinieren kleinere Schwarzweißzeichnungen. (Verlage R. Brockhaus, Wuppertal und Aare Verlag Aarau, Frankf.a.Main) – Zachäus, Lukas 19, 4

15. Sieger Köder, der «Malerpfarrer», geb. 1925, hat kräftige Bildern mit starkem Symbolgehalt geschaffen. Seine «Kinderbibel», 1995, regt zum Gespräch an, indem die Bilder *mit* den Kindern gedeutet werden, da sie kaum erzählend wirken. (Katholisches Bibelwerk, Stuttgart) – «Die Herkunft Jesu», Anfang des Neuen Testaments

16. Der tschechische Künstler Stepan Zavrel schuf Bilder zum umfangreichen farbenprächtigen Werk «Mit Gott unterwegs – Die Bibel für Kinder und Erwachsene neu erzählt» (1996, Text R. Schindler). Er versetzt mit seinem unverkennbaren Pinselstrich in eine orientalische Welt; sehr dramatische Bilder stehen in gutem Kontrast zu ruhigen, meditativen. Für Kinder und Erwachsene gleichermaßen anregend. (bohem press, Zürich) – Einzug in Jerusalem, Matthäus 21, 1–10

3

Die Menschen erzählten sich,
wie Kain seinen Bruder Abel erschlug

Genesis 4, 1–8

Adam hatte Eva lieb.
Sie bekam einen Sohn und sagte:
Der Herr half mir,
darum habe ich ihn geboren.
Ich will ihn Kain nennen.

Danach bekam sie einen zweiten Sohn.
Den nannte sie Abel.

Abel wurde ein Hirte.
Er sorgte für seine Schafe.
Kain wurde ein Bauer,
der den Acker bestellt.

Die Herausforderung wird angenommen

1. Samuel 17,28–48

Da nahm Marta ihre Schürze ab. Sie setzte sich zu ihnen, und sie unterhielten sich bis spät in den Abend. Am Ende halfen Jesus und Maria beim Spülen. Und dort in der Küche konnten sie noch gut weiter miteinander reden.

Haus eines Reichen

Am Türpfosten der Eingangstür hängt die „Mesusa", eine verschließbare Röhre. Sie enthält auf einem Pergament das Glaubensbekenntnis Israels:

Höre, Israel! Jahwe, unser Gott, Jahwe ist einzig. Darum sollst du den Herrn, deinen Gott, lieben mit ganzem Herzen, mit ganzer Seele und mit ganzer Kraft. **Dtn 6,** 4–5

Die Häuser der armen Leute bestehen nur aus einem Raum. Dort wird gegessen, dort liegen auch die Strohmatten zum Schlafen. Dort werden auch die Geräte zur Feldarbeit aufbewahrt, die Getreidemühlen und die Tongefäße.

Reichere Leute bauen ihre Häuser zweistöckig. In der Mitte des Hauses befindet sich ein Innenhof, von dem aus Türen in verschiedene Zimmer führen.

Öllampe

Brotkiste

Haus eines Armen

10

15

LITERATURLISTE

a) Erwähnte oder zitierte Literatur

Ariès, Philippe: *Geschichte der Kindheit.* Vorwort von Hartmut von Hentig, (französisch 1960) Carl Hanser, München/Wien 1975   Kap. 1.1

Augustinus: *Bekenntnisse* (Confessiones). Übersetzt von K. Flasch und B. Mojsisch, (Das Zitat stammt aus Buch I) Reclam, Stuttgart 1989   Kap. 5.1

Bach, Susan R.: *Spontane Zeichnungen leukämiekranker Kinder als Ausdruck der ganzen Persönlichkeit, Seele und Körper.* Reprint from «Acta Paedopsychiatrica», Basel/Stuttgart 1974   Kap. 10.5

Baldermann, Ingo: *Wer hört mein Weinen?* Kinder entdecken sich selbst in den Psalmen. Neukirchener Verlag, 1986   Kap. 6.6

Bettelheim, Bruno: *Kinder brauchen Märchen,* 1977 und *Kinder brauchen Bücher.* Lesen lernen durch Faszination, 1982, beide: Deutsche Verlags-Anstalt, Stuttgart   Kap. 23.1

Bonhoeffer, Dietrich: Das Gedicht «*Von guten Mächten ...*» findet sich im neuen Evangelischen Gesangbuch (Deutschland) 1993, als Nr. 65; im neuen E-vangelisch-reformierten Gesangbuch der deutschsprachigen Schweiz 1998, als Nr. 550   Kap. 13.4

Domin, Hilde: *Hier.* Gedichte. S. Fischer Verlag, Frankfurt a.M. 1964. Darin: «Nicht müde werden»   Kap. 7.9

Guggenbühl, Allan: *Die unheimliche Faszination der Gewalt.* Denkanstöße zum Umgang mit Aggression und Brutalität unter Kindern. Schweizer Spiegel Verlag AG, Zürich 1993, auch: dtv, München 1995   Kap. 3.4

Haag, Herbert: *Abschied vom Teufel.* Theologische Meditationen 23, Benziger 1969   Kap. 13.6

Halbfas, Hubertus: *Der Sprung in den Brunnen.* Eine Gebetsschule. Patmos, Düsseldorf 1987   Kap. 6.2

Hauptmann, Gerhard: *Bahnwärter Thiel.* Novellistische Studie. Reclam UB 6617   Kap. 4.4

Jung, Carl Gustav: *Erinnerungen, Träume, Gedanken von C.G. Jung.* Rascher Verlag, Zürich 1967   Kap. 15.1

Junge Eltern reden über Religion und Kirche. Ergebnisse einer mündlichen Befragung. NZN Verlag, Zürich 1986   Kap. 4.1

Kast, Verena: *Trauern.* Phasen und Chancen des psychischen Prozesses. Kreuz Verlag, Stuttgart 1982   Kap. 10.6

Keller, Gottfried: *Der grüne Heinrich.* Erster Band, vor allem 3. Kap.: «Kindheit – Erste Theologie – Schulbänklein», 4. Kap.: «Lob Gottes und der Mutter – Vom Beten» und zweiter Band, 12. Kap.: «Das Konfirmationsfest» Kap. 5.3, 7.2, 15.1

Kinder leben Kirche – ein Buch für den kirchlichen Unterricht im 3. Schuljahr. (Ringbuch für Kinder) Hrsg. vom Katechetischen Institut Zürich, Verf.: Peter Moll, 3. Aufl., Theologischer Verlag Zürich 1997   Kap. 15.2

Kinder leben Kirche. Handbuch für den kirchlichen Unterricht im 3. Schuljahr. Hrsg. von der Evangelisch-reformierten Landeskirche des Kantons Zürich, «Pädagogik und Animation», 2. Aufl., TVZ 1998   Kap. 15.2

Kittler, Udo und Menzel, Friedhelm: *Was ich lese, wenn ich traurig bin.* Lebenskrisen meistern mit Büchern. Angewandte Bibliotherapie. Herderbücherei Band 1109, Freiburg i.Br. 1984   Kap. 23.2

Kübler-Ross, Elisabeth: *Reif werden zum Tode.* Kreuz Verlag, Stuttgart 1976   Kap. 10.1

Laubi, Werner: *Die Himmel erzählen.* Narrative Theologie und Erzählpraxis. Darin: «Die Bahngeschichte». E. Kaufmann, Lahr 1995   Kap. 20.1

Lindgren, Astrid: *Das entschwundene Land.* (schwedisch 1975) Oetinger, Hamburg 1977   Kap. 23.1

Luther, Martin: *Der kleine Katechismus.* Taschenbuch-Ausgabe. Gütersloher Verlagshaus, Gütersloh, 27. Aufl., 1996. Auch enthalten im deutschen Evangelischen Gesangbuch, Nr. 806   Kap. 7.3

Marti, Kurt: *abendland. gedichte.* Luchterhand, Darmstadt 1980. Darin «unser vater»   Kap. 7.1

Moser, Tilmann: *Gottesvergiftung.* Suhrkamp, Frankfurt a.M. 1976   Kap. 4.2

Neidhart, Walter: *Erzählbuch zur Bibel.* Darin: «Vom Erzählen biblischer Geschichten». Benziger/E. Kaufmann/TVZ 1975   Kap. 20.5

Neuere Kinderbibeln – Beschreibung, Kritik, Empfehlungen. Regine Schindler u.a., Schweizer. Jugendbuchinstitut, Zürich, letzte Bearbeitung 1993. Die meisten der in diesem Buch erwähnten biblischen Bilderbücher und Kinderbibeln sind in der Broschüre «Neuere Kinderbibeln» ausführlich besprochen.   Kap. 24.1

Orwell, George: *Neunzehnhundertvierundachtzig,* 1984. (englisch 1949) Diana Verlag, Zürich 1950   Kap. 4.2

Parzival: *Der Parzival des Wolfram von Eschenbach.* Dieter Kühn, Insel-Verlag, Frankfurt a.M. 1986   Kap. 5.2

Religiöse Lebenswelt junger Eltern. Ergebnisse einer christlichen Befragung in der Deutschschweiz. Kommentiert von Alfred Dubach u.a., NZN Verlag, Zürich 1989   Kap. 4.1

Rilke, Rainer Maria: *Die Aufzeichnungen des Malte Laurids Brigge.* 2 Bde., 1910, div. Ausgaben, Insel-Verlag, Leipzig oder Frankfurt a.M.   Kap. 10.1

Ritschl, Dietrich: *«Story» als Rohmaterial der Theologie,* Theologische Existenz heute, Nr. 192, 1976 und *Zur Logik der Theologie.* Kurze Darstellung der Zusammenhänge theologischer Grundgedanken, 1984, Chr. Kaiser, München   Kap. 20.2

Rodari, Gianni: *Grammatik der Phantasie – Die Kunst, Geschichten zu erfinden.* (italienisch 1973) Reclam, Leipzig 1992   Kap. 20.1

Schindler, Alfred und Regine: *Unser Kind ist getauft – ein Weg beginnt.* Eine Hilfe zum Verständnis von Taufe und christlicher Erziehung. Für die Schweiz: F. Reinhardt, Basel, für Deutschland: E. Kaufmann, Lahr 1983 (Neubearbeitung 2000)   Kap. 14.2

Spaemann, Heinrich: *Orientierung am Kinde.* Meditationsskizzen zu Mt. 18,3. Johannes Verlag, Einsiedeln 1989   Kap.7.2

Walter, Silja: *Die Beichte im Zeichen des Fisches.* Ein geistliches Tagebuch. Paulusverlag, Freiburg (Schweiz) 1999   Kap.7.7

Was Kinder von Gott erwarten. Gebetstexte von Kindern und was sie uns damit sagen wollen. Regine Schindler. E. Kaufmann, Lahr 1993
                                                  Kap. 1.1, 4.1, 6.3 u.a.m.

Wullschleger, Otto: *Anschauliche Christologie.* Empirische und theologische Aspekte zur Erzählbarkeit der Jesusgeschichte in der Grundschule. Sauerländer, Aarau und Diesterweg, Frankfurt a.M. 1977   Kap. 12.1

Zink, Jörg und Heidi: *Kriegt ein Hund im Himmel Flügel?* Laetare. Stein/Nürnberg 1972   Kap. 4.3

b) Erwähnte Kinderbücher und Quellen der zitierten Texte für Kinder

Atlantis Kinderbibel. Philip Turner, Illustr.: Brian Wildsmith. Atlantis, Zürich 1969 (vergriffen)   Kap. 24.2

Benjamin sucht den lieben Gott. Regine Schindler, Illustr.: Ursula Verburg. Reihe Religion für kleine Leute, E. Kaufmann, Lahr 1979   Kap. 6, 19.3

Biblische Geschichten. Max Bolliger. Otto Maier, Ravensburg 1987   Kap. 24.2

Das große Versprechen. Johanna Klink. Die Bibel für junge Leute mit Liedern und Spielen. Württembergische Bibelanstalt, Stuttgart 1969 (vergriffen)
                                                          Kap. 24.2

Das schwarze Schaf. Eleonore Schmid. Nord-Süd Verlag, Mönchaltorf 1976
                                                          Kap. 23.4

Das verlorene Schaf. Regine Schindler, Illustr.: Hilde Heyduck-Huth. Reihe Religion für kleine Leute, E. Kaufmann, Lahr 1980   Kap. 3.3

Deine Welt ist schön und rund. Kindergebete. Regine Schindler, Illustr.: Hilde Heyduck-Huth. Patmos, Düsseldorf 1991   Kap. 1.3, 3.4, 11.4, 18.3

Der kleine Prinz. Antoine de Saint-Exupéry. (französisch 1946) ins Deutsche übertragen von Grete und Josef Leitgeb, Verlag «Die Arche», Zürich 1950
                                                      Kap. 2.3, 16.3

Die Brüder Löwenherz. Astrid Lindgren. Oetinger, Hamburg 1973   Kap. 23.4

Die Kinderbibel. Die Worte der heiligen Schrift für die Kinder erzählt. Anne de Vries, Illustr.: Herm. F. Schäfer. 1955; Durchgesehene Neuausgabe, Bahn, Konstanz 1988 Kap. 24.2

Die letzten Kinder von Schewenborn, (1983), *Die Not der Familie Caldera,* (1977) und andere Bücher von Gudrun Pausewang. Otto Maier, Ravensburg Kap. 23.5

Der Morgen weiß mehr als der Abend. Bibel für Kinder. Jörg Zink, Illustr.: Hans Deininger. Kreuz Verlag, Stuttgart 1981 Kap. 24.2

Die unsichtbaren Freunde. Elisabeth Kübler-Ross, Illustr.: Madlaina Rothmayr. Oesch Verlag, Glattbrugg-Zürich 1985 Kap. 13.4

Eine kleine Bibel. Silja Walter, Illustr.: Eleonore Schmid. Verlag Huber, Frauenfeld 1980 (vergriffen)Kap. 24.2

Engel sind nahe. Ein Adventskalender mit biblischen Engelgeschichten und einem Poster. Regine Schindler, Illustr.: Reinhard Herrmann. E. Kaufmann, Lahr 1997 Kap. 13.3

Frederick. Leo Lionni. Middelhauve, Köln 1967 Kap. 23.3

Gott, ich kann mit dir reden. Gebete, die uns begleiten. Für Kinder, Jugendliche u. Eltern. Regine Schindler, Illustr.: Helga Aichinger. E. Kaufmann, Lahr u. Patmos, Düsseldorf 1982 Kap. 6.2, 6.4, 6.6, 9.3, 11.4, 18.4, 19.2

Gute Nacht, Anna. Regine Schindler, Illustr.: Ivan Gantschev. Reihe Religion für kleine Leute, E. Kaufmann, Lahr 1990 Kap. 6.2, 15.3

Hat Opa einen Anzug an? Amelie Fried, Illustr.: Jacky Gleich. Hanser, München/Wien 1997 Kap. 10.10

Heidi. Johanna Spyri, 1880. Heute: Dressler Kinder-Klassiker (2 Bde., 1993/1994) oder Arena (1 Bd., 1995) Kap. 6.5, 23.1

Higgelti Piggelti Pop! Untertitel: *Es muss im Leben mehr als alles geben.* Bilderbuch von Maurice Sendak. Diogenes, Zürich 1969 Kap. 3.1

Hinter dem Hügel. Shigeko Yano. Deutscher Text von Ursula Wölfel. Patmos, Düsseldorf 1985 Kap. 23.3

Jesus teilt das Brot. Eine Geschichte zum Abendmahl. Regine Schindler, Illustr.: Eleonore Schmid. Reihe Religion für kleine Leute, E. Kaufmann, Lahr, 1986. 24 S. (vergriffen) Kap. 15.5

Jüdische Märchen. Hrsg. von Israel Zwi Kanner. Fischer Taschenbuch, Frankfurt a.M. 1976 Kap. 21.6

Martinus teilt den Mantel. Regine Schindler, Illustr.: Hilde Heyduck-Huth. Reihe Religion für kleine Leute. E. Kaufmann, Lahr 1982 Kap. 17.6

Mein Büchlein vom Beten. Regine Schindler. Mitmachbüchlein. E. Kaufmann, Lahr 1983 (Neugest. 1999, Illustr.: Eleonore Schmid) Kap. 1.1, 4.4, 6.5

Mit Gott unterwegs. Die Bibel für Kinder und Erwachsene neu erzählt. Regine Schindler, Illustr.: Stepan Zavrel. bohem press, Zürich 1996
Kap. 8.1, 9, 19.4

Mit Jesus nach Jerusalem. Ein Osterkalender mit 22 Geschichten und einem Poster. Regine Schindler, Illustr.: Reinhard Herrmann. E. Kaufmann, Lahr 1995
Kap. 19.1

Neukirchener Kinder-Bibel. Irmgard Weth, Illustr.: Kees de Kort. Kalenderverlag des Erziehungsvereins, Neukirchen-Vluyn 1988
Kap. 24.2

Patmos Bibel. Altes und Neues Testament. Für die Jugend erzählt. A. M. Cocagnac und Hans Hoffmann, Illustr.: Jaques Le Scanff. Patmos, Düsseldorf 1967–68
Kap. 24.2

Pele und das neue Leben. Eine Geschichte von Tod und Leben. Regine Schindler, Illustr.: Hilde Heyduck-Huth. Reihe Religion für kleine Leute, E. Kaufmann, Lahr 1981
Kap. 10.7

Sachbilderbücher (Von der Schöpfung, Jesus von Nazareth u.a.) Dietrich Steinwede, Illustr.: Fulvia Testa und René Villiger. E. Kaufmann, Lahr und Patmos, Düsseldorf 1972–82 (vergriffen)
Kap. 24.2

Schellen-Ursli. Erzählung: Selina Chönz, Illustr.: Alois Carigiet. Schweizer Spiegel Verlag, Zürich 1945, neue Auflagen, auch im Klein- und Kleinstformat: Orell Füssli, Zürich
Kap. 23.4

Staub's Kinderbüchlein. St. Gallen 1852 und 1853, 10. Aufl., St. Gallen 1927;
Kap. 11.3, 11.2

«Taizé Bibel». Bilderbibel. Friedrich Hoffmann, Illustr.: Eric de Saussure. E. Kaufmann, Lahr 1968
Kap. 24.2

Und was ist hinter dem Hügel? Ernst Ekker, Illustr.: Hilde Heyduck-Huth. Thienemann, Stuttgart 1985
Kap. 3.1, 23.3

Wie Georg den Drachen bezwang und 51 weitere Legenden für jede Woche des Jahres. Max Bolliger, Illustr.: Andreas Röckener. Herder, Freiburg i.Br. 1994 (ca. die Hälfte der Legenden in «Ravensburger Taschenbuch», Band 6093, 1990)
Kap. 23.4

Wohnt Gott im Wind? Regine Schindler, Illustr.: Eleonore Schmid. Reihe Religion für kleine Leute, E. Kaufmann, Lahr 1992
Kap. 6.6, 24.3

Bücher von Regine Schindler zur religiösen Erziehung

KINDERBÜCHER ZUM GEBET

Grosse Gott – singsch Du im Wind? Ein Gebetbüchlein für Kinder und ihre Eltern. Illustr.: Sita Jucker. Theologischer Verlag Zürich 1973. 63 S.

Benjamin sucht den lieben Gott. Illustr.: Ursula Verburg. Reihe Religion für kleine Leute, E. Kaufmann, Lahr 1979. 24 S.

Deine Schöpfung – meine Welt. Illustr.: Hilde Heyduck-Huth. Reihe Religion für kleine Leute, E. Kaufmann, Lahr 1982. 24 S. (neu im Kleinformat 1994)

Gott, ich kann mit dir reden. Gebete, die uns begleiten. Für Kinder, Jugendliche und Eltern. Illustr.: Helga Aichinger. E. Kaufmann, Lahr und Patmos, Düsseldorf 1982. 80 S. (5. veränderte Aufl. 1996)

Starche Gott, Du bisch min Fründ. Gebete für kleine und grosse Kinder. Illustr.: Sita Jucker. Theologischer Verlag Zürich 1984. 64 S.

Deine Welt ist schön und rund. Kindergebete. Illustr.: Hilde Heyduck-Huth. Patmos, Düsseldorf 1991. 47 S.

Wohnt Gott im Wind? Illustr.: Eleonore Schmid. Reihe Religion für kleine Leute, E. Kaufmann, Lahr 1992. 24 S. (vergriffen)

Mein Büchlein vom Beten. Illustr.: Eleonore Schmid. E. Kaufmann, Lahr 1999. 32 S.

Das Vaterunser. Illustr.: Eric Battut. bohem press, Zürich 2005. 30 S.

Im Schatten deiner Flügel. Psalmen für Kinder. Illustr.: Arno. Patmos Verlag, Düsseldorf 2005. 89 S.

KINDERBÜCHER ZUR BIBEL

Das verlorene Schaf. Illustr.: Hilde Heyduck-Huth. Reihe Religion für kleine Leute, E. Kaufmann, Lahr 1980. 24 S.

... und Sara lacht. Eine biblische Geschichte neu erzählt. Illustr.: Eleonore Schmid. Reihe Religion für kleine Leute, E. Kaufmann, Lahr 1984. 24 S. Ausgezeichnet mit dem katholischen Kinderbuchpreis (vergriffen)

Mit Gott unterwegs. Die Bibel für Kinder und Erwachsene neu erzählt. Illustr.: Stepan Zavrel. bohem press, Zürich 1996. 279 S.

Die zehn Gebote. Wege zum Leben. Illustr.: Hannes Binder. Patmos Verlag, Düsseldorf 2006. 127 S.

KINDERBÜCHER ZU WEIHNACHTEN UND OSTERN

Der Weihnachtsclown. Fünf Weihnachtsgeschichten. Illustr.: Käthi Bhend-Zaugg. Blaukreuz, Bern und E. Kaufmann, Lahr 1982. 96 S.

Mit Jesus nach Jerusalem. Ein Osterkalender mit 22 Geschichten und einem Poster. Illustr.: Reinhard Herrmann. E. Kaufmann, Lahr 1995. 48 S.

Der Ostermorgen. Illustr.: Ivan Gantschev. Patmos, Düsseldorf 1997. 29 S.

Engel sind nahe. Adventskalender mit biblischen Engelgeschichten und einem Poster. Illustr: Reinhard Herrmann. E. Kaufmann, Lahr 1997. 52 S.

Die Ostergeschichte nach Lukas. Neu erzählt von R.S. Illustr.: Ivan Gantschev. Gütersloher Verlagshaus, Gütersloh 2003. 26 S.

Danke, du schöner Stern! Geschichten für Kinder zur Weihnachtszeit. Illustr.: Anja Filler. Gütersloher Verlagshaus, Gütersloh 2005. 144 S.

Herodes und die Nachtigall. Geschichten zur Weihnachtsbotschaft. Illustriert. Theologischer Verlag, Zürich 2006. 144 S.

RELIGIÖSE KINDERBÜCHER

Steffis Bruder wird getauft. Illustr.: Sita Jucker. Reihe Religion für kleine Leute, E. Kaufmann, Lahr 1980. 24 S. (Bilderbuch zur Erklärung der Taufe)

Pele und das neue Leben. Eine Geschichte von Tod und Leben. Illustr.: Hilde Heyduck-Huth. Reihe Religion für kleine Leute, E. Kaufmann, Lahr 1981. 24 S.

Martinus teilt den Mantel. Illustr.: Hilde Heyduck-Huth. Reihe Religion für kleine Leute, E. Kaufmann, Lahr 1983. 24 S.

Zwei Ritter schliessen Frieden. Illustr.: Antonella Bolliger-Savelli. Reihe Religion für kleine Leute, E. Kaufmann, Lahr 1987. 24 S. (Zum Thema «Sonntag»)

Sankt Nikolaus. Illustr.: Carola Schaade. Reihe Religion für kleine Leute, E. Kaufmann, Lahr 1989. 24 S.

Ein Apfel für Laura. Illustr.: Gisela Degler-Rummel. Reihe Religion für kleine Leute, E. Kaufmann, Lahr 1991. 24 S.

FÜR ERWACHSENE

Erziehen zur Hoffnung. Ein Elternbuch zur religiösen Erziehung. Theologischer Verlag Zürich und E. Kaufmann, Lahr 1977. 224 S. (vergriffen)

Unser Kind ist getauft - ein Weg beginnt. Gemeinsam mit Alfred Schindler. Eine Hilfe zum Verständnis von Taufe und christlicher Erziehung. Friedr. Reinhardt, Basel und E. Kaufmann, Lahr 1983. 32 S. (Neubearbeitung 2000)

Kind und König. Ungewöhnliche Weihnachtsgeschichten. Illustr.: Wolfgang Quaiser. Friedr. Reinhardt, Basel 1987. 118 S.

Was Kinder von Gott erwarten. Gebetstexte von Kindern und was sie uns damit sagen wollen. E. Kaufmann, Lahr 1993. 95 S.

Tränen, die nach innen fliessen. Herausgeberin und Mitautorin. Zusammen mit Kaspar Kiepenheuer und Lothar Janssen. Mit Kindern dem Tod begegnen. Erlebnisberichte betroffener Kinder und Eltern. E. Kaufmann, Lahr 1993. 94 S. (Eine hilfreiche Auseinandersetzung mit dem Thema «Tod»)

Zur Hoffnung erziehen. Gott im Kinderalltag. Theologischer Verlag Zürich und E. Kaufmann, Lahr 1999. 312 S., 16 Farbtafeln (3. Aufl. 2006)

Alina und das Nachtauge Gottes. Gespräche mit einem Enkelkind. Mit sechs Zeichnungen aus Karl Landolts Skizzenbüchern. Theologischer Verlag, Zürich 2003. 94 S.

Es wird jeweils das Erscheinungsjahr der Erstausgabe angegeben. Zahlreiche vergriffene Bücher sind nicht aufgeführt.

Regine Schindler wurde in Berlin geboren, ist in Zürich aufgewachsen und hat viele Jahre in Heidelberg und Bern gewohnt. Heute sind ihre fünf Kinder erwachsen; sie lebt als freie Schriftstellerin mit ihrem Mann am Zürichsee.

Nach dem Studium der Germanistik und Geschichte (Dr.phil.) begann sie schon früh Geschichten zu schreiben. Bis heute hat sie über 50 Kinderbücher publiziert. Während acht Jahren war sie Redaktorin der ökumenischen Zeitschrift «Schritte ins Offene».

Die Mitarbeit in kirchlichen Gremien, aber auch ständige Weiterbildung in der Theologie wurden stets ergänzt von einer intensiven Beschäftigung mit Religionspädagogik. Themen der christlichen Kindererziehung und der christlichen Kinderliteratur stehen im Mittelpunkt ihrer Publikationen für Eltern und Fachleute, aber auch ihrer Vortragstätigkeit und ihrer Kurse für Eltern und Fachleute, aber aucfh ihrer Vortragstätigkeit und ihrer Kurse für Erziehende. Die große Kinderbibel «Mit Gott unterwegs» (1996) wurde literarisch ausgezeichnet.

1985 wurde ihr der Dr. theol. h.c. der Universität Zürich verliehen. Für ihre Kinderbücher erhielt sie u.a. den Schweizerischen Jugendbuchpreis, den Katholischen Kinderbuchpreis und eine Ehrengabe des Kantons Zürich.

Die grundsätzliche Auseinandersetzung mit Fragen der religiösen Erziehung ist für Regine Schindler eng verbunden mit dem Anliegen, für die Kinder selbst neue Erzählideen und eine dichterische Sprache zu finden.

Regine Schindler hat daneben zahlreiche Publikationen zu Johanna Spyri und zu deren Mutter Meta Heusser-Schweizer verfasst; sie sind das Resultat intensiver Forschung, die fortgesetzt wird.